Kanteletar: Suomen kansan wanhoja lauluja ja wirsiä

by

ISBN: 9781318778188

Ordering Information:

Quantity sales. Special discounts are available on quantity purchases by corporations, associations, and others. For details, contact the publisher by email at the address above.

Printed in the United States of America, United Kingdom and Australia

KANTELETAR

TAIKKA

SUOMEN KANSAN WANHOJA LAULUJA JA WIRSIÄ

Koonnut Elias Lönnrot

AINEHISTO

ENSIMÄINEN KIRJA
Yhteisiä Lauluja

I. Kaikille yhteisiä 1. Eräskummainen kantele 2. Elkää oudostuko
3. Kiven alla kieltäjäni 4. Miksi en laulaisi 5. Laula, laula kieli
keito 6. Äiä on ääntäni kulunut 7. Kuoli rakentajani 8. Silloin
laulan, konsa jouan 9. Ei sanat sanoihin puutu 10. Jos ma lauluille
rupean 11. Luonenko, lopettanenko 12. Ei runo rahatta laula 13.
Virren kiittäjälle ja moittijalle 14. Toisin ennen, toisin eilen 15.
Ve'en varaiset 16. Ve'en varaiset (toisin) 17. Muinainen käkeni 18.
Jumalaan turvaava 19. Kun saisin, en heittäisi 20. Paljo on tikalla
huolta 21. Mikä lie piioillani 22. En elä elotta 23. Kyll' on kysta
aitassa 24. Syitä vajavaisuksiin 25. Erotus mielillä 26. Armottoman
osa 27. Missä nyt minun osani 28. Makaaja onni 29. Erotus onnilla
30. Tuli talvi, ei tahottu 31. Ei vaivaista häihin 32. Muinaiset ajat
paremmat 33. Vierin maalle vierahalle 34. Kotihinsa toivova 35.
Minun on koti koivikossa 36. Korpi kurjalla kotina 37. En tohi
tupahan mennä 38. Koista erotettu 39. Suvultaan heitetty 40. Oli
ennen parempi 41. Parempi kuolla kun kitua 42. Kuolisinko koito
raukka 43. Manalaan ikävöivä 44. Nuorra Manalle menijä 45. Aiän
silloin äiti maksoi 46. Parempi syntymättä 47. Syntymistään
paheksija 48. Mahoit ennen maammo rukka 49. Onnettomasti
syntynyt 50. Saisinko käeltä kielen 51. Enpä voi ilon eleä 52. Elkää

Heitän suoni, heitän maani 145. Läyli lähteä, läyli ilman 146. Ei toiste tunnetakana 147. Muuttunut koti 148. Kun itket, hyvinki itke 149. Kutti, kutti, neito rukka 150. Elä itke neito rukka 151. Mitä neien itkemistä 152. Tapa toinen ottaminen 153. Elä moiti anoppiasi 154. Miehen mielen nosto 155. Kotihin heittiimiset 156. Ken meitä veelle viepi

b) Häissä 157. Oisiko lupa kysyä 158. Tokko näit mitä tullessa 159. Voi veikko, mitä vetelet 160. Kirkas neiti kihloissasi 161. Kutti, kutti, sulho rukka 162. Laajasukuinen neiti 163. Kaason kauneus 164. Kaason istunta 165. Kaason lämpimän saanta 166. Kaason syötäntä 167. Maata menentä 168. Kaason juomiset 169. Kosiomiehen ylistys

III. Paimenlauluja 170. Kukkalatva kuusi 171. Mipä paimenten olla 172. Tule tänne 173. Missä armahani 174. Armahan kulku 175. Enkö minäki toivoisi 176. Katso Kiesus karjaistani 177. Muut kuuli kirkonkellon 178. Lepo, lepo, lehmäni 179. Paista päivä paimeneile 180. Laske paimenta kotihin 181. Mene päivä, vieri viikko 182. Jo tulen kotihin 183. Hämehen kävijä 184. Kuulin kummat kuusialta 185. Minkä noista mille annan 186. Työnsä kumpasellaki 187. Juoksin, juoksin joenvartta 188. Venehen synty 189. Souti sotka suojan rannan 190. Läkkäm sikko Suurulahan 191. Antti armas herttaseni 192. Repo ja jänis 193. Hiiren peiaat 194. Katin kosiominen 195. Hiiri ja hämähikkö 196. Hiiri ja katti 197. Hiiren tapaaja 198. Joutsen ja hanhi 199. Mitä itket pieni lintu 200. Pääskyläinen 201. Avullinen kurki 202. Hävinnyt hanhi 203. Hevosen hakija 204. Merkitty orit 205. Tuntematon veli 206. Pakeneva

IV. Lasten lauluja 207. Anto ja saanti 208. Läkkilään lähtö 209. Prokko tiellä propatinna 210. Tuomittu katti 211. Takoi seppä viikatteita 212. Kolkkaa kotaa 213. Kenen tämä pelto 214. Ken söi kesävoin 215. Kirkon teko 216. Neiti verkossa 217. Kojo ja Anni 218. Oi ukko uikari 219. Min rastas raataa 220. Ken Teron tietää 221. Piilehtijä 222. Oli ennen ukko akka 223. Paimenen hätä 224.

Ellin velli 225. Tuomisia 226. Tule ämmä Tuuterista 227.
Kääpönen, kääpönen 228. Yksi on akalla poika 229. Vanhan
ammunta 230. Nukka kaunis karkaele 231. Sinun sikoja, minun
sikoja 232. Hus sika metsään 233. Ruotsin kieltä 234. Olin ennen
onnimanni 235. Hyi, hyi Hymylään 236. Meni akka metsään 237.
Palvelin minä rikasta miestä 238. Luojan kukku

TOINEN KIRJA
Erityisiä Lauluja

I. Tyttöin lauluja

Laulutiloissa
1. Kuluu ikä laulamattaki
2. Ei laulu kesistä kiellä
3. Laulan voiessani
4. Meistä kasvavi kananen

Tansseissa ja kisoissa
5. Mitä me tytöt suremma
6. Tässä tanssivi tasaiset
7. Mitä tuosta, jos ma laulan
8. Hyvä sanoma emolle

Kerskatessa 9. Mitä te pojat suretta 10. Hyvän eukon tytär 11.
Hyvä lykky neitosilla 12. Kolme kaunista 13. Ei sovi Karjalan
kihlat 14. Enmä huoli huitukoille 15. Mie tahon tasaista miestä 16.
Paremman miehen verta 17. Ei täyvy renkien rekehen 18. Kun
tämä kana katovi

Poikia herjatessa 19. On kumpiaki 20. Erilainen kirkonkäynti 21.
En mene Matille 22. En mene minä pahoin 23. Toivossaan pettynyt
24. Enmä huoli huitukoille 25. Mitä sie kävelet surma 26. Elä
pyyllä neittä pyyä 27. Kotien erotus 28. Toista tänne toivottihin 29.
Tie on tehty tuhman mennä

Sulhoaan ikävöiessä 30. Monisulhollinen 31. Onpa tietty tietyssäni
32. En heitä kullaistani 33. Muien musta, minun hyvänen 34. Tuo
on mies me'estä tehty 35. Kun oisi kahen valta 36. Katso'pa tätä
tytärtä 37. Konsa meillä kosijat käypi 38. En kehannut kieltää 39.
Mitä laihaa laulamasta 40. Miks' ei soita suu soria 41. Ääni ei
kuulu kullalleni 42. Etäällä minun omani 43. Kun mun kultani
tulisi 44. Oisko linnun lentoneuot 45. Itken kuja kullaistani 46.
Tehkös liitto lintuseni 47. Minun on sulhoni soassa 48. Jouvu
kultani kotihin 49. Vaiva vuottaessa 50. Luonto luovan luoksi
tuopi

Sulhon kuoltua 51. Minun on kultani kulossa 52. Armas arkussa
ajavi 53. Maassa marjani makaavi 54. Miks' on silmäni sipakat 55.
Pois on mennyt meistä toinen 56. En voinut itkeä naurulta

Sulholta heitettynä 57. Ei lehto leväten huoli 58. Jo meillä ero
tulevi

Sulhotonna 59. Minä musta pikkarainen 60. Olkiset minun omaisi
61. Eipä tunneta tuvuksi 62. Köyhän lapsi työt tekevi 63. Jäämmä
mansikat mäelle 64. Tieä ei siika syöjeänsä 65. Tietämätön
kullastansa 66. Kaikissa katala yksin 67. Korpikotinen 68. Pahasti
paimenoinnut 69. On ikävä iltasilla 70. Tuli kolmelta kosijat 71. Jo
tulevi Tuonen Tuomas 72. Moni moitti muotoani 73. Toisin sattui
toivomani

Sulhoa toivoessa 74. Jospa se johi tulisi 75. Voi jos mie tok miehen
saisin 76. Voi kun mie mokoman saisin 77. Kun tulis sulho
vierahiksi 78. Käynkö viikon villapäänä 79. Kun saisin, mitä
sanelen 80. Luo'pa luoja luotuhuni 81. Varjele vakainen luoja 82.
Ei naitu naintavuonna 83. Akoill' on paha ajatus 84. Täytyvi tätä
tytärtä 85. Viel' on mulla mielitietto 86. Ei tuo neito tuosta huoli
87. Nouse lempi liehumahan

Ko'ista erotessa 88. Paistaa päivä muuallaki 89. Läkkän musta muille maille 90. Pois tulee tytölle lähtö 91. Jo nyt luulen luopuvani

Sanan-alaisna 92. Suotta soimat nostettihin 93. Sepä vasta sen pahempi 94. En ole syötävä soria

Suru
95. Tulin kummaksi kylähän
96. Liika minusta laitettihin
97. Suotta soimat nostettihin
98. Mitäpä suren sanoista
99. Sanat päälleni satavi

Orjuuessa 100. Vierin vierahan varalle 101. Monta muoriteltavata 102. Kun ma voisin vielä vuoen 103. Emännäll' on kolme kieltä 104. Mahoit ennen luoja luoa 105. Lähen linnahan kauaksi 106. Ei ollut kaunis Karpan puoli 107. Ei tytär jokehen joua 108. Vierahan ylösajanta

Orpona 109. Kasvoin lassa armotonna 110. Tule ei päivä polvenaan 111. Pois itkin ihanat silmät 112. Ei kuule emo minua

Köyhänä ja vähäonnisena 113. Nokeusin nuotioilla 114. Oisinko pojaksi luotu 115. Toisinpa kävi kätehen 116. Osan tähen ei otettu 117. Miksi olen laiha

Vieraalla maalla 118. Ikävä omia maita

Kuolla toivoessa 119. Surujani mie sukitan 120. Kunpa kurja kuolisinki

Pilattuna 121. Löyän armon aaltoloissa 122. Tuli hurtta huovin maalta 123. Ei tieä emo tytärtä

Nimittämättömissä huolissa 124. Mieli muien ja minunki 125. Alene Jumalan aika 126. Viikon vuottelin käkeä 127. Kolminaiset huolet 128. Maassa mieleni matavi 129. Kannan mustoa muretta 130. Toinen ei tunne toisen huolta 131. Kyllä huoli virttä tuopi

Jauhaessa 132. Erotus jauhinkivillä 133. Kivi on suuri, orja pieni 134. Ellos vuori voivotelko 135. Mitä kaakatat kivonen 136. Jauhan, jauhan jauhon hienon 137. Neien mieli miehelähän

Yhtä ja toista 138. Arvan asettaja 139. Näkijä valehtelevi 140. Ei minusta miniäksi 141. En muistaisi mukiin mennä 142. Neitivalta ja miniävalta 143. Hyväoloinen neiti 144. Erilaisia käskyjä 145. Kaksi kaunista yhessä 146. Läksin meren kylventähän 147. Tee minua tikkariksi 148. Ostettavia 149. Kauro ei tule tupahan 150. Koivun ja tuomen oksa 151. Ei sovi rengin rekehen 152. Jo minä menen jonaki 153. Toisin mieleni omani 154. Millä maksan maammon maion

II. Naisten lauluja

a) Miniänä 155. Se rankka miniä raukka 156. Kun elin emoni luona 157. Olin kukkana kotona 158. Ahot täynnä armotuutta 150. Ei ole aittahan asiita 160. Yks' on kyyttö kytkyessä 161. Heitän hempiät tupani 162. Ei itkemätöntä aikaa 163. Myötihin mä miehelähän 164. Sain kerran kesässä maata 165. Kauan maata annettu 166. Toinen toistansa parempi 167. Pitäminen päätynyttä 168. Ei tunne tehä tuvaista 169. Survo nyt itse suuri muori 170. Miniän syntymäkoti 171. Suuri kiitos sulholleni

b) Lasta tuuvittaissa (yhteisesti) 172. Minä laulan lapsen virttä 173. Kiitä huomenna hevoista 174. Laulan lasta nukknmahan 175. Käy unonen kätkyehen 176. Unta täällä tarvitahan 177. Anna maata Maariainen 178. Tuuti lasta Tuonelahan

(poikalapselle) 179. Äsken poika poik' olisi 180. Vara muuanne valmennunna 181. Ei tule emon tukia 182. Tulipa tukan repijä 183.

Tunti, tunti poikalasta 184. Tunti, tunti poiuttani 185. Pahenneet polvet

(tyttölapselle) 186. Tytär syntyi, tyhjä syntyi 187. Ei tukia tyttärestä 188. Kun tytär hyvä tulisi 189. Mihin tuutinen tytärtä 190. Huolet huovilla tupana 191. Miehellenkö vai manalle 192. Viel' on vuoro valvoa'ki 193. Tunti sulhoa tytölle 194. Minä vaan tuuvin tyttöäni 195. Rahat raskuen tulevat

c) Miestään arvatessa 196. Yks' on paha ei parane 197. Puutuin tuohon pulluksehen 198. Itse hullu hukkasime 199. Pyyä sulhoa sulolla 200. Kosto kaunistelemisesta 201. Kuka tiesi, kenpä luuli 202. Viikon vuotin virkiäistä 203. Tunnen sulhoni 204. Itken pois ihanat 205. Miesi minulle annettihin 206. Sain minä savisen saksan 207. Jo johonki saatettu 208. Tein kaupan kallallisen 209. Hyv' on olla hympyrällä 210. Minun lauloa pitäisi

d) Muissa tiloissa 211. Ilo ilmahan katosi 212. Laulu laiskana pitävi 213. Ei oo huolta neitosena 214. Vanhan lahjat nuorelle 215. Vanhan eukon valitus 216. Mitäpä kylä kyselet 217. Lempoko lennätti minua 218. Rajan taaksi raapattihin 219. Viety on maille vierahille 220. Eroon kanaset 221. Tullut muoto mustemmaksi 222. Luulin käyväni käkenä 223. Jouvuin puulle pyörivälle 224. Itken kurja kulkuani 225. Kun oisin kuollut kuusiöisnä 226. Minä pyy pesätön lintu 227. Sinnes nyt pihani pitkät 228. Kului kultainen ikäni 229. Väki herttainen väheni 230. Pah' oli orjana eleä 231. Olut vieri kun vetehen 232. Ei nyt paista palmikkoni 233. Nyt on tullut turmiolle 234. Olin ennen otramaana

III. Poikien lauluja

Tansseissa ja muissa tiloissa 235. Jos ma lauluille las'eme 236. Käynti roualassa 237. Täytyykö tätä tupoa 238. Soita'pas soria likka 239. Täm' on iltoja iloisin 240. Miksi juot joesta vettä

Laulan taskuni tavoilta 290. Sikuna minun seotti 291. Selväksi tekeyminen 292. Oluett' ei ollenkana

Sananalaisna 293. Enmä lurjus liene'känä 294. Sanotahan, soimatahan 295. En minä kysy kylästä

Huolissa 296. Laulan ilman lainehilta 297. Laulan hoikka huolissani

Vähäonnisena 298. Muut ja minä 299. Tiirin, liirin, tengan löysin 300. Sepä vasta kullan kulta 301. Hepo huono, akka tiine 302. Jo nousen nokinen poika 303. Luulin lumpehen pitävän

Vierailla mailla 304. Lähin Pietarin pihoille 305. Joko minua noiat noitui

Eritiloissa 306. Kuolema kovinta työtä 307. Kun kolotin koivun latvan 308. Kolm' on miehellä pahoa

Pahanaisellisna. 309. Eroon torat 310. Täytyi ruupuhun ruveta 311. Nain vihaisen, toin toraisen 312. Ei ole puuru ruunan syytä 313. Syrjin söi, selin makasi 314. Hauki syöpi sammakonki 315. Vanha sai valitun piian 316. Kun oisi vaimo vaihtamoina 317. Tulin turkka naineheksi

Entisiä muistellessa 318. Sivu käyvät, kanta välkkyi 319. Tulin vanhaksi varahin 320. Ajoin konstisti kotihin 321. Pah' oli Virossa orjan 322. Pakolaisen matka

Sota-aikoina 323. Varjele Jumala soasta 324. On nyt miestä miekan alla 325. Koti luuli kuolleheksi 326. Yks' on päivä miehen päätä 327. Tuo kerta rajalle rauha 328. Kiitos rauhasta

Metsästäessä 329. Ota metsä miehiksesi 330. Mieli mennä metsolahan 331. Mielly metsä miehi'ini 332. Rakenteleminen 333. Metsän kuninkaalle 334. Mielikki ja Kuurikki 335. Mielikki

käynyt 57. Konnun tytär 58. Vaimon saanut 59. Viisastunut 60. Hiihtäjä surma

VAIKEAMPAIN SANAIN LUETTELU ALAVIITTEET

ENSIMÄINEN KIRJA

En tieä tekijätäni,
Enkä tarkoin saajoani;
Liekö telkkä tielle tehny
Sorsa suolle suorittanut,
Tavi rannalle takonut,
Koskelo kiven kolohon.

ALKULAUSE

Hamasta ylimuistoisista ajoista ovat kaikki kansat maailmassa rakastaneet soittoa, laulua ja runoelmata. Soitto ja laulu ihmisellä ovat ikäskun toinen pyhempi kieli, jolla itsellensä eli muille haastelee erinäisiä halujansa ja mielensä vaikutuksia; jolla paremmin, kun tällä tavallisella, jokapäiväisellä kielellä, ilmottaa ilonsa ja riemunsa, surunsa ja huolensa, onnensa ja tyytyväisyytensä, toivonsa ja kaipuunsa, leponsa, rauhansa ja muun olentonsa. Ajatukset itsestänsä semmoisissa tiloissa olisivat sulinta soittoa ja kauniinta laulua, jos taittaisiin havata ja pysyvään muotoon kuvata. Mutta tämä kuvaanta ei taida tapahtua, paitsi äänen ja sanan kautta, puuttuvaisesti, niinkun kaikenlainen muuki kuvaus maailmassa. Kotikielellä huokiasti kerromma joka asian paikallensa, mutta vierailla, vähemmin tutuilla kielillä puutumma usein sanoja tavottelemaan ja asia jääpi kertomatta. Niin on se äänen ja sananki kanssa mielen ja ajatusten asioita kertoessansa; usein puuttuvat kesken, eivätkä saa ilmotetuksi, ei kaikkia osotetuksi, mitä tahtoisivat. Mutta parempaa ja täydellisempää kuvausmuotoa ei saadessa täytyy mielen ja ajatusten tyytyä ääneen ja sanaan, taivutellen niitä mahdollisuutta myöten milloin soitoksi ja lauluksi, milloin muuksi kerrontalaaduksi.

Jos joku kysyisi soiton ja laulun syntyaikaa, niin emme taitaisi juuri erehtyä, jos vastaisimma niiden synnyn ei paljo myöhäsemmän koko ihmissuvun syntyaikoja olevan. Sillä jo ensimäisillä ihmisillä oli samoja syitä, kun meilläki, soittoon ja lauluun. Ensimäinen laulu kuitenki mahtoi paremmin olla jotai äänellistä hyminätä, kun sanallista laulantoa. Lapsi ennen puhumaan tottumistansa kokee sanattomalla äänellä mielensä ilmottaa, ja ensimäistä laulua pidämmä, ei täysikasvaneena, vaan lapsena, syntyneen. Tästä lapsuudestansa kasvoi se vähitellen suuremmaksi ja synnytti aikaa voittain usiampia perillisiä— erityisiä laulu- eli runolaatuja. Semmoisia erityisiä runolaatuja ovat lauluruno, loihturuno, virsiruno, kertomaruno ja osotelmaruno [1].

Lauluruno kuvaelee ihmisen erinäistä mielenlaatua ja kaikkinaisia kohtaavia ajatuksia moninaisissa tiloissa. Loihturunolla on työnä tulleitten pahojen poistaminen eli peljättyjen vastaaminen. Virsiruno kertoo jostain varsinaisesta eli muuten ajatellusta tapahtumasta, useinki jollai sivutarkotuksella, ei paljaan kerrottavan asian vuoksi. Kertomaruno samate kertoo joista kuista nykyisemmistä eli kaukaisemmista asioista, mutta ei yhdestä eli kahdesta, vaan usiammista toinen toistansa seuraavista. Osotelmaruno asettelee kaksi eli usiampaa jostain haastaviksi eli jotain toimittaviksi keskenänsä [2].

Näistä runolaaduista pidämmä laulurunon olevan sekä vanhimman, että muuten yhteisimmän. Myöhäisemmäksi arvaamma loihturunoa, sitäin myöhäisemmäksi virsi- ja kertomarunoja, osotelmarunoa kaikkia nuoremmaksi. Suomen kansa jo vanhuudesta on harjotellut itsiänsä kaikissa näissä runolaaduissa, mutta sitä ei taida yhteisesti kaikista kansoista sanoa. Usiammalla ei ole loihtu- ja osotelmarunoja, emmekä tiedä virsi- ja kertomarunoja, mitä mainita kehtaisi, kaikilla löytyvän. Kauniimmat kertomarunonsa ovat Kreikalaisilla ja samate ylistetään heidän laulujansaki kauniiksi. Mutta selviä, virsihin sekaumattomia lauluja, epäilen jos tavataan missään kansassa enempi kun Suomessa, ja epäilemättäki jäävät loihtu-runoissa kaikki muut tutut kansat Suomalaisista jälelle.

Että tässä edellä olemma vertailleet kansan, ei oppineitten teelmiä runoja, sen lukija helposti muistuttamattaki havatsee. Jos oppineitten teelmiä arvaisimma, niin siinä Suomen runosto jäisi loitos jälelle monesta muusta kansasta, niinkun jääki. Joka jälkeäminen ei kuitenkaan paljo huoletuta meitä, koska kansantekoisissa runoissaan on pian ensimäisiä. Kummallaki, niin kansan, kun oppineitten runoilla on oma arvonsa ja etuisuutensa, sitä emme tahdo, emmekä taida vastustella. Mutta toinen toisensa rinnalla niitä pitäen näemmä edellisissä luonnon, jälkimäisissä moninaisuuden voittavan. Kansarunoja siitä syystä ei juuri saatakaan tehdyiksi sanoa. Niitä ei tehdä, vaan ne tekeytyvät itsestänsä, syntyvät, kasvavat ja muodostuvat semmoisiksi ilman erityisettä tekijän huoletta. Se maa, joka niitä kasvattaa, on itse mieli ja ajatus, ne siemenet, joista sikiävät, kaikkinaiset mielenvaikutukset. Mutta kun mieli, ajatukset ja mielenvaikutukset kaikkina aikoina ja kaikilla ihmisillä enimmiten ovat yhtä laatua, niin runotki, jotka niistä syntyvät, eivät ole yhden eli kahden erityinen omaisuus, vaan yhteisiä koko kansalle. Samassa kun niitä sanottaisi jonkun erityisen tekemiksi, kadottaisivat kansanrunollisen arvonsa.—Tämän saamma liiatenki laulurunoista sanoa, jotka yli kaikkien muiden runojen juuri ovat mielen äänellisiä kuvauksia, ajatusten sanallisia muodostumisia. Pilvet taivaalla kulkevat tietänsä, eivätkä jätä kun varjonsa maalle. Samate ihmisen mieli ja ajatukset: ne liikkuvat ja vaihtuvat toinen toistansa ajellen, vaan lähimmäinen siinä tilassa heistä ei tiedä suuresti mitänä. Mutta pilvet viimein kasvavat ja puhkeavat sateeksi; samalla lailla paisuvat mieli ja ajatukset aikansa, puhkeavat sanoiksi ja lähtevät siinä muodossa toistenki havattavaksi. Taikka kerran vertauksille ruvettuamme joko sopivammasti vertaisimma mielen mereksi, lainehiksi ajatukset, ja erinäiset mielenvaikutukset tuuleksi. Tuuli tyvenästä rannasta alkain ensin siittää pienet väreet, kasvattaa väreistä laineet, kohottaa laineista suuret, ulommaksiki havattavat kuohupäät aallot. Samalla tavalla erinäiset vaikutukset ensin liikuttavat tyvenän mielen ja sitä jonkun ajan liikuteltuansa pakottavat viimein äänellä itsensä ilmottamaan. Olkoon siinä sikseen kansanrunoin synnystä ja ilmaumisesta.

Oppineitten runot siinä kohta erotuksen kansanrunoista, etteivät ole ajatuksesta syntyneitä, vaan ajattelemalla tehtyjä. Tekijä ei pakoteta sydämensä kyllyydeltä runoilemaan, vaan runoilee omalta päättämältänsä. Siinä on muuttunut työksi, mikä kansanrunoissa oli ilmauma; elävän käen ääni metsässä kuvakäen kukunnaksi seinäkelloissa; luonnon puro kaivetuksivesiojaksi; luontainen metsä istutetuksi puistoksi. Lapset usein kuuntelevat mielusammin kuvakäkeä, joka seinäkelloissa tiimat huhuvi, kun elävätä metsäkäkeä; pitävät suoran kaivosojan kauniimpana, kun sinne tänne mutkistelevan luonnonpurun; asuskelevat ennemmin istutetussa puistossa, kun luontaisessa metsässä—moni kiittää kaivovettänsä kaikkia hetetvesiä paremmaksi.—Oppineitten runoelmissa pilvi itsestänsä ei ala sataa, vaan esinnä tehdään pilvi, jonka sitte annetaan sataa, s. t. s. oppinut runoille ruvetessansa ensin kokee mielensä ja sydämensä sillä aineella täyttää, josta päätti runoella. Se työ hänelle miten luonnistuu, sitä myöten saapiki välistä somempia, kauniimpia, välistä sopimattomampia, kehnompia runolaitoksia. Vielä on seki oppineille haitaksi, että kun nuoruudesta alkain harjottavat itsiänsä moninaisten ainetten tutkinnoissa, usein unehuttavat ne, jotka lapsuudesta oikein tunsivat, eivätkä aina opi uusia täydellisesti, vaan puuttuvaisesti tuntemaan. Niin itsen kielenki kanssa. Sen elävä luonnollisuus tahtoo kirjalliseksi kankeudeksi muuttua; se ei taivu ajatusten ja mielen mukaan senkään vertaa, minkä kieli niitä tavallisesti voipi seurata. Sitte semmoisina oppineet kuitenki moninaisuutta rakastavaiset milloin ottavat runoillaksensa aineita, jotka ilman olisivat paremmat, kulloin teeskentelevät mielenvaikutuksia ja ilmisaattavat ajatuksia, jotka myös olisivat paremmat ilman ihmisluonnossa löytymättä. Tätä emme nyt kuitenkaan sano ylehensä kaikista oppineitten runoista. Tosin löytyy niidenki seassa toisinaan luonnon siittämiä, kauniita, joiden ei ollenkaann tarvitse kansanrunoin rinnalla hävetä. Myös voittavat ne muotonsa moninaisuudella kansanrunot, niinkun istutettu puutarha voittaa puitensa moninaisuudella luontaisen metsän, vaikka metsä muuten on suurempi.

Mikä siis on kansanrunoissa se omaisuus, jossa enimmästi tekorunoista erotaksen?—Se on luonto ja teeskentelemättömyys; sula mielen ilmotus ilman mitään salaamatta, mitään ulkoa lisäämättä. Tämän luonnollisuutensa ja yksinkertaisuutensa tähden on myös oppineiltaki kansanruno kaikkina aikoina arvossa pidetty. Kreikalaiset, vanhaan aikaan kaikista sivistyneimmät, kokosivat suurella huolella kansanrunonsa yhteen, ja nykyaikoina on pian kaikki sivistyneet kansat samalla huolella ja rakkaudella niitä kohdelleet. Niin rajamaassammeki Ruotsissa, jossa vielä esivaltaki äskettäin on käskenyt alhaisemmissa kouluissa niitä lukea. Varahinen ei siis taida ollakaan Suomen runojen ja laulujen unohduksen tieltä korjaaminen. Jopa ei varahinen, vaan valitettavaksi kylläki myöhäinen. Monta niistä kauniimmista on jo iäksi päiväksi kadonnut ja monta näihin aikoihin säilynyttä katoaa päivä päivältä, vuosi vuodelta, polvi polvelta, entisten jälkeen, jos niitä ei kohta ja täydellä toimella sitä ennen korjata. Enimmän osan tästä kokouksesta olemma vanhoilta vaimoihmisiltä saaneet ja he ovat aina lauluinsa lomaan, uusia muistutellessansa, sanoneet: "kun olisitta tulleet minun tyttöaikoinani, ka silloin niitä olisi keräytynyt; silloin niitä laueltiin paljoki, vaan unohtuneet ovat jo muistosta, kun nuori kansa niitä ei enää laula, muita omia renkutuksiansa parempana pitäen". Se on Suomen Karjalassa, jossa näitä lauluja nykyaikoina enimmästi lauletaan, ja mainittavimmia siinä kohdassa ovat Lieksan, Ilomantsin, Kiteen, Tohmajärven, Sortavalan, Jaakkiman ja Kurkijoen pitäjät. Kolmannessa kirjassa löytyviä virsilauluja taasen enemmin lauletaan Venäjän, kun Suomen Karjalassa, ehkä kyllä kumpasessaki, eikä aina erivirsiä, vaan yksiäki. Savosta on jo enin osa kadonnut niin lauluista, kun virsistä, kuitenki vielä siksi jälkimuistoa niistä ollen, että helposti nähdään, niiden sielläki ennen muinaan tutumpia olleen. Pohjanmaalta, Hämeestä ja muilta paikoilta Suomessa niitä enää tuskin muistoksikaan entisestä olostansa tavataan. Laulu kyllä ei ole hävinnyt, ei Savosta, eikä muualta Suomessa, vaan on muuttunut, joko hengellisiksi virsiksi eli maallisiksi toisenlaatuisiksi. Hengellisiä virsiä laulellaan, paitsi lukemattomia arkkiviisuja, vanhassa ja uusissa virsikirjoissa, Sionin virsissä, Achreniuksen juhlavirsissä ja muissa kirjoissa. Ne ovat kaikki präntätyitä, ja sen tarvitsevatki olla, sillä niitä olisi muuten vaikiampi muistaa, kun kansanlauluja, koska kieli ja ajatukset niissä tavallisesti eivät ole selviä, vaan enemmin eli vähemmin sekavia kumpasetki.—Maallisia nykyisemmän ajan lauluja on usiammasta laadusta. Rantamailla ja Hämeessä niitä osittain käännetään ruotsista, osittain tehdään uusia, vaan ruotsin mukaan, taikka muuten entisestä Suomen laulusta poikkeavaisesti. Muutamia niistä tavataan jo ulommaksiki Savoon ja Karjalaan levenneenä, joissa myös itsissäki toisinaan uusia lauluja sihen laatuun ilmautuu. Ne ovat enimmästi pränttäämättömiä monilla erinäisillä nuoteillansa. Syntymäpaikoillani etelä Suomessa tuli viimeistäki joka viides vuosi uusia lauluja entisten siaan. Entisiä uusien ilmautessa ruvettiin vanhantapaisina pitämään ja saivat unohtua. Niille uusille tuli pian sama vuoro eteen. Ainoastaan muutamia, joko aineensa eli nuottinsa tähden, muisteltiin kauemmin. Pitäjän suutarit, räätälit, sepät, nikkarit ja muut mestarusmiehet olivat niiden levittäjiä, usein tekijöitäki. Näytteeksi panemma tähän muutamia semmoisia lauluja. Joka tahtoo, niistä myös saapi tilaisuuden tutkia Suomen nykyaikoina vallan ottavata laulua entisen rinnalla ja oman mielensä mukaan parahiten arvella kummanki somuudesta ja muista etuisuuksista.

1. Kreivin sylissä istunut.

> Minä seisoin korkialla vuorella,
>   Viheriäisessä laksossa;
> Näin, näin minä laivan seilaavan,
>   Kolme kreiviä laivalla.

> He laskivat laivan rannalle,
>   Kävit maallen astumaan;
> Ja se nuorempi kreiveistä kaikista
>   Tuli minua kihlaamaan.

> Hän otti sormuksen sormestaan,
>   Ja se oli kultainen.
> "Katsos nyt, minun piikani ihana,

Sinä saat tämän sormuksen."
"En ota minä ouoilta sormusta;
   Mua kielsi mun äitini."—
"Ota pois, pane sormus sormeesi,
   Sitä ei näe äitisi!"

"Mihin panen minä nyt tämän sormuksen,
   Ettei minun äitini nää?—
"Sano: laksossa tuolla kun kävelin,
   Tämän sormuksen löysin mä."

"Elä neuo sa minua valehtelemaan,
   Sen äitini ymmärtää;
Paljo parempi on minun sanoa:
   Olin nuoren kreivin sylissä."

Ja se ilta oli lämmin, ihana,
   Ja linnut ne lauloivat,
Keto allansa kaunis ja vihanta,
   Kukat keolla kasvoivat.

Likka istui kreivinsä sylissä,
   Moni muistui mielehen;
Yö joutui ja päivä oli laskenut,
   Hän nukkui kreivin vierehen.—

Aamulla koska likka heräsi,
   Hän oli ihan yksinään;
Pois oli laiva lähtenyt rannalta,
   Pois kreiviki vierestään.

"Voi, voi mua vaivaista piikaa!
   Kuinka onneton nyt minä lien;
Ota pois meri, vie tämä sormuski,
   Mitä tällä mä käessäni teen."

"Nyt näen mä sen ehkä myöhään,
    Että muita hän rakasti,
Minun jätti surussani itkemään,
    Ja viekkaasti vietteli."

2. Petetty nuorukainen.

Nuori mies kihlasi morsiamen,
    Otti oman kullan,
Meni sitte vieraille maille,
    Lupasi pian tulla—.

Oli hän siellä vuotta kaksi,
    Oli kolme vuotta;
Kulta luuli kuolleheksi,
    Tainnut ei enää outtaa.

Nuori mies tuli vierailta mailta,
    Tuli hän kotiansa,
Meni kultansa kartanohon,
    Tervehti kultoansa.

Nuori mies tuli vierailta mailta,
    Meni kultansa luoksi;
Kulta se tuosta valjeni
    Ja ve'et silmistä juoksi.

"Miksis kultani valjenit,
    Et ole niinkun muinen?"—
"Täytyipä minun valjeta,
    Kun minull' on kulta toinen."

"Toiseen olen vihittynä,
    Kihlat toiselta saanut;

Toinen minua toivotteli,
  Toisen kanss' olen maannut."

Kulta se tuosta surkutteli,
  Paniin pahoillensa,
Erokirjan kiijotti
  Ja antoi kullallensa.—

"Kirjan nyt minä kirjotin
  Ja annan sinulle tässä;
Et nyt kauan enempi
  Mua näe maalimassa."

Veti hän miekan terävän
  Ja painoi itsensä läpi;
Veri lähti vuotamaan,
  Kun väkevä virta käypi.

Tästä mahtaa jokahinen
  Panna mielehensä,
Kuin se tekee pahasti,
  Joka pettää ystävänsä.

3. Morsiamen kuolo.

Illalla istuttiin istumella,
  Murehest' ei mitänä tietty;
Va rallalla ra, va ralla ralla ra,
  Murehst' ei mitänä tietty.

Nuori mies sai sitte kirjasen,
  Ett' oli kultansa sairas;
Va rahalla ra j. n. e.

Kävi hän sitte kammariin,
  Puki siellä parahimmat vaatteet.

Meni hän sitte tallihin,
  Siell' oli valkia ruuna.

Otti hän kultaisen satulan,
  Hopiaisten solkien kanssa.

Satuloitsi valkian ruunansa,
  Sitoi ne hopiaiset solet.

Läksi hän sitte ajamaan,
  Ajoi seitsemän peninkuormaa,

Yhtenä kauniina kesäisenä yönä,
  Kun moni makiasti nukkuu.

Tuli hän viheriähän lehtohon,
  Kuuli kun lintuset lauloi.

"Mitä te linnut niin suruisesti
  Täällä nyt lauleletta?"—

"Sitäpä linnut me suruisesti
  Täällä nyt laulelemma:

Sairas on nuoren miehen morsian,
  Kohta jo kuollaki taisi."

Ajoi hän vähän matkaa etemmä,
  Kuuli hän kellojen soivan.

Kysyi hän kellon soittajalta:
  "Kellenpä kelloja soitat?"—

"Kuollut on nuoren miehen morsian;
  Sillen mä kelloja soitan."

Ajoi hän vähän matkaa etemmä,
  Näki hautoa kaivettavan.

Kysyi hän hauan kaivajalta:
  "Kellenpä hautoa kaivat?"—

"Kuollut on nuoren miehen morsian;
  Sillen mä hautoa kaivan."

Ajoi hän vähän matkaa etemmä,
  Tuli appensa kartanohon.

Näki hän ruumiin liinattuna
  Makaavan lautojen päällä.

Ne posket ennen ruusunpunaiset
  Olivat nyt valkia kun liina.

Katseli kalvehia kasvoja,
  Ja valkehia poskia kanssa.—

"Ne oli ennen ruusunpunaiset,
  Nyt ovat ne valkia kun liina."

Rupesi hän sitte itkemähän,
  Itki seitsemän vuorokautta.

Seitsemän vuorokautta itkettyä
  Kuoli hän kaheksannella.

Kuollut se sitte hauattihin
  Kuollehen morsiamen viereen.

Siellä he lepeävät vierekkää,
  Heräävät taivaassa kerran;
Va rallalla ra, va ralla ralla ra,
  Heräävät taivaassa kerran.

4. Velisurmaaja.

"Mistäs tulet, kustas tulet,
  Poikani iloinen?"—
"Meren rannalta, meren rannalta,
  Äitini kultainen."

"Mitä sieltä tekemästä,
  Poikani iloinen?"—
"Hevostani juottamasta,
  Äitini kultainen."

"Mist' on selkäsi saveen tullut,
  Poikani iloinen?"—
"Hevonen huiskasi hännällänsä,
  Äitini kultainen."

"Mist' on jalkasi vereen tullut,
  Poikani iloinen?"—
"Hevonen polkasi rauallansa,
  Äitini kultainen."

Mist' on miekkasi vereen tullut,
  Poikani iloinen?"—
"Pistin veljeni kuoliaksi,
  Äitini kultainen."

"Mintähen sinä veljesi pistit,
  Poikani poloinen?"—

"Mintähen naistani nauratteli,
    Muorini kultainen."
"Minne nyt sinä itse jouvut,
    Poikani poloinen?"—
"Muille maille vierahille,
    Muorini kultainen."

"Minne heität taattosi vanhan,
    Poikani poloinen?"—
"Mieron verkkoja paikatkohon,
    Muorini kultainen."

"Minne heität maammosi vanhan,
    Poikani poloinen?"—
"Mieron rihmoja keträtköhön,
    Muorini kultainen."

"Minne heität naisesi nuoren,
    Poikani poloinen?"—
"Mieron miehiä katselkohon,
    Muorini kultainen."

"Minne heität poikasi nuoren,
    Poikani poloinen?—
"Mieron koulua kärsiköhön,
    Muorini kultainen."
"Minne heität tyttösi nuoren,
    Poikani poloinen?"—
"Mieron karjoja kaitsekohon,
    Muorini kultainen."

"Koskas sieltä kotihin käännyt,
    Poikani poloinen?"—
"Konsa korppi valkenevi,
    Muorini kultainen."

"Koskas korppi valkenevi,
Poikani poloinen?"—
"Konsa hanhi mustenevi,
Muorini kultainen."

"Koskas hanhi mustenevi,
Poikani poloinen?"—
"Konsa kivi veen päällä pyörii,
Muorini kultainen."

"Koskas kivi veen päällä pyörii,
Poikani poloinen?"—
"Konsa höyhen pohjaan painuu,
Muorini kultainen."

"Koskas höyhen pohjaan painuu,
Poikani poloinen?"—
"Konsa päivä syänyöllä paistaa,
Muorini kultainen."

"Koskas päivä syänyöllä paistaa,
Poikani poloinen?"—
"Konsa kuuhut kuumasti polttaa,
Muorini kultainen."

"Koskas kuuhut kuumasti polttaa,
Poikani poloinen?"—
"Konsa tähet taivaalla tanssii,
Muorini kultainen."

"Koskas tähet taivaalla tanssii,
Poikani poloinen?"—
"Konsa kaikki tuomiolle tullaan,
Muorini kultainen."

5. Onneton nuorukainen.

Ah voi kuinka kauhiasti suru vaivaa mieltäni,
Kun mun täytyy lähteä ja tänne jättää kultani!

Sinun luoutosi lempiä on syämeni sitonut,
Sinun kaunis katsantosi kovasti mun vanginnut.

En mä sua, kulta likka, taia koskaan unhottaa,
Enkä muien tyttöin päälle taia koskaan katsahtaa.

Paljo ennen sinun kanssasi juon ma vettä virrasta,
Ennenkun ma muien kanssa joisin olutta tuopista.

Nimesi mä kirjottelen hopiahan, kultahan,
Kuvasi mä kätkielen syämeni pohjahan.

Sinussapa syämeni kiini riippuu ainian,
Sinuapa ainoata minä aina rakastan.

Kaiken hyvyytesi eestä sinua ma kiitän nyt,
Vaikka usein väärin tein mä, et sä mua heittänyt.

Vaikka tuhat, tuhat kertaa mielesi olen rikkonut,
Minusta sa kuitenkaan et ole poies luopunut.

Eikä ajat, eikä vaivat taia meitä erottaa,
Eikä maailman esivallat väliämme vierottaa.

Tieän kyllä, että kaikki soisit minun sortuvan,
Soisit myöski sinun poies puolestani luopuvan.

Mutta ystävätäs elä koskaan poies unhota!
Muistaa mahat aina häntä, vaikka ompi kaukana.

Taivaan Herra meiät vielä kerta yhteen auttavi,
Vaikka moni sen nyt kyllä mahottomaksi luulevi.

Vielä viheriässä laksossa ma kanssasi astelen,
Kukat ynnä ruusut kaikki sinulle siellä taittelen.

Vielä vieressäsi kerran iloisena istunen,
Surut, huolet, vaivat kaikki mielestäni heittänen.

Nyt mä laannen laulamasta—hyvästi nyt kultani!—
En voi laata suremasta, vaikka päätän virteni.

Jos nyt joku tietä tahtoo, kuka laulun tehnyt on,
Niin se oli nuori poika—Nuorukainen Onneton.

6. Toivoton rakkaus.

Syämestäni rakastan sua elinaikani,
Jos kohta onki turha jo kaikki toivoni.

Et kyllä itse luvannut mua koskaan heittää näin;
Vaan köyhyyteni tähten mä hyljätyksi jäin.

Sä syämesi annoit ja jälle pois otit,
Toiselle rakkautesi muista vierotit.

Jos kirjotella taitaisin minä rakkauen sen,
Joka minua nyt vaivaa ja polttaa syämen.—

Se rakkauen kipinä, joka syttyi rintahan,
Ei taia ennen sammua, kun pääsen hautahan.

Kuin aurinkoinen loistaa taivaalla palava,
Niin kaunis myös se rakkaus oli meissä alkava.

Nyt kyyneleeni vuotaa, sen kaikki näkevät,
Ja päiväni on pitkät ja kovin ikävät.

Joka ystävänsä mistaa, suru sille siaan jää;
Voi sitä suurta tuskaa ja sitä ikävää!

Kuin linnut oksapuissa kauniisti laulelee,
Niin suru syäntäni kovemmin kaivelee.

Ja kukat kaikenlaiset kukoistaa keolla,
Vaan ei ne anna mulle tuskissa lepoa.

Ah kuhun otan tieni ja kusta levon saan,
Kun sinä mun nyt hyljäsit ja heitit kuolemaan!

Moni se kyllä luuli mun suotta itkevän,
Ja käski kaiken huolen mun poies heittämään.

Vaan kuinka ystäväni mä taian unhottaa?—
Ei koko maalimassa ole toista semmoista.

Nyt laannen laulamasta, virteni lopetan;
Sinulle hyvin kaikki käteesi toivotan.

7. Kultani kukkuu kaukana.

Kultani kukkuu, kaukana kukkuu,
  Saiman rannalla ruikuttaa;
  Ei ole ruuhta rannalla,
  Joka minun kultani kannattaa.
Ikävä on aikani, päivät, on pitkät,
  Surutont' en hetkeä muistakaan;
  Voi mikä lienee tullutkaan,
  Kun jo ei kultani kuulukaan!

Toivon riemu ja autuuen aika
  Suruani harvoin lievittää;
Rintani on kun järven jää—
Kukapa sen viimenki lämmittää?

Kotka se lenteli taivahan alla,
  Sorsa se souteli aalloilla;
Kulta on Saiman rannalla,
Lähteä ei tohi tuulelta.

Tuuli on tuima ja ankarat aallot,
  Ruuhet on rannalla pienoiset;
Ruuhet on rannalla pienoiset;
Kultani sormet on hienoiset.

Elä lähe kultani aaltojen valtaan!—
  Aallot ne pian sinun pettäisi.
Sitte ei suru mua heittäisi,
Ennenkun multaki peittäisi.

8. Kultaansa ikävöivä.

Tuoll' on mun kultani, ain' yhä tuolla,
Kuninkahan kultaisen kartanon puolla;
  Voi minun lintuni, voi minun kultani,
  Kun et tule jo!

On siellä tyttöjä, on komioita,
Kultani silmät ei katsele noita;
  Voi minun lintuni, voi minun kultani,
  Kun et tule jo!

Kukat ovat kaunihit, kaunis kevät-aamu,
Kauniimmat kultani silmät ja haamu;

Voi minun lintuni, voi minun kultani,
Kun et tule jo!

Linnut ne laulavat sorialla suulla,
Soriampi kultani ääni on kuulla;
Voi minun lintuni, voi minun kultani,
Kun et tule jo!

Hunaja ja mesileipä makialle maistaa,
Kultani suu sekä huulet on toista;
Voi minun lintuni, voi minun kultani,
Kun et tule jo!

Voi koska näen minä senki ilopäivän:
Kultani sivullani kulkevan ja käyvän!
Voi minun lintuni, voi minun kultani,
Kun et tule jo!

Syys tulee etehen ja kesäpäivä rientää,
Vaan minun kultani ei tule sentään;
Voi minun lintuni, voi minun kultani,
Kun et tule jo!

Tule, tule kultani, tule kotipuoleen,
Taikka jo menehynki ikävään ja huoleen;
Voi minun lintuni, voi minun kultani,
Kun et tule jo!

9. Merille lähtevä.

Hyvästi kultaseni, hyvästi kultani!—
Mun lähteä nyt täytyy pois kotimaaltani.

Mun täytyvi nyt mennä merille kulkemaan!
Ja sinua, en tieä, jos näen millonkaan.

Lahella laiva pieni minua outtelee;
Se mulla kotimaani ja tuttavani lie.

Se kotimaani mulla ja tuuli kultani,
Ja aalto armahani tahikka—surmani.

Jo ennen monta miestä se meri petteli,
Ja monen kullan silmät vesille jätteli.

Vaan ellös mua surko, jos ehkä kuolisin;
Sä suotta kaottaisit ikäsi kaunihin.

Kun kuulet kuolleheksi, tee risti rantahan,
Ja aallon luomat luuni ne peitä santahan.

Ja ota pieni ruusu ja laita kasvamaan,
Käy sitte kesäilloin välistä katsomaan!—

Kun ruusu kaunihisti kesällä kukostaa;
Se rakkauteni kuvan eteesi muovostaa.

Hyvästi vielä kerta, hyvästi ystävä!
Ei suremaan nyt auta, vaan täytyy lähteä.

10. Turvaton.

Onneton olin minä ollessani,
Onneton tähän kylään tullessani;

Onnettomaksi olen minä luotu,
Ei ole minulle ilopäivää suotu.

Turvoa ei ole siellä, eikä täällä,
Enempi kun linnulla lentonsa päällä.

Maalima minua nyt paljoki vaivaa,
Ja minun eteheni kuoppaa kaivaa.

Ystäväni on myös ynsiäksi tullut,
Kun hän on maaliman juttuja kuullut.—

Kuulepas, kultani, vielä sana yksi:
Kuinka tulin minä näin hyljätyksi?

Kuka sinun eksytti rakkauen tiellä?—
Tule, tule kertaki luokseni vielä.

Muistatko muinen kun marjassa käytiin,
Ahosilla istuttiin, leikkiä lyötiin?—

Päivä se paisti ja pienet kukat loisti;
Kukatki ne ketosilla iloamme toisti.

Linnut ne laulelivat metsien päällä;
Meistä he lauloivat siellä ja täällä.

Ei ole ajat enää, niinkun olit ennen,
Entiset ajat ovat olleet ja menneet.

Entinen oma kulta ei enää hoia;
Niin se mun heitti kun pienen linnun poian.

Toivoni raukesi, meni juuri tyhjään,
Ei ole mulla nyt ilopäivää yhtään.

Enkä mä itselleni näin luullu käyvän;
Ikäväni kestää kuolemapäivään.

Olen ma kun kyyhkynen vierahalla maalla,
Lentävä lintunen taivahan alla.

Olen ma kun oksalla varpunen pieni,
En tieä kuhun otan matkan ja tieni.

Nuoruusikä rientää ja aikani kulkee;
Jopa noista vaivoista väsymyski tullee.

Päiväni päätyy ja elämäni katkee,
Multa se mureheni peittää ja kätkee.

11. Kultaansa sureva.

Itkettää ja surettaa ja huoleksi tahtoo tulla,
Muill' on koissa kultasensa, eikä ole mulla.

Minun kultani kaukana ja kaukana se kukkuu;
Yksin täytyy maata mennä, yksin täytyy nukkuu.

Minun kultani kaukana ja kauas taisi mennä,
Eipä sinne pienet linnut iässänsä lennä.

Kunpa se pieni lintunenki sanoman nyt toisi,
Suru menis mielestäni, parempi mun oisi.

Lennä, lennä lintu rukka, puhu kuullakseni—
Kävitkö sinä kullan maalla, näitkö kultaseni.

Sano, kuinka kullan maalla aamu armas koitti,
Iloisnako elettihin, vaiko suru voitti.

Mitä näit sä muutaki ja näitkö vielä senki,
Jos oli kaikki tervehet ja kulta liiatenki.

Tule jo kulta tälle maalle, tule poika kulta,
Ettei tulis turhaan tämä ikä nuori multa.

12. Hyljätyn suru.

Hoi on, hoi on, huolettaa ja hulluksi taian tulla;
Kultani on vallattuna, jok' oli ennen mulla.

Vesi vuotaa silmistä ja suru syämen kaivaa—
Voi nyt tätä ikävää ja tätä suurta vaivaal

Tämä viikko on pitempi, kun koko mennävuosi,
Eikä kestä silmätkään, kun paljo vettä vuosi.

Mansikoita mennävuonna kullalleni poimin,
Nyt on mulla kokonansa toisenlainen toimi.

Ei nyt enää, ei nyt enää kesämarjat auta;
Minun kultani rakkaus on ruostunut kun rauta.

Kuinka taisit kylmetä, kun lämmin olit ennen;
Rallattelit, laulelit ja aina tulit tänne.

Kuinka taisit narrataki köyhän miehen lasta;
Köyhä mies on elättänyt pienestä kassikasta.

Mitä ompi rikkautesi rakkautta vastaan?—
Maast' on kulta kotoisin ja syän taivahasta.

Jos en minä olis silmiäsi nähäkänä saanut,
Niin nyt oisi syämeni levossansa maannut.

Nyt on syämeni suruinen ja itku kyllä kestää,
Enkä löyä lepoa ma maalimasta mistään.

Vielä löyän levonki ja riemun sekä rauhan,
Jos ei täällä; toki löyän tuolla puolen hauan.

Eikä kauan kestäkänä, ennenkun ma kuolen,
Heitän tänne vaivani ja surun sekä huolen.

13. Ylenkatsottu.

Pois pitää mennä ja hyvä kylä jättää,
Ei nyt enää tämän kylän tytöt anna kättä.

Mikä lie mun kullalleni, mikä mennyt mieleen,
Ei nyt enää haastattele, eikä istu viereen.

Sinä olit oma kultani, olit monta vuotta,
Miksipä nyt vierastuit ja hyljäsit mun suotta?

Vaan en huoli surrakaan, en kanna suurta huolta,
Ei se taia tyttöin tähen tämä poika kuolta.

Mikäs on mun ollessani nuorena poikana aina?—
Menen merimieheksi ja elän sillä lailla.

Kuulepas nyt kulta likka, kuinka minä veisaan
Lähen poies Suomen maasta, muille maille reisaan.

Kauppalaivat seilaavat Turun salmen suulla,
Sinne otan matkani ja siell' on lysti olla.

Taikka menen Ryssän maalle, kauas Venäehelle,
Enkä tule ikänäni tähän kylään jälle.

14. Karjalan neito.

Minä olen Suomen neito, Suomen koria kukka,
Moni poika minua jo houkutteli hukkaan.

Ruusu ei oo kauniimpi, kun tyttö Karjalassa;
Eikä toista tarvita, kun olen maalimassa.
Minä tyttö, kaunis tyttö, kun mun pojat näkee,
Huoli sytty syämehen, mieli naia tekee.

Kaunis tyttö, siivo tyttö, siivon nimen kannan,
Empä minä joka pojan halatakaan anna.

Enemmän mä mielestäni itsestäni tykkään,
Poies, poies vierestäni kehnot pojat lykkään.

Synniksi sitä sanotaan ja syntipä se lienee,
Nuoren tytön ruvetella kehnon pojan viereen.

Pian on se tyttö raukka tullut kunnialta,
Joka kerran heittäytyi noien poikien valtaan.
Pojilla ja susilla on yhtäläinen mieli,
Susi ei virka mitänä, pojill' on liukas kieli.

Poika puhuu kaunihisti likan sängyn eessä,
Mesi, maito kielellä ja myrkky syämessä.

Niiin on poika piian luona kun halmehessa halla,
Pian poika piika raukan hempeyen tallaa.

15. Poika ja tyttö.

Poika. Sen mä olen laulanut ja laulan kaikkein kuullen:
Tule tänne likka kulta, anna suuta mulle!

Tyttö. Kerran antoi nätti likka kehnon pojan suuta,
Heti muuttui halvaksi, kun heittolikan luuta.

Poika. Likka kulta, likka kulta, likka kulta vielä!
Ethän toki halaamasta minua nyt kiellä!

Tyttö. Silkkisaalin rinnalla se ei pastihuivi passaa,
Eikä kelpaa kehnot pojat tätä tyttöä vastaan.

Poika. En ole juuri tietäjä, en ole iso noita,
Vaan kun näen nätin likan, vielä mä sen voitan.

Tyttö. Akkoja saapi halata ja se ei haittaa mitään,
Ei saa tyttöihin koskea, hävetä poikien pitää.

Poika. Toinen lampi on syvempi ja toinen matalampi,
Toinen likka on kovempi ja toinen antavampi.

Tyttö. Kyll' on noita poikiaki viientoista sorttii,
Mont' on viety katsomahan Wiaporin porttii.

Poika. Likkoja vieään kuormittaisin Lappeenrannan kouluun;
Siell' on päivät paremmat kun mustilaisen joulu.

Tyttö. Suomen poikia saatellahan ruunun ankkuripajaan;
Siellä lyövät ruuan päälle, kivimuurit kajaa.

Poika. Tämän kylän pienet piiat kukkuvat kun käet,
Hännällänsä häväsevät koko poikaväen.

Tyttö. Tämän kylän nuoret tytöt kaunihisti kasvaa,
Huulet on kun hunaja ja suu kun sula rasva.

Poika. Niin on tämän kylän tytöt, matala kun kaali,
Silmänalus sininen ja posket punamaalii.

Tyttö. Tämän kylän likat on kun mesimarjan kukkii,
Poikia juoksee joukottain kun töpihäntä hukkii.

Poika. Tämän kylän likat on kun rupasammakoita,
Noita pojat tellivät kun tervatallukoita.

Tyttö. Likat käyvät kunnialla, kun kaste heinikossa,
Pojat juovat, rypevät, kun sika rapakossa.

Poika. Emmä ole kehno poika, humalainen hullu,
Enk' ole piikoin pilkaksi ma tähän kylään tullu.

Tyttö. Kesäilta kelvoton sen kerran näytti julki,
Kuinka pojat pohmelossa pitkin kyliä kulki.

Poika. Kesäilta, kaunis ilta, senki näytti kerran,
Että pojat käveli ja eleli kun herrat.

Tyttö. Kesäilta kelvoton se laitti kerran niinki,
Että pojat pohmelossa puuttui suohon kiini.

Poika. Pojat makaa kammarissa pumpulipaiallansa,
Likat saunan lattialla mustalla varrellansa.

Tyttö. Likat makaa aitassansa verkaviitan alla,
Pojat pitkin pihoa ja tallin lattialla.

Poika. Likka parat aitoissansa monta yötä valvoo,
Ikävissä itkevät, kun sutten pennut ulvoo.

Tyttö. Likoill' ompi onnen aika aivan ihanainen,
Pojill' itku, kuikutus ja elo tuhmanlainen.

Poika. Minne tytöt joutuisivat, jos ei pojat korjais?
Iän kaiken itkisivät, oisivat toisen orjat.

Tyttö. Mitä tuosta hyötyisin, jos huonon pojan naisin?—
Viinanjuojan, mieron ruojan, tuskan, ristin saisin.

Poika. Moni tyttö, sievä tyttö, havatsi sen hiljaan,
Että jo oli joutununna vanhan piian kirjaan.

Tyttö. Tämä vuos' on tämmöistä ja toinen vuos' on toista,
Vaan ei tälle tyttärelle viinanjuojat loista.

Poika. Vanha piika harmajapää se on kun telkkä tiellä,
Mykättää ja mäkättää sen kovan ilman eellä.

Tyttö. Emmä ole vallan vanha, enkä vallan nuori,
Sen nyt saatan sanoaki: sinust' emmä huoli.

Poika. Minä poika, kaunis poika niinkun merikaisla,
Et sä löyä Suomen maalta toista tämänlaista.

Tyttö. Jos oisi viina puuttunut jo viittä vuotta ennen,
Oisit kyllä tyttöjä saava, naisit vaikka kenen.

Poika. Piiat pirun riivatut ne pojilta viinan estää;
Pojat herran siunatut ne juovat minkä kestää.

Tyttö. Siit' on pojilla surua, kun viina paljo maksaa;
Likat itsensä elättää, kun työtä tehä jaksaa.

Poika. Elä sinä likan ruoja minua nyt pilkkaa,—
Vielä minun taskussani hopiatki hilkkaa.

Tyttö. Poika rahansa menettävi olvehen ja viinaan;
Tytöt ei pane rahojaan, kun silkkihin ja liinaan.

Poika. Voi kun olen joutunutki näien likkain varviin,
Näistä emmä muuta saa, kun monta mieliharmii.

Tyttö. Mahoit olla tulematta, olla kotonasi;
Ei sua tänne toivottu, ei tietty tuloasi.

Poika. Ei nyt auta, ei nyt auta, ei nyt auta mitään,
Luotu olen lähtemään ja lähteä mun pitää.

Tyttö. Toki saatki lähteä ja parempi oisi ollut,
Kun et oisi ollenkana tähän kylään tullut.

16. Vihaava ystävä.

Oli minullaki ennen ystävä,
Nyt on mulla vihamies.

Toinen istuu jo kultani sylissä,
Toinen suuta jo antelee.

Kuinka taiat nyt mua vihata,
Kun ystävät olimma?—

Kuinka taitaa silmäni katsella
Toista kultani sylissä?

Näin suurella syämeni surulla
Nimeäs minä muistelen.

Näin suru minun syäntäni vaivaapi,
Pois ei lähe mielestä.

Voi jospa se rakkauen kipenä
Nyt vieläki eläisi!

Ja Herra nyt tälläki hetkellä
Sinun mielesi kääntäköön!

17. Petetyn kirous.

Kirotut olkoot sormet, joill' oven avasit,
Kirotut käsivarret, joilla minua halasit!

Kirotut kaksi jalkaa, joill' olit astuva,
Kätesi myös kirottu, jolla koskit minua!

Kirotut kanssa silmät, joilla minua katselit,
Kirottu viekas kieli, jolla minua viettelit!

Voi suurta surkeutta, johon olin joutuva!—
Kukas sen niin nyt käyvän olis tainnut uskoa.

Kun saisin pienen paatin, aalloille laskisin,
Ja koko kotimaani iäksi jättäisin.

Tahi saisin pari lautaa ja maata pikkuisen,
Mullassa maatakseni uneni ikuisen.

18. Nauru ja itku.

Astelin kaunista kangasta myöten,
Heliätä rannan hiekkoa myöten.

Poro minun pölysi polvilleni,
Heliätä hiekkoa helmoilleni.

Menin minä siitä siskoni luoksi,
Sisko se ulos mua vastahan juoksi.

Siskoni vei mua kamarihin käymään,
Toi sitte ruokaa ja käski mun syömään.

Söin palan eli puolen arvoltani,
Kysyin minä siskolta armastani.

"Armahasi ei ole ollunna täällä;
Maatapa taitaa marjojen päällä."

Kävin minä armasta katsomahan,
Sisko se sivullani astumahan,

Armahani makasi paarten päällä,
Silkkinen vaate oli silmien päällä.

Sisko se käski mua nauramahan
"Taiat sa toisenki armahan saaha."

Olisinpa nauranut armastani,
Vaan empä jaksanut itkultani.

Suu minun nauroi, syämeni itki,
Veet ne vierivät poskia pitkin.

Veet ne vierivät poskia myöten,
Kulki kun virrassa koskia myöten.

19. Rannalla itkejä.

Läksin minä kesäyönä käymään
Sihen laksoon, kussa kuuntelin päivää,

Kussa lintuset laulaa,
Metsäkanatki ne pauhaa,
Ja mun syämeni etsi lepoa ja rauhaa.

Katsoin minä alas vetten puoleen,
Näin rannalla tytön kauniin ja nuoren,
Joka istui ja itki,
Katsoi aaltoja pitkin,
Ja hän oli surullinen joka hetki.
"Mitä itket sä raukka rannalla yksin?—
Ja sun silmistäsi veet vierivät nytkin.
Mikä tuska ja vaiva
Sinun syäntäsi kaivaa?
Ei anna syänyölläkään hoivaa."

Hän vastasi: "sepä suru mua vaivaa,
Kun ei koskaan tule takaisin se laiva,
Jossa kultani kulki
Poikki aaltojen julki,
Minun jätti ja surun syämehen sulki.

Jo nyt outellut olen viikkoa kaksi
Juuri tyhjään, näy ei tulevaksi;
Mikä mahtanee olla!—
Jopa taisiki kuolla,
Vain on vankina meren toisella puolla."

Ja hän katseli vähän aikaa vielä,
Näki aalloilla pilven punertavan siellä;—
Pilvi ei ollut vainkaan,
Tunsi kultansa laivan—
Ylistetty nyt luoja maan ynnä taivaan!

20. Varpusen olut.

Näin minä unta maatessani,
Varpusen panevan oltta;
Munankuori oli kuurnana,
Ja tuohta hän ruukasi polttaa.
Ja koska hän oluensa valmiiksi sai,
Hän itsensä siitä nyt humalaan joi,
Ja pani ala räystähän maata.
Räystähän alla hän nyt makasi
Ja synkiähän unehen vaipui,
Kissa hänen nukuksissa kohtasi
Ja käpälällä selkähän tarttui;
Varpunen unestansa havasi,
Kun kissa häntä repi ja raateli,
Ja kuolema ahisti häntä.
Varpunen itkuhun puhkesi
Ja rukoili hartahasti:
"Elä kissa kulta nyt minua syö
Ja tapa näin surkiasti!"
Vaan kissa se hänelle vastasi näin:
"Ei vainen sun varpunen hyvin nyt käy,
Sen olen minä näyttävä kohta."

Kissa se käpälätään kohotti,
Ja varpunen tuiskahti tuuleen:
"Panin minä kerta vähän olutta,
Sen sanon minä kaikkein kuulten;
Vaan kun ei siitä tullut parempaa,
Kun että olin henkeni kaottaa,
Niin olkoonpa viimeinen kerta."

Kun varpunen pois oli lentänyt,
Läksi kissa häntä tavottamahan;
Hän hyppäsi korkialle vuorelle,
Ja sieltä hän putosi maahan;
Senkaltaisellapa pauhinalla,

Pa-pa-pa-pa-pa-pa-pa-pa-pauhinalla,
Lopun tämä elämä saapi.

21. Häälaulu.

Koska piämmä häitä,
Elkäm' unohtako näitä
Hyppimiä, tanssimia, kun on vanhuuesta tapa!
Pari kaunis, ihan valmis,
Käy nyt tanssihin kanssa;
Ilotellen, riemutellen tanssikate nyt kaikki!

Väki morsianta katsoo,
Imehellä myös tahtoo
Koreutta, kauneutta, kun on morsiamen päällä:
Ruunu päässä, palmut käässä,
Kulta rinnassa kiiltää,
Hopiapaulat, ketjut, vaulat, hyvin kaunihit kaikki.

Iloisesti nyt vieraat
Kävelevät niinkun herrat,
Hyvä ruoka, jalo juoma, joka hengelle valmis.
Pojat piltit, tytöt kiltit,
Yhä tanssia pyörii,
Syän palaa, sano salaa: "jos ois omat nämät häämme."

Ukot ei tule joukkoon,
Akat pakenevat loukkoon,
Naurelevat, katselevat iloleikkiä nuorten.
Heki ennen eivät menneet
Poies polskasta kesken;
Iloisesti, riemuisesti heki hyppivät silloin.

Sitä muistakame kaikki,
Parikunnallemme ratki
Hoikotella, toivotella, siunausta Jumalalta,
Joka ensin itse vissin
Aviokäskyn sääsi,
Evan pienen pani viereen Adamille paratiisiin.

Perillisiäki kanssa
Jumal' aina armostansa
Heille suokoon, ynnä tuokoon kasvamahan kaunihisti,
Hyvyyessä, siveyessä,
Jost' on kunnia heille,
Maalimalta, kaikkialta, ilo enkeleillä kanssa.

Sitä toivotamme vielä,
Ettei Herra heiltä kiellä
Ajallista, tavallista, mitä tarvitsevat täällä
Hengen eloks, välimenoks,
Kun on ruoka ja juoma,
Vaate verho, talo kerho, sekä tarpehia muita.

Jumal' Abrahamin juuri,
Isakinki Herra suuri,
Jakopinki, jokasenki, anna parillemme tälle
Siunausta, suojellusta,
Hä'ät, tuskat poies poista,
Pitkää ikää heille lisää hyvän terveyen kanssa.

Ja kun päättyvi kerran
Tämä elo, nimeen Herran,
Vajavainen, tukalainen, tämä vähä ajan vaihe;
Elo toinen, parempainen,
Jumal' anna taivahassa,
Muuttumaton, puuttumaton ilo enkelien kanssa.

22. Laulu, olut ja viina.

Löytyvi kultaa kupiksi,
   Jos talonpoika tahtoo,
Hopeeta housun napiksi,
   Ken kaluksi sen katsoo;
Löytyy myös sanoja virsiksi,
   Kun etempätä etsii,
Ja laittelevi lauluksi,
   Runoiksi tehä viitsii.

Vaan aina tulee varata
   Ne monet väärät värsyt,
Ettei laki sua sakota
   Ja pane pahat reisut.
Niin saapi laulaa helistä,
   Ett oikein seinät soipi,
Olutta juoa välistä,
   Kun kallo kantaa voipi.

Se mielen tanssiin taivuttaa,
   Antaa myös vähän voimaa;
Kyll' uni muuten uuvuttaa,
   Jos välill' ei saa hoivaa.
Ja teki, neiet naitavat,
   Sen kernahasti suotta,
Myös ootta yhtä taitavat,
   Jos itse vähän juotta.

Miehellen ei myös mitään tee,
   Jos ryypyn, kaksi ottaa,
Vaan kolmas mieltä koittelee,
   Ja neljäs älyn voittaa;
Viinasta ei tule viisaus,
   Kun sitä paljo ryyppää,

Vaan kevyt luonto, kerkeys,
Sen kanssa olla pyytää.

23. Mutkainen matka.

Läksin hevosen ostoon,
Senki kovaan kostoon;
Oli mulla rahoja säkki,
Tuli sitte ilta äkkiin,
Tahottiin minua tappaa,
Rahani poies lappaa,
Minä pääsin pakoon
Vahvan vaaran rakoon.

Yhyin sitte yhteen kylään,
Senki sangen hyvään;
Menin yhteen taloon,
Senki sangen jaloon;
Menin ulkoa tupaan,
Ilman muuta lupaa.
Sanoin mie: hyvää iltaa,
Putosin pääni siltaan,
Ramppasin oven ramppii,
Aloin sitte tanssii;
Panin säkkini naulaan,
Aloin sitte laulaa.

Miniä perässä makaa,
Ei hän unesta takaa,
Heräsi toki tuosta,
Alkoi minulle haastaa:
"Mistä sinä olet miesi?"—
Minä sanoin: "Hiisi tiesi."
Sanoi hän minulle hiljaan:

"On meillä alla sillan
Kellari syvä ja suuri,
Sinne on murhattu juuri
Ennenki monta miestä,
Ku ei päässyt pois eestä."

Niin minä talosta karsin,
Matkalle heti marsin,
Yksinäni halkiöisin,
Tuskinpa tien minä löysin.
Lippasin sitte linnaan,
Saksan kanssa rinnan;
Saksa se minulle sanoi:
"Onko sinun miesi jano?—
Osta viinaa sarkka,
Maksaa kolme markkaa;
Olutta tuopin täysi,
Niin saat hyväksi pääsi."

Marakatti pöyältä katsoi.
Päälleni rännätä tahtoi;
Minä häntä jalalla potkin,
Ruoskalla selkään sutkin.
Läksin sitte kotihin tuolta,
Tiell' olin nälkään kuolta;
Vaan tuli talo vahva,
Siin' oli jalo rahvas,
Emäntä ruokaa laittoi,
Leipeä pöyälle taittoi,
Söin minä mahani täyen,
Läksin sitte kotiin käyen;
Siit' oli mieleni paha,
Rosvot oli vieneet rahan,
Enkä mä hevoista saanut;
Parempi kun oisin maannut,

Ollunna, ajan senkin,
Pitkänä päässä penkin.

24. Neion valitus.

Ehkä tämä Neion valitus jo ennestäänki löytyy edellänimitetyssä
Topeliuksen kokouksessa melkein yksillä sanoilla präntättynä, niin
emme kuitenkaan ole tahtoneet, emmekä tainneet sitä tästä
nykysajan runoelmanäytteestä erottaa, koska se paremmin kun
moni muu todistaa, vanhan kansanrunollisen sulon vieläki hengissä
olevan.

Eipä mene mielestäni,
Eikä muistosta murene,
Armias ihana aika,
Jona lauloin ollen lassa,
Pikku piikana visersin,
Ilolla ihanan linnun,
Leipojaisen leikitsevän,
Tuolla pilvien povella,
Vapaana, vaivatonna.

Vapaa vaivoista poveni,
Tuuvin ennen tuulen lailla,
Kiiätin kipunan lailla,
Lennin lehtenä lehossa,
Perhosena pyörtänöillä;
Mehun maistelin makian
Kukan kultaisen kupista,
Hopealta hohtavaisen.

Istuin ilona aholla,
Mehumiellä mättähällä,
Istuin kukkana keolla,

Lempeästi leikitellen
Suloisten sisarten kanssa,
Tyvenesti tuuvitettu
Tuulen hengeltä, tulevan
Metisestä mantereesta.

Levon kuvana leholla
Nukuin nurmilinnun lailla;
Rauha rakkahin rakensi,
Siirsi vierehen siansa,
Eikä untani uhannut
Huolilla heräjävillä,
Näillä suurilla suruilla,
Povea nyt polttavilla.

Empä tieä, enkä taia
Selkeästi selvitellä,
Mikä juoksi mieleheni,
Mikä aivohon osasi
Aivan ankara ajatus,
Mikä syttyi syämeheni
Tuli ennen tuntematon.
Kun ma vuotta viisitoista
Olin jättänyt jälelle,
Nousi nousulla nisäni,
Suihtui outo syämeheni,
Huoli uusi huivin alle,
Pullistuvahan povehen.

Niin nyt on tukala tuvassa,
Mieli raskas mantereessa;
Löyä en armoa aholla
Enkä lehossa lepoa,
Eikä onni oksapuien
Asu mustan varjon alla.
Vaiva vaivuttaa levolle,

Vaiva vaivaapi uneni;
Vaiva herättää valolle,
Uuen päivän paistehelle.

Tuolla sytevi, syämen
Peitetyissä pohjukoissa,
Toivon tuli tuntematon,
Tuli outo ja tukala,
Jot' en saata sammutella,
Enkä raski raiskaella.
Tuonne kiiruhtaa kivasti
Kaikki kieleni tarinat,
Tuonne aivoni ajatus,
Tuonne suosio syämen,
Toivon poluille pimeän,
Ahtahille aavistuksen,
Syämelleni suruisten,
Syämelleni suloisten.
Kaikki kaikissa ajatus,
Yks' on aina arvollinen
Täytten tarvetten seassa,
Yks' on tarve toivottava,
Syämelleni surunen,
Syämelleni sulonen.

Näistä edellisistä lauluista lauletaan niitä seitsemää ensimäistä
melkein yli koko Suomen maan, ehkä ei aina ja joka paikassa
yhdellä tavalla. Karjalasta saatuja ovat laulut 8, 9, 10———-15, 18,
23, joita kuitenki myös usiampia Savossa ja muuallaki Suomessa
eritavoilla laulellaan. Hämeestä kirjoitettuja ovat 16, 17; Uudelta
maalta 19, 20; Savosta ja Savonrajaiselta Pohjanmaalta ja
Satakunnasta 21, 22, 24.—Kuusi 1:mäisen laulun alkuvärsyä ja
koko 2:nen laulu ovat ruotsinkielisten lauluin mukailemata [3] ja
melkein näyttää siltä, kun olisi myös lauluilla 3, 4, 9, 20,
ruotsalainen alkunsa, joka sama arvelu miks' ei sovi lauluihin 5, 6,

19. Viimeksi nimitettyä kuulimma lassa syntymäpaikoillamme lauleltavan, jota myöten sen olemma kokeneet korjaella muistostamme, kosk' ei saanutkaan silloin kirjoitetuksi.

Jos nyt tarkemmin tutkimma näitä nykyisajan lauluja vanhanaikaisten rinnalla, niin ylipäänsä saatamma sanoa, että ovat kehnompia laadustaan, ei ainoasti kielen vuoksi, vaan muunki laulusomuutensa. Lyhyitä tavuita löytään usein pitkiksi venytettynä ja pitkiä lyhytten siaan pakattuna, jonka ohessa sanojen yksialanta (allitteratio) on sattumoissa. Tavallisesti on niissä myös paljo katkastuita sanoja, jotka näistä näytteistä kuitenki olemma kokeneet pois karsia, jossa työssä niiden monet toisinnot kokonaisemmilla sanoillansa ovat avuksi tulleet. Niin on muuki laulusomuus näissä kehnompi, kun vanhanaikasissa, ainoastaan nuottiensa moninaisuudella voittavat ja niidenpä tähden kyllä ovatki niin tavallisiksi tulleet. Oikiassa laulussa ei pitäisi kumpasenkaan, ei sanan, eikä nuotin, yksipuolisesti vallita, vaan keskinäisessä sovussa ja yhteydessä toisensa kanssa elämän. Tästä yhteydestä ovat nykyisaikoina kuitenki sana ja nuotti erinneet ja edellinen jäänyt oppineitten runoteelmissä melkein itsevaltiaksi, jälkimäinen nykyisissä kansan lauluissa. Sana ja nuotti, alusta sisaria, nyt useinki kaipaavat toistansa ja itkevät yksinäisyydestänsä, sanoen:

> Kaks' oli meitä kaunokaista,
> Emon tuomoa tytärtä,
> Vanhemman varustamata,
> Kaksi siivoa sisarta;
> Käsikkähä me kävimmä,
> Sormikkaha me sovimma,
> Kilpoa kiven etehen,
> Rinnan riihihuonehesen.
> Pois on mennyt meistä toinen,
> Toinen suuresti surevi,
> Itkevi ikänsä kaiken,
> Ajan kaiken kaihoavi.

Syy sihen, että nuotti nykyisissä kansan lauluissa on sanan ylitse vallan saanut, on sama kun kaiken muunki yhteisen elämän muuttumiseen entisestä laadustansa. Entinen yksinkertaisuus tavoissa ja elämässä menee vuosi vuodelta alle ja palkitaan ulkonaiselta, silmään pistävältä koreudelta; vanhanaikaiset vahvat ja lämpimät, harmajat eli valkiat sarkakauhtanat uusilta, painetuilta, ohuilta, kehnotekoisilta takeilta; honkaiset, lujat, maalaamattomat seinät punaisilta, ohuilta ja kylmiltä kyhäyksiltä; mustat, savuttuneet kanteleet korioilta, kiiltäviltä viuluilta.

Kun siis tavat ja elämä muussaki kohdassa ovat muuttuneet, niin ei saa oudostua entisen laulunki muutunnasta nykyiseen, sillä laulut, jos ovat luontaisia, ei teeskeltyjä, kuvaelevat aikoja, joina syntyivät, yhtähyvin, ja ehki paremmin, kun moninaiset muut kuvaukset. Ei muuksi kun naurettavaksi tekeytyisi se, joka, elettävätä aikaansa ei arvaava, karsaasti katselisi kaikkia, missä ei ole entisen ajan muotoinen. Kullaki ajalla on oma luontonsa, elämänsä ja muu olentonsa, eikä entistä aikaa saada takaisin kääntymään, jos kuinka körteistä vedettäisi. Tätä emme nyt kuitenkaan sano nykyisten aikain ylistykseksi entisten suhteen, vaan ainoasti niiden vuoksi, jotka aina surevat entisen kuusen maahan kaatumista, eivätkä arvaa, että vesasta voipi uusi puu yletä, jos sitä ei jalkoihin tallata.—Niin nykyisestä Suomen laulustaki, ehkä kuinka kehno ja vähäarvoinen se onki, voipi parempiarvoinen laulu yletä, jos sitä taitavasti hoidellaan ja korjaellaan, ei kokonansa jaloissa potkita. Vanhalla laululla on jo pian ikänsä eletty, ja uusi laulun vesa onkasvamassa, mutta moni toisi mielellänsä Ruotsista eli muualta täysikasvaneita puita Suomen laulutarhaan istutettaviksi, eikä odota vesan kasvamista, tahi ei arvaa siitä mitään tulevan, jonka tähden sen huoletta heittääki. Meidän toivotuksemme on, että Suomen uusi laulu perustettaisi vanhan laulun kulmakiville, vaikkemme sentähden katso sopivaksi, että koko rakennus tulisi sen entisen pian raukeavan, paikoin jo rauenneen, mukaiseksi. Multimusten siaan voipi hyvin panna kivijalan, erinäisiä huoneita sopii väljentää, akkunoita suurentaa, uloslämpiävä muuri kiukoan ja reppänän siasta raketa, koko rakennus korottaa ja vieläpä seinätki ulkopuolin punata. Ettei tätä uutta rakennusta vielä ole millään paremmalla onnella alotettu, sen todistaa ne moninaiset sekä mielettömät että kielettömät, niin hengelliset kun maalliset arkkiviisut, joita vuosi vuodelta joukottain ilmautuu maahan. Sen todistaa myös seki, että oppineitten tekemistä runoista ja lauluista ei ole mainittavasti mitänä kansan runoiksi ja lauluiksi ruvennut, johon, Suomen kansan lauluhalua muistellessamme, lienee se ainoana syynä, että ovat ulommaksi kansan mielestä, tavoista ja ennen tutusta laulusta hairahtaneet, kun mitä kansa tuntisi omaksensa eli muuten voisi omistaa. Se on Karjalassa kahdapuolen valtarajaa, jossa talonpoikainen kansa paremmin kun muualla oikian arvonsa tunteva, ei vielä ole herrasväen häntään tunkeunut. Siellä on vielä usiammilla vanhanaikaisilla tavoilla arvonsa, siellä, niinkun jo edellä sanoimma, vanhoilla lauluillaki pesänsä. Herroja kun sinne ei vielä ole joka mökkiin asettautunut, niin siitä on talonpoikainen kansa saanut vanhat tapansa rauhassa suojella. Vieläpä on itse herrasväkiki, missä sitä siellä on, enimmästi siksi tottunut talonpoikaista elämää näkemään, ettei ylipäänsä tuomitse kaikkia kansan tapoja. Niin itse kansan lauluissaki. Mamsellitki välistä laulelevat niitä, eivätkä pelkää suunsa siitä pahaksi pilautuvan, jos kyllä toisia löytyy sielläki, jotka pelkäävät. Usiamman olemma myös kuulleet kantelettaki soittavan, ilman sormiensa kuluntaa varomatta eli soittoa muuten talonpojastamatta.

Jo alussa tarpeeksi asti kerrottuamme Suomen erinäisistä runolaaduista, emme enää huolikaan muista, kun näistä, nykyisessä kokouksessalöytyvistä, lauluista ja virsistä puheeksi ottaa. Ylimalkaisesti on näissä yksinäisyys ja surullisuus läpikäypänä aineena, ehkei kuitenkaan niin, ettei toisinaan iloisempiki mielenlaatu ilmoittaisite. Muutamassa laulussa kuvailee tyttö surkeuttansa ja sanoo olevan itsellänsä "paian päivistä pahoista, huivit huolen kankahasta"; ja huolen kankahaksi voisi miksi ei koko tätä laulukokousta nimittää. Loimi niissä melkein ylehensä on huolista kehrätty, kude erilaatuinen ollen. Ne ovat verrattavia pilviseen syyspäivään, jona aurinko harvoin pilvien lomasta paistaa pilkuttaa. Niistä sopii sanoa, mitä muuan laulaja itsestänsä erittäin kertoo, sanoen:

> Usein minun utuisen,
> Usein utuisen lapsen,
> Maassa mieleni makaavi,
> Alla jalkojen asuvi,
> Alla penkin pehtelevi,
> Nurkissa nuhaelevi—
> Miel' ei tervoa parempi,
> Syän ei syitä valkiampi.

Sanoimma myös yksinäisyyden olevan näissä alti havattavana, ja niin onki. Peräti toisenlaatuisia lauluja syntyy remuisissa seuroissa ja muissa tiloissa, joissa ihminen ei tunne yksinäisyyttänsä haittaavaksi.— Mutta kun kuitenki ihminen luonnostansa ei rakasta yksinäisyyttä, vaan kanssakäymistä ja seuraisuutta, johon Suomen tytöillä ja pojilla, ynnä muulla maamme kansalla, kaukana toinen toisista erillään asuvilla, ei usein ollut tilaisuutta, niin mielessään vetivät koko luonnon seuraansa, kaikille turhimmilleki aineille hengen ja elämän, mielen ja kielen kuvaellen. Niin usein pitävät puhetta ja kanssakäymistä lintuin, kalain ja muiden eläväin, puiden ja kukkien, kivien ja kantojen, järvien, jokien, lampien ja muiden senlaisten olentojen kanssa. Seuran kaipuussa saivat niistä joka paikalla lässä olevia ystäviä. "Yks' on tuuli tuttuani, päivä ennen nähtyani", sanoo vieraalle maalle joutunut, ja tyttö miehelään lähtiessänsä, kun aavistelee, minlaiseksi syntymäkotinsa, hänen toiste tullessansa, olisi muuttunut, laulaa:

> Muut ne ei minua tunne,
> Kotihini tultuani,
> Kun nuo kaksi kappaletta:
> Alimmainen aian vitsa,
> Perimmäinen pellon seiväs,
> Minun piennä pistämäni,
> Neitona vitsastamani.

Samalla mielellä lohduttaa toinen kodista eroava itsiänsä, sanoen:

> Paistavi Jumalan päivä
> Muuallenki maalimassa,
> Ei isosen ikkunoille,
> Ei veikon veräjän suulle.

Muuan taas yksinäisyytensä ikävässä haastattelee lintua seuraavaan tapaan:

> Tule tänne, pieni lintu,
> Lennä tänne, lintu rukka,
> Haastele halusi mulle,
> Ikäväsi ilmoittele;
> Mie sanon sinulle jällen,
> Haastan mielihaikiani.
> Sitte vaihamma vajoja,
> Kahenkesken kaihojamme.

Minkä osan ottamisen ja kanssakärsiväisyyden onnettomasta tapauksestansa eikö anna tyttö moninaisille eläviksi ajatetuille aineille, kun laulaa:

> Tuota saariki saneli,
> Saaren rannat raukoitteli,
> Tuot' itki ihanat nurmet,
> Ahot armahat valitti,
> Nuoret heinät hellitteli,
> Kuikutti kukat kanervan,
> Tuota piian pillamusta,
> Emontuoman turmellusta;
> Eipä nouse nuoret heinät,
> Ei kasva kukat kanervan,
> Kasva ei sinä ikänä
> Sillä tuhmalla sialla,

Kuss' on piika pillattuna,
Emontuoma turmeltuna.

Ilmanko eläviksi ja mielellisiksi saarta, rantoja, nurmia, ahoja,
heiniä ja kukkia ajattelematta hän sillä tavalla taisi niistä lausua?—
Ja samate se, joka salaisia huoliansa haastellessa ei tiennyt kellen
ilmoittaisi, etteivät kertoisi ulomma, viimein kuitenki tuuman
keksivä, sanoen:

Menen metsähän mäelle,
Puhelen Jumalan puille,
Haastan haavan lehtiselle,
Pakajan pajun vesoille;
Ne ei kerro kellenkänä,
Kuihkaele kullenkana.

Saman ystävyyden ja kanssakärsiväisyyden, jonka ajatuksessansa
luonnolta nautitsivat, osottivat sille takaisin. Niin seki, joka eräästi
ei tieten, minne mättäisi moninaiset huolensa, viimein käskee
korpin niitä poiskantamaan, lampihin hukuttamaan, kuitenki
varomalla, ettei veisi kalallisihin vesihin, sillä:

Kalat kaikki huolestuisi,
Ahvenet alas menisi,
Suuret hauit halkiaisi,
Särén lillit liukeneisi,
Saisi siikaset surua,
Kaikki mustuisi mujehet,
Hänen hoikan huolistansa,
Murehista mustan linnun.—

Mutta muita muistellessa elkäme unohtako käkeä!—Yli muiden
lintujen ja muiden hengellisten eli hengetönten olentojen oli käki
Suomalaisille rakas ja arvossa pidetty—saman arvon vielä tänä
päivänäki nautitseva. Oliko tämä tapahtuva lyhyestä ajastansa
vuoden kauniimmilla päivillä, taikka yksiäänisestä, erinäisiä

huokauksia kuvaelevasta kukunnastansa, taikka seuravajaisesta elämästänsä, johon Suomen kansa paremmin kun mihen muuhun taisi omanki elämänsä verrata?—Arveloamme myöten vähän itsekustaki syystä. Tämän erityisen arvonsa tähden käkeä lauluissa usein muistellaan ja mainitaan kauniimmilla nimityksillä: kultainen, hopiainen, kultakielellinen, kultalintu, hopialintu, hopiarinta, tinarinta, hietarinta, papurinta, Saksan mansikka, Wiron puola j. n. e.—Vähäonniset huolissansa toivottelevat hänen kanssakärsiväisyydestä kovemmin kukkuvan, tytöt milloin kultia ja hopehia ynnä muita koristusaineita suustansa kukahtelevan, milloin ilmoittavan ajan, kuna naitaisivat. Emoton orpo valittaa, ei enää käestäkään iloa itsellänsä emonsa kuoltua olevan, jos kuinka kuuntelisi ja kääntelisihen.—Käen kukunnastapa Wäinämöinenki naulat uuteen kanteleensa kuvasi, ja minkä osan käki ihmisten asioissa luultiin ottavan, osotetaan ehkä silläki, kun runossa asetetaan yksinäisillä sanoillansa koivun latvassa Joukahaisen sisaren hukuntaa suremaan.—Mainitusta kaikenlaisille eläville ja muille olennoille ajatellusta ihmistapaisesta mielestä ja kielestä tulee vielä seki, että usein annetaan lintujen ja muiden elävien eli hengetönten olentojen pitkiä kanssapuheita välillänsä pitää. Sillä tavalla istuvat linnut oikeutta, kissat ja hiiret, revot ja jänikset, koivun ja tuomen tyttäret tarinoivat kaikenlaisia keskenänsä eli ihmisten kanssa. Moni ehkä katsoo aineita ja asioita, joiden kanssa näillä lauluilla on tekemistä, alahaisiksi, vähäarvoisiksi, laulun ansatsemattomiksi. Mutta niiiikun ainaki kansanrunoissa tapahtuu, on myös näissä laulaja tutut, jokapäiväiset aineet valinnut, ei niitä pilvistä eli muista korkeuksista tavotellut—taikka toisin sanoen: tutut, jokapäiväiset aineet ja mielenvaikutukset ovat laulajan laulamaan pakottaneet ja laulut siitä syntyneet.—Kansan runoelmissa mieli harvoin lentelee ylen korkialta pilvistä eli muualta semmoisia lauluaineita tapailemaan, joilla vaan pilvissä, ilmassa ja tuulessa onki kotimaansa, ja perustuksensa laulajan omassa mielessä, silloin tavallisesti olevaki paremmin tuttu pilvien, ilman ja tuulen kanssa, kun tämän varsinaisen elämän. Se, joka halajaa runoelmia semmoisista ylähäisistä aineista, niitä elköön koskaan etsikö kansantekoisissa! Niitä löytään semmoisten korkiaoppisten teelmissä ja laitelmissa, jotka vierahia tälle jokapäiväiselle, alahaiselle elämälle, taikka sitä halpana pitäväiset, sihen siitä syystä eivät puutukaan, vaan mielensä lentimillä kohoten päätyvät viimein kunneki omissa luuloissansa löytyvihin parempihin maailmoihin. He ovat liikaviisaita, joillen ei kelpaa tämä nykyinen Jumalan luoma maailma; sen pitäis heidän mielensä mukaan olla peräti toisenlaisen ja semmoiseksi kuvailevatki.— Mutta se, joka paremman maailman puutteessa ajaksi edes tyytyy tähän oltavaansa elettäväänsä, joka myös halajaa nähdä, tuta ja tietää, milliseksi Suomen kansa sitä arvaa, eli tätä ennen on arvannut, millaiset heidän mietteensä, toivonsa ja yrityksensä siinä ovat,—sillä on näiden laulujen, ehkä alahaisissaki, vähäarvoisissa aineissa kylliksi miettimistä ja oppimista.—Muuten on muistettava, ettei minkään laulun somuus ja kauneus synny aineesta, vaan aineen käyttämästä tahi mielen vapaasta liikunnosta aineita kuvatessansa. Alahaisista aineista ei siis seuraa, että lauluki olisi alahainen, eikä ylähäisistä toisella puolella laulun ylähäisyys; nimi ei pahenna miestä, jos ei mies nimeä.

Itse kirjoitustapaki eli kuvausmuoto näissä ei lentele niin korkialle, kun muutamien muiden, esimerkiksi itäisten kansain runoelmissa. Välistä kyllä vähän sihenki laatuun, mutta ei tavallisesti. Se on jo mainittu lapsellinen luonnon ystävyys ja tuttavuus, joka enimmästi kirjoitustavanki muodostaa. Enempi kun ylisuuntaisuutta rakastetaan vertauksiin ja sanalaskuihin puettua muotoa. Usein tulee niiden kautta lyhyt kirjoitus osottamaan laajoja ajatuksia, joista vaan joku osa on oikein ilmoitettu ja enempi puoli eli muulla, kun jolla kulla sanalla, vertauksella eli sanalaskulla viitoittu. Ainoastaan tottuneet semmoisissa tiloissa näkevät ja keksivät laulajan oikian mielenjuoksun. Usein sanotaan myös jotain peräti toista, kun mielessä makaa, vaan sillä tavalla, että silloinki tottunut helposti arvaa oikian mielen. Monessa laulussa on mieli ilman nähtävätä johdatusta toisiin aineisiin kulkeva, joilla ei näyttäisi paljo yhteyttä ennenlausuttuin kanssa olevan. Mutta tarkemmin tutkiessa löytään silloinki usein joku porras niiden välillä. Ja jos ei aina löyttäisikään, niin muistakame, että se ilmanki

ajatellessa on mielen luonnollinen laatu, usein yhtäkkiä
kaikkinaisiin aineisiin joutuvan, joista, jos kysyt jälestä, kuinka
tulin sitäki ajattelemaan, et itsekään aina taida selvää saada.
Kuinka monta tuhatta ajatusta sillä tavalla eikö vähänki ajan
sisässä toisinaan ajellehda itsekunki päässä? Kuka voi niiden
kaikkien juonnon ja toisen toisesta siitetyn yhteyden selvittää?—
Tässäki kohdassa on siis laulaja yhteistä mielen luontoa seuraava
ja sanoilla kuvaava ajatuksensa ilman varovaisuutta ja pelkoa,
niinkun ne itse työssä ilmoitaksen. Suomen laulun suloisuudesta
emme nyt huolikaan omaa lausettamme ilmoittaa, koska näitä
korjaellessamme vaan olisimma tainneet liiaksi niihin rakastua, ja
lauseemme, jos ei ollaki, kuitenki näyttää yksipuoliselle. Se joka
enemmin halajaa erityisten mietteitä siitä asiasta lukea, kun itsistä
lauluista kokea, lukekoon entisen, kaikista kuulusimman
kotimaamme professorin, H. G. Porthaanin erittäin Suomen
runotaidosta laitettua kirjaa [4], jossa läpensä ylistää Suomen
laulun kauneutta ja suloisuutta. Samalla tavalla ylisti sitä
aikoinansa pispa Danieli Juslenius, lausuen: "Suomen laulun
kauneutta ja vaikuttavaista, sydämen liikuttavaista luontoa emme
taida lyhyellä kertomisella osoittaa, ja jos vielä taitaisimmaki, niin
ei kukaan uskoisi kertomustamme todeksi, joka itse ei ole saman
laulun sisällisimmän luonnon kanssa tutuksi tullut. Se oikein
tulvehtii niin lausettensa kun ajatusten somuudelta, ja ilman niitä
runoa ei arvata miksikään" [5].—Saksalainen tohtori H. R. von
Schröter, joka kolmattakymmentä vuotta sitte käänti ja pränttäytti
saksaksi muutamia Suomen runoja ja lauluja,—nimittää
runostoamme ihmeltävaksi laululähteeksi ja luulee sen kyllä
itsestänsä ystäviä luoksensa vetävän, ettei tarvitse ja kaipaa hänen
erityistä ylistystänsä [6].—Kuitenki oli niin Porthaanilla, kun
Jusleniuksella, Schröterillä ja muilla, jotka senlaisilla lauseilla
runostoamme ylistävät, vaan joku pieni osa siitä tuttu, eikä sekään
kauniin ja paras osa.

Ulkopuollista todistusta ei siis kaipaakaan laulumme
somuudestansa, emmekä juuri pelkää sen sisäpuollistakaan
kaipaavan, jos ken sitä kysyisi. Mutta jos tapaisi lukija toisinaan

semmoisiaki paikkoja, joilla ei näyttäisi kyllin suloa, somuutta ja kauneutta olevan, niin ensiksi muistakoon, ettei olekaan yhden kaunis kaikkein kaunis, ja toiseksi elköön unohtako, mitä itse lauluin tekijät asiasta arvelevat, sanoen:

> Elkäte hyvät imeiset
> Tuota ouoksi otelko,
> Jos mie lapsi liioin laulan,
> Pieni pilpatan pahasti;
> En ole opissa ollut,
> Seisonut sepon pajassa—
> Olen oppinut kotona,
> Oman aitan orren alla,
> Oman äitin värttinöillä,
> Veikon vestoslastusilla.

Vaan jos joku kysyisi, mintähden semmoisina, opistaan ja taidostaan eli muusta mahdistaan, epäilevinä, rupeavatkaan laulamaan, niin vastaavat vieläki laulajamme:

> Emp' ois outo ollenkana,
> Saattamaton saanutkana,
> Ruvennut runon tekohon,
> Vaan tuli iso ikävä—
> Se minun pani pakolla,
> Sepä työnti työntämällä.

Saman sanoivat jo vanhuudestaki, taikka:

> Kyllä huoli virttä tuopi,
> Mure virttä muistuttavi,
> Kaiho kantavi sanoja,
> Mielalaset arveloita.———

> Laulan hoikka huolissani,
> Ikävissäni ilotsen,

Panen pakko päivissäni,
Jott' on iltani kuluisi,
Aamuni alimenisi,
Huopeneisi huomeneni.—

Ja sanotaanpa sanalaskunki tavoin: luotu on lintu lentämähän, huolellinen laulamahan.—Ei siis pitäisi kenenkään oudostuman sitä, jos toisinaan saatostansaki epäilevinä antautuvat laulamaan, kovalta ikävältä, raskailta huolilta eli vielä muiltaki syiltä pakotettuna.—Peljättävästi on myös monen laulun kanssa aikain muuttuessa tainnut käydä, kun tytön kanssa, joka vanhemmilla päivillä itsestänsä muistutteli, sanoen:

Oli mulla muoto muiden,
Oli muoto muien rinnan,
Kun ma notkuin nuorempana,
Hersyin heinän karvallisna.—
Olin ennen, kun olinki,
Olin armas aikoinani,
Kaunis kasvinpäivinäni;
Olin kun omenakukka,
Tahi tuores tuomenkukka,
Tahi mansikka mäellä,
Puola polttokankahalla.

Jo kyllä kahdestiki tätä ennen olemma maininneet, missä näitä lauluja tätä nykyä enimmästi tavataan. Jos Karjala myös on heidän varsinainen ja ainoa syntymämaansa eli vaan jälkimäinen piilopaikkansa, siitä välistä olemma havanneet kahta'alle ajateltavan. Amerikan villit kansat pakenevat tuo tuostaki Euroopalaisten edestä synkempiin erämaihinsa ja nämät luonnon synnyttämät ja kasvattamat laulut lienevät samalla tavalla ulkoa maahan tulleen sivistymisen jaloista aina edemmä ja edemmä vetäyneet, sillä lailla nyt ainoastaan Karjalassa löytyen.— Talonpoikaiset lapset jättävät ilonsa ja lopettavat leikkinsä lattialla, ujostellen loukkoihin rientäen, kun herrasväkeä tulee tupaan; niin arvelisimma myös näiden eli muiden samanlaatuisten lauluin yli koko Suomen muinaan leikkinsä lyöneen, vaan sitte jo sanotusta syystä nykyiseen piilopaikkaan väistyneen, entisestä olostansa muilla paikoilla ei paljo muuta, kun jälkiä ylehensä käyvissä sanalaskuissa jättäen. Karjalassa ovat toki siksi vielä säilyneet, että, vaikka kyllä vanhat ihmiset valittavat niiden lapsuutensa armahien ylenkatseesta, niitä kuitenki vielä kaikilla ijillä ja kaikissa tiloissa laulellaan. Lapsilla on erityiset laulunsa, nuorilla naimattomilla erityiset, naineilla erityiset ja erityiset ikäkuluilla vanhoillaki, paitsi mitä siitä laadusta on, että lauletaan yhteisesti usiammilta eli kaikiltaki. Samate on lauluja erittäin pojilla, erittäin tytöillä, erittäin miehillä, erittäin naisilla, erittäin ukoilla, erittäin akoilla. Yksipuolisuutta peljätessämme emme taida yhtä lajia näistä toistansa paremmaksi kiittää. Jokaisella lajilla on omat sulonsa ja kauneutensa, niin esimerkiksi lastenki lauluilla, joita luetaan ensimäisen kirjan lopulla. Moni taitaisi niitä kehnommaksi arvata, kun mitä pränttiin toimitettaisi, mutta kuitenki ovat ne lapsilla niin rakkaat ja kauniit mielestänsä, etteivät paljo muita lauluina pidäkään, kun semmoisia heidän mielensä ja älynsä mukaan juoksevia. Se on itseensä hämmentynyt viisaus, joka lapsille muuta taritseekaan, kun minkä älytä voivat, taikka joka katsoo sitä vesalle sopimattomaksi, että tuulen mukaa heiluu sinne tänne, eikä asu kun täysi puu jäykkänä, kankiana. Lapsilla on omat mielensä, omat halunsa, omat työnsä,taitonsa ja laulunsaki, ja sen mukaan pitää kaikkia heihin koskevia arvattaman.—Mainitut lasten laulut ovat kun ensimäinen luokka Suomen laulukoulussa. Semmoisia ovat kaikki parahimmat runoniekat lapsuudessansa laulaneet, juuri niistä laulun luontoon tottuneet ja mieltyneet. Muu laulukoulu sitte on itsekullaki ollut niinkun siitä eräs laulaja kertoo, sanoen [7]:

> Omat on virret oppimani,
> Omat saamani sanaset,
> Tiepuolista tempomani,
> Risukoista riipomani,
> Kanarvoista katkomani,

Vesoista vetelemäni,
Kun olin piennä paimenessa,
Lassa lammasten keralla,
Metisillä mättähillä,
Kultaisilla kunnahilla.—
Tuuli toi sata sanoa,
Tuhat ilma tuuvitteli,
Virret aaltoina ajeli,
Lausehet vetenä vieri.

Muuta erityistä laulukoulua Suomalaisilla ei kyllä ollutkaan. Sillä vaikka laulukouluistaki Suomen runoissa ja lauluissa toisinaan muistellaan, niin niillä arvattavasti ei ymmärretä muuta, kun mikä vieläki maassa on tavallinen, että toinen opettaa toiselle laulun ulkomuistilta laulettavaksi. Sillä tavalla ymmärrettävä lienee kyllä seki toisessa kirjassa präntättävä laulu, jossa tyttö kertoo pienempänä eräälle akalle muutamia lankakeriä ja rätsinän eli paidan laulun opetuspalkasta antaneensa, vaan jota tuhmuutta suuremmaksi tultuansa katuu, kun ilmanki akkojen opetuksitta havatsi huoltensa kyllin virttä jatkavan, niillä samoilla sanoillansa sitä oikiata, joka paikassa tilallista Suomen laulukoulua osottava, josta jo ehki kylliksi olemma edellisissä lehtilöissä maininneet.

Suomen laulun iästä eli vanhuudesta emme taida muuta sanoa, kun että sen juuret katoaa menneisiin ylimuistoisiin aikoihin, latva näihin nykyisiin aikoihin koskeva. Niin näistäki tässä kokouksessa löytyvistä monella kyllä on suuriki ikä, ehkä vuosituhansia seljässä, vaan toiset taas eivät ole kovin vanhoja. Vangittu pannu [8] esimerkiksi ei voi olla vanhempi yhteistä viinakieltoaikaa kuningas Kyöstä III:nnen hallitessa. Koiteren järven rannalla eli pari vuotta sitte ja taitaa vieläki elää vanha 80:vuotinen akka, Mateli Kuivalatar, joka muutamista muilta kerätyistä tyttöin lauluista, kun niitä hänen kuullaksensa luimme, sanoi: "no vieläkö nyt sitäki maassa muistellaan ja ken sitä teille lauloi?—Minä sen ennen nuorra tyttönä ollen tein."—Akan ilman syytä entisestä lauluteostansa kehuneen emme uskokaan, sillä siinäki iässä oli vielä hyvä laulaja ja toiseksi niitä tekemäksensä sanotuita tyttöin lauluja ei juuri laulettukaan Ilomantsia ja Lieksan rajakyliä ulompana. Ainaki lauluin ikää tutkiessa luulisimma jonkun osviitan niiden nykyisestä olopaikasta saatavan. Mitä laajemmalta usiammissa eripaikoissa kutaki laulua lauletaan, sitä vanhemmaksi luulisimma, ja enimmiten lauletaan niitä laajemmalla, joilla on enempi toisinnoita. Tämä on ylehensä sanottu, ei sillä mielellä, että se sopisi joka ainoaan erityiseen lauluun niin yhdessä kun toisessaki kohdassa.

Että Suomen laulutaito on kansan omituinen siittämä, synnyttämä ja kasvattama, ei ulkoa peritty, sen jo osottaa Suomen laulun omituinen muotoki ja kaikki erityinen laatunsa toisista rinnalla kasvavista sisaristansa, Ruotsin ja Venäjän lauluista. Ruotsilla ei ole paljo tämmöisiä mielen suoria ja selviä osotuksia lauluissansa, vaan kun jostain laulavat, pukevat asian kertomatapaan, taikka tarinoivat jostain toisesta, johon ajatuksessa itsiänsä vertailevat. Heidän laulunsa paraasta päästä ovat sitä laatua, kun virsilaulut tämän kokouksen kolmannessa kirjassa, ehkä kyllä niidenki luonnosta paljo eroavaiset. Enimmät Ruotsin kansanlauluista ei olekaan perijuurin kansan tekoisia, vaan ylhäisemmän osan kansasta, Ruotsin muinaisen herrasväen laatimia. Kansa sitte tavoissansa, siisteydessänsä ja muussa elämässä herrasväen tavottava pakkausi tilalle, herrasväki siirtyi edemmä ja jätti tahallaan eli unohduksesta laulut jälkeensä, jotka kansa omisti, korjasi ja säilytti—siitä niitä nyt kansanlauluiksi nimitetään, semmoisia enin osa ei alkuansa ollen. Omituisia, alkuperäisiä kansanlauluja Ruotsilla meidän tiedosta on ylen vähä, neki harvoin minkään veroisia. Venäjän laulu, ehkä vähä enemmin Suomen laulun sukulainen, kuitenki paljo erotaksen siitä, niin että, kun jo sanoimma, Suomen laulua ei taita muuhun kun itseensä verrata, juuri tämä itseisyytensä sen vanhaa ikääki todistava. Viron laulujen yhteydestä Suomen laulujen kanssa olisi enemmin kirjoittamista, kun mihin tässä esipuheessa aikauisimma. Ne alkuansa eivät olleetkaan erotettuja välillään, vaan yksiä lauluja, sitte kansan erotessa laulujenki toisistaan vieroten. Tämän eron jälkeen näyttää

Suomen laulu, niinkun itse kieliki, paljo paremmin alkuluonnossansa pysyneen, muuten on se myös kaikella tavalla taitavampi ja runsaampi Viron laulua.—Muiden kaukaisempain kansain laulujen verralla vielä vähemmin rupeamma Suomen laulua tutkimaan, ehkä kyllä seki ei taitaisi sopimaton olla. Sen siasta panemma tähän näytteeksi eräitä muukalaiskansain lauluja, joille kuitenki sitä ennen olemma kokeneet suomalaisen puvun antaa.

Seuraavalla tavalla sanotaan Lappalaisen matkalla armahansa luoksi laulaneen [9].

    Paista päivä, armas päivä,
Paista päälle Orra lammin,
Että kultani näkisin
Orra lammin laitehella.

    Ei niin mäntyä mäellä,
Eikä kuusta kukkulalla,
Jonk' en latvahan kapuisi,
Kun vaan kultani näkisin.

    Oksat poies otteleisin,
Joka lehvän leikkoaisin—
Oksat kaikki kaunihitki,
Kaikki lehvänsä leviät.

    Oisko linnun lentoneuot,
Kohottimet kotkalinnun,
Lenteleisin, liiteleisin
Orra lammin laitehelle.

    Vaan mitä miehellä minulla,
Kuta kurjanpäiväisellä!
Ei ole siipeä variksen,
Jolla luoksesi tulisin.

Jo olet viikon vuottanunna,
Kaiken kaunoisen ikäsi,
Sinisillä silmilläsi,
Metisellä mielelläsi.

Vaan vielä sinun tapoan,
Vielä istun vieressäsi,
Vaikka minneki menisit,
Kunneki kulekseleisit.

Kova on kahle, rautakahle,
Luja köysi, liinaköysi,
Rakkaus sitäi kovempi,
Lujempi siet syänten.

Eskimaalainen (Amerikan kylmässä, pohjaisessa maanääressä)
ilmottaa surunsa ystävänsä kuolemasta tähän laatuun.

Voi minua mies poloista,
Kun nyt näen istumesi
Tyhjänä tuvassa tässä,
Asuntosi autiana.

Pois on mennyt ystäväni
Pimiähän maanpovehen,
Muuttanut Manalan maille,
Käynyt Kalman kartanohon.

Jota ennen iltasilla
Vuotin iltani iloksi,
Kävin vastahan kujilla,
Koska kuulin kulkevaksi.

Tullut ei tyhjänä kotihin,
Tuli täyellä venolla—

Veen. koiria venossa,
Lintusia liiatenki.

Joista äiti joutusasti,
Keitti liemen kerkiästi;
Ruoan runsahan rakenti,
Laitti muille ja minulle.

Kun näki lahella laivan,
Punamaston purjehtivan,
Oli luona ensimmäisnä,
Laivan laialla lähinnä.

Veen koiransa komiat
Kanto kauppiaan kätehen,
Toi parahat liinapaiat,
Nuolet rautaiset nopiat.

Vaan miss' on nyt ystäväni!
Voi kun muistuu mieleheni,
Suru särkevi syämen,
Huoli rinnan raatelevi.

Voi jos vierisi veteni,
Tahi itku irtautuisi,
Niinkun muilta muutamilta;
Ehkä huoli huopeneisi.

Tahi jos kuolisin mináki,
Kaatuisin katala raukka;—
Vaan kuka kantaisi surua
Vaimostani, lapsistani?—

Niin mahan majoilla näillä
Vielä viipyä vähäisen,

Vaikk' on mennyt mielestäni,
Ilo poikennut iäksi.

Lithovilaisen morsiamen laulu syntymäkodistansa eroava, äitinsä jättävä.

Enkö jo sanonut äiti,
Sanonut saoinki kerroin:
Hanki tänne tyttö toinen
Kutojaksi, keträäjäksi;
Jo olen kyllin keträellyt,
Kyllin kankaita kuellut,
Kyllin pessyt pöytiäsi,
Kyllin laassut lattioita,
Kyllin kuullut äitiäni,
En kyllin anoppiani,
Kyllin heiniä haraillut,
Kyllin laitellut lapoja,
Kyllin kukkia keräillyt,
Seppeleiksi selvitellyt.—
Nyt ne ei kukat koriat
Kauan päässäni kahaja,
Ei siniset silkkinauhat
Paista päivänpaistehessa,
Eikä suortuvat soriat
Tuiski tuulessa isosti;
Kun tulen kotihin toiste,
Käyn lakissa, en kukissa.
Sitte lakkini lavia
Vielä tuiski tuulessaki,
Kaulahuivini koria
Kumottavi kuutamella;
Vaan ne sormukset soriat
Vakassa valittelevat,
Silkkinauhani siniset
Itkevät ikänsä kaiken.

Sikelialaisen ylistyslaulu kultasestansa.

Minne, minne mehiläinen,
Kunne kulkusi varainen?—
Tuskin vielä tuntureilla
Aamurusko alkehessa.

Kukat kultaiset, koriat,
Kaikki vielä kaunihisti
Lepeävät lemmessänsä,
Utuisilla uutimilla.

Kaste kanssa kaikinpuolin
Vielä vilkkuvi kukilla;
Etkö sure sulkiasi
Tulemasta turmiolle?—

Et sä sure sulkiasi,
Yhä lennät löyhyttelet;
Sano nyt matkasi minulle,
Kunne kuitenki yritit?

Menikö mielessä sinulla?—
Jos ei muuta, jo sanonki,
Mistä saat mitatta mettä
Elinkautesi imeä.

Etkö tullut tuntemahan,
Näkemähän neioistani?—
Sill' on huulilla hunaja,
Sillä suu sulinta mettä.

Lennä sinne lintuseni,
Kule sinne kultaseni;
Sieltä saat simoa kyllin,
Sieltä määrättä mesiä.

Kreikalaisen tytön lauluja kultaansa ikävöidessä.

En taia, äiti kulta,
Ma kangasta kutoa;
Mull' ompi outo vaiva
Syänalassa aina—
Tuo kehno Kirki rukka
Povea polttelevi.

Kuu kulki matkoihinsa,
Samoite seitsentähti,
Jo yli puol'yön aika,
Ja minä raukka valvon
Yhäti yksinäni.

Kaikki antoi armas aika,
Antoi kesän, antoi talven,
Antoi joulun, antoi kekrin,
Antoi riistoa, eloa,
Ystäviä ja iloa,
Antoi pojan äitilleni;
Vaan mitä minulle antoi?—
Ei mitäpä milloinkana.

Tähän nykyiseen Suomen laulujen ja virsien kokoukseen olemma
kokeneet saada kaikki meillä tutut Suomen kansan vanhat eli
vanhantapaiset laulut ja virret, niinkun Kalevalaan erottelimma
kaikki kertomarunot sitä laatua. Näin on Suomen kansan vanhoista
runoelmista kaksi osaa tullut säilytetyksi; loihturunoista tulisi pian
kolmas, jos, kuni toivomma, saataisiin präntinalaiseen korjuun
edes neki niistä, jotka jo ovat koottuna, joka työ ei kyllä olekaan
huokeimmia toimittaa, jos mielitään saada kaikki suunnallensa
erotetuksi ja siivotuksi. Näidenki laulujen ja virsien erottaminen
itseksensä ei aina ole ollut niin keviä, ettei toisinaan olisi kylliksiki
työtä jatkaunut. Virsirunot välistä ylikarkaavat loihturunoihin,
samoite laulutki, esimerkiksi toisessa kirjassa präntättävät metsä-

ja sotalaulut, jonka tähden niistä enimmän, loihtusekaisemman osan olemmaki tästä kokouksesta loihturunoin sekaan otettavaksi lykänneet. Toisella puolen yhtyvät laulut nykyisempiin lauluihin ja siinäki on raja usein tahtonut tulla sekavaksi. Mutta kuki tekee ja laatii työn ymmärrystänsä myöten parahiten ja niin olemma meki tehneet, emmekä pane tuota sikseenkään mielellemme, jos toisinaan olisi laulumaata joku osa muualle jäänyt, toisinaan raja tullut ylikäydyksi.— Se nyt oli vastuksena koko tämän kokouksen Suomen runostosta erottamisessa; sama sekavuus on tahtonut sen eri osiihinsa laskemisessa haitaksi tulla. Niin esimerkiksi tämän ensimäisen kirjan lauluista ovat paimen- ja lasten laulut liketysten toinen toistansa, ja toisessa kirjassa löytyvistä neitojen lauluista olisi muutamia taittu paimenlauluiksi eli naisten yhteisiksi lauluiksi toisilta lukea ja samoite joita kuita poikien lauluista arvata miesten yhteisiksi eli urosten lauluiksi, taikka vastahakaan. Niin kolmannenki kirjan virsilaulujen kanssa. Moni taruvirsi taitaisi toisilta arvattaa historialliseksi, moni muinaisuskoinen pidettää taruvirtenä eli vastahakaan. Niin usein muunki erottamisen ja rajoittamisen kanssa.

Jo toistakymmentä vuotta olemma näitä keräilleet erittäinki kesäisaikoina 1828, 1831, 1832, ja vuosina 1836, 1837 olimma toista vuotta kerrassaan, Suomen Kirjallisuuden Seuran toimella ja kostannuksella, niin näitä kun muitaki keräyksiä varten Venäjän ja Suomen Karjalassa ynnä Lapissaki liikkeellä. Sitte siltä matkalta kotiuttua olemma pian heittämättömällä työllä näitä yksiä lauluja ja virsiä präntin alle korjaelleet, sovitelleet ja suunnitelleet, enimmän osan sillä ajalla vähintäki neljä kertaa uudestaan puhtaaksi kirjoitelleet, vaikkemme sittekään mielemme mukaan ole kaikkia paikkoja oikein suunnallensa saaneet. Vaan tämän mainimma sillä mielellä ja toivolla, ettei puuttuvaisuutta pantaisi huolettomuuden syyksi, vaan ennemmin muun saamattomuuden. Mainittuun niin usiasti uudistettuun puhtaaksi kirjoittamiseen on, paitsi muuta, seki syynä ollut, että, kun työmme alla aina tulimma vaillinaisia paikkoja yhdessä eli toisessa kohtaa havatsemaan, syksyillä 1838 ja 1839 niiden tähden uudelleen läksimmä Karjalaan, josta myös kummallaki kertaa saimma paljo lisäyksiä ja toisinnoita ennen koottuihin. Toisinnoita tosin onki haitaksi asti paikka paikoin kasvanut, vaikka kyllä olemma kokeneet kaikki joutavat, mielestämme mitättömät, kerrassaan pois heittää. Niin muiden seassa esimerkiksi semmoiset puhetlaatutoisinnot, kun lenti, lensi; lähti, läksi; saattoi, saatto, saatti; kaatoi, kaato, kaali, kansi; olen. oon, oun; olemma, oomma, oumma, olemme, oomme, oumme; mene, mäne, mee, mää; pane, paa; minä, mie, ma, mä; sinä, sie, sa, sä; hän, hään; me, myö; te, työ; he, hyö; tuo, toi, taa; iso, isä, taatto, taatta; emo, emä, äiti, maammo, mamma; sisar, sisko, sikko, siukku; veli, velji, veljyt, velo, veio, veikko; miniä, minjä, minnä, minna; värttinä, värttänä; lassa, lasna; kulkiessa, kulkeissa; sanonut, sanonu, sanonna j. n. e., joita erittäin merkitsemään vaan ylen harvoin lienemmä hairauneet. Joka semmoisista muista poisjätetyistä toisinnoista tahtoisi tiedon, kyllä saapi sen käsikirjoituksistamme, jotka aiomma äsken mainitulle S. K. Seuralle jättää. Toinen huolettavampi asia on ettemme aina ole tainneet osata toisintojen seasta sominta ja parasta iise lauluun valita, vaan sen siaan ottaneet jotain kehnompata, vähemmin sopivata. Mutta mikä missäki olisi somin, sitä ei aina käsitä ajattelemallakaan ja miettimällä; välistä sattuu, välistä taas pitää monenki paikan jäädä vähemmin valmiinnäköiseksi. Jos joskus näistä lauluista tulisi toinen uusi laitos präntättäväksi, niin pankoot ja sovitelkoot silloin toiset paremmin, ikäskun ne, jotka joita kuita näistä ehkä ottavat ulkokielille kääntääksensä, ennen työhön ruvettuansa mahtavat silmäillä toisinnoitaki ja valita, mikä niissä saattaisi paremmin sanottu olla, kun itse pääluvussa. Jo näiden maineena olevien toisintojen paljous mahtaa vapauttaa meitä siitä luulosta, että olisimma näitä lauluja omilla laitoksillamme lisänneet eli muilla vierailla sanoilla parsielleet. Emmekä siitä nyt virkaisi mitänä, jos ei ainaki, jotka kansanlauluja ovat korjaelleet, olisi tulleet saman luulon alaiseksi. Ne, jotka ovat tottuneet erottamaan kansanlauluin oman somuuden ja luontaisuuden, myös kyllä helposti erottaisivat, jos niihin mitä olisi ulkoa lisätty. Ei yksikään kukka ole arempi vierasta koskemista suhteen, kun kansanlaulut. Joku ainoa vieras sana, jolla luultaisi parannettavan, usein pilaisi koko laulun somuuden. Sen tietessä olemmaki aina varoneet, niihin mitään lisäksi panna, ja vaan aikaharvoin jonkun poisjääneen sanan vaillinaiseen paikkaan panneet, senki useimmiten muistossa säilyneistä kuulluista— sillä paljo olemma ainoastaan kuulleet laulettavan, erittäinki vesimatkoilla ja muissa tiloissa, joissa kirjoitus ei syntynyt.

Näistä lauluista ei ole juuri yhtään, jota emme olisi kansassa tavanneet, vaikkaonki joita kuita ennen präntättynä täydellisemmissä eli vaillinaisemmissa tapailemissa [10]. Kun ne nyt kaikki olemma tähän yhteen liittäneet, niin toivommaki tämän laulukokouksen siinä kohdassa täydelliseksi, ettei tarvitse muualta präntätyitä lauluja hakea, joita tässä ei löytyisi. Ei ennen präntätyitä kyllä usein tavata entisessä muodossaan, vaan välistä toisinnoissa, välistä usiampaan erilauluun erinneenä, joka tulee siitä, että kun kehnommilta laulajoilta ennen lienee erilauluihin kuuluvia asioita ja sanoja yhteen laulettu, niin saivat sekä meiltä että muilta sillätavoin sekavasti präntätyiksiki, vaan ovat nyt tulleet paikoillensa asetetuiksi ja järjestetyiksi sitä myöten, kun paremmat laulajat niitä lauloivat eli muuten olemma älynneet. Tämäki järjestäminen on usein kyllä hankalata työtä ollut. Eri laulajat yhden laulun melkein aina laulavat usiampaan enemmin eli vähemmin toisistaan eriävään tapaan. Mikä muistaa sen täydellisemmästi, kuka vaillinaisemmasti, kuka vaan muutamia sanoja ja eräitä paikkoja tavotteleva, muistonsa kehnoutta poisjäävistä syyttelevä. Eikä sekään olisi niin suurena haittana, vaan kun vielä sen ohessa useinki laulellaan niin sekavasti, että yksiä sanoja ja paikkoja milloin vedetään yhteen, konsa toiseen lauluun, niin viiteen, kuuteenki toisinansa; taikka kun yksiä lauluja lauletaan niin eritapaisesti, että pian joka toinen värsy on erinkaltainen. Semmoisia järjestäissä saapi kyllä visusti miettiä ja tarkata, kuinka kaikki saataisi parahimmaan sopuun keskenänsä, ja ettei tulisi johon kuhun lauluun liitetyksi, mikä alkuansa mahtoi peräti toiseen kuulua.

Yksiä lauseita tavataan paikkapaikoin kahdessa eli usiammassaki eri laulussa. Niistä ei tule meitä syyttää, taikka ajatella, kun olisimma hyvästi voineet poisheittää ne ja neki sanat jostain laulusta, koska ne jo tavattiin jossain toisessa edellisessä. Sihen meillä ei ole ollut oikeutta. Jos yhdessä laulussa jo tavattiin sanat: näillä raukoilla rajoilla, poloisilla Pohjan mailla, taikka: tällä inhalla iällä, katovalla kannikalla, taikka: voi minä poloinen poika, voi poika polon alainen, niin se ei estä, etteivät saisi toisessaki tavattaa. Semmoisia lauseita mahtoi jo ikivanhuudesta käydä kun muitaki sananparsia kansassa, jonkalaisina helposti tulivat muuttumattomina milloin mihinki lauluun sekaumaan. Eikä ole ensinkään kansanlauluissa semmoinen asia kummiteltava; tapahtuupa välistä oppineittenki keskellä, että käyttävät kun omiansa, mitä jo ennen on tullut muilta sanotuksi.—Erilaatu taasen on sen asian kanssa, että virsilauluissa usein kerrotaan sana sanalta edellisiä, samassa virressä olevia lauseita. Se on Suomen virsilaulun omaisuus, ja ken sitä ei katso kaunistavaksi, toki katsokoon suattavaksi. Olisimma kyllä voineet välttää, ettei semmoisia yhdessä virressä sattuvia, usiammasti kerrottavia lauseita olisi enää jälkisissä sioissansa präntätty. Jos vaan olisimma panneet ensimäiset sanat niistä ja osottaneet toistenki seuraavan, niin olisi siinä tainnut olla kylliksi. Mutta toisinki puolin miettien, ja koska niiden täydellinenki kertominen ei tule kirjan suuruutta lisäämään, kun kahdella, korkeinta kolmella lehdellä, niin olemma katsoneet sopivammaksi, sillä tavalla prättäyttää täydellisesti, kun lauletaanki.

Usiampi näistä lauluista taitaisi kyllä äkkinäisempiä lukijoita varten erityisiä selvityksiä tarvita. Niin esimerkiksi tanssi- ja häälaulut niitä seuraavista tanssi- ja häätavoista. Jos aikaa ja tilaisuutta saamma, niin kyllä miksi emme saataki jossain neljännessä kirjassa vasta semmoisia selvityksiä toimittaa, vaan näihin kolmeen olemma paljaat laulut siltänsä toimittaneet. Kuitenki aiomma kolmannen kirjan lopulla kaikki oudommat sanat selvittää. Paikkoja, joista itsekuki laulu olisi saatu, on työläs ja mahdotonki nimittää muulla tavalla, kun minkä jo olemma tehneet tämän esipuheen IV:nnellä ja V:dennellä sivulla, koska harvoin onki joku laulu täydellisesti yhdestä paikasta ja yhdeltä laulajalta saatu, vaan usiammilta paikoilta ja usiampain laulannasta nykyiseen muotoonsa kasvanut.

Kyllä kymmenellä ja vieläki usiammalla, vähä toisistaan eriävillä nuoteilla laulellaan näitä lauluja eripaikoilla. Muutamat vielä silläki lisäelevät nuottitapoja, että ensisti joka värsyn toisesti kerrottua, eli ilmanki kertomatta, panevat joita kuita erityisiä sanoja jälkeen, taikka kertovat vielä kolmannesti loppusanat itsestä värsystä, jotta tulee esimerkiksi seuraaviin tapoihin laulettavaksi.

Ruvetkasme, rohjetkasme,
  Kauniissa joukossa,
Elkäs ääntämme hävetkö,
  Kauniissa joukossa,
Vaikk' on lapset laulamassa,
  Kauniissa joukossa, j. n. e.

Ompa mulla kultainenki,
  Ompa vainen niinki,
Sen punaisen päivän alla,
  Ompa vainen niinki,
Sinisukka, saapasjalka,

  Ompa vainen niinki,
Verkavästi, sarkatakki,
  Ompa vainen niinki,
Palttinapaita, pumpulihuivi,
  Ompa vainen niinki,
Leikkatukka, liippahattu,
  Ompa vainen niinki j. n. e.

Suru tuli Suomen maalle,
  Ai, ai Suomen maalle,
Suru tuli Suomen poikasille,

Ai, ai poikasille,
Itku pitkä piikasille,
Ai, ai piikasille,
Mure musta vanhemmille,
Ai, ai vanhemmille j. n. e.

Empä uskonut olisi,
En vainen olisi,
Vaikk' oisi sata sanonut,
Vaikka sata sanonut,
Tuhat suuta tunnustanut,
Suuta tunnustanut,
Tuhat kieltä kertoellut,
Kieltä kertoellut j. n. e.

Tämmöinen värsyjen välittäminen erisanoilla juuri osottaa jotain
kansassa siinnyttä eli sikiävätä halua, entisestä yksinkertaisesta
laulunuotista poiketa, moninaisempia saada, ja on kun joku porras
entisten ja nykyisten laulunnottien välillä.—Muutamilla muillaki
kansoilla, esimerkiksi Hispanialaisilla, Kreikalaisilla, Venäläisillä,
on ulkonaisen rakentonsa suhteen Suomenlaatuisia nelimitta
runoja, joita myös mahdetaan laulaa, vaan joiden nuotit meillä ovat
tuntemattomat, ettemme taida niitä Suomen runonuotin rinnalla
tutkia. Emmekä vielä tunne omista Suomenkaan nuoteista, kun
jonkun pienemmän osan, koska niitä ei ole keltäänparemmalta
soittoniekalta kerätty. Sen vaan tunnemma ja tiedämmä, että
Suomessa löytyy kansan seassa paljo erityisiä, usein kylläki
kauniita, luontoa vaikuttavaisia nuotteja, joita ei toki pitäisikään
ilman keräämättä ja korjaamatta heittää! [11]. Karjalassa, Savossa
ja Pohjanmaalla, joissa erittäinki Karjalassa vanhoja kanteleita
vielä pidetään ja kanteleen soittoa rakastetaan, laulellaan näitä
lauluja toisinaan kanteleen äänen avulla, s. t. s. laulaja laulaa ja
soittaa yhdessä. Kanteleella oli ennen vanhaan oma haltianeitsensä,
jota Kantelettareksi eli Kantelehettareksi nimitettiin. Kun hänen
huolensa kanteleesta jo on vähennyt, ja kohta taitaa peräti loppua,
niin toki toivom hänellä nykyaikoina siksi joutoa olevan, että ottaa

nämät laulutki huostaansa, liiatenki, kun jo entisessä virassansa lienee niiden kanssa kyllinki tutuksi tullut. Sillä toivolla ja mielellä olemma tälle laulukokoukselle antaneet nimensä Kanteletar.

Elköön uskoko kukaan, että nämät olisivat ne ainoat perintöjätteet Suomen muinaisista lauluista. Toinen mokoma on epäilemättäki vielä poissa, keräämättä. Tämmöisiä kerätessä kohtaaki paljo vastuksia, jotka pitkittävät työtä ja saattavat sen muutenki vaikiaksi. Kansa niitä milloin pitää ylen halpana, ettei kehtaa kirjoitusta vasten, eikä muuten herrasväen kuullessa laulaa, milloin taas luulee niitä jumalattomiksi ja pelkää tilintekoa. Eikä ollenkaan ole ihmeteltävä tämä viimeksi mainittukan kansan luulo ja pelko,—ompa moni oppineemmistaki ihmisistä ajatellut ja sanonut niin tämmöisten, kun kaikenlaisten muiden maallisten lauluin ja tarinain oikian kristillisen elämän harjoitusta maassa estelevän. Jos niin olisi, niin toki olisimmaki paremmin tehneet, ne kerrassaantuleen nakata, kun pränttiin toimittaa, ja sitäki paremmasti, jos niitä emme ensinkään olisi unohduksen tieltä keränneet ja korjanneet. Sillä niin jumalattomat mielestämme emme olekaan, että ehdolla hankkisimma esteitä kristilliselle elämälle, jolla ilmanki hankkimatta kyllä lienee vastusta maailmassa. Sen sanomma vielä kertoen, että vielä nytki, kaiken ja monivuotisen vaivam perästä, saisivat paikalla präntin siasta lieteen lentää nämät laulut ja virret, jos niistä mainitussa kohdassa mitään haittaa, vastusta eli muuta hämmennystä pelkäisimmä. Mutta olemma kuulleet, kristillistä elämätä olevan usiammasta laadusta, eikä sitä yli muiden oikiaksi kiitettävän, joka näiltä ja muilta samanlaatuisilta aineilta taitaisi häiritettää. Sen on usiampi vielä niistäki sanonut, joita nykyaikoina välistä oikein soimataan kiivaudesta kristillisyydessä.—Kallio ei liikahtele kovassakaan tuulessa, vaan vaahti vedellä pyörii pienimmänki löyhkän edessä. Ja joka luulee kenenkään mielen ja ajatukset näiltä pidätettävän, etteivät pääse oikiaan kristilliseen tuntoon heräämään, se ennen näitä ja meitä tuomitsematta hävittäköön maailmasta kaikki joutavat, mielettömät puheet, seurat, hypyt, tanssit, soitot ja muut semmoiset—kieltäköönpä linnutki ilmassa laulamasta, koska ne kuitenki tiettävästi eivät aina laula luojansa ylistystä, vaan luillansa useinki suosittelevat toisiansa—kieltäköön myös maan kasvamasta muita, kun ristinkukkia, Kiesuksen kämmeköita ja Maarian vuodetheiniä.—Kristillisyys on iso, monihaarainen ja monilehvällinen, latvallansa taivaaseen ylettyvä puu. Jos linnut ei sovi yhdelle oksalle laulamaan, niin sopivat toiselle. Mutta oksaa emme pidä lintujen laulannasta sen pahempana. Emmekä myös ylitse kaikista muista katso niitä oksia kauniiksi, jotka alti nuruvat sitä, että puu kasvaessansa kohotti heidät juuripuolesta ja maapinnasta korkiammalle ilmaan, jonka tähden latvoillansa yhä nuokkuvat alaspäin, eivätkä koskaan tyydy nykyiseen oloonsa jaosaansa, vaan tahtoisivat puun juureen asentonsa. Kaikilla on heillä kuitenki juuresta ylösnousevavoimansa.— Sillä mielellä emme pelkää näistä sitä luultua kristillisyyden vastusta tulevan, vaan ennemmin, paitsi muuta hyödytystä, monellenki jotain kaunista, syytöntä ja viatonta mielenpidettä, joka toisinaan ehkä estää sen pahempiin yrityksiin johtumasta ja sekaumasta.

Niin lähde nyt Kanteletar matkoihisi, ei esteeksi hyville tavoille, kristilliselle mielelle ja elämälle, tahi muille hyville tarkoituksille, vaan jälkinäytteeksi ja osotteeksi entisen ajan elämästä, tavoista, mielestä ja muusta laadusta, kun myös joksiki tienviitaksi Suomen tulevalle laululle ja laulajoille, ja muille ystävillesi sekä hyvänsuovillesi syyttömäksi ajanvietteeksi, jos ei huvitukseksi ja opiksi!—Niillen, jotka moittivat sinua, sano, ettet taida olla vanhempatasi parempi, vaan vanhempasi on aika, joka synnytti sinun, ja itse olet sen ajan lapsi. Köyhältä vanhemmalta ei ole lapsen paljo perittävää; ellös sentähden köyhyyttäsi ja talonpoikaista pukuasi ujostelko! Nyt on aika rikkaampi moninaisilta opeilta, tiedoilta ja taidoilta, niin siittäköön, synnyttäköön ja kasvattakoon parempia lapsiaki!—Niillen taas, jotka liiaksi mieltyvät sinuun, ja ylimääräisesti kiittävät, kuiskaa korvaan ja sano, et ansatsevasi semmoista liikanaista ylistystä. Muistuta heitämoninaisista vajavaisuuksistasi, esimerkiksi siitäki, kuinka yhä kohtaavissa, päälle pakkaavissa huolissasi harvoin olet juuri mitään pysyväistä, oikein levottavaista lohdutusta löytänyt, vaan useimmin tavotellut pian jälle meneviä tekolohdutuksia, joihin et kyllä itsekään ole voinut tyytyä, jos kohta sen, lapsellisella kerskaamallasi, maailman kuullessa välistä sanoisitki. Taikka miksi neuon ja opetan sinua, etkö jo itse aikaa sitte ole laulanut:

> Kun kuulen sanottavaksi,
> Eli liioin pantavaksi,
> Silloin seison selvemmästi,
> Piän päätä pystymmästi,
> Olen kun oriheponen,
> Tahi sälkö säärtä lyöen;
> Kuulisin kiitettäväksi,
> Yhenkään ylistäväksi,
> Alempana pään pitäisin,
> Alas silmät siirteleisin.

Helsingissä 9 päivä Huhtikuuta 1840.

Elias Lönnrot

ENSIMÄINEN KIRJA

Yhteisiä Lauluja

I. Kaikille yhteisiä

1. Eräskummainen kantele.

> Ne varsin valehtelevat,
> Tuiki tyhjeä panevat,
> Jotka soittoa sanovat,
> Arvelevat kanteletta
> Väinämöisen veistämäksi,
> Jumalan kuvoamaksi,
> Hauin suuren hartioista,
> Veen koiran koukkuluista;
> Soitto on suruista tehty,
> Murehista muovaeltu:
> Koppa päivistä kovista,
> Emäpuu ikipoloista,
> Kielet kiusoista kerätty,
> Naulat muista vastuksista.
> Sentä ei soita kanteleni,
> Ei iloitse ensinkänä,
> Soitto ei soita suosioksi,
> Laske ei laatuista iloa,
> Kun on huolista kuvattu,
> Murehista muovaeltu.

2. Elkää oudostuko.

Otettiin minusta outo,
Varsin virhi viskattihin,
Minun lapsen lauluistani,
Pienen pilpatuksistani;
Minun liioin laulavani,
Pahasti pajattavani.
Vaan elkää hyvät imeiset
Tuota ouoksi otelko,
Jos mie lapsi liioin laulan,
Pieni pilpatan pahasti;
En ole opissa ollut,
Seisonut sepän pajassa,
Saanut ulkoa sanoja,
Loitompata lausehia;
Olen oppinut kotona,
Oman aitan orren alla,
Oman äitin värttinöillä,
Veikon vestoslastusilla.

3. Kiven alla kieltäjäni.

Laulaisinpa, taitaisinpa,
Osajaisinpa olisin,
Laulaisin minä kotona,
Vaan en julkea kylässä;
Kylän naiset nauranevat,
Ihmiset imehtelevät,
Minun lapsen lauluvani,
Pienen piepotuksiani,
Jos ma lapsi liioin laulan,
Paljo mieletön pajatan.
Eik' ole hullun kieltäjäistä,

Ankaran asettajaista;
Kiven all' on kieltäjäni,
Maan alla masentajani,
Jo on pelto peittehenä,
Nurmi kaunis kattehena,
Silmillä heliät hiekat,
Jaloilla muhiat mullat.

4. Miksi en laulaisi.

Laulavat Lapinki lapset,
Heinäkengät heittelevät,
Hirven harvoilta lihoilta,
Petran pienen pallehilta;
Niin miks' en minäi laula,
Miks' ei laula meiän lapset,
Ruoalta rukihiselta,
Suulta suurukselliselta?

Laulavat Lapinki lapset,
Heinäkengät heittelevät,
Vesimaljan juotuansa,
Petäjäisen purtuansa;
Niin miks' en minäi laula,
Miks' ei laula meiän lapset,
Juomalta jyvälliseltä,
Oluelta ohraiselta?

Laulavat Lapinki lapset,
Heinäkengät heittelevät,
Nokisilta nuotioilta,
Hiilisiltä hiertimiltä;
Niin miks' en minäi laula,
Miks' ei laula meiän lapset,

Lavitsoilta lautaisilta,
Huonehilta honkaisilta?

5. Laula, laula kieli keito!

Suu kurja sulin pakaja!
Etpä silloin laajoin laula,
Etkä aivan pitkin piuska,
Kun sa kuolet kurja kieli,
Katonet katala raukka;
Kun on suussa surman suitset,
Surman päitset päälaella,
Kaulassa Manalan kahle,
Tuonen ohjat olkapäillä.

Laula, laula kieli keito,
Suu kurja suun pakaja!
Etpä silloin laajoin laula,
Etkä aivan pitkin piuska,
Kun viisin vyöteltänehe,
Kuusin kengiteltänehe,
Päälle lauan lasketahan,
Liina päälle liitetähän.

Laula, laula kieli keito,
Suu kurja sulin pakaja!
Etpä silloin laajoin laula,
Etkä aivan pitkin piuska,
Kun sa vieähän viluhun,
Pakkasehen paiskatahan,
Lauta alle, toinen päälle,
Kupehelle kummallenki.

Laula, laula kieli keito,
Suu kurja sulin pakaja!
Etpä silloin laajoin laula,
Etkä aivan pitkin piuska,
Tuonen tuopin tuomisilta,
Manan kannun kantamilta;
Kehnot siell' on tuopin tuojat,
Kannun kantajat katalat.

Laula, laula kieli keito,
Suu kurja sulin pakaja!
Etpä silloin laajoin laula,
Etkä aivan pitkin piuska,
Kun sa suuni ruohon kasvat,
Kieleni heliän heinän,
Vatsani vihannan viian,
Kulman oravikuusen.

Laula, laula kieli keito,
Suu kurja sulin pakaja!
Laula vaikka laskematta,
Ja heläjä heittämättä!
Jääpi suuta surmallenki,
Kieltä maassaki märätä,
Tuonen toukkien jyviä,
Manalan matojen syöä.

6. Äiä on ääntäni kulunut.

Lauloin ennen lapsempana,

Kieltä pieksin pienempänä,
Vaan en nyt sanoa saata,
Enkä kielin kerskaella;

Kieleni minun kipiä,
Säveleni sangen sairas.
Äiä on ääntäni kulunut,
Säveltäni suuri säie,
Sitte mennehen sykysyn,
Sitte toisen toukoaian.
Yskä on suuni sulkenunna,
Tauti salvanna sanani,
Jotk' ennen jokena juoksi,
Myötävirtana vilisi.
Niin mun ennen ääni juoksi,
Kun lyly lumella juoksi,
Venonen jokivesillä,
Mastilaiva lainehilla.
Nyt on ääneni poloisen,
Minun kurjan kulkkutorvi,
On kun karhi kaskimailla,
Hangella havupetäjä,
Vene kuivilla kivillä,
Reki rannan hiekkasilla.

7. Kuoli rakentajani.

Ei kumaja kuiva kulkku,
Eikä rintani rimaja,
Kun ei voilla voiettane,
Rakettane rasvasilla.
Ei oo voilla voitajoa,
Rasvoilla rakentajoa
Kun ennen oma emoni;
Sepä voilla voiellutti,
Sekä rasvoilla rakenti.
Jo nyt on kuollut kuusi vuotta,
Kaonnut kaheksan vuotta,

Kuollut voilla voitajani,
Rasvoilla rakentajani.

8. Silloin laulan, konsa jouan.

Tupa on täynnä tuppisuita,
Pöytä pönkiä mahoja;
Ei olle virren virkkajoa,
Asian alottajoa,
Kun en mie ruma, ruvenne,
Lapsi laiha laikahtane,
Virsilöitä virkkamahan,
Asiita alottamahan.
Silloin laulan, konsa jouan,
Konsa jouan ja kykenen,
Kons' ei kaurani karise,
Eikä heinäni heläjä,
Rukihini ei rutaja.
Nytpä ei kaurani karise,
Eikä heinäni heläjä,
Rukihini ei rutaja;
Niin tuonko tupahan virret,
Saan sanani lämpimähän,
Istume ilokivelle,
Luome leikkikalliolle,
Ilovirret vieressäni,
Saatavillani sanaset.

9. Ei sanat sanoihin puutu.

Kyll' on maata kyntäjällä,
Ahoja ajelijalla,
Kangasta kävelijällä,
Vettä viljoin soutajalla,
Viel' on virttä laulajalla,
Runoja rupeajalla.
Ei sanat sanoihin puutu,
Virret veisaten vähene;
Ennen metsä puita puuttui,
Metsä puita, maa kiviä,
Ennenkuin runo sanoja,
Runon lapsi laululoita.
Sanasta sana tulevi,
Kypenestä maa kytevi,
Laulu päästä laajenevi,
Virsi veisaten venyvi.
Sitä suu pakaelevi,
Mitä mieli tietelevi,
Sinne laulaja menevi,
Kunne virsi viittoavi.
Tuhma lauluhun latovi,
Vierittävi virtehensä,
Mitä sylki suuhun tuopi,
Vesi kielelle vetävi.
Tuosta tunnen tuhman virren,
Pitkä virsi tuhman virsi,
Kaksi kaunista sanoa,
Tahi ei täyttä kahtakana.
Viisas virren veisoavi,
Oppinut osaelevi,
Sanat saapi paikallehen,
Luottehet lomia myöten;
Suu se syytävi sanoja,
Kieli luopi luottehia,
Niinkuin ratsu jalkojansa,
Ori konsti koipiansa.

Viisas virren veisoavi,
Ajallaan lopettelevi;
Hyvä on laulu loppuvasta,
Lyhyestä virsi kaunis.
Mieli on jäämähän parempi,
Kun on kesken katkemahan.
Eipä koski kielaskana
Laske vettänsä loputen,
Eikä laulaja hyväinen
Laula tyyni taitoansa.

10. Jos ma lauluille rupean.

Jos ma lauluille rupean,
Virrentöille työnteleme,
Laulan pihlajat pihalle,
Tammen keskitanhualle,
Tammelle tasaiset oksat,
Joka oksalle omenan,
Omenalle kultapyörän,
Kultapyörälle käkösen;
Kun käki kukahtelevi,
Kulta suusta kuohahtavi,
Vaski leuoilta valuvi,
Kultaisehen kuppisehen,
Vaskisehen vakkasehen,
Ilman maahan vieremättä,
Rikoille ripoamatta.
Siitä tammen taittelemma,
Pihlajat pirottelemma,
Tyvet teemmä tynnyriksi,
Latvat laivan mastiloiksi,
Kesken kesti pöytäsiksi,
Pikariksi pienet oksat.

11. Luonenko, lopettanenko?

Mieleni minun tekisi,
Aivoni ajattelisi,
Lähtiäni laulamahan,
Saahani sanelemahan;
Monet on taiot taskussani,
Ajatukset vyöni alla,
Saoin saatuja sanoja,
Tuhat virren tutkelmata.
Laulaisinpa, taitaisinpa,
Kellittäisin, kestäisinpä,
Laulaisin lahoissa näissä,
Kehikoissa kellittäisin,
Vaan on muustaki muretta,
Huolta huomispäivistäni,
Etten tieä tiimalleni,
Enkä taia tarkalleni.
Suuni sulkea pitäisi,
Kiini kieleni sitoa,
Laata virren laulannasta,
Heretä heläjämästä.
Niin luonen, lopettanenki,
Herennenki, heittänenki,
Paremmille laulajille,
Taitavammille runoille.
Kelin virteni kerälle,
Suorittelen sommelolle,
Panen aitan parven päähän,
Luisten lukkojen taaksi,
Ettei pääse päivinähän,
Selviä sinä ikänä.

12. Ei runo rahatta laula.

Laulaisinpa, taitaisinpa,
Vaan en mie rahatta laula,
Suut' en kullatta kuluta,
Pieksä kieltä penningittä.
Laulajan laki väsyvi,
Runon kulkku kuivettuvi,
Rahatonta laulaessa,
Kullatonta kukkuessa.
Emmä äijiä anoisi,
Enkä paljo pakkoaisi:
Äyrin suun avamisesta,
Riunan kielen kääntymästä,
Kopeikan koko sanalta,
Puolen puolelta sanalta.
Tahi kysyn miestä miekkoinehen,
Satuloinehen hevoista,
Kuningasta linnoinehen,
Pappia kirikköinehen.

13. Virren kiittäjälle ja moittijalle.

Siin' oli virsi kuullaksenne,
Toinen ilman ollaksenne;
Kumartakaa kuulijani,
Otsin maahan oppijani!
Ken tätä virttä kiittänevi,
Laulua ylistänevi,
Sille poika syntyöhön
Kyntäjäksi, kylväjäksi,
Vastaskoivun valkoiseksi,
Meren kaislan kaunoiseksi,
Viisahaksi, kun isonsa,
Läpi käymähän keräjät,
Jutut julki jaksamahan.

Kenpä virttä moittinevi,
Laulua alentanevi,
Sille tyttö syntyöhön
Pätsirinnan valkoiseksi,
Tervaskannon kaunoiseksi,
Niin on laiska, kun emonsa,
Alla aian maattavaksi,
Lepikköön levättäväksi.

14. Toisin ennen, toisin eilen.

Toisin ennen, toisin eilen,
Toisinpa tänäi päänä:
Elettihin meillä ennen,
Oltihin ojan takana,
Ojapuita poltettihin,
Ojavettä keitettihin:
Syötihin ojakaloja,
Isolassa ollessani,
Emolass' eläessäni.
Toisin silloin Lappi lauloi,
Hyrehti hyväsukuinen,
Vennon joukio jorisi,
Vennon joukko jouatteli,
Hyvän sammon saatuansa,
Kirjokannen tuotuansa.
Toisin silloin touko kasvoi,
Toisin maa orahan otti,
Toisin paistoi päivä silloin,
Toisin kuutamet kumotti.

15. Ve'en varaiset.

Oli meitä, kun oliki,
Oli ennen aikoinansa,
Siskoja sininen silta,
Veikkoja veno punainen.
Tuli tuuli, otti laian,
Tuli toinen, toisen otti,
Kolmansi kokan repäsi;
Tuli viimeinen vihuri,
Sepä vei koko venehen.
Jäi veikot veen varahan,
Joutui sormet soutimeksi,
Käsivarret vartimeksi,
Peukalo perämelaksi.
Soua sormet tuolle maalle,
Kussa puut punalle paistoi,
Puut punalle, maat sinelle,
Kivet kiiltävät vaselle,
Hopialle hongan oksat,
Kullalle kukat kanervan.

16. Ve'en varaiset (toisin).

Oli meillä, kun oliki,
Oli ennen aikoinansa,
Siskoilla sininen silta,
Veikoilla vene punainen.
Nousi tuuli tuulemahan,
Ilman ranta riehkimähän,
Tuuli puut havuttomaksi,
Kanarvat kukattomaksi,
Heinät helpehettömäksi.
Siitä taittoi siskon sillan,
Veikoilta venon hajotti,
Jätti veikot veen varahan,
Siskot siirrälti salolle;

Jätti sormet soutimiksi,
Kämmenet käsimeloiksi,
Hongan oksat huonehiksi,
Katajat kamariloiksi.

17. Muinainen käkeni.

Kukkui muinainen käkeni,
Entinen ilokäkeni,
Kukkui illat, kukkui aamut,
Kerran keskipäivälläki,
Syänyöllä sylkytteli.
Jo on kuollut kuusi vuotta,
Kaonnut kaheksan vuotta,
Viety entinen iloni,
Syöty kullan kukkujani.
Mikä söi minun käkeni,
Kuka kullan kukkujani,
Kun ei kuulu kukkuvaksi,
Illalla iloitsevaksi,
Päivänlaskun laulavaksi,
Minun iltani iloksi,
Huomeneni huopeheksi,
Aina aikani kuluksi;
Jott' ei ois illoilla ikävä,
Ei apia aamuisilla.

18. Jumalaan turvaava.

Enpä tuota tunnekana,
Tunnekana, tieä

Kulle syylle sylveäme,
Kulle laaume laulle;
Jop' on minua jotki suotu,
Jotki suotu, kutki saatu,
Sillaksi likasioihin,
Pahan paikan polkimeksi.
Joko nyt heitti Herra Kiesus,
Hylkäsi hyvä Jumala,
Sukukunnan surtavaksi,
Heimon helliteltäväksi?
Vaan ellös sukuni surko,
Kamaloiko ristikansa,
Mun poloisen päiviäni,
Angervoisen aikojani!
Eipä heitä Herra Kiesus,
Hylkeä hyvä Jumala,
Kun mä luome luojahani,
Heitäme Jumalahani.
Suvun syötti, synnyn syötti,
Esivanhemman elätti;
Niin miks' ei minua syötä,
Kuks' ei kurjoa elätä,
Sukukunnan suupaloilla,
Heimokunnan hempuloilla.

19. Kuin saisin, en heittäisi.

Kun mä kerran kengät saisin,
Kerran kestävän hevosen,
Kerran korjan kelvollisen,
Kerran paian palttinaisen;
Niin kuin kerran kenkisime,
Empä ennen riisuisime,
Enkä ennen heittäisime,

Ennenkun Tuonelan tuvilla,
Manalan majaperillä.

20. Paljo on tikalla huolta.

Enpä tuota tieäkänä,
Tieäkänä, tunnekana,
Kuta laulaisin lajia,
Kuta syytä syyättäisin;
Joko teen tikasta virren,
Pakinan tikan pojasta.
Paljo on tikalla huolta,
Ja paljo tikan pojalla,
Syömisistä, juomisista,
Henkensä pitämisestä.
Noin tiesin tikan sanovan,
Kuulin kurjan kuikuttavan:
"Enpä tieä tikka rukka,
Kuta tammea takonen,
Kuta kuusta kolkuttanen,
Kuhun kulkenen salohon:
Tuolla ois enempi puita,
Tuolla äiä pökkelöitä,
Tuolla toukkia paremmin."
Noin tiesin tikan sanovan,
Kuulin kurjan kuikuttavan:
"Enpä tieä tikka rukka,
Minne mennä, kunne käyä,
Kunne kuitenki osata.
Istun tässä illan kaiken
Karjalaisen kannon päässä,
Ei syötetty, ei juotettu,
Eikä toiste toivotettu,
Eikä ennistä kysytty;

Päivän päätäni kivisti,
Viikon väänti vatsoani.
Sat' oli miestä Salliloa,
Tuhat miestä Tulliloa,
Ei ken pöytähän panisi,
Lautahan las'etteleisi."

21. Mikä lie piioillani?

Pestaisinpa mieki piian,
Orjan ottaisin minäi,
Kun ois tuohi vaattehena,
Savi ruokana parassa;
Tahi se syömättä eläisi,
Tarkeneisi vaattehetta.
Viisin piikoja pitäisin,
Kuusin käskynkuulijoita.
Vaan en nyt sanoa saata,
Enkä tuota tuhma tunne,
Mi on piru piioillani,
Paha palkkalaisillani,
Ei pysy minulla piiat,
Orjat ei ne ollenkana.

22. En elä elotta.

Osapoika, onnipoika,
Jumala rahakas poika!
Rikos riistainen rekesi,
Tavarainen aisa taita,
Rikki riihen kynnyksehen,
Poikki aitan portahille;

Täytä riihi riistallasi,
Aha aittani elolla;
Sill' en mie elä elotta,
Asu ilman ammatitta,
Ennen teltojen tekijä,
Vaskivaippojen vanuja,
Kultakangasten kutoja,
Hopiaisten huolittaja.

23. Kyil' on kystä aitassa.

Tule meille Tuomas kulta!
Tuopa joulu tullessasi!
Tule kekri, jouvu joulu,
Sekä pääse pääsiäisen!
Kyll' on kystä aitassamme,
Paljo pantua eloa,
Sirkan reisi, paarman jalka,
Peiposen peräpakara,
Sammakon sakarivarvas,
Sisiliskon silmäpuoli.

24. Syitä vajavaisuksiin.

Miks' on minulla ääni vieno,
Ääni vieno ja matala?—
Siks' on minulla ääni vieno,
Ääni vieno ja matala,
Kun olen kylmällä kyhätty,
Syänkuilla synnytetty,

Vaahtokuuna vaivat nähty,
Lehtipuussa liekutettu.

Miks' on silmäni kipiät,
Näkimeni näin täperät?—
Siks' on silmäni kipiät,
Näkimeni näin täperät,
Kun itken joka ikävän,
Joka huolen huokaelen,
Joka viikon vierettelen,
Joka kuuhuen kujerran.

Mintähen olenki huoles,
Mintä hoikka huolellinen?—
Sentähen olenki huoles,
Senpä hoikka huolellinen:
Nousi suolle suuri honka,
Viitahan vilu petäjä,
Joss' oli huolilla siansa,
Murehilla muu pesänsä;
Siit' on mulle tuntu tehty,
Tuutu tehty, käätty kätky,
Vaku vaivainen rakettu.

Miks' on mulla muoto musta,
Muoto musta, kaiat kasvot?—
Siks' on mulla muoto musta,
Muoto musta kaiat kasvot,
Kun synnyin sysituvassa,
Kasvoin karstakammarissa,
Join paljo joesta vettä,
Söin suolta sammalia.
Enk' ole sitte kyllin syönyt,
Kun emosen syöttäessä;
Enkä sitte siivon juonut,
Kun emosen juottaessa;

Enk' ole sitte siivon pesty,
Kun emosen kylvettäissä;
Enkä siivon nukkununna,
Kun emosen soutaessa.

25. Erotus mielillä.

Miten on mieli miekkoisien,
Autuallisten ajatus?—
Niin on mieli miekkoisien,
Autuallisten ajatus,
Kun keväinen päivännousu,
Aamun armas aurinkoinen.
Mitenpä poloisten mieli,
Kuten allien ajatus?—
Niinpä se poloisten mieli,
Niinpä allien ajatus,
Kun syksyinen yö pimiä,
Talvinen on päivä musta;
Minun on mustempi sitäi,
Synkiämpi syksy-yötä.

26. Armottoman osa.

Alahan on allin mieli
Uiessa vilua vettä,
Alempana armottoman
Käyessä kylän katua.
Vilu on vatsa varpusella
Jääoksalla istuessa,
Vatsani minun vilumpi

Astuessani ahoja.
Syän kylmä kyyhkysellä
Syöessä kylän kekoa,
Kylmempi minun sitäi
Jäävesiä juoessani.

27. Missä nyt minun osani?

Osa oli minulla; ennen,
Niinkuin muilla muuallaki,
Kun kasvoin ison koissa,
Elelin emoni mailla.
Kasvoin kun kala meressä,
Vesa nuorella norolla,
Niinkun putki puuta vasten,
Saraheinä vuorta vasten,
Vitikkö mäkeä vasten.
Kasvoin taaton kannikoilla,
Venyin veikon viipuloilla,
Maammoni kananmunilla,
Sisaren sianlihoilla.
Poiss' on nyt osani multa,
Katehessa kohtaloni.
Missäpä minun osani,
Kussa kurjan kohtaloni?—
Tulen tuiman tiettävissä,
Ilmivalkian varassa.
Osani paloi palossa,
Turmeltui tulen sisässä,
Pahana palokesänä,
Tulivuonna voimatonna.

28. Makaaja onni.

Muilla onni työn tekevi,
Haltia rahan hakevi;
Minun onneni makasi,
Haltiani haukotteli,
Kiven alla kinnas käässä,
Havun alla hattu päässä.
Oisko onni ostaminen,
Lykky tieltä löytäminen,
Ostaisin paremman onnen,
Pahan onnen pois panisin,
Selin seinähän sitoisin,
Päin panisin patsahasen,
Siinä vitsoin vinguttaisin,
Nahkaruoskiin naukuttaisin,
Kantaisin vilua vettä
Kovan onnen olkapäille.

29. Erotus onnilla.

Osallisten onni valvoi,
Lykyllisten lyyrätteli;
Minun malkion makasi,
Minun utran uinueli,
Osallisten orren päässä,
Lykyllisten lyhtehillä.
Tuuvitti emo minua,
Vaapotteli vanhempani,
Orrella osattomalla,
Kätkyessä vaivaisessa.
Yks oli lehmä maammollani,
Sen häjy häräksi muutti,

Piru pitkäpiimäiseksi.
Härän söi susi kesällä,
Minä maiotta makasin,
Minä voitta vuollattelin;
Kesän voitta kellittelin,
Rieskasetta riuottelin,
Talvilampahan takuissa,
Mustan uuhen untuvissa.

30. Tuli talvi, ei tahottu.

Eläisi kesällä kenki,
Hein'ajalla heikompiki,
Vaan on pakko pakkasella.
Suru suurella lumella.
Kelpasin minäi kesällä,
Päin päiväpaistehella;
Tuli talvi, ei tahottu,
Syänkuill' ei syötettynä;
Jouvuin kurja kulkemahan,
Nälän kanssa nääntymähän,
Pakkasessa parkumahan,
Vilussa värisemähän.
Annapas kesä tulevi,
Lähenevi lämmin aika,
Taas minua tarvitahan
Rukihin rutistuessa,
Kesäheinän heiluessa,
Kaurojen karistuessa.

31. Ei vaivaista häihin.

Häitä Hiitola pitävi,
Paha joukko juominkia;
Tappoi häiksehen hevosen,
Ruo'iksehen mustan ruunan.
Ei ole häistä Hiitolaisten,
Pahan joukon juomingista;
Ei häjyä häihin vieä,
Kylän kurjoa kutsuta.
Itse hurjat häänsä juovat,
Pahat piirunsa pitävät;
Ei varoa vaivaiselle,
Onnettomalle osoa.

32. Mulnaiset ajat paremmat.

Ajattelen aikojani,
Muistan muita päiviäni,
Parempia päiviäni,
Entistä elantoani.
Muin' oli ajat paremmat,
Päivät kaikki kaunihimmat,
Päivänlaskut laupiaammat,
Koriammat huomenkoitot.
Toisin silloin touko kasvoi,
Toisin maa orahan otti.
Silloin nousi nuoret heinät
Kun ma nousin nuorukainen;
Silloin kasvoi kaikki kaislat,
Kun ma kasvoin kaunis lapsi.
Kasvoin koissa korkiassa,
Ylenin ylituvissa,
Kaunihilla kannikoilla,
Liioilla lihamuruilla.
Vaan tuli surma suutimaton,

Kesken yötä kenkimätön,
Pois otti minun poloisen,
Kauas kantoi Karjalasta,
Näille ouoille oville,
Veräjille vierahille,
Jossa harvoin päivä paistoi,
Harvoin kuutamet kumotti;
Harvoin on kuultu kuikan ääni,
Harvoin kaakkurin kajatus;
Harvoin on hauki vierahana,
Siika ei sinä ikänä,
Lohen poik' ei polvenahan.
Niinpä nyt tätä nykyä,
Tällä tuhmalla iällä,
Sian tieän, kussa synnyin,
Kanssa kaiken, kussa kasvoin,
En tieä sitä sioa,
Kussa kuolo kohtajavi,
Hengen loppu loukahtavi,
Näillä ouoilla ovilla,
Veräjillä vierahilla.

33. Vierin maalle vlerahalle.

Kun kasvoin koissa ennen,
Korkian ison koissa,
Teutoi tengat tietä myöten,
Rahat rantoa ajeli.
Tuli tauti, taaton tappoi,
Tuli surma, söi emoni,
Jopa tuosta toissa vuonna,
Kohta kolmanna kesänä,
Raha vieri, ranta vieri,
Teräs vieri, tenka vieri,

Mie vielä enemmin vierin,
Vierin maalle vierahalle,
Tulin tuntemattomalle.
Yks' on tuuli tuttuani,
Päivä ennen nähtyäni;
Muut ne ei minua tunne,
Mie vaan muita tunnustelen,
Venäläistä veikokseni,
Venakkoo sisarekseni,
Jos ei veikko liene'känä,
Emon laps' ei olle'kana.

Niin en nyt sinä ikänä,
En poloinen polvenani,
Kuule veikon veisoavan,
Laulavan emoni lapsen.
Kun kerran kävin pihalle,
Aivan aamulla varahin,
Kuulin laulannan lahella,
Miepä rannalle laseme,
Luulin veikon veisoavan,
Laulavan emoni lapsen.
Eipä veikko veisannunna,
Laulanna emoni lapsi,
Sorsat täällä soittelevi,
Kuikat kuikerrettelevi,
Koskessa kiven kolossa,
Veen virran pyörtehessä.

34. Kotihinsa toivova.

Oisko mulla, kun on muilla,
Hevonen rekivetoinen,
Reki kaksikaplahinen,

Sa'an maksava satula,
Korja kolmikymmeninen;
Kyllä mä itse luokit saisin,
Saisin aisat ainiaiset,
Luokki tuomesta tulisi,
Aisat pitkät pihlajasta.
Sitte en kauan katselisi,
Enkä ennen seisattaisi,
Kun mun tultua kotihin,
Päästyä ison pihoille,
Ison tupa tupruaisi,
Lämpiäis' emoni sauna.

35. Minun on koti koivikossa.

Ei tieä kotoiset vaimot,
Eikä naiset naapurini,
Missä miehet mellostavi,
Kussa uhmoaa urohot;
Missä mellostan minäi,
Kussa kurja uhmaelen.
Sainpa kiero kiertämähän,
Vaivainen vaeltamahan,
Kuuksi päiväksi kululle,
Ilman rannalle iäksi,
Tieä en suojoa sioa,
Enkä tyyntä valkamoa.
Sorsall' on siansa suojat,
Tyynet allilla asunnot,
Johon sorsa suojeleksen,
Alli laitto laajeleksen;
Minun on koti koivikossa,
Pajupehkossa pesäni,

Kuhun kurja suojeleme,
Sekä laitto laajeleme.

36. Korpi kurjalla kotina.

Kotihinsa muut menevät,
Majoillensa matkoavat,
Kurjall' ei ole kotia,
Katalalla kartanoa;
Korpi kurjalla kotina,
Salo sauna vaivaisella.
Moni on päivä päätön päivä
Usiampi einehetön:
Ilta ainaki tulevi,
Yö etehen ennättävi,
Moni tuikkavi tulonen,
Vilkuttavi valkiainen.
Ei ole turvoa tulesta,
Valkiaisesta varoa,
Turvoa tuhoistakana,
Vaivaistakana varoa.
Tuikkaen tuli palavi,
Vilkutellen valkiainen,
Eessä lapsen armottoman,
Kohalla kovaosaisen.
Noin tunsi tulen isäntä,
Virkkoi valkian pitäjä,
Tuvallinen tuumoavi,
Ja sanovi saunallinen:
"Pois turvaton tuvasta,
Armoton katoksen alta!
Tuulen vieä turvatonta,
Ahavaisen armotonta,
Varatonta vastarannan."

37. En tohi tupahan mennä.

Surull' on susi metsässä,
Surummalla mie sitäi;
Retkell' on repo metsässä,
Retkemmällä mie sitäi;
Jälell' on jänis metsässä,
Jälemmällä mie sitäi.
Vilu on mulla vienoisella,
Vilu vienopäiväisellä,
Kylmänen kyläjalalla;
Menisin minä tupahan,
En tohi tupahan mennä,
Saaha sammalhuonehesen.
Ei tupa ison tekemä,
Tup' on vierahan tekemä,
Venäläisen veistelemä,
Karjalaisen kalkuttama.

38. Koista erotettu.

Koti korkia näkyvi,
Aitta kaunis kaljottavi,
Jossa veikkoni viruvat,
Siskoni sirottelevat—
Veikot vierahat minulle,
Sivukulkijat sisaret,
Emo vielä vierahampi,
Ouompi oma emoni.
Emoni minun erotti,
Kantajani karkotutti,
Poies muista lapsistansa,
Kauas kantamaisistansa,
Tuulipuolelle tuhoa,

Pohjaispuolelle kotia,
Pohjan tuulta tuntemahan,
Ärjyntää älyämähän.
Jo tunnen katala kaikki,
Tunnen tuulet, tunnen tuiskut,
Tunnen ainoiset ahavat,
Tunnen tuimat vastarinnat,
Tunnen jäiset jääsatehet,
Sekä räntäisen satehen.
Yht' en tulle tuntemahan
Ehtoja oman emoni,
Oman veljen veikkoutta,
Mielisiivoa sisaren.

39. Suvultaan heitetty.

Kuuli ennen äiti äänen,
Iso itkuni tajusi,
Kun istuin ison sylissä,
Paruin äitin paarmahilla;
Nyt ei äiti ääntä kuule,
Iso ei itkua tajua.
Kuoli tuo kultainen isoni,
Kaatu armas kantajani;
Jäin mä veljien varahan,
Sisarien alle armon.
Parempi veen varassa,
Kun on veljien varassa,
Armahampi alla tuulen,
Kun sisaren armon alla.
Niin mä vieren veijistäni,
Kuni puut pinosta vieri,
Kivet saunan kiukoasta;
Niin mun siskoni sivusi,

Kun on kieron keträpuunsa;
Niin mun heitti heimokunta,
Kun orava kuivan kuusen.
Suku suuttui, heimo heitti,
Hylkäsi hyvä sukuni,
Oma veikko vierastutti,
Siskoni kävi sivutse.
Vaan jos heitti heimokunta,
Hylkäsi hyvä sukuni,
Elä heitä Herra Kiesus,
Hylkeä hyvä Jumala,
Hyvien hylättäväksi,
Pahojenki pantavaksi.
Hoia Herra huolellista,
Kaitse lasta kaihollista,
Kun ma huuan huolissani,
Suruissani surkuttelen!

40. Oli ennen parempi.

Olipa minulla ennen,
Oli ennen aikoinani,
Iso ilmoin syntyessä,
Maammo maille kantaessa,
Emonen imettäessä.
Iso minun heitti iljenelle,
Maammo maalle paljahalle,
Veljet vieville vesille
Sisaret sulille soille,
Ilman vyöttä, vaattehitta,
Iholla alastomalla.
Niin minun isoni heitti,
Kun on kieron kirvesvarren;
Niin minun emoni heitti,

Kun on väärän värttinänsä;
Niin mun heitti siskoseni,
Kun on kartun kalliolle;
Niin mun heitti veikkoseni,
Kun kala kivisen rannan,
Lohi luotoisen apajan.
Heitit suurille suruille,
Apioille mielaloille;
Turvani on turpehessa,
Armo kirkon aian alla,
Toivo Tuonelan tuvissa.

41. Parempi kuolla kun kitua.

Syäntäni tuimelevi,
Päätäni kivistelevi;
Eikä tuima tuimemmasti,
Kipiämmästi kivistä,
Jotta huomena minua
Hurstin huiskuteltaisi,
Käsin käännyteltäisi.
Sitte toisena pyhänä
Kuus' ois tuomassa tupahan,
Viisi viemässä viluhun,
Sata tielle saattamassa.
Veisi veikkoni hevonen,
Taluisi isoni tamma,
Musta multihin vetäisi,
Savenkarva saatteleisi;
Kuuluisi kuparin ääni,
Vasken ääni vankahuisi.

42. Kuolisinko koito raukka.

    Kuusen juuret kuivettuvat,
    Vaan ei kuivu kyyneleni;
    Meret suuretki sulavat,
    Ei sula minun suruni.
    Mitä voin minä poloinen,
    Kuta taian kurja raukka,
    Tämän suuren huolen kanssa,
    Ja suuren surun keralla;
    Suru särkevi syämen,
    Huoli vatsan halkasevi.
    Tulisko kevätki kerran,
    Talven kanta katkiaisi,
    Ehkä koito kuolisinki,
    Katkiaisinki katala—
    Lehti puuhun, ruoho maahan,
    Minä marras maan rakohon,
    Minä toukka Tuonelahan,
    Minä tuima turpehesen.

43. Manalaan ikävöivä.

    Kun ois muita, niin minäi,
    Itsemennyttä Manalle!
    Kusta nyt saisin kumppania,
    Minä toiseksi menisin
    Tuonne Tuonelan tupihin,
    Manalan ikimajoihin.
    Sylin mullat syyteleisin,
    Koprin kuopan kaiveleisin,
    Kirkon kirjatun sivuhun,
    Satalauan laitehesen.

Jopa vaan minulla oisi
Aika mennäki Manalle,
Ikä mennä Tuonelahan;
Tuonen tyttäret toruvat
Minun viikon viipyväni,
Kauan maalla kasvavani.
Vaanp' on kielsi Wäinämöinen,
Epäsi suvannon sulho,
Itsemennyttä Manalle,
Turpehesen tunkenutta,
Sylin mullat syytänyttä,
Koprin kuopan kaivanutta.

44. Nuorra Manalle menijä.

Kun minä menen Manalle,
Tahi jouvun Tuonelahan,
Tuonen tyttöset toruvat,
Manan neiot riitelevät:
"Mi sinun Manalle saattoi,
Kuka tuotti Tuonelahan?—
Nuorrapa tulit Manalle,
Nuorra Tuonelan tuville.
Ei sinua tänne täyvy
Ilman luojan tietämättä,
Ilman tauin tappamatta,
Ottamatta oiva surman,
Muun surman musertamatta."
Vastata minun tulevi,
Sekä siivolla sanoa:
"Emmä tänne tullutkana
Ilman luojan tietämättä,
Ilman tauin tappamatta,
Ottamatta oiva surman,

Muun surman musertamatta."
Tuonen tyttöset toruvat,
Manan neiot riitelevät:
"Itse oot Manalle tullut,
Oman tunnon Tuonelahan;
Kun sa muitaki olisit
Kautta Tuonen tullehia,
Manan mailta siirtämiä,
Sylin ois multa syyettynä,
Koprin kuoppa kaivettuna."

45. Äiän silloin äiti maksoi.

Voi isoni, voi emoni,
Voi on valta vanhempani!
Minnekä minua loitta,
Kunne kannoitta katalan;
Kunne loitta kuolemahan,
Kannoitta katoamahan,
Näihin suurihin suruihin,
Apioihin mielaloihin.
Parempi minun olisi,
Parempi olettelisi,
Maata maksoissa emoni,
Alla keuhon kellitellä,
Alla rinnan riuotella,
Pernoissa pesän piteä,
Ilman kuuta katsomatta,
Ilmoa ihoamatta.
Äiän silloin äiti maksoi,
Emonen sitäi enempi,
Kun ma maksoissa makasin,
Alla keuhon kellittelin,

Alla rinnan riuottelin,
Pi'in pernoissa pesäni.

46. Parempi syntymättä.

Parempi minun olisi,
Parempi olisi ollut,
Syntymättä, kasvamatta,
Ilmahan sikiämättä,
Maalle tälle täytymättä,
Ilmoille imettämättä.
Kun oisin kuollut kolmiyönä,
Katonut kapalolassa,
Vaaksan vaatetta pitänyt,
Vaaksan toisen puupalaista,
Kyynärän hyveä maata;
Pari pappien sanoa,
Kolme lukkarin lukua,
Kerta kellon helkähystä.

47. Syntymistään paheksija.

Mikä lie minua luonut,
Kuka kurjoa kyhäsnyt,
Näille päiville pahoille,
Mokomille mielaloille;
Joka ilta itkemähän,
Joka viikko vieremähän
Joka kuu kujertamahan.
Ois voinut minun emoni,
Enemmin emo kuluni,
Kesän leskenä levätä,

Talven juosta joutilasna;
Maata vastoin vaippoansa,
Liki liinahurstiansa,
Ennenkun nuorta miestä vastoin,
Vastoin toista vanhempoa.

Ois voinut minun emoni,
Ennemmin emo kuluni,
Syleillä sysistä puuta,
Halailla vesihakoa,
Kun on miestä viereltänsä,
Puolisoa puoleltansa.
Ois voinut minun emoni,
Ois voinut emo kuluni
Tätä lasta tehtäessä,
Synnyteltäissä minua,
Panna saunahan savua,
Lyöä sauna salpa päälle;
Kun oisi kylä kysynnä:
"Mitä saunassa savua,
Mitä sauna salpa päällä?"
Ois tuohon emo sanonna:
"On mulla vähä ituja,
Pikkarainen maltahia."

48. Mahoit ennen maammo rukka.

Kun emo minua tuuti,
Niin se tunti tuskiksensa;
Kun emo minua vaali,
Niin se vaali vaivoiksensa,
Suruksensa suojaeli,
Kaihoksensa kasvatteli.

Mahoit ennen maammo rukka,
Mahoit kaunis kantajani,
Armas maion antajani,
Ihana imettäjäni,
Kapaloia kantosia,
Mytöstellä mättähiä,
Pestä pieniä kiviä,
Kun sa pesit pienoistasi,
Kapalojit kaunoistasi.

Mahoit ennen maammo rukka,
Mahoit kaunis kantajani,
Kultainen kulettajani,
Hopiainen hoitajani,
Tuuvitella turpehia,
Liekutella lehtipuita,
Vaalitella varpasia,
Kun sa tuuvitit minua,
Vaalit vaivaista minua.
Ja mahoit minun emoni,
Mahoit maammo rukkaseni,
Mennä järven rantaselle,
Vieä hurstilla vetehen,
Upotella uutimella;
Tahi luoa tuutunen tulehen,
Käätä kätky valkiahan,
Liekku lietehen sysätä.
Ois tuota kylä kysynnä
"Missä tuutunen tuvasta?"
Sinä vastannut olisit:
"Tuutunen paloi tulessa,
Lapsen tappoi liika-tauti."

49. Onnettomasti syntynyt.

Liekö minua luoja luonut,
Vai lie synti synnyttänyt,
Vai käski oma osani,
Kova onni ohjaeli,
Kaikki huolet huolimahan,
Kaikki surut sureksimahan,
Kaikki kaihot kantamahan.
Silloin synnyin mie poloinen,
Konsa kaikki huolet syntyi;
Silloin kasvoin mie katala,
Konsa kaikki kaihot kasvoi;
Korkenin kovaosainen,
Konsa kaikki koitopäivät.
Parempi olisin ollut.
Soriampi syntymättä,
Kasvamatta kaunihimpi.
Kun oisit maammo rukkaseni
Kaottanut kaksiöisnä,
Rikoissa pihalle vienyt,
Kakaroissa kaivotielle,
Vienyt peltojen perille,
Pannut aitojen alatse.
Äsken tuolla. toissa vuonna,
Äsken kolmanna kesänä,
Oisit ohrina otellut,
Hernevarsina valinnut,
Kauran tähkinä katsellut.
Oisit saahessa sanonut,
Ajatellut ottaessa:
"Tuoli' on kaunis kantamani,
Ihana imettämäni."

50. Saisinko käeltä kielen.

Kukkua käkesin kälkö,
Lintu lauloa lupasin;
Saisinko käeltä kielen,
Kukkujalta kulkkutorven,
Kukkuisin jokaisen kuusen,
Joka lehto leikin löisin.
Tuolla kukkuisin kovemmin,
Kuss' on kurjat kulkemassa,
Vaivaiset vaeltamassa,
Huolelliset horjumassa,
Martahat matelemassa.
Mistä tunnen huolellisen?—
Tuosta tunnen huolellisen:
Huolellinen huokoavi,
Huoleton huhuelevi.

51. Enpä voi ilon eleä.

Enpä voi ilon eleä,
Enkä leino leikin lyöä,
Ilon illan oltuani,
Leikin leikaheltuani.
Äiä on huolta hoivattuna,
Ajatusta annettuna,
Pantuna pahoa mieltä,
Sitte mennehen sykysyn,
Sitte toisen toukoaian.
Eikä taia ääni juosta,
Suu ei soita suosioksi;
Ääneni äristynynnä,
Puheeni puuttununna,
Kun mä join joesta vettä,
Lakin vettä lammikosta.
Eikä kaiku kanteleni,

Eikä harppuni heläjä;
Mure murti kanteleni,
Huoli harppuni hajotti,
Kun viikon surussa soitin,
Murehissa murmattelin,
Ja panin pahoissa mielin.

52. Elkää sanoko huolettomaksi.

Moni muualla sanovi,
Ja moni ajattelevi:
"Ei oo huolta hurnakolla,
Ajatusta aiaksella."
Elkäte hyvät imeiset,
Elkäte sitä sanoko;
Äiä on huolta huostassani,
Ajatusta vyöni alla,
Paljo mustoa muretta,
Surua syennäöistä.
Ken mun huoleni lukisi,
Apiani arvoaisi,
Se kosken kivet kokisi,
Meren aallot arvoaisi,
Lammin lumpehet lukisi,
Havut metsän haasteleisi.
Ei ole sitä hevoista
Talon pienoisen pihalla,
Talon suuren soimen päässä,
Joka mun huoleni vetäisi,
Mureheni muunne veisi.
Kanna korppi huoliani,
Mureitani musta lintu!
Kanna kaivoihin syvihin,
Lampihin kalattomihin,

Aivan ahvenettomihin!
Elä vie kalallisihin,
Elä ahvenellisihin;
Kalat kaikki huolestuisi,
Ahvenet alas menisi
Suuret hauit halkiaisi,
Särenlillit liukeneisi,
Saisi siiatki surua,
Kaikki mustuisi mujehet,
Minun hoikan huolistani,
Ja mustan murehistani.

53. Monihuolinen.

Enemp' on minulla huolta,
Kun on koskessa kiviä,
Rannalla rapakiviä,
Kanarvia kankahalla,
Pajuja pahalla maalla,
Hiekkoja hyvällä tiellä.
Ei ole sitä hevoista
Talonpojan tanhualla,
Rikkahankana rikoilla,
Parahass' ei pappilassa,
Koko kirkkokunnassamme,
Joka veisi huolet multa,
Kaihot muunne kannattaisi,
Poies saattaisi suruni.

54. Usiahuolinen.

Paljo on koskessa kiviä,
Äiä on aaltoja meressä,
Minull' on enempi huolta,
Mielaloa annettua.
Usiampi mull' on huoli,
Kun on kuusessa käpyjä,
Katajassa karpehia,
Petäjässä pirpasia,
Närehessä nästyröitä,
Päässä heinän helpehiä,
Oksia pahassa puussa.
Ei sitä hevoista löyvy
Viien Wiipurin välillä,
Kuuen linnan kuuluvilla,
Joka mun huoleni vetäisi,
Kaiheeni kannattaisi.
Hepo ei jaksa veteä,
Rautakisko kinkotella,
Ilman luokin lekkumatta,
Vempelen värisemättä,
Minun hoikan huoliani,
Mureitani mustan linnun.

55. Mikä neuoksi minulle?

Mikä neuoksi minulle,
Mikä neuon antajaksi?—
Neuo, neitonen minua,
Opastellos orpolapsi!
Ei neiessä neuojata,
Orvossa opastajata,
Neuottu itseki neiti,
Opastettu orpolapsi.
Enkä huoli huolimahan,

Suuresti sureksimahan;
Annan huolia hevosen,
Murehtia mustan ruunan,
Rautasuisen surkutella,
Suuripäisen päivitellä.
Hevosell' on pää parempi,
Pää parempi, luu lujempi,
Koko ruumis runsahampi,
Kaulasuonet kantavammat.

56. Hoikka, kaita ja musta.

Mintähen olenki hoikka—
Oonko hoikka luonnon hoikka
Vai hoikka eroon tekemä?—
En oo hoikka luonnon hoikka,
En hoikka eroon tekemä;
Mie oon hoikka huoliani,
Hoikka huolia kovia.

Mintähen olenki kaita—
Oonko kaita luonnon kaita
Vai kaita emon tekemä?—
En oo kaita luonnon kaita,
En kaita emon tekemä;
Mie oon kaita kaihojani,
Kaita kaihoja kovia.

Mintähen olenki musta—
Oonko musta luonnon musta,
Vai musta emon tekemä?—
En oo musta luonnon musta,
En musta emon tekemä;

Mie oon musta mureitani,
Musta suuria mureita.

Huoli hoikaksi vetävi,
Kaiho muita kaiemmaksi;
Mure muita mustemmaksi.

57. Sortunut ääni.

Mikä sorti äänen suuren, Äänen suuren ja sorian, Äänen kaunihin
kaotti; Jok' ennen jokena juoksi, Vesivirtana vilasi, Lammikkona
lailatteli?— Suru sorti äänen suuren, Äänen suuren ja sorian,
Äänen armahan alenti; Jott' ei nyt jokena juokse, Vesivirtana
vilaja, Lammikkona lailattele.

58. Ikuinen suru.

Käki kukkua käkesi
Maalle tälle tultuansa,
Lintu lauloa lupasi
Lennettyänsä leholle.
Kuku, kuku kultalintu,
Laulele hopialintu,
Jott' on aikani kuluisi,
Sekä viikko vierähtäisi;
Sulaisi syän suruinen,
Hautuisi haluinen rinta.
Ei multa sinä ikänä,
Poloiselt' ei polvenani,
Suru syömestä katoa,
Mure mielipuolestani.
En minä sinä ikänä,
En poloinen polvenani,

Surutont' en suuta syötä,
Varutonta vartta suori,
Kanna päätä kaihotonta,
Ikävätöntä elätä.

59. Huoliansa haasteleva.

Käyn mä kymmenen kyleä,
Samoan saan taloa,
En löyä sitä sisarta,
En sitä emosen lasta,
Jolle ma sanon sanani,
Haastan mielihauteheni.
Jos ma siskolle sanoisin,
Niin sanois sisar savulle,
Savu sen saisi patsahalle,
Patsas pihtipuoliselle,
Pihtipuolinen pihalle,
Piha pellonkyntäjälle,
Kyntäjä koko kylälle.

Virkkaisinko veikolleni,
Veikko kohta naisellensa,
Veikon nainen naapurihin,
Naapuri koko kylälle.

Tahi jos virkan vierahalle,
Mainitsen kylän Matille,
Vieras sen viieksi panevi,
Kylän Matti kymmeneksi.

Niin kellen sanon sanani,
Haastan mielihauteheni,
Ettei muut muretta saisi,

Miero mieltä arvoaisi?—
Menen metsähän mäelle,
Puhelen Jumalan puille,
Haastan haavan lehtyisille,
Pakajan pajun vesoille;
Ne ei kerro kellenkänä,
Kuihkaele kullenkana.

60. Si sula syän suruinen.

Suot sulavi, maat valuvi,
Ahovieret aukiavi,
Kaikki kankahat sulavi,
Lätäkötki lämpiävi;
Ei sula syän suruinen,
Ei valu vajainen rinta.
Jää on jänkkä syämessäni,
Vatsassani vaskivuori;
Ei sula sulallakana,
Ei valu varillakana,
Lähe ei lämpimälläkänä,
Kepene kesälläkänä,
Pala ei päiväpaistehella.
Minkä päivänen yleni,
Sen mun mieleni aleni;
Minkä päivä lämpimämpi,
Sen mun mieleni vilumpi;
Minkä päivä kaunihimpi,
Minun mieleni pahempi.

61. Vähä ilo emottomalle käestä.

Käki kukkui kuusikossa,
Käki kukkui, lintu lauloi,
Kukkui muien kuultavaksi,
Autuallisten iloksi,
Ei minulle milloinkana,
Ei kuku ajasta siitä,
Kun kerran emoni kuoli,
Kaatui kaunis kantajani.
Elköhön emoton lapsi,
Elköhön sinä ikänä,
Kauan kuunnelko käkeä
Päivän puolelta mäkeä:
Kun käki kukahtelevi,
Niin syän sykähtelevi,
Syän syttyvi tulelle,
Pää palolle paukahtavi.

Elköhön emoton lapsi,
Elköhön sinä ikänä,
Kuunnelko kevätkäkeä
Pohjan puolelta mäkeä
Itku silmähän tulevi,
Veet poskille valuvi,
Heriämmät hernet-aarta,
Paksummat pavunjyveä;
Kyynärän ikä kuluvi,
Vaaksan varsi vanhenevi,
Kuultua kevätkäkösen.

62. Pimiä isoton pirtti.

Oli mulla muoto muinen,
Oli muoto muien rinnan,
Kun mä notkuin nuorempana;

Kasvoin heinänkarvallisna.
Hyvä oli lapsen lässä olla
Hyvän vanhemman varassa;
Ikävä isättä olla,
Outo äitittä eleä,
Vaiva suuri vanhemmatta:
Pimiä isoton pirtti,
Vaikka päivä paistakohon,
Sokia emoton soppi,
Vaikka kuu kumottakohon.

63. Emintimäisen saanut.

Koira haukkui korven rannan,
Penikkainen pellon rannan,
Minä juoksin katsomahan,
Toivoin tuotavan emoa.
Ei emoa tuotukana,
Tuotihin emintimäistä,
Tuon tuhannen tullukkoa,
Pahan hengen pallukkoa;
Vitsa väännetty käessä,
Kohotettu koivun latva,
Lyöä lasta armotonta,
Kolkata kovaosaista.

Niin en nyt sinä ikänä,
En tämän elon sisässä,
En löyä emon hyvyyttä,
Enkä äitin armautta,
Vaikka etsisin tulella,
Vailehteisin valkialla.
Vieras on emon sialla,
Vaimo vieras, kun Venakko,

Ei sano emon sanoja,
Käy ei äitin askelilla,
Virkkoi vierahan sanoja,
Käypi armon askelilla.

64. Pienuuesta orpo.

Piennä heitti minun isoni,
Piennä isoni, piennä emoni.
Iso kuoli, äiti kuoli,
Kuoli muu sukuni suuri,
Jätti mulle jäiset kengät,
Sukat uhkuiset unohti;
Jätti jäisille jälille,
Talviselle tanterelle;
Jätti kun jänö pojansa
Suolle soikerrehtamahan,
Jäälle jääkellehtämähän,
Tielle tiiperrehtämähän,
Palolle papattamahan;
Jätti tuulen tuuvitella,
Viluilman viihytellä,
Koloilman kostutella.
Vihmavesi minun virutti,
Kyyt minulle ruoan kantoi,
Maot maiolla piteli.

65. En tieä tekijätäni.

Mikä lie minunki luonut,
Kuka kurjasen kuvannut—

Liekö luonut luoja suuri,
Suennut sula Jumala?
Jos lie luonut luoja suuri,
Suennut sula Jumala,
Tok' ei luonut luontapäänä,
Suennut suentapäänä;
Loi päänä luonnattomana,
Suunnattomana sukesi.

Enkä tieä tekijätäni,
Enkä tarkoin saajoani;
Liekö telkkä tielle tehnyt,
Sorsa suolle suorittanut,
Tavi rannalle takonut,
Koskelo kiven kolohon.
Iso heitti heikkosena,
Matalana maammo jätti,
Härän kynnen korkuisena,
Pystyn peukalon pituisna;
Heitti isoni iltikalle,
Emo jätti jäätikälle,
Joka tuulen tuntemahan,
Arvoamahan ahavan.

66. Kaksi, jotka ei moiti.

Vaivaisen heposen varsa
Kaikkien ajeltavana,
Onnettoman eukon lapsi
Kaikkien saneltavana.
Kaikki saatua sanovat,
Sekä pantua panevat,
Sanovat sananalaista,
Osoavat onnetonta.

Kaikki muut minua moitti,
Vaan ne kaksi kappaletta,
Minun piennä pistämäni,
Sekä lassa laittamani
Alimmainen aian vitsas,
Perimmäinen pellon seiväs;
Ei niill' oo suuta sanoa,
Eikä kieltä kerskaella.

67. Kun oisin käkenä.

Lauloa minä lupasin
Näille maille tultuani,
Kukkua käkesin kälkö
Lehtomaille mentyäni.
Kukkuipa käkeä kaksi
Kahenpuolen kaivotietä;
Kun oisin itse käkenä,
Itse kurja kukkujana,
Kukkuisin jokaisen kuusen,
Mäjeltäisin kaikki männyt,
Joka puuhuen puhuisin,
Joka lehvän leilettäisin.
Siinä kukkuisin enemmin,
Kussa käyvät huolelliset,
Astuvat sananalaiset;
Siinä kukkuisin vähemmin,
Kussa autuaat ajavi,
Lykylliset lyyrättävi;
Siin' en virkkaisi mitänä
Kuningasten kulkiessa,
Valtojen vaeltaessa.
Mistä tunnen huolellisen,
Arvoan sananalaisen?

Tuosta tunnen huolellisen,
Arvoan sananalaisen:
Alahana vyön pitävi,
Alempata henkiävi.

68. Suru ja pelko.

En minä sinä ikänä,
Kuuna kullan valkiana,
Surutont' en suuta syötä,
Varutont' en vartta kanna.
Surten istun, surten astun,
Surten ruoalle rupean,
Peläten perehen vaille.
En minä sure sotia,
Vainovuosia varaja,
Pelkeä metsän petoja;
Suren suista kattiloa,
Pelkeän perehen kieltä,
Varajan varia vettä
Rinnoille ripistyväksi,
Kaatuvaksi kasvoilleni.

69. Sanoissa kuluva.

En kulu minä kutsuissa,
Enkä vanhene vakoissa;
Kulun kuivissa sanoissa,
Väsyn silmävääntelöissä.
Sanat päälleni satavat,
Puheet putoelevat;
Kaikkien sanat sakovat,

Jokahisen juonet käypi,
Kun tuimat tulikipunat,
Tahi rautaiset rakehet,
Päälle lapsen armottoman,
Emottoman ensimmäissä.
Niin on suuta suukkimassa,
Leukoa leputtamassa,
Kun on suuret suolakopsat,
Lemmon palkehet parahat;
Ei oo ken sanan sanoisi,
Sanan puolenkaan puhuisi,
Puoleltani puhtahalta,
Viereltä viattomalta.

70. Sepän tehtäviä.

Oisko seppänä setäni,
Tahi taattoni takoja,
Veljeni valaja vasken;
Tiettäisin suruista suitset,
Päitset päivistä pahoista,
Riimut mieron riitelöistä,
Länget mieron läykynnöistä,
Satulan kylän sanoista,
Ohjakset oman sukuni,
Reet on miesten reuhunnoista,
Korjat naisten kuohunnoista,
Huolista hyvän heposen,
Murehista mustan ruunan;
Jolla armoton ajaisin,
Sekä kurja kierrähtäisin,
Muille maille vierahille,
Vierisin Venäehelle;
Saisinko sanoilta rauhan,

Levon leuoilta pahoilta.
Jos min virkkaisi Venakko,
Venäläinen viekottaisi,
Saisi ummikko sanoa,
Outo kieli kelpotella.

71. Suku surmaksi rupesi.

Ei itke iso minua,
Ei emo pane pahaksi,
Ei kastu sisaren kasvot,
Veikon silmä ei vettä vieri,
Vaikka joutuisin jokehen,
Elikkä vierisin vetehen,
Kaatuisin kalamerehen,
Sisareksi siikasille,
Veikoksi veen kaloille.
Koti toivoi kuolleheksi,
Piha pitkin maanneheksi,
Maja maani myöneheksi,
Kartano kaonneheksi.
Sukuhuni survelime,
Heimohoni heittelime,
Suku surmaksi rupesi,
Heimo hengen kiertäjäksi,
Kulkkuni kuristajaksi,
Ääneni äristäjäksi.
Suku ei suvulle tunnu,
Heimokunta hempiälle;
Suku on muuttunut sueksi,
Heimo hengen ottajaksi.

72. Ei kestä lihainen silta.

Mikä lie minua luonut,
Kuka kurjoa kyhännyt,
Tälle inhalle iälle,
Katovalle kannikalle;
Ei luonut sanasepäksi,
Pannut virsiportahaksi.
Parempi minun olisi,
Parempi olettelisi,
Olla virsiportahana,
Kun on sotkuportahana,
Suolla sotkuportahana,
Siltana likasioilla.
Soisi mun sukuni suuri,
Heimokuntani helevä,
Soille sotkuportahiksi,
Silloiksi likasioille,
Paikoiksi pahoille maille,
Kannonpäiksi kaivotielle;
Soisi suohon sortuvani,
Kalliolle kaatuvani,
Likoihin litistyväni,
Alle juurten juuttuvani.
Vaan ellös hyvä sukuni,
Kuulu heimokuntaseni,
Suoko suolle portahiksi,
Silloiksi likasioille!
Ei kestä lihainen silta,
Pölkky luinen luikahtavi;
Ei se kestä köyhän käyä,
Rajakengän rapsutella.

73. Soisit suohon sortuvani.

Kun ma kuolisin poloinen,
Katalainen katkiaisin,
Sata suunsa salpoaisi,
Tuhat suunsa tukkoaisi.
Sata suu sanoo minua,
Tuhat kieltä kerskoavi;
Sata suut' oman sukuni,
Ja tuhat kyläistä kieltä.
Soisit mun kyläiset naiset,
Soisit naiset naapurini,
Kovemmin kotiväkini—
Soisit suohon sortuvani,
Maahan vaajaksi vaiovan.
Vaan ei suonut suuri luoja,
Vaatinut vaka Jumala,
Soille sotkuportahiksi,
Silloiksi likasioille.
Enkä sinnes suohon sorru,
Kunnes kannan kahta kättä
Viittä sormea viritän,
Kynttä kymmentä ylennän.
On puita pitempiäki
Soille sotkuportahiksi,
Maahan vaajaksi vajoa;
Viel' on suolla suuri honka,
Rannalla raju petäjä,
Jaloin päällä käytäväksi,
Helmoin hempsuteltavaksi.

74. Vilu viimenki tulevi.

Vilu viimenki tulevi,
Vilu mulle vienoselle,
Vilu vienopäiväiselle,
Vihattuna viertessäni,

Seinävieret seistessäni,
Ollessa oven takana.
Menisin minä tupahan,
En tohi tupahan mennä;
Tuvassa toruttanehe,
Alla parren pantanehe;
Ovensuuss' on ouot silmät,
Kaiat silmät karsinassa,
Kierot keskilattialla,
Perässä perivihaiset.
Mikä neuoksi minulle,
Mikä neuon antajaksi?
Isoseni, ainoseni,
Taos mulle rautakengät,
Rautakengät, puiset paulat!
Joilla seison seinävieret,
Asun ikkunan alukset,
Kunnes viihtyisi vihaiset,
Asettuisi ankaraiset,
Vaipuisi humalahurjat,
Viinarallit raukiaisi.

75. Ohoh kullaista kotia!

Lämmin paita liinainenki
Oman äitin ompelema;
Vilu on vaippa villainenki
Vaimon vierahan tekemä.

Lämmin on emosen sauna
Ilman löylyn lyömättäki;
Kylmäpä kyläinen sauna,
Vaikka löyly lyötäköhön.
Koria kotoinen leipä,

Jos on täynnä tähkäpäitä;
Vihavainen vieras leipä,
Vaikka voilla voituohon.

Villainen emosen vitsa,
Ruokoinen isosen ruoska,
Joskon viikon virpokohon,
Rupeaman ruoskikohon;
Vitsa vierahan verinen,
Kyläläinen kynnäppäinen,
Josko kerran iskeköhön,
Tahi puolen koskekohon.

Ohoh kullaista kotia,
Armasta ison eloa!
Jos oli leipeä vähempi,
Niin oli unta viljemmältä;
Ei toruttu torkunnasta,
Makoomasta ei manattu.

76. Ei kuinkaan hyvä.

Pah' on orjana eleä,
Käyä toisen käskyläissä;
Teen mä työtä työn ajalla,
Väännän hartion väellä,
Täytän käskyt, kannan väskyt,
Kärsin käsnäiset lapiot,
Ei oo hyvä siitäkänä,
Tuostakana tuon parempi,
Torutahan torkunnasta,
Manataan makoamasta.

77. Tässä saapi lempo lemmen.

      Pah' on mieleni paloisen
      Ilmanki pahottamatta,
      Aina aatkeloittamatta;
      Siit' on semminki pahempi,
      Siitä aina aatkelampi,
      Kun vielä pahotetahan,
      Aina aatkeloitetahan.
      Sanotaan minun poloisen
      Kivet suuret istuvani,
      Maat suuret makoavani;
      Itse istuvat sanojat,
      Makoavat mainitsijat;
      Itse istuvat kivensä,
      Joka maan makaelevat.

      Enkä tieä mie poloinen,
      Miten olla, kuin eleä;
      Miten olla mielevänä,
      Kuten kuuluna asua.
      Aina muiss' inehmisissä
      Saapi lemmen liikkumalla,
      Kunnian kävelemällä;
      Tässä saapi lempo lemmen,
      Piru kunnian pitävi,
      Lemmon löyhkykartanoilla,
      Pirun pitkillä pihoilla.
      Saisi en kurja kunniata,
      Raukka lempiä tapaisi,
      Vaikka vuoret vierettäisin,
      Kalliot kaha jakaisin.

78. Kahenlainen toivotus.

Anna Kiesus antajalle,
Tunge tuhlarin kätehen;
Vie Juutas vinkujalta,
Paha henki parkujalta.
Anna aina antajalle,
Tunge tuhlarin kätehen:
Torvin tuovos taivahasta,
Pillin pilvistä puota,
Ava maat alaisin puolin,
Puhko pellon penkeristä.
Almun saan ma antajalta,
Tuhlarilta toisen almun,
Vinkujalt' ei vettäkänä,
Parkujalta ei paloa.

79. Hyvän sään toivotus.

Anna onni ohravuotta,
Jumala jyväkeseä,
Saisin kekriksi olutta,
Tahi juda joulukseni;
Orjatki olutta saisi,
Palkollisetki panoista,
Kasakatki kaljavettä,
Vierrettä kivenvetäjät.

Anna luoja luokosäätä,
Herra heinän kuivautta,
Armahalla luok'ajalla,
Heliällä hein'ajalla.
Viepä pilvi Pietulahan,
Siellä vettä tarvitahan:
Suot tulessa, maat tulessa,
Kaikki kankahat tulessa,

Kaikki kaivot kuivanehet,
Lähtehet läkähtynehet;
Siell' on lapset ristimättä,
Kansa kaikki kastamatta,
Pojanpoika puolitehty,
Ei oo vielä vettä nähty.
Siellä paiatki palavi,
Turkit uuet turmeltuvi,
Ukot uunilla palavat,
Akat saunan lautasilla,
Pojat porstuan ovilla,
Piiat kaikki kartanolla,
Lapset pitkin lattiata,
Rengit räystähän nenillä.

80. Tuuterin laatu.

Tuhm' on laatu Tuuterissa,
Kun neiet kosissa käyvät,
Akat juohessa ajavat;
Tuuteriss' on miehet tuhmat,
Miehet tuhmat, naiset laiskat,
Tyttäret välikävijät,
Pojat puolenmielelliset,
Ukot untelot, sokiat.
Ei ukot ulos osaja
Ilman naisen saattamatta,
Tyttären taluttamatta.
Usta etsivät perästä,
Penkin alta ikkunoa;
Ei usta perästä löyä,
Penkin alta ikkunoa.

81. Hätäkö tyttöjen?

Mipä meiänki tytärten,
Mikä muien neitosien?—
Ei tytärtä tuumatonta,
Neittä neuon saamatonta.
Neuon neitonen pitävi,
Tuuman tyttö keksinevi,
Alta aittahan menevi,
Päältä purnon puhkoavi,
Katon kautta pois tulevi,
Laen kautta laitteleksen;
Sukasta säkin tekevi,
Kalsustansa kantoneuon.

82. Kummaistako kuuleminen.

Kukkuipa käkeä kaksi
Kahenpuolen korpinotkon;
Satuin noita kuulemahan—
Hyv' oli kuulla kummaistaki.
Lauloi kaksi laulajata
Kahenpuolen pöytälaian;
Satuin noita kuulemahan—
Hyv' oli kuulla kummäistaki.
Riiteli kälyistä kaksi
Kahenpuolen kaalimaljan;
Kummaistako kuuleminen?—
Lemmon kuultavat molemmat.

83. Mistä tunnen tuhman.

Mistä tunnen tuhman miehen,
Arvoan uron typerän?—
Tuosta tunnen tuhman miehen,
Arvoan uron typerän:
Viikon istui vyö sylissä,
Kauan housut kainalossa,
Viikon virsua tekevi,
Kauan tuohta katselevi.
Mistä tunnen tuhman naisen,
Tahi tyttären typerän?—
Tuosta tunnen tuhman naisen,
Tahi tyttären typerän
Tulen tuhkahan puhuvi,
Lietehen lehettelevi,
Nousevi tuvalle tupsu,
Paha katsku kartanolle.

84. Muutamia tuntomerkkejä.

Tuttu on tuomi muista puista,
Anoppi kylän akoista,
Vävy muista vierahista,
Nato tyttö neitosista.—
Kukistansa tuomi tuttu,
Astunnastansa anoppi,
Vävy vehnäpiirasista,
Nato tyhjän nauramasta.
Viel' on tuttu huolellinen,
Arvattu halunalanen;
Tuost' on tuttu huolellinen,
Arvattu halunalainen:
Huokaellen huoles käypi,
Laulellen halunalainen,
Uni ei tule usein

Huolellisen huonehesen,
Haastata ei huolellista,
Hauköta halunalaista.

85. Kyntelin kysymykset.

Kynteli kovin kysyvi,
Paavali pajattelevi:
"Joko on ruohtimet ruhottu,
Joko tappurat tapettu?"—
Vastavi viriä vaimo,
Sanovi hyvä emäntä:
"Jo mie ruhoin ruohtimeni,
Sekä tapoin tappurani."
Kynteli kovin kysyvi,
Paavali pajattelevi:
"Joko on kankaita kuottu,
Alotettu aivinoita?"—
Vastavi viriä vaimo,
Sanovi hyvä emäntä:
"Jo on kankahat kuteella,
Sekä aivinat alulla."

Varis lenti vaahtokuulla,
Kevätkuulla keikutteli,
Vyyhille viriän vaimon,
Pankolle aniparahan,
Kuontalolle kunnottoman,
Emärontin roivahille.

86. Toisin ennen, toisin eilen.

Toisin ennen, toisin eilen,
Toisinpa tätä nykyä;
Toisin ennen toimi käski,
Toisin ennen työ opetti.
Toimi käski tonkimahan,
Maa väkevä vääntämähän,
Ei kun nyt tätä nykyä,
Elon entisen lopulla.
Eip' on maaten maa pietty,
Istuen isosen pelto;
Ei suannut suuri pelto,
Maa ei sallinut savinen,
Miestä verkaista vaolla,
Koriata kuokan päässä,
Piian pitkiä hameita,
Sukan vartta valkiata.
Nyt tämä nykyinen kansa,
Sekä kansa kasvavainen,
Maaten maitansa pitävät,
Penkin päässä peltojansa;
Syövät maansa makkaroina,
Itroina isonsa pellon.

87. Juomarin toimi.

Moni matkassa tulevi,
Tapahtuvi taipalella,
Joutavalle juomarille,
Hurjalle humalapäälle:
Kinnas kirpovi kuhunki,
Saapukka johonki saapi.
Isäntä olutta juopi,
Mies se viinoa vetävi;
Heponen helyjä syöpi,

Varsa varpoja purevi,
Pere piinoa pitävi,
Lapset nälkeä näkevi.—
Noin sanovi lapsi jukka:
Iso illalla tulevi,
Tuopi tuoresta kaloa,
Vetävi verestä lientä;
Iso aamuksi ajavi,
Keskiyöksi kerkiävi,
Tuopi tuoresta pajua,
Antoi vitsoa verestä.

88. Emon neuo pojalle.

Emo neuo poikoansa,
Vanhin vaivansa näköä,
Kun kuki sukimojansa,
Itse ilmoin luomiansa.
Noin kuulin emon sanovan,
Vaimon vanhan lausuvaksi:
"Poikueni nuorempani,
Lapseni vakavampani!
Jos tahot talohon naia,
Tuoa minneä minulle,
Ellös pyytäkö pyhänä,
Tieltä kirkko kihlaelko;
Silloin porsaski punainen,
Ja sikai silkkipäässä.
Jalkavaimotki pahimmat
Kirkkotiellä kiirehiksen,
Sinisukkahan siroksen,
Punapaulahan paneksen,
Pää on silkkihin siottu,
Hiukset pantu palmikolle."

"Arkena parempi aika;
Silloin naios poikueni!
Ota olkihuonehesta,
Riusanvarresta valitse,
Kivenpuusta kihlaellos;
Joll' on nurin nuttu päällä,
Takki valmis tahtomatta;
Jonk' on huntu huutehessa,
Perä petkelen tomussa,
Varsi jauhon valkiassa."

89. Tavattava tyttö.

Emo neuoi poikoansa,
Vaimo lastansa varotti:
"Ellös vainen, poikaseni,
Juosko juhlina kosissa!
Tyttöä ei piä tavata
Kiviseltä kirkkotieltä,
Siellä veltotki verassa,
Laiskat lainavaattehessa,
Pahallaki paita päällä,
Tuhmimmalla pää tukossa.
Tyttöä pitää tavata
Riihestä rimuamasta,
Heinästä hämyämästä;
Jok' on riski riihenpuija,
Hempulainen heinänlyöjä.
Tyttöä pitää tavata
Kivenpuusta kiikkumasta,
Käsivarsin vaapumasta,
Navetasta nainen saaha,
Riihestä rivahka piika,
Taitava talon miniä,

Koria kotoinen vaimo;
Jok' on joutusa jalalta,
Sormilta hyvin soria,
Askareihin aina valmis,
Valpas aamulla varahin."

90. Wäinämöisen sanoja.

Läksi veljekset vesille,
Emon lapset lainehille;
Kielti vanha Wäinämöinen,
Epäsi suvannon sulho,
Kielti kolmesta pahasta:
Vesillä viheltämästä,
Lainehilla laulamasta,
Venehessä vieremästä,
Purressa parahtamasta.

Oli veljekset vesillä,
Emon lapset lainehilla;
Kielti vanha Wäinämöinen,
Epäsi suvannon sulho,
Kielti kolmesta pahasta:
Suolimasta siian suolta,
Hauin vuolta vuolimasta,
Syömästä kalankutuja.
Noin se virkkoi Wäinämöinen,
Ennensyntynyt pakasi,
Nuoremmalle veiollensa:
"Ei sinun pitäisi syöä,
Ei sinun, ei muienkana,
Siian suolta, hauin vuolta,
Ahvenen alaista puolta,
Kuujasen kutumätiä."

Tuli veljekset vesiltä,
Emon lapset lainehilta;
Kielti vanha Wäinämöinen,
Epäsi suvannon sulho,
Kielti kolmesta pahasta:
Yksin öillä kulkemasta,
Humalassa huutamasta,
Maantiellä makoamasta,
Syänyöllä soutamasta.
Vaan ei kiellyt Wäinämöinen,
Evännyt suvannon sulho,
Hukkuvata huutamasta,
Kuollutta makoamasta.

Kielti vanha Wäinämöinen,
Epäsi suvannon sulho,
Atroa poron perästä,
Lapin maasta taikinoa;
Kielti uimasta uhalla,
Veikan vettä soutamasta.

Kielti vanha Wäinämöinen,
Epäsi suvannon sulho,
Kukkaroa paikattua
Vyöltä miehen naimattoman;
Kielti työtöntä taloa,
Toukoa tekemätöntä.

Kielti vanha Wäinämöinen,
Epäsi suvannon sulho,
Kielti maata miehetöntä,
Kirvehetöntä kyleä,
Eloa emännätöntä,
Koiratonta kartanoa.

Vielä kielti Wäinämöinen,
Epäsi suvannon sulho,
Kullalle kumartamasta,
Hopialle horjumasta,
Vanhan nuorta tahtomasta,
Kaunista käkeämästä.

Sanoi vanha Wainamöinen,
Nuoremmalle veiollensa:
Kaunis on kattila tulella,
Vaikka vettä kiehukohon;
Hyvä mieli miehen päässä,
Vaikka ilman istukohon—
Väki ei väännä hartioita,
Säre ei mieli miehen päätä.

Sanoi vanha Wäinämöinen,
Nuoremmalle veiollensa:
Hoia hongaista venettä,
Hoia hongan vestäjätä;
Pah' on orja palkatonna,
Paha paljon palkan kanssa—
Osallahan mies elävi,
Koira toisen kohtalolla.

Sanoi vanha Wäinämöinen,
Nuoremmalle veiollensa:
Suo vilja vihattavalle,
Rahat raukoteltavalle!—
Hullu saapoa vihaavi,
Siitä saapi saamatonki,
Viha viepi viljan maasta,
Kateus kalan veestä.

Sanoi vanha Wäinämöinen
Nuoremmalle veiollensa:

Aina auttavi Jumala,
Ajan kunki katkasevi;
Viipyen erät paremmat,
Kauan ollen kaunihimmat—
Harvoin syötti harva verkko,
Silloin suurilla kaloilla.

Sanoi vanha Wäinämöinen
Nuoremmalle veiollensa:
Jumalass' on juoksun määrä,
Ei miehen ripeyessä;
Juokseva johonki saapi,
Käypä kauas kerkiävi—
Usein käypi käypä härkä,
Kun jo hengästyi hevonen.

Sanoi vanha Wäinämöinen
Nuoremmalle veiollensa:
Sitä kuusta kuuleminen,
Jonka juuressa asunto;
Kiitä muille muita maita,
Itselle omia maita—
Omat maat makuisimmat,
Omat metsät mieluisimmat.

Sanoi vanha Wäinämöinen
Nuoremmalle veiollensa:
Väli on väätyllä vitsalla,
Väli vääntämättömällä;
Mies tulevi neuotusta,
Koira neuomattomasta—
Tieto ei miestä tieltä työnnä,
Neuo syrjähän syseä.

Sanoi vanha Wäinämöinen
Nuoremmalle veiollensa:

Soisin Suomeni hyväksi,
Karjalan kaunihiksi;
Hyvin aina elettäväksi,
Kunnialla kuoltavaksi—
Laiskat Lappihin menevän,
Muut veltot Wiron vesille.

91. Lintuin keräjät.

Köyhä mies ketoa kynti,
Sekä kynti, jotta kylvi,
Kylvi kymmenen jyveä,
Kynti kymmenen vakoa.
Sihen lintuja sikesi,
Kasvoi paljo peiposia;
Hakahti harakat siinä,
Sekä närhit näppäsivät,
Kävi sirkut sissimässä,
Varpuset varastamassa.

Pajulintu palkulainen
Äkättihin, keksittihin,
Vievän viimeistä jyveä,
Reunimmäistä reutoavan.

Nuorittihin, käärittihin,
Pieksettihin, pyntättihin,
Lyötihin, lytistettihin,
Jaloin päällä pyörittihin;
Vesi silmästä sirusi,
Veri vaivaisen nokasta
Keräjihin käytettihin,
Laitettiin lain etehen.

Kurki lintujen kuningas
Itse istui tuomariksi,
Laklat lautamiehiksi,
Valamiehiksi varikset.
Kurki huuti kulkustansa,
Kajahutti kaulastansa
"Ootko ottanut jyviä
Köyhän miehen kynnökseltä?"

Pajulintu palkulainen
Sihen vastaten sanovi:
"Söin minä jyveä kaksi,
Kovin äiä, kun on kolme."

Kurki kulkkunsa kurotti
Yli pöyän lausumahan:
"Kosk' oot ottanut jyviä,
Käynyt kurja sissimässä,
Köyhän miehen kynnöksellä,
Kynnöksellä, kylvöksellä;
Niin ei saa sääliä varasta—
Tahi korvat karsitahan,
Tahi kaula katkotahan,
Pää poikki järitetähän."

Pääskyläinen pieni lintu
Se lausui laen rajasta:
"Varastat sinäki kurki,
Otat otria oloksi,
Rukeita mielen määrin,
Kannat kauranki jyviä."

Kurki laski suuren kulkun,
Parkasi pahan sävelen,
Pääskyselle pienimmälle:
"Oonko mie varastanunna

Köyhän miehen kylvöksestä?—
Taian mie ilmanki eleä
Köyhän miehen kylvöksettä;
Lennän synkkähän salohon,
Siellä riivin rikkahia,
Katkon kaurahalmehia,
Tahi syön marjoja metsästä,
Kaivan suolta karpaloita."

Lausui pääsky pieni lintu:
"Vaan minäpäs en varasta;
Olen ihmisten ilona,
Riemu kaiken ristikansan,
Saattelen suven sanoman,
Laitan päivän lämpimämmän."

92. Revon valitus.

Repo juosta reyätteli,
Pitkin vuorta voivotteli;
"Riu, rau, repo rukka!
Miss' olit tämän kesyen?"—
"Jumalalla paimenessa,
Karjalaisna kaikkivallan."

"Saitko paljo palkastasi
Jumalassa oltuasi?"—
"Kuusi poikoa poloinen,
Sikiöitä seitsemisen."

"Miss' on poikasi poloisen,
Kussa tyrmän tyttäresi?"—
"Tuoll' on poikani poloisen,
Tuolla tyrmän tyttäreni:

Kaikk' on kettuna Kemissä,
Tukulmissa turkkiloina,
Pispan pitkinä hioina,
Papin paian kauluksina,
Herrojen hetalehina,
Valtamiesten vaattehina.
Taianpa itseki tulla,
Itse onneton osata,
Saaha saksalle rahoiksi,
Kauppamiehelle kaluksi,
Tuomarin turkin hioiksi,
Nimismiehen niskomiksi.
On sitä minullai mieltä,
Mutt' on surma sukkelampi:
Milloin viskovi vipuhun,
Saattavi satimen alle,
Milloin rauat rapsahtavi,
Pahat sangat paiskahtavi;
Käypi viisaski vipuhun,
Hullu huhtovi sivutse."

93. Pohjolan poika.

Poika syntyi Pohjolassa,
Lapsi Ilmalan lahella;
Tullut ei miestä tuhmempata,
Untelompata urosta.
Söi syet, someret appoi,
Hiilet kuivat kuippaeli.
Yöt oli kiven välissä,
Päivät piili paaen alla,
Kesät kentällä makasi,
Talvet taljavuotehella;
Mennyt ei metsähän ikänä,

Ei kalahan kulloinkana,
Saivat jouset jouten olla,
Verkot viemättä vesille.

94. Ensimmäinen rautio.

Itse seppo Ilmarinen
Kauan kalkutti pajassa,
Saanut ei kuokkoa kokohon,
Kirvestänsä kiehumahan;
Paaet kasvoi kantapäihin,
Syli syttä hartioille.

Ajatteli aamusilla,
Päivät päässänsä piteli:
"Miks' ei minulla rauta kiehu,
Alla ahjoni valahu;
Taon talven rautoani,
Keitän kirvestä kesosen."

Päätyvi paha pajahan,
Kysyi kehno kynnykseltä:
"Monesko, mokoma seppä,
Kirves sulla kiehumassa?"—

"Vast' on viisi valmihina,
Kovin äiä, kun lie kuusi,
Yhen aamusen ajalla,
Yhellä rupeamalla."

Tuon paha sanoiksi virkki:
"Ei sepällä silläkänä
Saane viittä valmihiksi,

Yhellä rupeamalla,
Joka rauan keittelevi,
Hietakopran heittelevi."

Siitä seppo Ilmarinen
Itse ottavi opiksi—
Heitti hietoa tulehen,
Kirvehensä keittehille;
Jopa kohta kirves kiehui,
Rauta ahjossa rakentui.
Se hänen sepäksi saattoi,
Takojaksi tehä taisi;
Ei oppi ojahan kaaha,
Neuo syrjähän syseä.

95. Pahalaisen matka.

Seppä seisovi pajassa,
Sepän poika porstuassa;
Luuli lempo lehmäksehen,
Piru pitkähännäksehen.
Lyykistihen lypsämähän,
Heittihen heruttamahan;
Tuo lypsi tulisen maion,
Valahutti valkiaisen,
Puotti tulipunaisen,
Säkehisen säilähytti;
Sai paha pajasta kyyin,
Lempo muunne lennättimen.

Noin tiesin pahan sanovan,
Kuulin kurjan kuikuttavan:
"Mie olen käynynnä katala,
Etsinnä tänäi yönä,

Samonnunna Suomet, Saaret,
Käynyt kaiken Karjalanki,
En ole mitänä saanut,
Enkä einettä tavannut.
Hämehessä härkä ammoi,
Oulussa oluet juoksi,
Kanat Naarvassa kakahti,
Repo rääkyi Räävelissä,
Wiipurissa siat vinkui,
Kukko Riiassa riahti."

Noin tiesin pahan sanovan,
Kuulin kurjan kuikuttavan:
"Jo olen jotaki nähnyt
Tämän ilman kannen alla;
Kolme vuorta korkiata,
Koiravuoren korkeimman;
Kolme synkkeä saloa,
Näin Synervän synkeimmän;
Kolme järveä jaloa,
Kallaveen kauheimman,
Puruveen puhtaimman,
Kolkon puolipohkehesen;
Kolme koskea kovoa,
Hämehess' oli Hälläpyörä,
Kaatrokoski Kainuhussa,
Ei ole Wuoksen voittanutta,
Ylikäynyttä Imatran."

96. Herran hevosen kuolo.

Kuoli herralta hevonen,
Paras ruuna pappilasta;
Tuli korpille kohina,

Ilo ilman lintusille.
Hatsahti harakat siinä,
Sekä närhit närkäsivät,
Tuohon koirat kohti juoksi,
Sapakat hyvin samosi,
Susi juoksi suota myöten,
Karhu kangasta kapusi,
Kontio kovia maita,
Ahmo aivan kelvotonta.

97. Mieli melkiässä.

Olipa minulla mieltä,
Oli ennen aikoinani;
Oli mieltä muillen asti,
Sekä tointa toisellenki,
Paljo pantua väkeä,
Ajatusta annettua.
Jo nyt on mieli melkiässä,
Kaikki toimi toisialla,
Ajatus ahavan tiellä,
Väki väljässä tilassa.
Mieli on toisen miehen päässä,
Toimi toisessa talossa,
Väki toisen hartioissa,
Toisen aivossa ajatus.
Mieltäni meri ajavi,
Vesi vääntävi väkeä,
Tuulet tointa tuuvittavi,
Ajatustani ahava.

98. Kolme kokematonta.

Kaikki oon katala nähnyt,
Kokenut kovaosainen,
On kolme kokematonta:
Uuestahan syntymättä,
Syömättä anopin leipä,
Apen sillat astumatta.
Enk' oo korppia kokenut,
Syönyt lientä mustan linnun,
Maitoa mahon jäniksen.

99. Kolme pyytää.

Anterus ylinen yrkä,
Ylimmäisen miehen poika,
Teki tielle tetren pyyön,
Rannalle revonritasen,
Kylän alle neien pyyön.
Kävi tieltä tetrenpoika,
Rannalta reponen puuttui,
Kylän alta neito nuori.
Anterus ylinen yrkä,
Ylimmäisen miehen poika,
Tetrestä piti pitoset,
Revon kauppoi kaupunkihin;
Minne neitonsa menetti?—
Sen menetti vierehensä.

100. Kurki ja varis.

Kurki kuusesta huhuvi,
Keträkulkku keiahutti:

"Tapa tauti tyttölapset!—
Maalta marjat poimitahan,
Karpalot karistetahan."
Varis vaakkui vainiolta:
"Elä tapa tauti tyttäriä!—
Häviäisi hääveroni.
Häitä saahaan tytöistä,
Piioista piot parahat,—
Härkä lyöähän lihoiksi,
Iso lehmä isketähän,
Härkä häiksi, toinen kuiksi,
Maholehmä makkaroiksi,
Lammas liioiksi lihoiksi;
Mulle suolet puistetahan,
Haparaiset annetahan,
Alla aian lapsineni,
Pellolla perehineni."

101. Hyvä laiskalla lapsi.

Hyvä lapsi laiskan vaimon,
Käsikukka kunnottaman;
Kun tulevi työlle lähtö,
Istuksen imettämähän,
Lehystäksen lapsen päälle,
Saavat unta uunin korvat,
Saunan lauat lappiata,
Penkki paksua pereä.

102. Elä naura toisen naista.

Elä naura toisen naista,
Moiti toisen morsianta!
Vielä saat itseki naisen,
Sekä moisen morsiamen,
Saat sa naisen naurettavan,
Morsiamen moitittavan.

103. Aikansa kullaki.

Soutelemma, joutelemma,
Melkein melaelemma,
Näillä väljillä vesillä,
Lakehilla lainehilla.
Tuli aika, airo taittui,
Tuli toinen, mies menevi,
Mies meni, mela putosi,
Vene haapainen hajosi.
Tuo nyt Altti airojasi,
Venettäsi veen isäntä,
Anna mulle airo toinen,
Tuo mulle mela parempi,
Jotta jonneki osaisin,
Selät suuret souteleisin.

104. Veneelle tuulta.

Puhu tuuli purteheni,
Ahava alukseheni,
Anna airoille apua,
Huoparille huovitusta!
Aivan on airot pikkaraiset,

Soutajat vähäväkiset,
Pienoiset peränpitäjät,
Lapset laivan hallitsijat.
Tuuvittele tuuli purtta,
Soutele vesi venettä;
Anna juosta puisen purren,
Mennä mäntyisen venehen,
Juosta purren puittomia,
Kiiteä kivittömiä!

105. Maata pannessa [12].

Panen nyt maata maan luvalla,
Maan luvalla, puun luvalla,
Kaiken kartanon luvalla;
Kiesus kilpi, Maaria miekka,
Varani vakaa Jumala.
Santta salvan laskijaksi,
Luoja lukon sulkijaksi,
Jumala nukuttajaksi,
Maaria makuuttajaksi,
Herran herättäjäksi,
Kiesus ylös nostajaksi,
Jumalata kiittämähän,
Maariaista mainimahan,
Kiesusta ylistämähän.

106. Lelkkuuta lopettaissa [13].

Lähe nyt ainoa avuksi,
Kiesus kulta kumppaliksi!

Suin kokohon, päin kekohon!
Muut on koossa, muut keossa,
Sie oot raukka rauhallasi,
Kurja kuukumaisillasi,
Katalainen kannoillasi.

107. Syöttävi meri sikansa.

"Voi meitä merisikoja,
Hyvän Päivän hylkehiä,
Näillä Päivilän pihoilla,
Hyvän järven rannikoilla!"

"Mi meiän merisikojen,
Hyvän Päivän hylkehien,
Näillä Päivilän pihoilla,
Hyvän järven rannikoilla?—
Syöttävi meri sikansa,
Hyvä järvi hylkehensä.
Meripä näkyvi meille,
Meri meiän ikkunoihin,
Meri ennenki elätti,
Meri syötti, meri juotti,
Meri saatti saappahisin,
Pojat kenkähän kovahan;
Pienet piiat pintelihin."

108. Vangittu pannu.

Ulkoa runoja kuulin,
Puhki tuohten tuomioita,

Halki lauan lausehia,
Läpi sammalen sanoja,
Viinasta valitusvirren,
Runon ruoan kuolemasta;

Kun on viina kuoletettu,
Kaotettu kaunis ruoka,
Jok' oli joukoissa ilona,
Ravintona rahvahassa,
Ilon alku iltasilla,
Elon alku aamusilla;
Hyvä herrojen hovissa,
Paras herkku pappiloissa,
Kaunis kaikissa sioissa,
Talonpoikien tuvissa;
Lohutti suruiset syämet,
Ilahutti itkeväiset;
Saatti miehet mielipäähän,
Ihmiset elo kätehen,
Kullat kulmille kohotti,
Nosti helmoille hopiat.

Voi sinua pannu parka!
Mitä tieät tehnehesi—
Teitkö murhan, vai varastit?
Kun oot vangittu kovasti,
Lyöty rautoihin lujasti;
Kun on huulet rikki lyöty,
Kaikki hattusi halastu,
Oot kun oksalla orava,
Käpy suussa kääntelevä.

Meiän kuulusa kuningas,
Majasteetti maan isäntä!
Päästä piiput piinan alta,
Pannut kaikki kahleista;

Pane pannut valloillensa,
Entiselle ennollensa,
Sangoistansa rippumahan,
Pisaria tippumahan,
Että me poloiset poiat
Saisimma savurajasta,
Pikarin pivohon panna,
Suuruspullin suun etehen,
Ystävät vihollisista,
Hyvät veljet vierahista.

109. Tynnyrin puhe.

Mitä putsinen puhuvi,
Satavantinen sanovi?—
Sitä putsinen puhuvi,
Satavantinen sanovi:
"Kyllä muistan murhevuoet,
Arvoan ajat pahemmat;
Isä survi suokanervat,
Veikko vehkoja keräsi,
Äiti hiehoa herutti,
Sisko vuohta vollotteli;
Hiljan joutui juomakansa,
Kulettihin kuulut miehet."

110. Oluen synty.

Tieän mä oluen synnyn,
Humalast' oluen synty.
Humala, Remusen poika,

Piennä maahan pistettihin,
Kyinä maahan kynnettihin,
Viholaisna viskottihin,
Osman pellon penkerehen,
Vierehen Kalevan kaivon.
Siitä taisi taimi nosta,
Yletä vihanta virpi,
Osman pellon penkerellä,
Vierellä Kalevan kaivon;
Nousi puuhun pienoisehen,
Kohti latvoa kohosi.

Niin huhui humala puusta,
Ohra pellon penkereltä,
Vesi kaivosta Kalevan:
"Milloin yhtehen yhymmä,
Konsa toinen toisihimme:
Joulunako, kekrinäkö,
Vaiko vasta pääsiäisnä,
Vaiko jo tänäki päänä?—
Jospa jo tänäki päänä."

Tuosta kohta koolle saivat,
Ja tulivat toisihinsa;
Västäräkki vettä kantoi
Kerkeän kesäisen päivän,
Punalintu puita pilkkoi,
Tianen pani olutta.
Hyvin se tianen tiesi,
Osasi oluen panna,
Vaan ei tiennynnä nimetä.

Kissa virkkoi kiukoalta,
Kasi lausui lauan päästä:
"Olut on oikia nimensä,
Hyvä juoma hurskahille,

Paha paljo juonehille;
Hurskahat ilottelevi,
Hullut tappeloittelevi."

Tianenpa pieni lintu,
Varpunen vähävarainen,
Kutsui paljo vierahia
Oluille juotaville;
Hyvä oli juoma hurskahille,
Paha paljo juonehille:
Pani se hullut huiskamahan,
Mielipuolet meiskamahan.

Tianenpa pieni lintu,
Varpunen vähävarainen,
Ei voinut kotona olla,
Piti metsähän paeta.

111. Tehkäme iloinen ilta.

Jo on mennyt mennyt vuosi,
Menköhön tämäki vuosi
Muien vuosien mukahan,
Muien päivien perästä!
Laulelkame, soitelkame,
Tehkäme iloinen ilta!—
Ei tässä surulla syöä,
Ei eletä huolen kanssa,
Tässä syöähän surutta,
Eletähän huoletonna;
Täss' on soitot seinimillä,
Kanteleet kamanan päällä,
Harput, huilut kammarissa,
Ilopillit ikkunoilla,

Porokellot portin päällä,
Rämppäkellot räystähillä;
Tanner täynnä tanssijoita,
Keskipiha keikkujoita;
Kellarit teloja täynnä,
Telat täynnä puolikoita,
Puolikot olutta täynnä;
Leipeä sata sylyistä,
Voita viisi leiviskäistä,
Seitsemän sianlihoa.

112. Hyvä isäntä.

Sanelen salituvista,
Saajasta salitupien,
Laulan lautsan laskijasta,
Isännästäni ilotsen;
Jok' on saanut suosta suojan,
Koin korvesta kokenut,
Hirret hirmulta mäeltä,
Ruotehet romeikolta,
Malat marjokankahilta,
Sammalet sulilta soilta.

Usein hyvän isännän,
Sen tarkan talon isännän,
Jäänyt on kinnasta kivelle,
Hattua havun selälle,
Saahessa tätä salia,
Kammaria kalkuttaissa.

Usein hyvä isäntä,
Se tarkka talon isäntä,
Nossut on nuotiotulelta,

Havannut havusialta;
Havu pään on harjaellut,
Varpa vartalon sukinut,
Hirsiä hakattaessa,
Kartanoa tehtäessä.

Usein hyvä isäntä,
Se hyvä talon isäntä,
Saapi vierasta salihin,
Tuttuja tupansa täyen,
Lautsan täyen laulajoita,
Ikkunan ilotsijoita,
Joka sopen soittajoita,
Karsinan karehtijoita,
Seinävieret seisojia,
Aitovieret astujia,
Tanhuaiset tanssijoita,
Pihat pitkin kulkijoita,
Maat ristin matelijoita.

113. Hyvä emäntä.

Usein hyvä emäntä,
Se tarkka talon emäntä,
Kuulevi kukotta nosta,
Kananlapsetta karata,
Vihkimähän viljoansa,
Katsomahan karjoansa;
Onko oikein Omena,
Lykyllähän Lyttimäinen.

Usein hyvä emäntä,
Se tarkka talon emäntä,
Itse rihmat ketreävi,

Itse kankahat kutovi;
Ei kysy kynsiä kylästä,
Oppia ojan takoa,
Pirran piitä naapurista,
Tointa toisesta talosta.

Usein hyvä emäntä,
Se tarkka talon emäntä,
Saapi saunassa asua,
Syänyöllä yksinänsä,
Maltahia katsomassa,
Ituja imeltämässä;
Kasit ei maata maltahia,
Kissat istuta ituja.
Usein hyvä emäntä,
Se tarkka talon emäntä,
Osoaa oluen panna,
Virutella viinakullan,
Iloksi imehisille,
Ja riemuksi rahvahalle,
Jumalalle kunniaksi,
Luojalle ylistykseksi.

114. Kiitos emännälle.

En minä puhu pukista,
Sano en sarviraavahasta,
Enkä laula lampahista,
Kellokauloista kelota;
Puhun putron keittäjästä,
Ruokapuustani pumajan,
Laulan ruoan laittajasta,
Oluen osoajasta.
Kiitos kaunoisen Jumalan

Emännästä tään talosen!
Tämän ruoan laittamasta,
Tämän pöyän täyttämästä,
Liioilla lihamuruilla,
Kaunehilla kakkaroilla.
Kiitos kaunoisen Jumalan
Emännästä tään talosen!
Hyvin on tehnynnä emäntä,
Kun ompi olutta pannut,
Siit' on tehnyt sen paremmin,
Kun on juomahan kutsuttu.

115. Sopivaisia.

Noin kuulin saneltavaksi,
Tiesin tehtävän iloa
Sopineeko, syntyneekö,
Käyneekö, kyhänne'ekö,
Miesten soitto, naisten laulu,
Piikojen ilonpiäntä?—
Miks' ei sovi, miks' ei synny,
Miks' ei käy, miks' ei kyhäjä,
Miesten soitto, naisten laulu,
Piikojen ilonpiäntä;
Sovitettu on, synnytetty,
Musta valkian varaksi,
Lyhyt pitkän puolisoksi,
Pieni suuren vastimeksi,
Kannunlauaksi kataja,
Tuomi tuopin vanteheksi,
Pakatsin rekipajuksi.

116. Voisi nuo pariksi panna.

Likka tanssivi somasti,
Poika polkevi kovasti;
Tasaisemp' on neien tanssi,
Kun pojan poloisen tanssi.
Likka on nätti ja soria,
Poika potra ja koria;
Voisi nuo pariksi panna,
Kun ei ämmät äkkäjäisi,
Koukkuleuat kokkajaisi.
Tulisko Turusta rutto,
Amputauti Aunuksesta,
Tappaisi akat kylästä,
Koukkuleuat kollahtaisi!
Saisi naastit naiaksensa,
Koriat kosissa käyä.

117. Tanssin kulku.

Ei tanssi minun taluma,
Eikä toisen kumppalini;
Tanssi on tuotu tuolta maalta,
Kisa taampata taluttu
Wienan päälliltä vesiltä,
Saksan salmilta syviltä.

Eipä vielä sieltäkänä,
Ei perän pereäkänä;
Tanssi on tuotu tuonnempata,
Kisa taampata taluttu:
Alta Wiipurin vihannan,
Alta suuren Suomen linnan.

Eipä vielä sieltäkänä,
Ei perän pereäkänä;
Tanssi on tuotu tuonnempata,
Kisa taampata taluttu:
Takoa Tanikan linnan,
Uuen linnan ulkopuolen,
Pietarin pihoja myöten,
Kautta Wiipurin vihannan.

Ulvoi ukset Unen linnan,
Naukui Narvan linnan portit,
Sujui sillat Suomen linnan,
Vinkui Wiipurin veräjät,
Tanssia taluttaessa,
Ilokasta tuotaessa.

Heposet veti hiessä,
Varsat vaahessa samosi;
Vesi tippui vempeleestä,
Rasva rahkehen nenästä,
Tanssia taluttaessa,
Ilokasta tuotaessa.

Reki rautainen ratsasi,
Kapla patvinen patsasi,
Jalas koivuinen kolasi,
Luokki tuominen tutasi,
Tanssia taluttaessa,
Ilokasta tuotaessa.

Pyyhyet vihertelivät
Vesaisilla vempelillä,
Oravat samoelivat
Aisoilla vaahterisilla,
Tetryet kukertelivat
Korjan kirjavan kokalla,

Tanssia taluttaessa,
Ilokasta tuotaessa.

Kannot hyppi kankahalla,
Mäellä pelmusi petäjät,
Kivet rannalla rakosi,
Someret siottelihen,
Tanssia taluttaessa,
Ilokasta tuotaessa.

Lehmät partensa levitti,
Härät katkoi kytkyensä;
Naiset katsoi naurusuulla,
Emännät ilolla mielen,
Tanssia taluttaessa,
Ilokasta tuotaessa.

Herrat nosti hattujansa,
Kuninkaat kypäriänsä,
Vanhat miehet sauojansa,
Pojat nuoret polviansa,
Tanssia taluttaessa,
Ilokasta tuotaessa.

Jo tanssi pihalle saapi,
Ilo alle ikkunoien;
Vuotas mie kysyn lupoa,
Talunko tanssini tupahan.

Keltäpä kysyn lupoa?—
Isännältä pöyän päässä,
Emännält' etehisestä.
Pojalta rahin nenästä,
Tyttäreltä karsinasta:
Talunko tanssini tupahan,
Ilolinnun lattialle?

Isäntä sanansa virkki:
"Talu tanssisi tupahan,
Talu tanssivierahasi!
Maholehmän tappanemma
Tanssin tallaellaksenne,
Iloleikin lyöäksenne."

Tanssi tungeksen tupahan,
Ilo pirttihin ajaksen;
Jalan polki portahalle,
Käen kääkähän sivalti;
Kiukoa kivinen liikkui,
Patsas patvinen patsasi,
Silta soitti sorsanluinen,
Laki kultainen kuusi,
Tanssin tullessa tupahan,
Ilolinnun astuessa.

118. Tanssiin yrittelijä.

Tahon mie tanssihin ruveta,
Ilovirtehen viretä;
Täytyykö tätä tupoa,
Lainataanko lattiata,
Tanssia tasaisen kansan,
Kansan nuoren notkustella?—
Kun ei täytyne tupoa,
Lainattane lattiata;
Talun tanssini pihalle,
Ilovirteni viluhun.
Sitte tanssin tanterella,
Keikun keskellä pihoa,
Joss' ei pää lakehen koske,

Otsa ei ortehen kolaha,
Jalat sillan liitoksehen.

"Täytyypä tätä tupoa,
Lainatahan lattiata,
Tanssia tasaisen kansan,
Kansan nuoren notkustella."

Suuri kiitos, kostjumala!
Kenpä tanssihin tulevi,
Sille poika syntyöhön,
Vastakoivun valkeuinen,
Meren ruovon ruskeuinen!
Ken ei tulle tanssihini,
Sille tyttö syntyöhön,
Tervatynnyrin pituinen,
Tervapartsan paksukkainen!

119. Tule meille tanssimahan.

"Tule meille tanssimahan!"—
"Kenen kanssa tanssimahan?"

"Onpa meillä vanha akka [14],
Vanha akka [15], olkivuoe."

"Enpä tanssi, enkä taia,
Enpä huoli, en kykene;
Vilu käsi, vilu jalka,
Vilu kaikki katsantonsa."

"Tule meille tanssimahan!"—
"Kenen kanssa tanssimahan?"

"Onpa meillä nuori neito [16],
Nuori neito [17], sulkkuvuoe.

"Sekä tanssin, jotta taian,
Kanssa huolin ja kykenen;
Lämmin käsi, lämmin jalka,
Lämmin kaikki katsantonsa."

120. Tahtoisitko rakastaa.

"Tahtoisitko rakastaa—
Mie työnnän tytön [18] sinulle,
Sinull' on ihanat silmät,
Hänellä syän suloinen.
Kunpa hänen tietäisit,
Tok' et häntä heittäisi,
Kihlat hänelle laittaisit,
Sormukset sovitteleisit."

Tahtoisinpa rakastaa—
Ellei kieltäisi isoni,
Ellei estäisi emoni;
Veikko on mennyt Wiipurihin,
Siskoni on Pietarissa.

Hyvä kiitos, hyvä laitos;
Saatihinpa nuori sulho [19],
Nuori sulho [20], kaunis sulho [21],
Valkianverevä sulho [22].

121. Avatkame aitoamme.

Avatkame aitoamme,
Potkaskame porttiamme
Laske sulhoa [23] sisälle!
Jo on sulhonen [24] sisässä.
Katso sulho [25] kaunoasi,
Kurkistele kultoasi;
Katso yhtä, katso toista,
Katso kaikkien parasta!
Kenen katsot kaunihiksi,
Arvoat parahimmaksi,
Sille iske silmeäsi,

Sille kättä käppähytä;
Akat saakohot sanoa,
Mitä mielensä tekevi.
Juokse sulho [26], jouvu sulho [27],
Liehu sulho [28], lennä sulho [29]!—
Toiset ringissä tanssaa,
Kuki kultansa kanssa.

122. Hyvä ilta lintuseni.

Hyvä ilta lintuseni,
Hyvä ilta kultaseni,
Hyvä ilta nyt minun oma armahani!

Tanssi, tanssi lintuseni,
Tanssi, tanssi kultaseni,
Tanssi, tanssi nyt minun oma armahani!

Seiso, seiso lintuseni,
Seiso, seiso kultaseni,
Seiso, seiso nyt minun oma armahani!

Anna kättä lintuseni,
Anna kättä kultaseni,
Anna kättä nyt minun oma armahani!

Polvin maahan lintuseni,
Polvin maahan kultaseni,
Polvin maahan nyt minun oma armahan!

Käsi kaulaan lintuseni,
Käsi kaulaan kultaseni,
Käsi kaulaan nyt minun oma armahani!

Halausta lintuseni,
Halausta kultaseni,
Halausta nyt minun oma armahani!

Suuta, suuta lintuseni,
Suuta, suuta kultaseni,
Suuta, suuta nyt minun oma armahani!

Täysi, täysi lintuseni,
Täysi, täysi nyt minun oma armahani!

Ylös maasta lintuseni,
Ylös maasta kultaseni,
Ylös maasta nyt minun oma armahani!

Jää hyvästi lintuseni,
Jää hyvästi kultaseni,
Jää hyvästi nyt minun oma armahani!

123. Köyhä ja rikas vouti.

"Minä, minä köyhä vouti,
Maan möin, senki söin,
Itse jouvuin kulkemahan.
Tytär varrelle valuvi,
Toinen miehelle menevi,
Ei oo sukkoa sukua,
Eikä lakkia lajia,
Eikä halvinta hametta,
Paitoa pahintakana;
Lehmä kaatui, lammas kuoli,
Kuoli lampahan karitsa."

"Minä, minä rikas vouti,
Minull' on riistoa, rahoa,
Tavaroita tallellani,
Paljo pantua olutta,
Kivisessä kellarissa,
Tammisen tapin takana,
Koivuisen korennon alla,
Syöäksenne, juoaksenne
Iloleikin lyöäksenne,
Lehmän korva leikkaella,
Hevon häntä tyssäellä."

124. Hirvenhiihanta.

"Mie olen hirven hiihannassa,
Jalopeuran jaksannassa,
Kaikk' on kenkäni kulunna,
Näitä teitä juostessani,
Samotessani saloja;
Onko hirviä salossa,
Onko nähty näillä mailla?"—

"Onpa hirviä salossa,
Onpa nähty näillä mailla,
Oiva hirvi liinaharja;
Täss' on käynyt tään kesosen
Meiän herran heinikossa,
Nähty on kanssa kaalimaassa.

Paljo on pahoa tehnyt,
Syönyt heinät, maannut marjat,
Kaikki kaalinpäät kalunna,
Jost' on vaikia valitus
Ylitse koko kylämme.
Tapa kohta, kun tavannet,
Lyö'pä päähän, kun sa löyät,
Noua häntä nuolellasi,
Jouahuta jousellasi,
Tahi laske laahingille,
Pyyä pyssysi keralla!"

125. Miksi en väsyisi.

Heponenki hengähtävi
Matkan pitkän mentyänsä,
Rautanenki raukenevi
Kesäheinän lyötyänsä,
Vetonenki vierähtävi
Joen polven juostuansa,
Tulonenki tuikahtavi
Yön pitkän palettuansa;
Niin miks' en minäi väsyisi,
Miks' en heikko hengähtäisi,
Miks' en vieno vierähtäisi,
Miks' en tuhma tuikahtaisi,

Illan pitkiltä iloilta,
Päivänlaskun laulamilta?

II. Hääkansan lauluja.

a) Antiaisissa.

126. Onko mitä milläki?

(Kosiomiehen puoli.)
"Onko teiän neiollanne
Oman värttinän väkeä,
Oman hyppisen hyveä,
Oman keträn kiertämeä,
Hyvät hurstin huiahukset,
Päänalaiset pällähykset;
Sivallukset silkkihuivit,
Vilahukset villavaipat?"

(Kaason puoli.)
"Kyll' on meiän neiollamme
Oman hyppisen hyveä,
Oman värttinän väkeä,
Oman keträn kiertämeä.
Kyll' on hursti huialeita,
Päänalaisen pälläreitä;
Vaan onko teiän sulhollanne
Oman jousen ampumoa,
Oman nuolen noutamoa,
Karhuntaljat katteheksi,
Petrantaljat peitteheksi?"

(Kosiomiehen puoli.)
"Kyll' on meiän sulhollamme
Oman jousen ampumia,
Oman nuolen noutamia,
Karhuntaljat kattehena,
Petrantaljat peittehenä;
Vaan onko teiän neiollanne
Wiipurissa viilatuita,
Kaupungissa kaulatuita,
Kesäkuilla kuivatuita,
Pantu päiväpaistehella,
Vaattehia valkehia,
Talvisotkuja hyviä?"

(Kaason pooli.)
"Kyll' on meiän neiollamme
Wiipurissa viilatuita,
Kaupungissa kaulatuita,
Kesäkuilla kuuratuita
Pantu päiväpaistehella,
Vaattehia valkehia,
Talvisotkuja hyviä;
Vaan onko teiän sulhollanne
Silkkiset sukansitehet,
Hopiaiset housunnauhat,
Saksansaappahat somaset,
Silkkihuivit siivolliset,
Viien ruplan vilttihattu,
Kuuen ruplan vyö kusakka?"

(Kosiomiehen puoli.)
"Kyll' on meiän sulhollamme
Silkkiset sukansitehet,
Hopiaiset housunnauhat,
Saksansaappahat jalassa,
Silkkihuivit siivolliset,

Viien ruplan vilttihattu,
Kuuen ruplan vyö kusakka;
Vaan onko teiän neiossanne
Kelvollista ketreäjätä,
Kutojata kunnollista;
Tokko kääntyi käärilauta,
Kun orava oksapuussa;
Tokko suihki sukkulainen,
Kun kärppä kiven kolossa;
Tokko piukki pirran piijit;
Kun tikka puun kupeess?"

(Kaason puoli.)
"Ompa meiän neiossamme
Kelvollista ketreäjätä,
Kutojata kunnollista;
Niinpä kääntyi käärilauta,
Kun orava oksapuussa;
Niinpä suihki sukkulainen,
Kun kärppä kiven raossa;
Niinpä piukki pirran piijit,
Kun tikka puun kupeessa.
Vaan onko teiän sulhossanne
Kylväjätä, kyntäjätä,
Siemenen sirottajata,
Varsan viejeä vaolle,
Mustan ruunan mullokselle?
Onko atransa terävä,
Sekä luja luottimensa,
Millä nurmi kynnetähän,
Kämärikkö käännetähän?
Hyvätkö huuhtikirvehensä,
Kaunihitko kassaransa,
Jolla kaski kaaetahan,
Lehto lyöähän kumohon?"

127. Kutti, kiitti!

(Kosiomiehen puoli.)
"Kutti, kutti, kaaso rukka!
Kun sie neittäsi näkisit,
Kun sen käet käpäeleksen
Meiän sulhon kättä vasten!"

(Kaason puoli.)
"Ei kutti väheäkänä,
Pientä pikkuruistakana;
Tuota toivoi meiän neito,
Tuota toivoi tuon ikänsä,
Kättänsä käpäelevän
Hyvän sulhon kättä vasten."

(Kosiomiehen puoli.)
"Kutti, kutti, kaaso rukka!
Kun sie neittäsi näkisit,
Kun sen suu sopaeleksen
Meiän sulhon suuta vasten!"

(Kaason puoli.)
"Ei kutti väheäkänä,
Pientä pikkuruistakana;
Tuota toivoi meiän neito
Kaiken kasvantoajansa,
Suutansa sopaelevan
Hyvän sulhon suuta vasten."

(Kosiomiehen puoli.)
"Kutti, kutti, kaaso rukka!
Meiänp' oinas vallan otti,
Meiän pässi päälle pääsi,
Meiän karkasi karitsa."

(Kaason puoli.)
"Ei kutti väheäkänä,
Pientä pikkuruistakana;
Tuota toivoi meiän neito,
Tuota puolen polveansa,
Kaiken mennehen keseä,
Kaiken vuotta voipunutta,
Kahen öitä ollaksensa,
Kolmin koiskaellaksensa."

(Kosiomiehen puoli.)
"Kutti, kutti, kaaso rukka!
Söitpä, joitpa neitosesi;
Sinun on tyhjät istumesi,
Meiän täyet vuotehemme."

(Kaason puoli.)
"Voipa kurjat kuttianne,
Miehen lemmot leikkiänne;
Millä te kutitteletta!
Emmä syönyt, enkä juonut,
Enkä syönyt, enkä juonut,
En pannut pahenemahan,
Vaan panin paranemahan.
Panin kyntäjän kylelle,
Vakoajan vaipan alle,
Leivänsaajan leuan alle,
Kalansaajan kainalohon,
Hirvenhiihtajan hikehen,
Karhunsaajan saunasehen;
Karhuntaljoihin kaotin,
Vein vehnähinkalohon,
Ruispurnohon puotin.
Sinne saatin saahun lapsen,
Sinne aiotun asetin;
Annas Jumala aamun tulla,

Tuo Jumala toinen päivä,
Otan vaatetta vakasta,
Liessinkiä lippahasta,
Millä neittä valmistelen,
Kanaistani kaunistelen—
Jolla peitän pientä päätä,
Katan kaunista hivusta;
Tuonpa kukkana tupahan,
Pöyhäytän pöyän päähän,
Ihmisten ihottavaksi,
Kansan katsaheltavaksi."

128. Katso neitoasi [30]!

(Kosiomiehen puoli)
"Morsian mokalla huulin,
Kaaso kallella kypärin,
Itse sulhonen surulla;
Katso kaaso neitoasi
Jott' ei poikisi rekehen,
Satulall' ei lasta saisi!
Sanoisi satulan syyksi,
Hevonharjan hieromaksi;
Tekis tieltä löytämäksi,
Matkalta tapoamaksi."

(Kaason puoli.)
"En oo ollut ennenkänä,
Pilkkapuikko kenenkänä,
Senlaisen semminkänä;
Joko vainen joutunenki
Pilkkapuikoksi poloinen?—
Vaan vielä tätä nykyä,
Vielä tällä kymmenellä,

Selvitäme, seisotame,
Pilkkakirvesten kiasta,
Naurusuien hampahista.—
Muille nauroa pitävi,
Ei emosen tyttölöille,
Ei vaimon vatsanväelle;
Muista kummat kuulukohon,
Hätäkellot häilyköhön,
Ei emosen tyttölöistä,
Ei vaimon vatsanväestä."

129. Kasa kaasolla sylissä.

(Kosiomiehen puoli.)
"Kasa [31] kaasolla sylissä,
Nuoevaimolla nupukka [32]!"

(Kaason puoli.)
"Mitä sie kasasta kaason,
Nupukasta nuoevaimon?—
Tät' ei oo saatuna salassa,
Eikä piilossa pietty;
Täm' on saatu sängyn päällä,
Vihityillä vuotehilla,
Lakanoilla lauletuilla,
Siunatuilla pääsioilla."

130. Elä ihastu ensi-illalla.

(Kosiomiehen puoli.)
Vuotas mie sanon sanasen,

Virkan vierin sulholleni:
Sulhokainen nuorukainen,
Elä neitoa ihastu,
Elä neion vaattehia;
Elä ensi-illallasi,
Tok' ei vielä toisellana!
Kiitä huomenna hevoista,
Vuonna toissa morsianta,
Kolmanna kotivävyä,
Itsiäsi et ikänä!
Moni on neito naitaissa,
Orpana otettaissa,
Portto poisajettaessa,
Luosku luovuteltaessa.
Moni on kaakku kaunis päältä,
Kovin kuorelta siliä,
Vaan on sirkkoja sisässä,
Akanoita alla kuoren.
Mont' on kantoa kas'ella,
Kaikk' ei koivun kantoloita;
Äiä neitoja kylällä,
Ei kaikki hyväntapoja.

131. Kiitä sulho lykkyäsi.

(Kaason puoli.)
Kiitä sulho lykkyäsi,
Kun kiität, hyvinki kiitä!
Hyvän sait, hyvän tapasit,
Hyvän luojasi lupasi,
Hyvän antoi armollinen.
Lue kiitokset emolle,
Passipoita vanhemmalle,
Kun tunti tytön mokoman,

Ja mokoman morsiamen!
Puhas on neiti puolellasi,
Kirkas ompi kihloissasi,
Valkiainen valloissasi,
Soriainen suojassasi.
Sait sa riskin rinnallesi,
Vereväisen vierehesi;
Sait sa riskin riihenpuijan,
Hempulaisen heinänlyöjän,
Pulskin poukkujen pesijän,
Varskin vaatetvalkasijan,
Karskin kankahan kutojan.
Niin se piukki pirran ääni,
Kun käki mäellä kukkui;
Niin se suikki sukkulainen,
Kun kärppä kiven raossa;
Niin sen käämy käännätteli,
Kun orava oksasella.

132. Elä vie neittä pahoille.

(Kaason puoli.)
Sulho viljon veikkoseni,
Vielä veikkoa parempi,
Emon lasta armahampi,
Ison lasta laukiampi!
Kuulesta ma kuin sanelen,
Kuin sanelen, kuin puhelen.
Elkäs meiän neioistamme,
Elkäs viekö vehkasoille,
Panko parkkihuhmarelle,
Olkileiville otelko;
Ei neittä ison koissa,
Eipä viety vehkasoille,

Pantu parkkihuhmarelle,
Olkileiville otettu.
Aina viilti vehnäsiä,
Katseli kananmunia,
Aamut aittoja availlen,
Illat luhtia lukoten,
Maitotiinun tienoihilla,
Olutpuolikon povessa.
Elä vainen, sulho rukka,
Kiellä neittä kellarista,
Elä aitasta epeä;
Ei neittä ison koissa,
Eip' on kielty kellarista,
Tok' ei aitasta evätty.

133. Puolusta neittäsi.

(Kaason puoli.)
Sulhokainen nuorukainen,
Miehen kanta kaunokainen!
Ellös meiän neioistamme,
Ellös sie pahoin pielkö;
Seiso seinänä eessä,
Pysy pihtipuolisena,
Elä anna anopin lyöä,
Eläkä apen torua,
Elä vierahan vihata.
Pere käski pieksemähän,
Muu väki mukittamaha;
Ethän raahi rankaista
Etkä henno hertaistasi,
Rahan paljon pantuasi,
Enemmän luettuasi.

134. Neuo sulho neioistasi.

(Kaason puoli.)
Sulhokainen nuorukainen,
Miehen kanta kaunokainen,
Elkäs meiän neioistamme,
Elkäs sie pahoin pielkö,
Elkäs vitsoin vingutelko,
Nahkaruoskin naukutelko;
Eipä neittä ennenkänä,
Ei neittä ison koissa,
Tok' ei vitsoin vinguteltu,
Nahkaruoskin naukuteltu.
Neuo sulho neitoasi,
Neuo neittä vuotehella,
Opeta oven takana,
Vuosikausi kummassaki;
Yksi vuosi suusanalla,
Toinen silmän iskemällä,
Kolmansi jalan polulla.
Kun ei sitte siitä huoli,
Ei totelle tuostakana,
Veä vitsa viiakosta,
Tuopa turkin helman alla,
Jolla neuot neitoasi,
Orpanoasi opetat—
Neuot nelisnurkkaisessa,
Sanot sammalhuonehessa,
Kyläkunnan kuulematta,
Sanan saamatta kylälle.

Elä nurmella nukita,
Pieksä pellon pientarella;
Kuuluisi kumu kylälle,
Tora toisehen talohon,

Metsähän iso meteli,
Naisen itku naapurihin.
Eläkä silmille sipase,
Elä korvia kos'eta;
Kuppi kulmalle tulisi,
Sinimarja silmän päälle;
Kylän kyntäjät näkisi,
Kylän paimenet panisi,
Kylän haukkuisi harakat,
Kysyisi kyläiset naiset:
"Onko tuo soassa ollut,
Talununna tappeluissa,
Vai onko suen repimä,
Tahi karhun kaapasema—
Vai susiko sulhosesi,
Karhu sulla kaunosesi?"

135. Ansioa myöten palkka.

(Kaason puoli.)
Sulhokainen nuorukainen,
Miehen kanta kaunokainen!
Kun neittä hyvin pitelet,
Niin hyväksi tunnetahan.
Kun tulet apen kotihin,
Ainoan anopin luoksi;
Itseäsi syötetähän,
Syötetähän, juotetahan,
Heposesi riisutahan,
Tallihin talutetahan,
Syötetähän, juotetahan,
Kauravakka kannetahan.

Kun neittä pahoin pitelet,
Niin pahaksi tunnetahan.
Kun tulet apen kotihin,
Ainoan anopin luoksi;
Itseäsi ruoskitahan
Omallasi ruoskallasi,
Heposesi hirtetähän
Kokkahan, kujan lakehen,
Omillasi ohjillasi,
Omilla ohjasvarsillasi.

136. Mitä itket neito?

(Morsiamelle tuttaviltansa.)
Mitä itket meiän neito?—
Itketkö sie leivätyyttä,
Leivätyyttä, lehmätyyttä,
Vaiko sulhosi soreutta,
Vai emosi armautta?
Siskoseni, ainoseni,
Kanavarsi kaunoseni!
Et sie itke leivätyyttä,
Leivätyyttä, lehmätyyttä,
Etkä sulhosi soreutta,
Et emosi armautta;
Itket kasvon kauneutta,
Sekä hiusten hienoutta,
Kun ne piennä peitetähän,
Katetahan kasvavana;
Piennä oot vihille viety,
Lassa pantu lakki päähän.

137. Lähet jälen jäämättömäksi.

(Morsiamelle tuttaviltansa.)
Niinkös luulit neito nuori,
Niinkö tiesit, jotta luulit,
Tiesit kerran lähteväsi,
Et aina käkeäväsi?—
Jo nyt on liittosi likellä,
Lässä ompi lähtöaika.
Lähet tästä, kun lähetki,
Tästä kullasta koista,
Ison saamasta salista,
Emon kaunon kartanosta,
Veikon kestikellarista,
Siskon tanssisiltasilta,
Sykysyisen yön sylihin,
Kevähisen kierän päälle;
Ettei jälki jäällä tunnu,
Kierällä kepiä kenkä,
Jalan isku iljangolla,
Hangella hamosen helma;
Ettei äiti ääntä kuule,
Iso ei itkua tajua,
Kujerrust' ei kuule sisko,
Oma veikko vieretystä;
Kuulevat kyläiset naiset,
Ja kyllin kylän kasakat.

Voi sinua neito rukka,
Kuinka taiat, kuinka raahit,
Kuinka kuitenki eroat?—
Emosesi vanhan heität
Läävähän läkähtymähän,
Kujahan kukistumahan,
Kaatumahan kaivotielle;
Isosesi vanhan heität
Saunahan savun sekahan,
Kuiva vasta kainalohon.

138. Lähet kukka kulkemahan.

(Morsiamelle tuttaviltansa.)
Kuules neiti, kuin sanelen,
Kuin sanelen, kuin puhelen!—
Olit kukka ollessasi,
Kasvaessasi kanarva,
Vesa nuori nostessasi,
Ympynen yletessäsi,
Näillä pitkillä pihoilla,
Kaunehilla kartanoilla.
Lähet nyt kukka kulkemahan,
Veran nukka vieremähän,
Tästä kullasta koista,
Kaunihista kartanosta,
Luulet vietävän kotihin,
Vietävän isosi luoksi,
Ei vieä isosi luoksi,
Vieähän isännän luoksi.

Lähet kukka kulkemahan,
Veran nukka vieremähän,
Luulet vietävän kotihin,
Vietävän emosi luoksi;
Ei vieä emosi luoksi,
Vieähän emännän luoksi.

Lähet kukka kulkemahan,
Veran nukka vieremähän,
Luulet vietävän kotihin,
Vietäväsi veikon luoksi;
Eipä vieä veikon luoksi,
Vieähän kytyjen luoksi.

Lähet kukka kulkemahan,
Veran nukka vieremähän,

Luulet vietävän kotihin,
Vietävän sisaren luoksi;
Ei vieä sisaren luoksi,
Vieähän natojen luoksi.

Lähet kukka kulkemahan,
Veran nukka vieremähän,
Luulet vietävän kotihin,
Vietäväsi vierahiksi
Eipä vieä vierahaksi,
Vieähänpä orjuutehen.

139. Toisin toisessa talossa.

(Morsiamelle tuttaviltansa.)
Neitokainen nuorukainen,
Kanamarja kaunokainen!
Kasvoit sie talossa tässä,
Korkian isosi koissa,
Kasvoit kukkana kujilla,
Ahomailla mansikkana;
Nousit voille vuotehelta,
Maioille makoamasta
Venymästä vehnäsille
Pettäjäisille pehuista.
Kun et voinut voita syöä,
Sipasit sianlihoa.
Ei ollut huolta ollenkana,
Ajatusta aioinkana;
Annoit huolta honkasien,
Ajatella aiaksien,
Surra suuren suopetäjän,
Korpikuusen kuikutella.
Sie vaan liehuit lehtyisenä,

Perhosena pyörähtelit,
Lennit lintuna lehossa,
Kävit kanana kartanolla.
Menet toisehen talohon,
Toisehen emon alahan,
Perehesen vierahasen;
Toisin siellä, toisin täällä,
Toisin toisessa talossa—
Toisin ukset ulvasevat,
Toisin vierevät veräjät,
Sanovat saranarauat.
Et osaa ovissa käyä,
Veräjissä vieretellä,
Talon tyttöjen tavalla;
Et tunne puhua tulta
Etkä liettä lämmitteä,
Ensinkään emännän lailla;
Taia et taittoa pärettä
Talon miehen mieltä myöten,
Sulhosen syäntä myöten.
Tulet tuttuna tupahan,
Ei ole tuttua tuvassa,
Rakast' ei rahin nenässä;
Tup' on tyhjä tultuasi,
Autio avattuasi,
Ei isonen armastele,
Eikä äiti mainittele.

140. Jo nyt vaihoit, minkä vaihoit.

(Morsiamelle tuttaviltansa.)
Voi neiti, sisarueni!
Jo nyt vaihoit, minkä vaihoit;
Vaihoit armahan isosi

Appehen anipaha'an,
Vaihoit armahan emosi
Anoppehen ankarahan,
Vaihoit viljon veljyesi
Kyyttäniskahan kytyhyn,
Vaihoit siskosi siveän
Naljasilmähän natohon,
Vaihoit liinavuotehesi
Nokisihin nuotioihin,
Vaihoit valkiat vetesi
Likaisihin liettehisin,
Vaihoit hiekkarannikkosi
Mustihin muraperihin,
Vaihoit armahat ahosi
Kanarvikko kankahisin,
Vaihoit marjaiset mäkesi
Kaskikantoihin kovihin.

141. Luulitko huolet loppuvan?

(Morsiamelle tuttaviltansa.)
Niinkö luulit meiän neito,
Niinkö kasvava kananen,
Huolet loppui, työt väheni,
Tämän illan istumilla,
Tämän aamun astumilla,
Keskipäivän keikkumilla;
Maata sinne vietäväsi,
Unille otettavasi?—
Eip' on maata vieä'känä,
Unille oteta'kana;
Vasta valvoa pitävi,
Vasta huolta hoivatahan,
Ajatusta annetahan,

Pannahan pahoa mieltä,
Liikamieltä liitetähän.
Kunis huiskit hunnutonna,
Sinis huiskit huoletonna,
Kunis liikuit liinatonna,
Liikuit liioitta sanoitta;
Äsken huntu huolta tuopi,
Palttina pahoa mieltä,
Liina liikoja sanoja,
pellava perättömiä.

142. Läksit kouluhuu kotoa.

(Morsiamelle tuttaviltansa.)
Niinkö luulit neito nuori,
Niinkö tiesit, jotta luulit,
Luulit yöksi lähteväsi,
Käyä päiväksi käkesit?—
Etpä yöksi lähtenynnä,
Etkä yöksi, et kaheksi;
Läksit kaikeksi iäksi,
Kuuksi päiväksi katosit.
Läksit kouluhun kotoa,
Piinahan ison pihoilta;
Kova on koulu käyäksesi,
Piina pitkä ollaksesi,
Ikävä eleäksesi.
Siell' on ohjat ostettuna,
Valmistettu vankirauat,
Ei ketänä muita vasten,
Vasten vaivaista sinua,
Ja kohti kovaosaista.
Kyllä saat kokea koito,
Kokea kovaosainen,

Apen luista leukaluuta,
Anopin kivistä kieltä,
Ky'yn kylmiä sanoja,
Naon niskan nakkeloita;
Appi on karhu kartanolla,
Anoppi susi supussa,
Kyty kyinä kynnyksellä,
Nato nauloina ovella.

143. Apiat ativoreisut.

(Morsiamelle tuttaviltansa.)
Neitonen sinä sisari!
Mit' olet pahoilla mielin,
Alla kulman kuurullasi?—
Etkö muista, kuin sanelin:
"Elä sulhoon ihastu,
Elä sulhon vaattehisin;
Sulholl' on suen ikenet,
Revon kuokot kormanossa,
Karhun maksat kainalossa,
Verenjuojan veitsi vyöllä,
Jolla päätä piirtelevi,
Selkeä sirettelevi."—
Et sinä sitä totellut,
Et kuullut minun sanoa;
Sie vaan sulhoon ihastuit,
Sekä sulhon vaattehisin.
Kerran lähteä käkesit,
Kerran toisen toivottelit,
Lähteä emon eloilta,
Vanhan taaton tanhuilta,
Viertä maille vierahille,
Käyä käskemättömille,

Miniäksi miehelähän,
Orjaksi anoppelahan.
Niinkö luulit neito nuori,
Niinkö kasvava kananen,
Ativoihin vietäväsi,
Oljamiin otettavasi?—
Siell' on ouot oljareisut,
Apiat ativoreisut
Halko pitkä piirasina,
Seiväs särpimen siassa,
Hamara sianlihoina,
Nyrkki voina vehnäisinä.

144. Heitän suoni, heitän maani.

(Morsian lähtiessänsä.)
Heitän suoni, heitän maani,
Heitän heinikkopihani,
Heitän valkiat veteni,
Heitän hietarantaseni,
Kylpiä kylän akoille,
Pasikoia paimenille.
Suot heitän sorehtijoille,
Sekä maat maleksijoille,
Pihat pitkin juoksijoille,
Aitavieret astujille,
Seinävieret seisojille,
Kujovieret kulkijoille,
Ison niityt ilveksille,
Peuroille isoni pellot,
Ahot hanhien asua,
Lintujen lehot levätä.
Lähen tästä, kun lähenki,
Toisen lähtevän keralla,

Kanssa toisen karkulaisen:
Lähen pois talosta tästä,
Ison saamasta salista,
Veikon kestikellarista,
Sykysyisen yön sylihin,
Kevähisen kieran päälle,
Jottei jälki jäällä tunnu,
Jälki jäällä, tiera tiellä,
Jalan isku iljangolla,
Hangella hamosen toimi,
Helman hiepsintä lumella;
Ettei äiti ääntä kuule,
Iso ei kuule itkuani,
Ikävissä itkeväni,
Parkuvan pahoissa mielin.

145. Läyli lähteä, läyli ilman.

(Morsian lähtiessänsä.)
Läyli lähteä tulevi,
Läyli olla lähtemättä;
Lähteä toki tulevi,
Kun on luotu lähtemähän,
Korkiammastai koista,
Matalampihin majoihin,
Rikkahammiltai eloilta,
Köyhempihin kellarihin.
Niinp' on neiti luotunaki,
Tytär tuuviteltunaki,
Taattolasta miehelähän,
Miehelästä tuonelahan.
Lässä on nyt muien lähtö,
Liki saanut muien liitto,
Minun on lähtöni lähemmä,

Minun liittoni likemmä.
Lähen pois talosta tästä,
Tästä kuulusta koista,
Honkaisista huonehista,
Lautakatto kartanoista,
Petäjäisihin pesihin,
Koivuisihin koppeloihin.
Heitän Kiesuksen siahan,
Maarian tähän majahan;
Hyv' on toiste tullakseni,
Kensti keikutellakseni,
Ennentuttuhun tupahan,
Emon kaunon kartanohon.

146. Ei toiste tunneta'kaan.

(Morsian lähtiessänsä.)
Lähen nyt talosta tästä,
Korkian ison koista,
Heitän vanhat valamani,
Entiset elosiani;
Hyv' on toiste tullakseni,
Kaunis kaaputellakseni.
Tulen toiste, kun tulenki,
Ilman teiän kutsumata,
Hyv' ois tulla kutsumalla;
Ette kutsu kuitenkäna.

Sitte toiste tullessani,
Kotihini käyessäni,
Ei minua muut ne tunne,
Kun ne kaksi kappaletta:
Alimmainen aian vitsa,
Perimmäinen pellon seiväs,

Nuo on piennä pistämäni,
Neitona vitsastamani.

Emoni mahova lehmä,
Minun nuorra juottamani,
Vasikkana vaalimani,
Ammoa rikuttelevi,
Pitkillä piharikoilla,
Talvisilla tanterilla;
Se tuo tuntenee minua
Kotoiseksi tyttäreksi.

Isoni iki oronen,
Minun piennä syöttämäni,
Neitona apattamani,
Hirnua rikuttelevi,
Pitkillä piharikoilla,
Talvisilla tanterilla;
Se tuo tuntenee minua
Kotoiseksi tyttäreksi.
Veikkoni kotoinen koira,
Minun piennä syöttämäni,
Neitona opastamani,
Haukkua rikuttelevi,
Pitkillä piharikoilla,
Talvisilla tanterilla;
Se tuo tuntenee minua
Kotoiseksi tyttäreksi.
Muut ne ei minua tunne
Kotihini tultuani,
Vaikk' on vanhat valkameni,
Entiset elosiani.

147. Muuttunut koti.

(Morsian lähtiessänsä.)
Lähen kurja kulkemahan,
Vaivainen vaeltamahan;
En tule kotihin ennen,
Kun oman orihin reessä,
Oma poika ohjillani,
Saamani satulan päällä,
Kantamani kannuksilla.
Sitte tuonne tullessani
Ison entisen pihoille,
Noin ne vaakkuvat varikset,
Harakat hakahtelevi,
Ison pitkillä pihoilla,
Tasaisilla tanterilla:
"Mitä sie tulit kotihin
Kuta kurja kuulemahan?—
Jo on kuollunna isosi,
Kaonnunna kantajasi;
Veikko istuu ison siassa,
Veljen vaimo emon tilalla."

Menen mie toki pihalle,
Ajan porstuan etehen.
Vuotan viikon veikkoani
Riisumahan rinnuksia,
Aisoja alentamahan.
Eipä veikko tulle'kana,
Itse riisun rinnukseni,
Itse aisani alennan.
Vielä vuotan veikkoani
Tuosta käymähän tupahan;
Eipä veikko tulle'kana,
Itse tungeme tupahan,
Annan kättä kääkäselle,
Kylm' on kääkä kättä vasten.

Sitte tultua tupahan
Ovensuuhun seisotame,
Ovensuuhun, orren alle,
Kattilan pitotiloille,
Koriat kotoiset naiset
Ei tulla likistämähän,
Käyä kättä antamahan.
Koria minä itseki,
En mene likistämähän,
Käy en kättä antamahan.
Pistän kättä hiilokselle,
Hiilet kylmät hiiloksessa,
Pistän kättä kiukoalle,
Kivet kylmät kiukoassa.

Veikko penkillä venyvi,
Syli syttä hartioilla,
Vaaksa muulla vartalolla,
Kyynärä kyentä päässä,
Kortteli kovaa nokea.

Kysyi veikko vierahalta:
"Mistä vieras veen takoa?"—
"Minä vanhin sikkojasi,
Ensimmäinen emosi lapsi."
Kun löyät emosi vanhan
Läävähän läkähtynehen,
Kuollehen kupo sylihin.

Itke, itke meiän neito!
Kun itket, hyvinki itke.
Kun et itke itkettäissä,
Itket toiste tullessasi,
Kun tulet veikon kotihin,
Kun löyät veikkosi verevän

Vainiolle vaipunehen,
Metsähän menettynehen.

Itke, itke meiän neito!
Kun itket hyvinki itke.
Kun et itke itkettäissä,
Itket toiste tullessasi,
Kun tulet siskon kotihin,
Kun löyät siskosi siveän
Sotkutiellä sortunehen,
Jääneen karttu kainalohon.

149. Kutti, kutti, neito rukka.

(Morsiamelle tuttaviltansa.)
Siskoseni, ainoseni,
Kanavarsi kaunoseni!
Enkö mie sanonut sulle,
Sanonut saoinki kerroin:
"Elä kuusissa kuhaja,
Närehillä näyttelete;
Elä puissa puittelete,
Oksilla ojentelete!"—
Et sinä sitä totellut,
Et kuullut minun sanoa;
Sie vaan kuusissa kuhasit,
Närehillä näyttelitet,
Sinä puissa puittelitet,
Oksilla ojentelitet.

Kutti, kiitti, neito rukka!
Enkö mie sanonut sulle,
Sanonut tämän kevättä,
Tämän syystä syylätellyt:

"Tehkämes kivinen linna,
Salasauna salvatkame,
Salasauna, piilopirtti,
Keskellen meren seläistä,
Jossa piikoja piellä,
Kanojamme kasvatella,
Ettei pääse Suomen sulhot,
Suomen sulhot, maan kosijat."

Noinpa aina neittä neuoin,
Orpanoani opetin:
"Kun tulevi Suomen sulhot,
Suomen sulhot, maan kosijat,
Sinä vastahan sanele,
Ja puhele puoleltasi:
Tupa on tehty miesten tulla,
Talli seisoa oritten:
En lähe revon rekehen,
Suen juoksevan jälille,
Lähe en karhun kantapäille,
Enkä korjahan kosijan."
Et sinä sitä totellut,
Et kuullut minun sanoa;
Läksit sie revon rekehen,
Suen juoksevan jälille,
Läksit karhun kantapäille,
Sekä korjahan kosijan.

Kutti, kutti, neito rukka!
Kuules vielä, kuin sanelen:
"Kun olit rakas rahoin,
Käpäs kättä antamahan,
Niin ole rakas rekehen,
Sekä sievä lähtemähän.
Käpäs käymähän kylähän;
Ori suitsia purevi,

Rautoja ratustelevi,
Reki neittä vuottelevi."

150. Elä itke neito rukka.

(Morsiamelle tuttaviltansa.)
Elä itke neito rukka!—
Ei sua etäälle vieä,
Ei vieä vesien taaksi,
Saksanmaalle saatettane;
Vieähän vähäsen maitse,
Yli salmen saatetahan,
Yli kynnyksen kylähän,
Poikki pellon naapurihin;
Turkki tuoahan jälestä,
Vaippa vasta saatanehe.

Elä itke melän neito,
Ellös olko milläskänä,
Alla päin, pahoilla mielin,
Alla kulman kuurullasi;
Et sie vierryt vehkasoille,
Puonnut parkkipuolikolle;
Ruispurnohon putosit,
Kaauit kaura-ammiohon.

151. Mitä neien itkemistä.

(Morsiamelle tuttaviltansa.)
Mitä neien itkemistä,
Suuresti sureksimista!—

Ei ole it'ettäviä,
Suuresti surettavia;
Kun katsot kupehellesi,
Oikialle puolellesi,
Onpa sulho suojassasi,
Mies verevä vieressäsi,
Luonasi lohikalanen,
Lohenpoika puolellasi;
Hyvä mies, hyvä heponen
Talon kanta kaikenlainen,
Sulho suotuinen keralla,
Kalevainen kannallasi.
Kiitä neito lykkyäsi,
Kun kiität, hyvinki kiitä;
Hyvän sait, hyvän tapasit,
Hyvän luojasi lupasi,
Hyvän antoi armollinen;
Hyvän osmon ohjillesi,
Kalevaisen kannoillesi.
Eipä tuo tok laiska liene,
Kyll' on vaattehet vakaiset,
Vyöllä kussakka koria,
Lippahattu, komppakengät;
Ei tuo virsi viinan kanssa,
Ei tussaa tupakka suussa.
Lue kiitokset emolle,
Passipoita vanhemmalle,
Kun tuuti pojan mokoman
Ja sorian sulhokaisen;
Tuuti turvaksi sinulle,
Varoiksesi vaapotteli.

152. Tapa toinen ottaminen.

(Morsiamelle tuttaviltansa.)
Vielä neittä neuotahan,
Orpoa opetetahan—
Kuules neiti, kuin sanelen,
Kuin sanelen, kuin puhelen:
Menet toisehen talohon,
Toisehen emon alahan,
Perehesen vierahasen;
Toisin siellä, toisin täällä,
Toisin toisessa talossa,
Perehessä vierahassa—
Tap' on toinen ottaminen,
Entinen unohtaminen.
Pitäisi sinun piteä
Pää tarkka, tania mieli,
Ymmärrys yhentasainen,
Iltasella silmät virkut
Valkiita virittämähän,
Aamusella korvat tarkat
Kukon ääntä kuulemahan.
Konsa kukko kerran lauloi,
Lauloi kerran, lauloi toisen,
Silloin aika nosta nuoren,
Hetki haikia havata.
Kons' ei kukko laulakana,
Ei äännä isännän lintu;
Piä kuuta kukkonasi,
Otavaista oppinasi.
Käy sie ulkona usein,
Käy sie kuuta katsomassa,
Otavaista oppimassa,
Tähtiä tähyämässä;
Konsa oikein otava,
Sarvet suorahan suvehen,
Pursto perin pohjaisehen,
Silloin nuorten nousuaika,

Vanhojen lepuuaika.
Silloin aikani sinunki
Nosta luota nuoren sulhon,
Viereltä verevän sulhon,
Saapa tulta tuhkasista,
Valkiata vakkasesta.
Kun ei tulta tuhkasissa,
Valkiata vakkasessa,
Kutkuttele kullaistasi,
Katkuttele kaunoistasi:
"Anna tulta armaiseni,
Valkiaista marjaseni!"
Saat sie piitä pikkuruisen,
Tauloa taki vähäsen;
Iske tuli tuikahuta,
Tikkurintahan viritä.
Lähe läävähän samalla
Läänimään emännän läävä;
Käy sie kuunnellen kujassa,
Kuunnellen kujan takana,
Ammoiko anopin lehmä,
Hirnuiko apen hevonen,
Ky'yn lehmä kytkäsevi,
Naukasee naon vasikka,
Heinän hienon heittäjäistä,
Apilan ojentajaista.
Käy kujaset kuukistellen,
Läävänpohjat längistellen,
Olet lehmille ojenna,
Heposelle heinät heitä,
Heinät varsoille valitse.
Katso karkkokarsinoa,
Emälammaslattiata,
Luo silmät sikoinki päälle;,
Elä sie sioille singu,
Elä potki porsahia,

Kanna kaukalo sioille,
Purtilonsa porsahille.
Kun sitte tulet tupahan,
Tule kolmena tupahan,
Tuo sie luuat, tuo sie lunta,
Itse tule kolmantena.
Kun sie lattiita lakaset,
Elä lapsia lakase;
Nosta lapset laavitsalle!
Pese silmät, pää silitä,
Anna leipeä kätehen,
Vuole voita leivän päälle;
Kun ei leipeä talossa,
Anna lastunen kätehen.

153. Elä moiti anoppiasi.

(Morsiamelle tuttaviltansa.)
Kuules sisko, kuin sanelen,
Kun nyt menet miehelähän,
Käyt sinä kylässä kerran,
Pellon poikki naapurissa;
Kysyvät kyläiset naiset:
"Antoiko anoppi voita,
Kun ennen emo kotona?"—
Ellös konsana sanoko:
"Ei anna anoppi voita."
Sano aina annettavan,
Kapustalla kannettavan,
Jos kerran kesässä saanet,
Senki toisen talvellista.—
Kun sie leikkoat lihoa,
Eli viilet vehnäisiä,
Säre veitsesi kivehen,

Karahuta kalliohon,
Syöä sulholta lihoa,
Viiltä vehnäpiirasia.

154. Miehen mielen nouto.

(Vähäonnisen naisen neuo morsiamelle.)
Kuules sisko, kuin sanelen,
Kun meet toisehen talohon,
Elä nenä miehen mieltä,
Miehen mieltä, kiurun kieltä,
Niinkun mie poloinen nouvin.
Lihat laitoin, leivät laitoin,
Voit laitoin, oluet laitoin,
Viinat ostin Wiipurista,
Oluet omilta mailta.
Kävin sitte makoamahan,
Otti yöksi vierehensä,
Antoi kyllä kyynäsvartta,
Viljalta vihaista kättä.
Kylm' oli kylki maatakseni,
Selkä vieläki vilumpi;
Nousin kylmältä kyleltä,
Viluiselta vuotehelta,
Sulho suorihen jälestä,
Tukat tuulelle jakeli,
Hapseni hajottelevi.

155. Kotihia heittämiset.

(Morsiamelle tuttaviltansa.)
Neitokainen nuorukainen,
Kanamarja kaunokainen,
Kun meet toisehen talohon,
Ne kolme kotihin heitä:
Päivän eilliset unoset,
Emon armahat sanaset,
Joka kirnun pettäjäiset.
Muista kaikki muut kalusi,
Unikonttisi uneuta;
Heitä uunille unesi,
Pankolle pahat tapasi,
Laiskuutesi lattialle.

Kaikki laiskuus lakata,
Kaikki uneuta unesi,
Emoas' elä uneuta,
Elä iltaistumissa,
Aamuahkeroisissana;
Emo on nähnyt suuren vaivan,
Kantaja kovan kokenut,
Saunamaassa maatessansa,
Olkiloilla ollessansa,
Levätessänsä pehuilla.

156. Ken meitä veelle viepi.

(Morsiamen kotiväki.)
Lenti tänne musta lintu,
Läpi korven koikutteli,
Korppi lenti halki korven,
Sammakko salon lävitse,
Suostutteli meiltä sorsan,
Maanitteli meiltä marjan;
Otti tuo omenan meiltä,

Vietteli veen kalasen,
Petti pienillä rahoilla,
Hopehilla houkutteli.
Ken meitä veelle viepi,
Ken joelle juohattavi?—
Saapi saavit seistäksensä,
Kolataksensa korennat,
Ja kapat kalataksensa;
Piintyvät pikarin laiat,
Tuopin korvat tummenevat.

b) Häissä.

157. Oisiko lupa kysyä.

(Sulholle kotiväki.)
Oisiko lupa kysyä,
Saisiko sitä sanoa,
Mitä mielehen tulevi,
Kerkiävi kielelleni;
Saisiko sanoakseni,
Lupoa kysyäkseni:
Kävitkö tiesi tervehenä,
Matkasitko mainehitta,
Tuluksitta pitkät matkat,
Matkat suuret valkiatta,
Kun lähit anopin luoksi,
Ainoan apen kotihin?
Oliko viinat kuurittuna,
Vai oli vasta aiottuna;
Jok' oli leivät leivottuna,

Vai oli vasta aiottuna?
Syötettiinkö teitä siellä
Lestyin leivin, pestyin pöyvin;
Juotettiinko teitä siellä
Olusilla otraisilla;
Syötettiinkö sinun orosi
Portahilta pyöriviltä;
Juotettiinko sinun orosi
Lähteheltä läikkyvältä?

158. Tokko näit mitä tullessa.

    (Morsiamelle sulhon heimo.)
Hyvä neito, kaunis neito!
Tuotapa kysyn sinulta:
Tokko tänne tullessanne,
Tokko taisi tamma juosta,
Orit konsti kompotella,
Ruuna ruskia ravata?

Hyvä neito, kaunis neito!
Tuotapa kysyn sinulta:
Tokko tänne tullessanne,
Notkot nousi, mäet aleni,
Kumpareet kukertelihin,
Rauniot rakentelihin,
Kivet pienet piehtaroitsi,
Järven rannat roikkaeli?

Hyvä neito, kaunis neito!
Tuotapa kysyn sinulta:
Näitkö tänne tullessasi
Kekoja keräperiä,
Näsäpäitä närttehiä?—

Ne kaikki tämän talosen,
Tämän sulhon kyntämiä,
Kyntämiä, kylvämiä.

Hyvä neito, kaunis neito!
Kun tunsit talohon tulla,
Niin tunne talossa olla;
Ei meillä surulla syöä,
Ei eletä huolen kanssa—
Maitotiinu on tietyssäsi,
Piossasi piimäpytty
Voivatinen vallassasi.

159. Voi veikko, mitä vetelet.

(Kyläläiset lommaavat morsianta.)
Voi veikko, mitä vetelet,
Tervaskannon kauneutta,
Pikitynnyrin pituutta,
Kerinkannan korkeutta!
Käkesit käkösen tuoa,
Kuletella kukkulinnun,
Tuoa maalta maan parahan,
Veeltä valkian valita;
Ei käki kätehen saanut,
Kukkulintu kumppaliksi,
Veelt' et valkiita valinnut,
Tuonut maalta maan parasta.
Puuttui konna koprihisi,
Sammakko satimehesi;
Saitp' on suolta suovariksen,
Aialta ajoharakan,
Korpin korpinotkelmalta,
Pellolta pelotuslinnun,

Mustan linnun mullokselta;
Löysit nartun naurismaasta,
Nirtun niintä kiskomasta;
Narttu naukui, nirttu niukui,
Sulhon tullessa lähelle.

160. Kirkas neiti kihloissasi.

(Kaason puoli.)
Sulhokainen nuorukainen.!
Katsos meiän neioistamme;
On kun puola puolikypsi,
Tahi mansikka mäellä.
Puhas on pulmonen lumella,
Puhtahampi puolellasi;
Valkia merellä vaaksi,
Valkiampi valloissasi;
Soria merellä sorsa,
Soriampi suojassasi;
Kirkas tähti taivahalla,
Kirkkahampi kihloissasi.
Et oisi Savosta saanut,
Et tuonut Turustakana,
Tavannut Wiron takoa,
Vetänyt Wenäeheltä,
Niin soriita neitokaista,
Mokomata morsianta;
Silmät maksavat sinisen,
Poski puhtahan punaisen,
Varsi valkian paperin.

161. Kutti, kutti, sulho rukka.

(Morsiamen lommaajat.)
Sulho viljon veljyeni!
Sanoit sie pahan sanasen;
Sanoit saavasi sataisen,
Tuovasi tuhannen neien;
Et sataista saanutkana,
Tuonut et tuhannen neittä.
Sait su'un sukattomia,
Lajin kintahattomia.
Mitä lie tehnynnä ikänsä,
Kuta mennehen kesosen,
Ei kutonut kintahia,
Suoritellut sukkasia;
Hiiret kopsassa kopasi,
Hörppäkorvat lippahassa.

Kutti, kutti, sulho rukka!
Tuota toivotit ikäsi,
Tuota puolen polveasi,
Käkesit tämän kesosen;
Sanoit saavasi sarasen,
Apilaisen ottavasi,
Sorsan suositellehesi,
Vesilinnun vienehesi.
Sait sinä hyvän sarasen,
Armahan apilasheinän—
Löysit tieltä tervaskannon,
Leppäpökkelön lehosta.
Talven on tateessa maannut,
Kuukauen hevoskujassa,
Viel' on silmät siistimättä,
Kaikki kasvot kaavimatta.

162. Laajasukuinen neiti.

(Kaason puoli.)
Sulhokainen nuorukainen,
Rahan kanta kaunokainen,
Ellös meiän neioistamme
Sanoko suvuttomaksi,
Laatiko lajittomaksi,
Tehkö tietämättömäksi!
Onpa meiän neiollamme
Suku suuri, laji laaja;
Kappa ois kylveä papuja,
Jyvä kullenki tulisi,
Kappa ois panna pellavaista,
Kuitu kullenki tulisi.

Sulhokainen nuorukainen,
Rahan kanta kaunokainen,
Ellös meiän neioistamme
Toki tuhmaksi hokeko,
Typeräksi tunnustelko,
Saamattomaksi sanoko!
Mene sulho seppälähän,
Tietäpäs terävä rauta,
Tietä viikate terävä;
Vaali vartehen hyvähän,
Vestele veräjän suussa,
Kannon päässä kalkuttele.
Kun tulevi päiväpaiste,
Viepä neittä nurmen päälle,
Sitte heinä herskähtävi,
Sekä jussi jurskahtavi,
Kova heinä korskahtavi,
Suolaheinä säikähtävi,
Vihviläinen viuskahtavi,
Mätäs myötähän menevi,
Kulo käypi kellellehen,
Vesan kanta katkiavi.

163. Kaason kauneus.

    (Kosiomiehen puoli.)
Hyvä kaaso, kaunis kaaso,
Valkianverevä kaaso;
Kaunis kaaso kengältäki,
Silmiltä sitäi parempi.
Niinp' on kaaso kengitetty,
Kun on kelkka talloitettu;
Niinp' on kaason silmät päässä,
Kun harakan pakkasella.

    (Kaason puoli.)
Niinp' on kaaso kengitetty,
Kun hevonen rauoitettu;
Niin on kaason silmät päässä,
Kun on tähet taivahalla.

164. Kaason istunta.

    (Kosiomiehen puoli.)
Istu, istu kaaso rukka!
Kun istut, hyvinki istu;
Istu puhki puinen penkki,
Halki lautainen lavitsa,
Seinät sienille märännä,
Katso halki harjahirsi.

    (Kaaso.)
Niinkö teill' on hoikat hongat,
Sekä pehmiät petäjät,
Ettei kestä kaason olla,
Nuoevaimon vaivutella,

Tämän illan istumilla,
Tämän aamun astumilla?—
Enmä istu penkillänne,
Enkä seiso sillallanne;
Istun hieprahelmoillani,
Seison kenstikengilläni.
Vain en istu ensinkänä,
Enkä seiso semminkänä,
Ennenkuin sulkani sulavi,
Höyheneni lämpiävi.

165. Kaason lämpimän saanta.

(Kosiomielen puoli.)
Kun lienet kovin vilussa,
Nouse kaaso kiukoalle,
Liesipankolle panete;
Pane jalka patsahalle,
Toinen orrelle ojenna,
Helmat lieskahan levitä;
Siinä sulkasi sulavi,
Höyhenesi lämpiävi.

(Kaaso.)
Nouskohon nokiset velhot,
Saakohon tulipunaiset,
Nokianne nuohomahan,
Karstojanne kaavimahan!
Piruko tästä piiat otti,
Lempo ampui leskieukot,
Nokiloita nuohomasta,
Karstoja karistamasta?
Eikä tuoa kaason syöä,
Nuoevaimon nunnostella;

Lepillenkö lehmät lypsi,
Kannoille muni kananne?

166. Kaason syötäntä.

(Kosiomiehen puoli.)
Hyvä kaaso, kaunis kaaso,
Valkianverevä kaaso!
Kun lienet kovin nälässä,
Istunet rokan himolla,
Kuoli muinen musta ruuna,
Vaipui valkia hevonen,
Kuoli Kontisen kujahan,
Kyllösen kylyn etehen.
Tuoll' on raato rauniolla,
Pääkontti koan takana;
Sen on keuhot keittämättä,
Kapiot kaluamatta.
Siin' on kaason kyllin syöä,
Nuoevaimon nunnostella.

(Kaaso.)
Nouskohon kontio kolosta,
Havun alta haarakynsi,
Kiven alta kiskosilmä,
Viiasta vihainen kissa,
Ruunianne ruhtomahan,
Tammojanne tahtomahan,
Orittanne ottamahan,
Lehmiänne leikkomahan!
Missäpä hukka huikuroivi,
Metsän vihko viehkuroivi,
Kun ei karjassa kahua,
Liehu lehmien seassa?

167. Maata menentä.

Hyvä kaaso, kaunis kaaso,
Valkianverevä kaaso!
Jo ois aika maata mennä,
Liitto liipata levolle;
Kukot laulavat kylällä,
Hoikkasääret hoiloavat.

(Kaaso.)
Äsken aika maata mennä,
Liitto liipata levolle,
Kun mun sulkani sulaisi,
Höyheneni lämpiäisi.
Vai joko vaivainen varajat,
Tynnyrisi tyhjenevän,
Puolikkosi puolenevan?—
Vast' on kerta keitettynä
Kiiskiä kirokaloja,
Ahvenia ruotaisia;
Tuoppi on tuotuna olutta,
Ei sekänä meitä vasten,
Vasten muita vierahia.

168. Kaason juomiset.

(Kosiomiehen puoli.)
Hyvä kaaso, kaunis kaaso,
Kaaso valkianverevä!
Ootko Valtalan vasikka,
Vaiko Puntalan Punikki
Tynnyrien tyhjentäjä,
Puolikkojen puolentaja?—

Kun lienet olven himolla,
Eli taarin tarpehella,
Kyll' on meillä kystä vettä,
Paljo pantua olutta,
Kellarit teloja täynnä,
Telat täynnä tynnyriä.
Kun ei siitä kyllä liene,
Tahi ei tulle tarpehiksi;
Viel' on tamma tanhualla,
Liinaharja liettehessä,
Läävässä Punikki lehmä,
Toinen Kyyttö kytkyessä
Joka laski laarin viinan,
Hyvän juomisen jorotti.

(Kaaso.)
En oo tänne lähtenynnä,
Enpä oluen himolla,
Enkä taarin tarpehella;
Olutt' on kotonaniki,
Taaria talossaniki;
Vaanp' on läksin katsomahan
Pienen lintuni peseä,
Varpuseni vainioa.
Kohta tästä kolkan käännän,
Kolkan käännän, toisen väännän
Tästä tuhmasta tuvasta,
Kamalasta kartanosta;
Heitän tänne herttaseni,
Tänne kaunoni kaotan;
Suojelkohon suuri Jumala,
Kaikkivalta varjelkohon,
Ettei huomenna katuisi,
Päivän päästä peljästyisi.
Näitä outoja ovia,
Veräjiä vierahia.

169. Kosiomiehen ylistys.

> Kuules sie tuhannen vanha,
> Ja vanhin kosiomiesi!
> Tuo hattu, jok' on sinulla,
> Tuot ei kanna kaikki miehet,
> Eikä pojat puoletkana,
> Kolmannetkana kosijat.
> Verka on Wirosta saatu,
> Säteristä säälitetty,
> Puuhka on tuotuna Turusta,
> Saksan linnasta sametti.
> Vähä paitoa näkyvi,
> Pikkarainen pilkottavi,
> Paita kun papin paperi,
> Kirkkoherran kirjanlehti,
> Oman kultansa kutoma,
> Kaunosensa kalkuttama;
> Ommeltu oravakynsin,
> Näätäkynsin nästäelty,
> Tinaneuloin tikkaeltu.

III. Paimenlauluja.

170. Kukkalatva kuusi.

> "Marisenko, marjasenko,
> Punaposki puolasenko!
> Kävitkö tuon mäkösen alla,
> Viheriäisen vierun alla?"—

"Kävin kerran, kun kävinki."
"Mitäs näit käyessäsi?"—
"Näin kuusen kukkalatvan,
Ja haavan halialatvan;
Ison kuusen kukkalatvan,
Emon haavan halialatvan."
"Konsa sen kotihin tuomma!"
"Illan tullen, päivän mennen,
Karjan tullessa kotihin,
Kylylöylyn löyhkätessä."

171. Mipä paimenten olla?

Mipä meiän paimenien,
Kupa karjan kaitsijoien?—
Ei ole paha paimenien,
Pah' ei karjan kaitsijoien;
Kiikumma joka kivellä,
Laulamma joka mäellä,
Joka suolla soittelemma,
Lyömmä leikkiä aholla,
Syömmä maalta mansikoita,
Ja juomma joesta vettä.
Marjat kasvon kaunistavi,
Puolukat punertelevi,
Vesi ei voimoa vähennä,
Jokivesi ei varsinkana.

172. Tule tänne!

Tule tänne tyttöpaimen [33],
Tääll' on toinen poikapaimen [34];
Tääll' on karjat kaunihimmat,
Täällä kellot kuulusammat,
Tääll' on mansikat makiat,
Täällä lillikat lihavat,
Täällä puolat puolikypset,
Vatut vaaran rintehellä.

Kuti, kuti, kultaseni,
Tule tänne turkkaseni!
Tääll' on kaunis karjan käyä,
Armas paimenten asua;
Pohjaspuolella mäkönen,
Päivänpuolella puronen,
Lehtomaita luotehesen,
Itähän isot ahoset.
Kuti, kuti, kultaseni,
Tule tänne turkkaseni!
Tääll' on suuri sulhosesi [35],
Kaunis kasvin kumppalisi;
Sopisipa suuta antaa,
Kun olisi kahen valta.

173. Missä armahani?

Miss' on, kussa minun hyväni,
Miss' asuvi armahani,
Missä istuvi iloni,
Maalla kulla marjaseni?—
Kuulu ei ääntävän ahoilla,
Lyövän leikkiä lehoissa,
Ei kuulu saloilla soitto,
Ei kukunta kunnahilta,

Oisko armas astumassa,
Marjan matelemassa,
Oma kulta kulkemassa,
Valkia vaeltamassa;
Toisin torveni puhuisi,
Vaaran rinnat vastoaisi,
Saisi salot sanelemista,
Joka kumpu kukkumista,
Lehot leikkiä pitäisi,
Ahot ainoista iloa.

174. Armahan kulku.

Täst' on kulta kulkenunna,
Täst' on mennyt mielitietty,
Tästä armas astununna,
Valkia vaeltanunna;
Täss' on astunut aholla,
Tuoss' on istunut kivellä.
Kivi on paljo kirkkahampi,
Paasi toistansa parempi,
Kangas kahta kaunihimpi,
Lehto viittä leppiämpi,
Korpi kuutta kukkahampi,
Koko metsä mieluisampi,
Tuon on kultani kulusta,
Armahani astunnasta.

175. Enkö minäki toivoisi.

Lintu lauleli lehossa,
Pieni lintu pensahassa,
Kullaistansa kuikutteli,
Marjaistansa maanitteli,
Armahaistansa halasi;
Enkö mie poloinen raukka
Tuota toivoisi enemmin,
Halajaisi hartahammin,
Kullaistani kulkevaksi,
Marjaista matelevaksi?
Tule tänne, pieni lintu,
Lennä tänne, lintu rukka,
Haastele halusi mulle,
Ikäväsi ilmottele;
Mie sanon sinulle jällen
Haastan mielihaikiani.
Sitte vaihamma vajoja,
Kahenkesken kaihojamme.
Lennä, lennä lintu rukka,
Lennä, pieni pääsky rukka,
Lennä minun kaulalleni,
Käy käsivarrelleni;
Siinä säilyt sie paremmin,
Olet onnella hyvällä,
Olet kun kullan kukkarossa,
Asut kun armahan povessa.

176. Katso Kiesus karjaistani.

Katso Kiesus karjaistani,
Hoitele hyvä Jumala,
Näillä aukeilla ahoilla,
Leveillä lehtomailla,
Korkehilla koivikoilla,

Kauneilla kataikoilla,
Pienillä petäiköillä,
Mataloilla haavikoilla,
Kultaisilla kuusikoilla,
Armahaisilla saloilla;
Elä anna sutosen tulla,
Kohti kontion osata!
Jos konsa susi tulisi,
Kohti kontio kokisi,
Muuta muiksi lehmäseni,
Kannonpäiksi kaunoseni,
Kiviksi minun omani,
Kallioksi karjaseni;
Ei susi kivihin koske,
Karhu ei koske kallioihin.

177. Muut kuuli kirkonkellon.

Muut ne kuuli kirkon kellon,
Minä kurja karjankellon;
Papin parran muut näkivät,
Minä kurja kuusen latvan.
Kivi on mulla kirkkonani,
Pajupehko pappinani,
Lahokanto laulajana,
Käki muina lukkarina.
Kuku kultainen käkönen,
Kuku kulta kielellinen,
Hoila'a hopiarinta,
Tinarinta riuskuttele
Käynkö viikonki vilussa,
Kauan karjan paimenessa,
Astunko ahoja kauan,
Viikon soien vierukoita—

Kesosenko, kaksosenko,
Viitosenko, kuutosenko,
Vaiko kymmenen keseä,
Tahi ei täytehen tätänä.

178. Lepo, lepo, lehmän.

Lepo, lepo, lehmäni!
Jopa löysin härkäni
Kololahen korvelta,
Pajulahen lammilta.
Lepo, lepo, lehmäni!
Jopa löysin härkäni
Kiviniemen särkältä,
Valkialta rannalta,
Horsmia syömästä,
Kaisloja kaivamasta.

179. Paista päivä paimenelle.

Näytä päivä silmiäsi,
Lonkottele luomiasi,
Sinisetkö, vai punaiset,
Vaiko kellankarvalliset,
Vaiko viertehen näköiset,
Tahi vaahtivalkeuiset.
Paista päivä paimenelle,
Elä kalanpyytäjälle;
Kalamies kaloja syöpi,
Paimen parka kuivan leivän,
Kuivan leivän kurskehtivi,

Otraisen oeltelevi,
Kauraisen kavertelevi,
Tattarisen taittelevi,
Rukehisen ruinoavi,
Lemettisen leikkoavi,
Vielä parkkisen panevi,
Petäjäisen peiputtavi,
Kuoren kuivan kurskuttavi,
Veen lipillä luikkoavi,
Märän mättähän nenässä.

180. Laske paimenta kotihin.

Paista päivänen Jumala,
Hellittele herra Kiesus,
Poloisille paimenille!
Pah' on olla paimenessa,
Tyttölapsen [36] liiatenki,
Kun ei poikoa [37] keralla.
Kulu päivä kuusikolle,
Viere vehnä viijikölle;
Laske paimenta kotihin,
Sen talon emännän luoksi,
Että nälkäni näkisi,
Heti aittahan menisi,
Juosten juomahuonehesen,
Keikutellen kellarihin,
Taputtaisi talkkunoa,
Vuolasisi voita päälle,
Sipaisi sianlihoa,
Kavertaisi kannikkoa.

181. Mene päivä, viere viikko.

Mene päivä, viere viikko,
Alene Jumalan aika!
Mene päivä männikölle,
Kule kulta kuusikolle,
Karkaa kataikolle,
Lennä lehmäslypsykselle;
Päästä paimenta kotihin
Vilusta, pahasta säästä,
Vilusta värisemästä,
Pakkasesta parkumasta,
Kannikkoa kaivamahan,
Pyttyjä pyältämähän,
Voivatia vuolemahan,
Kirnua kolistamahan.
Isäntä kova kotona,
Emäntä sitäi kovempi,
Poika puoli perkelettä,
Tytär kun tulikipuna,
Miniä kun miekan kärki;
Itse kaivoi kannikkansa,
Itse pyttynsä pyälsi,
Itse vuoli voivatinsa
Itse kirnunsa kolisti;
Paimenelle vanha taari,
Vanha taari, kylmä kaali,
Jost' oli rakki rasvan syönyt,
Musti murkinan pitännä.
Annas tulla toisen tunnin,
Jo sanoi minun syöneheni,
Kannikkansa kaivaneeni,
Pyttynsä pyältäneeni,
Voivatinsa vuolleheni,
Kirnunsa kolistaneeni;

Sitte pieksi petkelellä,
Kolkutti kotahalolla.

Käsi poikki, jalka poikki,
Sen pahan talon emännän,
Oikiasta olkapäästä,
Vasemesta sarvennosta!

182. Jo tulen kotihin.

Jo tulenki, jo tulenki,
Jo tulenki kotihini;
Joko on kylpy joutununna,
Joko saatu saunavettä,
Sekä vastat valmihina?
Onko huttu keitettynä,
Puohtimella peitettynä,
Voita päälle heitettynä;
Onko lusikat ääressä,
Maitokupit vieressä?
Ptru Kirjo, ptru Karjo,
Ptruko haikia Haluna!
Jo on Kirjo kiini pantu,
Karjo kaarehen rakettu,
Haluna hakahan saatu;
Jo nyt jouvunki tupahan
Jo tulenki, jo tulenki,
Jo tulenki, jo, jo.

183. Hämehen kävijä.

"Kuulin kummat, näin imehet,
Hämehessä käyessäni."

"Mitä kuulit kummimmia,
Mitä näit imehimmiä?

"Sitä kuulin kummimmia,
Sitä näin imehimmiä
Siat sotki taikinata,
Emännät sikana röhki,
Porsas lattian lakasi,
Piiat pakinassa makasi."

"On tuo kumma kuullakseni,
Ime ilman ollakseni."

"Ei tuo vielä kumma liene,
Ei ime väheäkänä;
Vielä kuulin kummempia
Näin vielä imehempiä:
Kirvehellä keitettihin,
Kattilalla leikattihin,
Orava veti rekiä,
Hepo hännin puuhun juoksi."

"Se on kumma kuullakseni,
Ime ilman ollakseni."

"Ei tuo vielä kumma liene,
Ei ime väheäkänä;
Vielä kuulin kummempia,
Näin vielä imehempiä:
Orot oli ohran leikku'ussa,
Siikaset sitelemässä,
Laklaset latelemassa,
Hanhet haasioitsemassa."

"On tuo kumma kuullakseni,
Ime ilman ollakseni."

"Ei tuo vielä kumma liene,
Ei ime väheäkänä;
Kohta kuulet kummempia,
Vieläki imehempiä:
Antoi hanhi siivet mulle,
Lakia laajat lentimensä,
Niillä lennin löyhyttelin
Yheksän meren ylitse,
Meripuolen kymmenettä;
Lennin maille vierahille,
Tulin tuntemattomille,
Sinisen salon sisähän,
Vaskisehen varvikkohon.
Olipa siellä puut punaiset,
Puut punaiset, maat siniset,
Lehot lemmenkarvalliset,
Ruohot ruostehen näköiset.
Vuoret siellä voina vuoti,
Kalliot sianlihana,
Mäet mämmikakkaroina,
Kaikki kankahat metenä.
Siell' oli naiset listin lastin,
Morsiamet mustin kulmin,
Akat vanhat vaskivöissä,
Tyttäret tinasiloissa,
Ukot vanhat uunin päällä,
Nuoret miehet miekka vyöllä,
Kukot kultakannuksissa,
Kanat vaskivarpahissa,
Lehmät leppäisin utarin,
Paimenet pajuisin jousin.
Ei juotu oluttakana
Kuparitta kultaisetta,

Vaskireunatta vaitta;
Ei syöty sianlihoa
Veitsettä hopiapäättä,
Talrikitta tammisetta."

184. Kuulin kummat kuusialta.

Nousin aivan aikaisehen,
Aivan aikahuomenessa,
Kuun ja päivyen keralla;
Vielä ennen ennättelin,
Ennen kuuta, päiveäni.
Pyyhin pikku pirttiseni,
Lakaelin lattiani,
Tinaisilla tikkasilla,
Vaskisilla varpasilla.
Ammuelin rikkaseni
Tinaisehen takkasehen,
Vaskisehen vakkasehen.
Vein mä rikkani pihalle,
Kannoin ulos usta myöten,
Pihalle vajoa myöten,
Pellolle perimmäiselle,
Kaijimmalle pientarelle.
Seisattelime rikoilla,
Kääntelime, kuuntelime,
Kuulin kummat kuusialta,
Imehet yheksiältä:
Sika sillalla makasi,
Porsas tiellä poikki puolin,
Kahet kannukset jalassa,
Oksat kullan kummassaki.

Vielä kuulin kummempia,
Imehempiä tähysin:
Akat ammoi kytkyessä,
Lehmät leipoi taikinata,
Lampahat pani olutta;
Susi survoi, häntä torkkui,
Jänis jauhoi, pää järisi;
Oravainen ortta vuoli,
Pulmukainen puita pilkkoi,
Pääskynen pärettä kiskoi.

Vielä kuulin kummempia,
Imehempiä tähysin:
Hirsi veti, härkä notkui,
Reki kesti, tie hajosi;
Orava ahoja kynti,
Hevonen makasi puussa;
Kattilalla souettihin,
Wenehellä keitettihin;
Repo päätä poimimassa,
Itse hanhut antamassa.—
Anna hanhut siipiäsi,
Lakia laakamoisiasi!
Millä lennän muille maille,
Noille maille tuttaville,
Hopiaisehen salohon,
Kultaisehen koivikkohon.
Vaaher vaskinen salossa,
Kuusi kulta koivikossa,
Kukat kullan kiiltäväiset,
Lehet lemmen karvalliset;
Laulajat lehellä lemmen,
Kuulijat kukalla kullan,
Mie itse revon rekehen,
Virsi väkkärän väkehen.

185. Minkä noista mille annan?

Jopa mie tänä huomenessa
Nousin aivan aikaisehen,
Pesime, kumartelime,
Pyyhin pikku pirttiseni,
Vein rikkani pihalle,
Rikoillani seisatime.
Katsahime kankahalle,
Kankahalla kaunis lampi,
Lammissa venoja kolme.
Yks' on veno kultakokka,
Toinen on hopiakokka,
Veno kolmas vaskikokka.
Minkä noista mille annan,
Kunka kullenki osoan?—
Kultakokka taatolleni,
Veikolle hopiakokka,
Veljenpojan vaskikokka.

Katsahime toisen kerran,
Kolm' on neitoa venossa.
Yks' on neito kultakassa,
Toinen on hopiakassa,
Neito kolmas vaskikassa.
Minkä noista mille annan,
Kunka kullenki osoan?—
Kultakassa taatolleni,
Veljelle hopiakassa,
Veljenpojan vaskikassa.

Katsahime kolmannesti,
Ei ollut lampia enempi,
Eikä lammissa venoja,
Venosiss' ei neitosia;

Lampi oli muuttunut lehoksi,
Haavikoksi neiot nuoret,
Vesikaareksi venoset.

186. Työnsä kumpasellaki.

Tuli saarella palavi;
Kenpä tuolla tulta poltti?
Sulho tuolla tulta poltti.
Mitä sulho raatelevi?—
Korjoansa kirjottavi.
Mitä tuolla korjasella?—
Neittä tuolla korjasella.
Mitä neito raatelevi?—
Kultakangasta kutovi,
Hopiaista helkyttävi.

187. Juoksin, juoksin joen vartta.

Juoksin, juoksin joen vartta,
Katsoin ylös, katsoin alas;
Ylähällä päivä paistoi,
Alahalla veno souti.
Kenenpä se veno souti?—
Taattoseni veno souti;
"Ota taatto venosehesi!"

"Ei tytär veneesen pääse;
Tämä ranta raisu ranta,
Tämä vesi muakas."

Juoksin, juoksin joen vartta,
Katsoin ylös, katsoin alas,

Ylähällä päivä paistoi,
Alahalla veno souti.
Kenenpä se veno souti?—
Maammoseni veno souti;
"Ota maammo venosehesi!"

"Ei tytär veneesen pääse;
Tämä ranta raisu ranta,
Tämä vesi muakas."

Juoksin, juoksin joen vartta,
Katsoin ylös, katsoin alas;
Ylähällä päivä paistoi,
Alahalla veno souti.
Kenenpä se veno souti?—
Veikkoseni veno souti;
"Ota veikko venosehesi!"

"Ei sikko veneesen pääse;
Tämä ranta raisu ranta,
Tänä vesi muakas."

Juoksin, juoksin joen vartta,
Katsoin ylös, katsoin alas;
Ylähällä päivä paistoi,
Alahalla veno souti.
Kenenpä se veno souti?—
Siskoseni veno souti;
"Ota sikko venosehesi!"

"Ei sikko veneesen pääse;
Tämä ranta raisu ranta,
Tämä vesi muakas."

Juoksin, juoksin joen vartta,
Katsoin ylös, katsoin alas;
Ylähällä päivä paistoi,
Alahalla veno souti.
Kenenpä se veno souti?—
Sulhoseni veno souti;
"Ota sulho venosehesi!"

"Tule tyttö veneeseni;
Täm' ei ranta raisu ranta,
Ei tämä vesi muakas."

188. Venehen synty.

Kävin tietä tengollista,
Maata maksan karvallista,
Siltoa sinikivoista,
Ojan porrasta punaista;
Tuli honka vastahani,
Mie tuota kyselemähän
"Syntyykö veno sinusta?"—

"Syntyypä veno minusta;
Kaiken käunoista kevättä,
Vielä viime viikollaki,
Käki kukkui latvoillani,
Mesi tippui lehvistäni,
Päivä kiersi keskipuuta."

Kutsuin veikon veistämähän—
"Käy venettä veistämähän!"
Kävi veikko veistämähän;
Veikkoni venettä veisti,
Kilkkavalla kirvehellä,

Kalkkavalla kalliolla.
Vene syntyi vestämällä,
Laiva lastun ottamalla;

Kävi nuoret soutamahan,
Nuoret souti, airot notkui;
Kävi vanhat soutamahan,
Vanhat souti, pää vapisi.

189. Souti sotka suojan rannan.

Souti sotka suojan rannan,
Tavi tyynen tylkytteli;
Souti sotkat, airot lotkat,
Pienoset peränpitimet.
Souti kerran suovesiä,
Souti toisen maavesiä,
Kolmannen kotivesiä;
Pyllisess' on pyytöpaikat,
Ryytissä rysäsiaset,
Kalasaunat saarimaalla.
Souammako saarimaalle,
Saarimaalta manterehen,
Manteresta maammon luoksi,
Maammon luota taaton luoksi,
Taaton luota veikon luoksi,
Veikon luota siskon luoksi;
Siskoll' on sininen silta,
Jossa leikki lyötänehe,
Tanssi tallaeltanehe.

190. Läkkäm sikko Suurulahan.

"Läkkäm sikko Suurulahan!—
Suurulass' on nuoret sulhot [38]."
"Vuota teen tilan emolle,
Jalan jaksan taattoselta."
Läksimmäpä Suurulahan,
Suurulass' oli suuri pirtti,
Musta lehmä lattialla;
Ukko sarvesta pitävi,
Akka alta tempoavi.
Minkä akka maion lypsi,
Sen samasen ukko särpi.
Katsahtimma karsinahan,
Neitosia [39] karsinassa;
Sekä syövät, jotta juovat,
Piirasia pistelevät,
Vehnäisiä viiltelevät,
Ohraisia ottelevat,
Kauraisia katselevat,
Veitsellä hopeisella,
Kupposesta kultaisesta.

Katsahtimma toisa'päinki,
Supun täysi sulhosia [40],
Läävänlauta pöytänänsä,
Vasannahka pöytävaate,
Leipä lehmältä kerätty,
Koiralta kolatsut saatu,
Vasikalta vaassajuomat,
Kakkarat katinpojalta.

191. Antti armas herttaseni.

"Antti armas herttaseni,
Sinisilmä sirkkuseni!

Konsa meille häät tulevi?"—
"Huomenna meille häät tulevi."

Antti armas naitettihin,
Mitä tuon häissä keitettihin?—
Sirkan siivet, torakan koivet,
Peiposen peräpakarat,
Västäräkin väärät sääret,
Pienen linnun piipottimet.

"Antti armas herttaseni
Käy nyt yöksi viereheni!"

Tuli yöksi viereheni,
Sitte yön levättyänsä,
Astui aamulla varahin,
Meni naurihin tekohon,
Teki tielle naurihinsa,
Pani kissan kyntämähän,
Varpusen vakoamahan,
Itse paaelle paneutui,
Nukkui nurmimättähälle.

192. Repo ja jänis.

Repo itki reilitteli
Kiven päällä kyykyllänsä,
Kahen kaupungin kesellä,
Kolmen linnan kuuluvilla;
Jänis juoksi katsomahan:
"Mitä itket, repo rukka?

"Tuota itken, jänö rukka:
Kuoli mun sukuni suuri

Noilla tappotantereilla,
Vainovaivoilla sioilla.
Iso kuoli, äiti kuoli,
Kuoli viisi veikkoani,
Kuusi kummini tytärtä,
Seitsemän setäni lasta.
Pienet poikani poloiset,
Kaikki tyyni kantamani,
Ne on vietynä Wirohon,
Saksan maalle saatettuna,
Herroille hetalehiksi,
Kauppamiehille kaluiksi."

"Elä itke repo rukkä!
Tule minun turvihini;
Avarat asunnot mulla,
Pellon pientaret laviat,
Hongan juuret huonehina,
Kantoset kamariloina."

193. Hiiren peiaat.

Hiiri kaupalta tulevi
Purrella punaperällä,
Wenehellä vaskisella.
Keitti linnan liepsahutti,
Tytär lintahan lipetti;
Keitti hutun hupsahutti,
Poika huttuhun hupeni.

Siitä hiiri hiihtamahan,
Lyhytpolvi lyyttämähän;
Jänis vastahan tulevi,
Kysytteli lausutteli:

"Minne hiihat hiiri raukka,
Lyhytpolvi lyykyttelet?

"Hiihan mie vähän väkeä,
Kutsun peiasvierahia;
Kuoli kaksi poikoani,
Hukkui huttukattilahan."

"Missä piät peiahasi?"—
"Tuolla piän peiahani,
Puun raossa, maan raossa,
Kahen kantosen välissä."

"Ketä kutsut vierahiksi?"
"Kutsun suolta suovariksen.
Aholta ajoharakan,
Peiposen perehinensä,
Linnun laihan lapsinensa;
Ne mie kutsun vierahiksi."

194. Katin kosiominen.

Kävi katti tietä myöten,
Löysi tieltä mättähäisen,
Mättähäiseltä kotasen;
Ketä tuon koan sisässä?—
Hiiri laiha lapsinensa,
Pienonen perehinensä.

Kolkkasi koan ovea,
Räyähytti räystäspuuta:
"Anna hiiri tyttöäsi!"—
"Miksi sulle tyttöäni!"

"Rinnallani istujaksi,
Kanssani kasuajaksi,
Elolaarin laukojaksi,
Jyväpurnon purkajaksi."

"Mustat mulla tyttäreni,
Mustapa minä itseki."

"Muihen musta, miun hyvänen,
Minun metonen mielestäni,
Sima, maito, silmästäni."

Antoi hiiri tyttärensä;
Katti se kosio kaunis
Pian hirtti hiiren lapsen,
Surmasi hyväsukuisen.

195. Hiiri ja hämähikkö.

Hämähikkö teitä kulkki,
Hiiri maita matkaeli,
Tulit tiellä vastatusten;
Niin hiiri sanoiksi saattoi:
"Hämähikkö höyretyinen,
Keräpenttu köyretyinen!
Mitä sie kävelet kurja,
Tulet tielläni etehen?"

"Minä laitoin luojan langan,
Keräsin kerän Jumalan."

"Vaiko loihit luojan langan,
Kirosit kerän Jumalan!
Mie sun nylen nyrkilläni,

Piirrän peukaloisellani;
Vien nahkasi Wiipurihin
Saatan Saksan kaupunkikin.
Saan sieltä sataiset markat,
Tuhantiset tukkoelen,
Viisi Wiipurin rahoja,
Kuusi kultapenninkiä.
Ostan olkisen orihin,
Hernevartisen hevosen,
Liinaharjan, liinahännän,
Karjalan pystykapion.
Ajan Kultalan kujihin,
Rikki kultihin rekeni;
Kulta kurski kulmilleni,
Päälleni hopiat pärski."

196. Hiiri ja katti.

Hiiri metsähän menevi,
Lyhytjalka lynsyttävi,
Pikku kelkkanen perässä,
Pikku kirves kelkkasessa.

Päätyi katti kannon päähän,
Kannon päähän katsomahan:
"Minne menet hiiri rukka,
Lyhytjaika lynsyttelet?"

"Metsähän menen poloinen,
Korpehen kovaosainen."

"Mitä siellä tekemähän,
Kuta raukka raatamahan?"

"Lehtikoivun leikkomahan,
Puun sorian sortamahan."

"Entä kuolet koivun alle,
Puun sorian sortumille?"—

"Pistäyn mä puun rakohon,
Koen mennä maan rakohon."
"Entä nälkäki tulevi;
Mitä siellä syöäksesi?"

"Syön mä koivun kuoruisia,
Puren haavan kettusia."

"Entä turpuvi mahasi,
Vatsa paisuvi pahaksi?"

"Puhkasen ma puikkosella,
Tärähytän tähkäsellä.

"Entäkun veri tulevi?"—
"Veren tulla'ki pitävi."

"Entäkun kivistelevi?"—
"Voitelen ma voikkosella."

"Mistä saat sa voikkosia?"—
"Akan vanhan vakkasesta."

"Mistä vanha akka saapi?"—
"Nuoren neien lippahasta."

"Mistä nuori neiti saapi?"—
"Nuoren lehmäsen nisästä."

"Mistä sitä nuori lehmä?"—
"Korehista korttehista,
Tuorehista turpehista,
Vihannista mättähistä,
Helyheinän hepsusista,
Luojan pitkiltä pihoilta,
Kaikkivallan vainiolta."

"Sen vainen valehtelitki;
Vaan ma nyt sinun opetan,
Ettet totta toisen kerran
Mua syöttele sanoilla."
Siinä kohta kourihinsa,
Kääppäsi käpälihinsä,
Tappoi hiiren hirviästi,
Ja kaotti kauhiasti.

Sihen loppui hiiren virsi,
Katkesi katin tarina.

197. Hiiren tapaaja.

Maaria matala muori,
Taaria talon emäntä,
Lypsi lehmän lyyrytteli,
Kantoi maion kaarutteli,
Pani patsahan nenähän,
Kuppisehen kultaisehen,
Vaskisehen maljasehen.
Tuli hiiri, joi vähäsen,
Tuli toinen, puolen lappoi,
Tuli kolmas, kaiken kaatoi.

Läksi hiiri hiihtamahan,
Lyhytjalka lyntsimähän;
Katti vastahan tulevi:
"Mistä hiihat hiiri raukka?"

"Pakohon pahoista töistä,
Pilloistani piilemähän."

"Mitä sie pahoa laait,
Kuta teit pillojasi?"

"Olipa Maaria matala,
Taaria talon emäntä;
Lypsi lehmän lyyrytteli,
Kantoi maion kaarutteli,
Pani patsahan nenähän,
Kuppisessa kultaisessa,
Vaskisessa maljasessa.
Meni veikko, joi vähäsen,
Meni sikko, puolen lappoi,
Menin mie, ta kaiken kaaoin;
Sitä mie pahoa laain,
Senpä tein pillojani."

Tuon katti käsin tavotti,
Hiiren hirtehen ripusti,
Siinä veti veitsellänsä,
Piirsi peukaloisellansa,
Vei nahan Wenäehelle,
Kantoi kaupungin oville;
Sieltä sai sataiset markat,
Toi sieltä tuhannet tengat.
Niill' osti ison orosen,
Hiirenkarvaisen hevosen,
Meren jäätä juoksemahan,
Somerta sirottamahan.

Meri parskui parmahille,
Somer silmille sirahti,
Juostessa hyvän hevosen,
Hyvän riskun riskuttaissa.

198. Joutsen ja hanhi.

"Mistä, kusta hanhoseni,
  Hanhoseni valkia?"
"Rantaselta, rantaselta,
  Joutseneni ylpiä!"
"Mitä sieltä tekemästä,
  Hanhoseni valkia?"
"Poikiani pesemästä,
  Joutseneni ylpiä!"
"Pesitkö minunki poiat,
  Hanhoseni valkia?"
"Olit sie itseki siellä,
  Joutseneni ylpiä!"
"Niin et pessyt poikiani,
  Hanhoseni valkia?"
"Enmä pessyt poikiasi,
  Joutseneni ylpiä!"
"Mie sinun merehen upotan,
  Hanhoseni valkia!"
"Kyllä siipeni kannattavat,
  Joutseneni ylpiä!"
"Mie sinun tulessa poltan,
  Hanhoseni valkia!"
"Kyllä mä sammutan tulesi,
  Joutseneni ylpiä!"
"Mie sinun hirtän hirsipuuhun,
  Hanhoseni valkia!"
"Kyllä mun kynteni katkasevi,
  Joutseneni ylpiä!"

"Mie sinun portista pujotan,
Hanhoseni valkia!"
"Jo olen siitä ennen käynyt,
Joutseneni ylpiä!"

199. Mitä itket pieni lintu.

"Mitä itket pieni lintu,
Lintu tuima tuikuttelet,
Pahalla pajupurolla,
Tiheällä tuomikolla?"

"Sitä itken pieni lintu,
Lintu tuima tuikuttelen;
Palelevi jalkojani,
Kivistävi kynsiäni.
En tohi tupahan mennä,
Saaha sammalhuonehesen:
Huorat luualla hosuvi,
Pahat vaimot vastallansa.

Sitä itken pieni lintu,
Lintu tuima tuikuttelen,
Pahalla pajupurolla,
Tiheällä tuomikolla,
Kun en tuota tunnekana,
Tunnekana, tieäkänä,
Minne lyön mä lyykyäni,
Kunne kaivottu ajame,
Näillä raukoilla rajoilla,
Poloisilla Pohjanmailla;
Tulehenko teen tapani,
Vetehenkö saunan salvan.

Jos teen tulehen tupani,
Tuli polttavi tupani,
Pahana palokesänä;
Jos vetehen saunan salvan,
Vesi viepi salvokseni,
Vesivuonna voimatonna."

"Elä itke pieni lintu,
Lintu tuima tuikuttele!
Lennä tänne lintuseni,
Tule tänne tuttuseni;
Tääll' on kaunis ruokoranta,
Ruokoranta, heinälehto,
Leikki lyöähän lehossa,
Maitovelli keitetähän,
Voita päälle heitetähän,
Talkkuna taputetahan."

200. Pääskyläinen.

Pääskyläinen, päivän lintu,
Päivän lintu, yön lipakko,
Lenteli kesäisen päivän,
Kevätpäivän keikutteli;
Etsi maata maataksensa,
Lehtoa levätäksensä,
Peltoa pesiäksensä,
Murtoa muniaksensa.

Löynnyt ei maata maataksensa,
Lehtoa levätäksensä,
Peltoa pesiäksensä,
Murtoa muniaksensa.

Lenti vuoren kukkulalle,
Laski kuusen latvasehen;
Näki laivan lainehilla,
Punamastoisen merellä.

Laski laivan mastosehen,
Puottelihen purjepuuhun;
Valo vaskesta pesäsen,
Muni kullasta munasen.
Tuli tuulonen mereltä,
Kaatoi laivan kallellehen;
Muna vierähti vetehen,
Muksahti meren mutahan.

Tuohon kasvoi kaunis saari,
Saarelle koria nurmi,
Nurmelle koria neiti.
Neiti poikia tekevi
Tuohon suurehen sotahan,
Tasapäähän tappelohon,
Joss' on päätä, kun mätästä,
Joss' on hiusta, kun kuloa,
Joss' on verta säärivarsi,
Polven korkeus punaista.

201. Avullinen kurki.

Etpä tieä, minkä löysin—
Löysinpä omenamarjan;
Etpä tieä, kunne kätkin—
Riihen päälle rikkasihin,
Saunan päälle sammalihin.
Tuli kukko kuopimahan,
Kanan lapsi kaapimahan;

Tästä kukko tapettihin,
Kanan lapsi kaltattihin,
Mulle villat annettihin.
Mie vanutin vaipakseni,
Kuoin villat kuotokseni,
Huperoitsin huovakseni,
Huovat revin rievuikseni.
Läksin suolle sotkuilleni,
Leveille letkuilleni;
Sormus kultainen kulahti
Vasemesta sormestani.
Laitoin piiat etsimähän,
Piiat etsi värttinätä;
Laitoin rengit etsimähän,
Rengit etsi kirvesvartta,
Läksin itse etsimähän,
Löysin kuren kyntämästä,
Vaivaisen vakoamasta.
Kurki kielelle paneksen:
"Annas aikoa vähäsen,
Siksikun munani muutan,
Laajat lapseni latelen."
Otin kuren olalleni,
Seivässäären selkähäni,
Tuota kannoin ja hikosin,
Kannoin saunan karsinahan;
Talvet piimällä pitelin,
Kesät voilla kestittelin.
Panin tynnärin olutta,
Puolentoista puolikkoa,
Kutsuin pipit, kutsuin papit,
Valitsin parahat vallat,
Suuren lintuni lihoille,
Kuren kuntopeiahille.
Kurki kielelle paneksen:
"Elä sie tapa minua;

Apuna minä olisin,
Jalkapuolla jauhajana,
Käsipuolla käskyläisnä,
Siivin sillat pyyhkimässä,
Lattiat lakasemassa,
Kynsin pellot kyntämässä,
Varpahin vakoamassa,
Nokan vettä noutamassa,
Purston puut vetelemässä."

202. Hävinnyt hanhi.

Läksin vettä rantaselta,
Kultavarrella kupilla;
Löysin hanhen rantaselta,
Istui hanhonen havulla,
Sormiluitansa lukevi,
Varpahiansa valitti.
Minä hanheni olalle,
Kannoin saunan karsinahan,
Kannoin kauroja etehen
Tammisella tairikilla.
Kävin sitte katsomahan
Kohta kolmen yön perästä,
Viikon päästä viimeistäki;
Näin hanhen menneheksi,
Saunasta kaonneheksi,
Läksin tuota etsimähän,
Astuin soita, astuin maita,
Astuin syötyjä ahoja,
Kalutuita kankahia.
Näin mä kyntäjän aholla,
Kysyttelin kyntäjältä:

"Kyntömiesi veikkoseni!
Ootko nähnyt hanhoistani?"

"Mistä tunnen hanhosesi
Mikä merkki hanhessasi?"

"Sinisiipi, vaskivarvas,
Kultoa kuvun rajassa,
Päässä Saksan palttinoa,
Otsassa omenamarja."

"Oonpa nähnyt hanhosesi:
Tuonne lenti löyhytteli
Yheksän meren ylitse,
Meripuolen kymmenettä;
Yksi siipi vettä viili,
Toinen taivasta tapaili,
Nokka luotoja lotasi,
Pää piteli pilvilöitä,
Eessähän vetelä lieto,
Takanansa taivas kirkas."

203. Hevosen hakija.

Tuli veikko vierahaksi,
Siskoni käviämeksi;
Vein mä veikkoni hevosen
Tallihin tasalakehen,
Kannon kauroja etehen.
Syötin sitte vierahia
Kahella kananmunalla,
Kaheksalla kakkaralla,
Yheksällä voipytyllä,
Kymmenellä kyrsäsellä.

Katoi veikkoni hevonen
Tallista tasalaesta.
Laitoin lapset etsimähän,
Lapset poimi puolukoita;
Panin piiat etsimähän,
Piiat etsi pirran piitä;
Käskin rengit etsimähän,
Rengit re'en kaplaksia;
Menin itse etsimähän
Kolmen koirani keralla,
Viien villahäntäiseni.
Koirat sotki suota myöten,
Itse telkin tietä myöten,
Nousin suurelle kivelle,
Kuuntelime, kääntelime.
Kuulin kellon kilkahtavan
Paakkolan papukeolla,
Ollin ohranärttehellä.
Kävin kohti kelloani,
Löysin veikkoni hevosen,
Panin hevon suitsi suuhun,
Siitä nousin ratsahille,
Ajoin korskaten kotihin,
Karskatellen kartanolle.

204. Merkitty orit.

Syötin sykysyn oritta,
Talven taaton konkaria,
Lesin ohrat, pesin kaurat,
Survotin suvirukihit.
Läksi orot oikomahan,
Kauransyöjä karkomahan;
Miepä etsohon orihin,

Kujakkisen kuuntelohon,
Oron ohjat olkapäällä,
Varsan valjahat käessä.
Kuuntelin kunervikoissa,
Katselin kanarvikoissa.
Mikä merkki orissani?—
Otsassa otavan tähti,
Päässä päivän pyöryläinen,
Kaulassa heliä kello,
Kultakuppi lautasella,
Säkä taivasta tapaavi,
Häntä maata halkasevi.

Näin mä hiekalla hevosen,
Kellokaulan kankahalla:
"Kun lienet ison oronen,
Tahi taattoni hevonen,
Hirnu kerran kuullakseni,
Kaljahtele kauransyöjä;
Oio soimelle kotihin,
Heinille heliseville,
Kauroille kahiseville;
Rikkoos risuinen aita,
Ratko aita rautainenki,
Teräksinen temmo seiväs,
Vitsas vaskinen murenna."

205. Tuntematon veli.

Läksin piennä paimenehen,
Lassa lammasten keralle;
Ajoin lehmät suota myöten,
Lampahat palomäkeä,
Itse kangasta kaputin,

Tulin rannalle ojasen,
Täitä rannalla ojasen.
Rämähytin raitapuuta,
Tuolta poikanen putosi,
Solki suussa, vyö käessä.
Minä raukka itkemähän,
Poikanen kyselemähän
"Mitäs itket nuori neito?"

"Itkenpä minä jotai,
Itken pientä veikkoani;
En ole sitte silmin nähnyt,
Kun piennä sotahan lähti,
Isän polven korkunaissa,
Aitin värttinän pituissa."

"Elä itke veikkoasi,
Tuolta veikkosi tulevi,
Alta linnan airot souti
Päältä linnan pää näkyvi;
Tuopi uuet ummiskengät,
Sulkkuiset sukan sitehet,
Tuopi paian palttinaisen,
Tuopi toisen aivinaisen,
Jok' ei kutkuta kuvetta,
Eikä kaiva kainaloita."

Minä kurja kuulemahan,
Mie kavala katsomahan;
Veikko seisoi vieressäni,
Eessäni emosen lapsi.

206. Pakeneva.

Vihoillinen viurusilmä,
Pajupaula, niinikenkä,
Läksi maata ryöstämähän,
Hämettä hävittämähän,
Tappoi taaton, tappoi maammon,
Tappoi viisi veikkoani,
Kuusi kummini tytärtä,
Seitsemän setäni lasta,
Tahtoi tappoa minunki.

Minä pääsin tuvan päälle,
Tupani tulehen syttyi;
Minä aialle ajoime,
Aita kaatui kalliolle,
Kallio kaheksi lenti;
Minä kuusehen kuvahin,
Kuusi kuueksi muruksi,
Seitsemäksi seipähäksi;
Minä lehtohon levahin,
Lehto mulle sauan antoi,
Saua minun tielle saattoi,
Tie minun talohon saattoi.
Löysin muorit sotkemassa,
Emäntäiset leipomassa,
Tyttäret taputtamassa,
Pojat ilman istumassa.

"Emäntäinen armahainen!
Leivo mulle kakkarainen,
Kivensilmän kiekurainen,
Koivunlehen korkukkainen,
Pajunlehen paksukkainen,
Lepänlehen laajukkainen,
Kananmunan muovokkainen.
Kunp' on leivot kakkaraisen,
Kutsun kultakämmeneksi,

Sanon Saksan sormukseksi;
Kun et leivo kakkaraista,
Kutsun kuppeloperäksi,
Sanon halkohakkuriksi."

Emäntäinen armahainen
Leipoi mulle kakkaraisen;
Minne minä kakkarani?—
Kakkaran kalastajalle;
Mitä kalamies minulle?—
Kalamies kalasiansa.

Minne minä ne kalani?—
Riihimiehelle kalani;
Mitä riihimies minulle?—
Riihimies jyväsiänsä.

Minne minä ne jyväni?—
Potsolle minä jyväni;
Mitäpä minulle potso?—
Potso puolen kylkeänsä.

Minne minä potsonkylen?—
Minä kylen koiraselle;
Mitä koiranen minulle?—
Koira minulle oravan haukkui.

Minne'pä minä oravan?—
Oravan minä papille;
Mitäpä minulle pappi?—
Pappi minulle liinapaian.
Minne minä liinapaian?—
Minä paian paimenelle;
Mitä paimonen minulle?—
Paimen minulle kostjumalan.

Minne minä kostjumalan?
Kostjumalan kokkoselle;
Mitä kokkonen minulle?
Kokko minulle siipiänsä,
Siipiänsä, sulkiansa,
Kaksi kannusjalkoansa.
Minä lennin löyhyttelin
Yheksän meren ylitse,
Meren kahen kainalotse,
Kahen kaupungin lävitse,
Kuuen linnan kuuluvitse,
Niemelle nimettömälle,
Saarelle sanattomalle.

Siin' oli pikku huonehuinen,
Jonk' oli ovi osman luista,
Oviseinä orihin luista,
Sivuseinä sirkun luista,
Peräseinä petran luista,
Laki lahnan suomuloista.
Uuni oli vaskesta valettu,
Kiukoa meren kivistä,
Luaslauta lumpehista,
Patsas puista pähkinöistä.
Rahi oli rauasta rakettu,
Silta silkillä katettu,
Pöytä kullan kirjoiteltu,
Hopialla huoliteltu,
Onnen kukko pöyän päässä,
Joka lattian lakasi
Siniseksi siivillänsä,
Punaiseksi purstollansa.
Rikat kantoi Riian tyttö
Perille isänsä pellon,
Josta kuului kurjan ääni,
Herjan huuto huonehesen;

Jossa Maaria makasi,
Puhas piika piiletteli,
Tinarinta riuotteli.

IV. Lasten lauluja.

207. Anto ja saanti.

Etpä tieä, minkä löysin—
Löysin kultaisen munasen;
Etpä tieä, minne peitin—
Riihen päälle rikkasihin,
Saunan päälle päistärihin.
Kävin tuota katsomahan
Illalla tulen keralla,
Päistäret tulehen syttyi,
Minä pääsin aian päälle,
Aita kaatui kahen puolen;
Minä kupsin kuusosehen,
Kuusi kuueksi palaksi;
Minä kapsin kankahalle,
Kangas allani kajahti;
Minä lennin lehtomaalle,
Lehto sanasen minulle;
Minä sauan niittäjälle,
Niittäjä heiniä minulle;
Minä heinät lampahalle,
Lammas villoja minulle;
Minä villani akalle,
Akka minulle tahtahaista;
Minä tahtahan sialle,

Sika antoi sukasiansa;
Minä sukaset suutarille,
Suutar kenkäset minulle,
Minä kengät kelkkaselle,
Kelkka halkoja minulle;
Minä halot kiukoalle,
Kiukoa kiven minulle;
Minä kiveni merehen,
Meri suoloja minulle;
Minä suolat nuottueelle,
Nuottue kaloja minulle;
Minä kalat kattilahan,
Kattila rokkoa minulle;
Rokka ruotsiksi ropotti,
Kala kiehui karjalaksi.

208. Läkkilään lähtö.

Lähin lassa Läkkilähän,
Päätäni panettamahan,
Silkillä siottamahan;
Läkin koirat haukkumahan,
Minä aialle kavahin,
Aita allani mureni;
Minä lennin lepikköhön,
Lepikkö mereksi muuttui;
Minä korpehen ko'ime,
Korpi hiekaksi helähti;
Minä karsin kankahalle,
Kangas muuttui kallioksi—
Kurki kallion raossa.
Minä kuren suitsi suuhun,
Itse selkähän kurelle;
Ajoin kurella kotihin,

Löyhyttelin lämpösehen.
Panin kuren karsinahan,
Heitin kerran heinäsiä,
Toisen kerran hietasia,
Kolmannen kotavesiä.
Käskin Elliä esinnä
Lypsämähän kurkiani,
Ei Elli nisiä löynnyt;
Itse lypsin lyykyttelin,
Kannon maion kapsuttelin,
Panin patsahan nenähän,
Kultaisehen kipposehen.
Tuli hiiri hipsutellen,
Katin poika kapsutellen,
Kaatoi kiulun kimmin kammin,
Kulta kipposen kumohon.
Minä lyöä luskuttelin,
Katti orsille kavahti,
Orret kaikki lattialle,
Pitkin siltoa pärehet;
Kuului remu Riikolahan,
Tomu toisehen talohon,
Pömy suuri Pöksölähän.

209. Prokko tiellä propatinna.

Läkkän tästä Läkkölähän,
Proitin tästä Prokkolahan!—
Prokko tiellä propatinna,
Minä Prokon selkähäni,
Kannoin Prokon kartanolle;
Prokon lehmät ammomahan,
Prokon uuhet määkimähän,
Prokon hevot hirnumahan,

Prokon koirat haukkumahan,
Prokon kissat naukumahan,
Prokon lapset laulamahan,
Prokon naiset nauramahan,
Prokon akka itkemähän,
Härkä iski hännällänsä,
Vasikka vasarallansa,
Lammas kinnikonnillansa,
Västäräkki säärellänsä,
Tianen kannuksellansa.
Minä pääsin päistärihin,
Päistäret tulehen syttyi;
Minä pääsin aian alle,
Aita mulle päälle kaatui j. n. e. [41]

210. Tuomittu katti.

Etpä tieä, minkä löysin—
Löysinpä mie pienen linnun,
Pienen linnun manninkisen,
Josta keitin vellinkisen.
Tuli katti kaupungista,
Viirusilmä Wiipurista;
Lakki vellin lapsinensa,
Söi vellin perehinensä.
Minä kattia ajohon,
Ajon katin kaupunkihin,
Viirusilmän Wiipurihin;
Tuolla katti tuomittihin,
Viirusilmä vietettihin,
Saarvaan saikkaan,
Lynkään leppään,
Kuivaan kuuseen,
Koveraan koukkuun,

Märkään mäntyyn,
Laikkapäähän petäjään.

211. Takoi seppä viikatteita.

Menin minä seppälähän,
Takoi seppä viikatteita;
Mitä niillä viikatteilla?—
Heiniä niittää.
Mitä niillä heinillä?—
Lampahien syöä.
Mitä niillä lampahilla?—
Villoja keritä.
Mitä niillä villoilla?—
Lankoja keträtä.
Mitä niillä langoilla?—
Sarkoja kutoa.
Mitä niillä saroilla?—
Lapsille takkia.
Mitä niillä lapsilla?—
Lastuja kantaa.
Mitä niillä lastuilla?—
Kukkoja paistaa.
Mitä niillä kukoilla?—
Herrojen syöä.
Mitä niillä herroilla?—
Keräjiä käyttämähän,
Oikeutta ottamahan.

212. Kolkkaa kotaa.

Kolkkaa kotaa,
Anna akka pataa;
Mitä sillä paalla?—
Papille huttua.
Mitä sillä papilla?—
Lasta ristimään.
Mitä sillä lapsella?—
Lastuja poimimaan.
Mitä niillä lastuilla?—
Saunaa lämmitä.
Mitä sillä saunalla?—
Maltahia tehä.
Mitä niillä maltailla?—
Olutta panna.
Mitä sillä oluella?—
Häitä juoa.
Mitä niillä häillä?—
Miniätä tuoa.
Mitä sillä miniällä?—
Riihessä rimuamahan,
Saunassa samoamahan,
Kivenpuussa kiikkumahan,
Lapakossa laulamahan.

213. Kenen tämä pelto?

Kenen tämä pelto?—
Peiposen pelto.
Millä tätä muokatahan?—
Kirvehellä muokatahan.
Missä kirves?—Kannon päässä.
Missä kanto?—Karhu kiskoi.
Missä karhu?—Nurmen juoksi.
Missä nurmi?—Neiti niitti.

Missä neiti?—Lippahassa.
Missä lipas?—Kosken alla.
Missä koski?—Koira lakki.
Missä koira?—Käärme pisti.
Missä käärme?—Kokko noukki.
Missä kokko?—Taivosessa.
Millä sieltä saatanehe?—
Saarapäillä saavasilla,
Kirjavilla kiirasilla.

214. Ken söi kesävoin?

Ken söi kesävoin?—
Kissa söi kesävoin.
Missä kissa?—Aitan alla.
Missä aitta?—Maahan kaatui.
Missä maa?—Vetehen vieri.
Missä vesi?—Härkä särpi.
Missä härkä?—Niityllä.
Missä niitty?—Viikate vilahti.
Missä viikate?—Kannon päässä.
Missä kanto?—Toukka kaivoi.
Missä toukka?—Kukko nokki.
Missä kukko?—Kuusosessa.
Missä kuusi?—Kirves kaatoi.
Missä kirves? Seinän alla.
Millä sieltä saatanehe?—
Haapaisilla halkosilla,
Korennoilla koivuisilla.

215. Kirkon teko.

Mikä tuoalla näkyvi?—
Talo tuoalla näkyvi.
Mikä tuon talon takana?—
Lampi tuon talon takana.
Mikä lammin laitasella?—
Vene lammin laitasella.
Mikä venehen sisässä?—
Kätkyt venehen sisässä.
Mikä kätkyen sisässä?—
Hursti kätkyen sisässä.
Mikä hurstin hulpilossa?—
Veikko hurstin hulpilossa.
Mikä veikon olkapäällä?—
Kirves veikon olkapäällä.
Mikä kirvehen kasassa?—
Lastu kirvehen kasassa.
Minne lastu singahtavi,
Sinne kirkko tehtänehe,
Sinisillä siltasilla,
Punaisilla portahilla.
Kenpä kirkkosen tekevi?—
Vieras kirkkosen tekevi.
Kenpä kirkon kirjottavi?—
Vieras kirkon kirjottavi.
Kenpä patsahat panevi?—
Vieras patsahat panevi.
Kenpä ikkunat tekevi?—
Iso ikkunat tekevi.
Kenpä penkit vestelevi?—
Veikko penkit vestelevi.
Kenpä lattiat lakovi?
Emo lattiat lakovi.
Kenpä sillat siivoavi?
Sisko sillat siivoavi.

216. Neiti verkossa.

Läksin aivan aikaisehen,
Aivan aika huomenessa,
Astuin tietä tengollista,
Maata maksankarvallista,
Ostetuille otramaille,
Kaupituille kauramaille,
Saoin markoin maksetuille.
Tuhansin lunastetuille.
Katselime, kääntelime,
Pitimmällä pientarella,
Kaijimmalla kappaleella.
Loin silmäni luotehelle,
Käännin päätä päivän alle,
Keksin mustaisen orosen,
Rauankarvaisen hevosen,
Suolla soikerrehtamassa,
Palolla papertamassa.
Kiskoin hännän, raastoin harjan,
Veinp' on veiolle kätehen:
"Laai veio verkko tästä,
Seän poika seitsonenki!"

Laati veio verkon siitä,
Seän poika seitsosenki.

"Vie'pä verkkosi vetehen,
Satasilmä salmen suuhun!"

Veip' on verkkonsa vetehen,
Satasilmän salmen suuhun.

Läksi veio verkoillehen,
Seän poika seitsollehen;

Mi on veion verkkosessa?—
Veion verkoss' ei mitänä.
Mi minulla verkossani?—
Minulla sininen sotka.
Mipä sotkan siiven alla?—
Silkki sotkan siiven alla.
Mi on silkkisen sisässä?—
Hursti silkkisen sisässä.
Mi on hurstin hulpikossa?—
Hurja hurstin hulpikossa.
Mi on hurjan kämmenellä?—
Helmi hurjan kämmenellä.
Mi on helmen loukkosessa?—
Lipas helmen loukkosessa.
Mi on lippahan sisässä?—
Neiti lippahan sisässä;
Viitisekse, vaatisekse,
Kultapantoihin kukikse,
Seän pojan puolisoksi,
Veion vieriskumppaliksi.

217. Kojo ja Anni.

Ken se Kolkkosen kolisti?—
Kojo Kolkkosen kolisti:
"Annas Kolkko Anniasi!"

"Miksi sinulle Anniani?"—
"Kojonpojan puolisoksi."

"Mull' on musta Annikkini."—
"Kyllä muila muitsii,
Pelonainen pesee,
Kesävesi valkasee,

Rumentsainen rusottaa,
Suuri nyplä somentaa,
Pieni nyplä parantaa;
Vieres mutso rekeen!"

Vieri mutso rekeen;
Reki vieri, tie mureni,
Jalas patvi paukoaa,
Vemmel tuomi tutajaa,
Rengas vaski vavahtaa,
Rahis rauta ratsajaa.

Ken kirjakorjassa?—
Anni kirjakorjassa.
Ken heittohiemoissa?—
Anni heittohiemoissa.
Ken kumasniekassa?—
Anni kumasniekassa.
Ken sulkkusorokoissa?—
Anni sulkkusorokoissa.
Ken kultakoltuskoissa?—
Anni kultakoltuskoissa.
Ken suurissa paikoissa?—
Anni suurissa paikoissa.
Ken ruskeissa kengissä?—
Anni ruskeissa kengissä.
Ken sulkkukostoissa?—
Anni sulkkukostoissa.

Ken palttinapaiassa?—
Kojo palttinapaiassa'
Ken kumatsukainalossa?—
Kojo kumatsukainalossa.
Ken majavapuuhkassa?—
Kojo majavapuuhkassa.
Ken sulkkukussakassa?—

Kojo sulkkukussakassa?
Ken ohjilla ajaa?—
Kojo ohjilla ajaa.
Kenen mäkeen mennään?—
Kojon mäkeen mennään.
Kenen törmään nostaan?—
Kojan törmään nostaan.
Kenen peltojen peritse?—
Kojon peltojen peritse.
Kenen tanhuan taatse?—
Kojon tanhuan taatse.
Kenen ikkunan alatse?—
Kojon ikkunan alatse.
Ken vastaan tulee?—
Akka vastaan tulee.
Ken korjasta nousee?—
Anni korjasta nousee.
Ken tupaan lähtee?—
Anni tupaan lähtee.
Ken oven aukasee?—
Kojo oven aukasee.
Mitä noille syötäväksi?—
Munavoita syötäväksi.
Mitä noille juotavaksi?—
Rieskamaito juotavaksi.
Mihen noita maata?—
Ukon uuteen aittaan.
Mitä noille vuoteeksi?—
Puuhkovia perinöitä,
Sulkkuisia potuskoita,
Liissovia lakanoita,
Kankaisia katuhkoita.

218. Oi ukko uikari!

Oi ukko uikari,
Pää paljas paikari!
Muistatko muinaisen,
Tajuatko taannoisen,
Kun kihlan iskimmä,
Oukkulan ovilla,
Koukkulan konnulla,
Suurima-saaressa,
Nesterin niemessä,
Pesterin pirtissä,
Takavaaran taipalessa?

219. Min rastas raataa.

Min rastas raataa,
Sen pyyhyt pyytää,
Onneton ottaa,
Vaivainen varastaa,
Lapiolle laittaa,
Telikälle työntää,
Oven alla peittää,
Vastalla kattaa.

Talonpoika takoo,
Keihäitä keittää,
Poika naittaa,
Tyttöjä työntää,
Savisissa saappahissa,
Kirjavissa kintahissa.

Meren römä rönkyy,
Tuulonen tuulee,
Kuningas kuulee,
Viieltä virstalta,

Kuuelta kulmalta,
Seitsemältä selkoselta,
Kaheksalta kankahalta.

220. Ken Teron tietää?

Ken Teron tietää?—
Mie Teron tieän:
Tero pikku pirttisessä,
Matalaisessa majassa,
Petäjäisessä pesässä,
Honkaisessa huonehessa;
Rokka Tuomahan tuvassa,
Kaali Kaian kammarissa,
Sakian savun seassa,
Olkisen oven takana.

221. Piilehtijä.

Kitkat, katkat, pitkät matkat,
Sinä ja minä ja Hentun Liisa,
Puntun Paavo ja Juortanan Jussi,
Kapakka Lassi ja Myllärin Matti,
Ympäri tuvan minua etsittiin;
Ei minua löyttykänä—
Mie vaan pankolla makasin.

222. Oli ennen ukko, akka.

Oli ennen ukko, akka,
Oli kirjava kananen,
Muni kirjavan munasen,
Muna vieri hiiloksehen,
Hiilet lenti lattialle,
Lattia lakehen nousi,
Kiukoa kivinen hyppi,
Pankko paasinen pamasi.
Ukko, akka itkemähän,
Kananen kakahtamahan,
Harakat hatsahtamahan,
Kynnykset kykertämähän,
Veräjäiset vieremähän,
Aitaset alenemahan,
Seipähät lotajamahan,
Musta lehmä ammomahan,
Muu karja murehtimahan.
Varikselta varvas poikki,
Harakalta häntä halki;
Juoksi pappilan joelle.
Papin piiat sotkuillansa:—
"Mitä hatsahat harakka,
Kuta kurja juoksentelet?"

"Sitä hatsahan harakka,
Sitä kurja juoksentelen,
Tulin saamahan sanoa;
Kunpa teki tietäisittä,
Korentonne katkoisitta,
Korvonne murentaisitta,
Kartut käästä nakkaisitta,
Sotkut jäälle jättäisittä."

Piiat pirttihin tulevat
Papin leipä liettehessä,
Papin lapset lattialla,

Papin akka pöyän alla,
Itse pappi parratonna,
Takki halki hartioista,
Puksut poikki polviloista,
Paitaki pahoin revitty.

223. Paimenen hätä.

Turu, turu tulkoon,
Kotiväki kuulkoon!
Jo on rosvot karjassani.
Joros katoi karjastani,
Karjakoira hirtettiin,
Musta härkä tapettiin,
Paimen parka tuomittiin.

224. Ellin velli.

Elli keitti vellii
Omalla kapustallansa,
Omist' otrajauhoistansa;
Velli kaatui karsinahan,
Ellin lapset lakkimahan,
Elli itse itkemähän,
Muu pere murajamahan.

225. Tuomisia.

Iso läksi Tuuterihin,
Veikko vieri Wiipurihin;
Tule iso Tuuterista,
Viere veikko Wiipurista,
Tuo pojalle puolahattu,
Tyttärelle tyynyverka,
Emännälle koppakengät,
Isännälle uusi turkki!
Mitäpä iso minulle?—
Minulle samettimyssy.
Mitä minulle veikkoseni?—
Veikkoni koriat kengät,
Tahi uusi verkatakki.

226. Tule ämmä Tuuterista!

Tule ämmä Tuuterista,
Kaala Karjalan hovista;
Tuo munanen tullessasi,
Keitä keltainen munanen,
Keltaisessa kattilassa,
Keltaisen tulen kes'ellä.

227. Kääpönen, kääpönen.

Kääpönen, kääpönen
Käpälillä kukkuu,
Neitonen, neitonen
Ihalalla itkee,
Toivonen, toivonen
Toisessa talossa,

Maammonen jyttynäinen,
Matuskaksi puuttunainen,
Heinillä herskuu,
Nurmella nurskuu,
Tinapotsalkoissa,
Sulkkusorokoissa,
Pellavasrätsinöissä.

228. Yksi on akalla poika.

Yksi on akalla poika,
Ainoa akalla poika,
Yks' on sillä silmä päässä.
Ampui peiposet pihalta,
Rastahaiset rauniolta;
Ampui vuoen, ampui toisen,
Jopa kohta kolmannella
Kaikki korjasi kokohon,
Kaikki tunkevi tulehen.
Lietsoi päivän, lietsoi toisen,
Lietsoi kohta kolmannenki;
Tuli tuhkia läjänen,
Paljo kuivia poroja.

229. Vanhan ammunta.

Mies vanha variksen ampui,
Tiesi tetren saanehensa,
Koppelon kopannehensa,
Vesilinnun vienehensä;
Tetret puissa tervehenä,

Koppelot kovin hyvänä,
Vesilinnut liikkumatta,
Sorsaset sukeltamatta.

230. Nukka kaunis karkaele!

Hyppää hyvänen nukka,
Nukka kaunis karkaele!
Miks' et nukka eilen tullut;
Eilen oli iloinen ilta—
Oli viinat, oli oluet,
Oli kalat kaikenlaiset;
Viinat virtana vilasi,
Oluet ojana juoksi.
Kellen nukka heitettihin?—
Kerttu kurjan kulkun päälle,
Anni hampsun hartehille.

231. Sinun sikoja, minun sikoja.

Sinun sikoja, minun sikoja,
Syötetyitä, juotetuita,
Syötetyt minun sikani,
Lestyn leivän, kauran kanssa.
Se sika, jok' on sinulla,
Teki paljo porsahia,
Enemmän emäsikoja.
Kylk' oil kuutta kyynäreä,
Selkä seitsentä sasenta,
Saparo satoa syitä.
Kylki maksoi kymmeniä,

Selkä seitsemän satoa,
Saparosta sai tuhannen.

232. Hus sika metsään!

Hus sika metsään!
Mitä sika metsässä?
Tuomahan marjoja
Punaisella pussilla,
Sinisellä silkillä,
Korialla kontilla,
Vaskisella va'illa,
Kultaisella kuppisella,
Maalatulla maljasella.

233. Ruotsin kieltä.

Hyykä perju, juupa taalar
Härät tarissaa, miki haakar,
Konkommu lilla syötävän!
Viska tanssaa suullen hyppijän.
Konkommi lilla tokka!
Viska tanssaako hoppaa.

234. Olin ennen onnimanni.

Olin ennen onnimanni,
Onnimannista matikka,
Matikasta maitopyörä,

Maitopyörästä pytikkä,
Pytikästä pöytäristi,
Pöytärististä ripukka,
Ripukasta rintasolki,
Rintasolesta sopukka,
Sopukasta Suomen kirkko,
Suomen kirkosta kipinä,
Kipinästä kirjanmerkki,
Kirjanmerkistä meteli,
Metelistä meiän herra,
Meiän herrasta hevukka,
Hevukasta heinäkelkka,
Heinäkelkasta kekäle,
Kekäleestä kenkiraaja,
Kenkiraajasta rapukka,
Rapukasta raianhaara,
Raianhaarasta harakka,
Harakasta hangonvarsi,
Hangonvarresta vatikka,
Vatikasta vallismanni,
Vallismannista matikka,
Matikasta maitopyörä,
Maitopyörästä pytikkä,
Pytikästä j. n. e. (vaikka loppumattomaan).

235. Hyi, hyi Hymylään.

Hyi, hyi Hymylään!
Hymylän koirat haukkumaan.
"Käykäi lapset katsomaan,
Mitä Halli haukkuu,
Luppakorva lupsottaa."
"Tuota Halli haukkuu,
Luppakorva lupsottaa:

Tulee tuolta Tolvasen repukka
Räkihinsä rääkistynnä,
Likoihinsa liikistynnä,
Paho'insa paakistunna;
   Kapusta korjana,
   Hiiri hevosena,
   Kissa kyytijänä,
   Petkel ruoskana."

Tuli tuo Tolvanen tupahan,
Leivät lietehen akalta,
Lapionsa lattialle;
Akka halko-orsille,
Vellivati käessä,
Vetelä velli Tolvasen silmille:
"Voi, voi, missä minä peseme!"—
"Pesete tervakaukalossa!"

Pesihen tervakaukalossa:
"Joko pääsin puhtahaksi?"—

"Oh, oh, ei väheäkään;
Pesete vielä toinen kerta!"

Pesihen sitte toisen kerran:
'Jokohan nyt välttänee?"—
"Jo nyt vähän välttänee."

"Missä saisin pyyhkiäme?"—
"Mene ruumenhinkalohon;
Siellä saat sa pyyhkiäte."

Meni ruumenhinkalohon,
Alkoi siellä pyyhkiähen:
"Joko han nyt välttänee?"

"Oh, oh, ei väheäkään;
Mene höyhenhinkalohon!"

Meni höyhenhinkalohon,
Alkoi siellä pyyhkiähen:
"Jokohan nyt välttänee?"

"Jo nyt vähän välttänee;
Mitä kuuluu vieraalle?"

"Ei mitänä erittäin;
Arvuutuksilla voitetiin.
Paljo olen käynynnä,
Pitkin kyliä kysellyt,
Pitkin teitä tieustellut,
Enkö saisi vastausta;
Jo on nälkäki vähäsen,
Saisinko mitä syöäkseni?"

"Tuoll' on koan orrella
Vanha kissan häntä,
Hiiret hiukan kalunnehet,
Siin' on sinulla syöäksesi;
Taetvettä tanhualla,
Siin' on juomista sinulle."

236. Meni akka metsään.

Meni akka metsään,
Pukki tuli vastaan:
"Mene pukki kotiin!"—
Ei pukki mennytkään.

Meni akka metsään,
Tukki tuli vastaan:
"Lyö'pä tukki pukkii!—
Pukki ei mene kotiin."
Eipä tukki lyönytkään.

Meni akka metsään,
Tuli tuli vastaan
"Polta tuli tukki!—
Tukki ei lyö pukkii,
Pukki ei mene kotiin."—
Ei tuli polttanutkaan.

Meni akka metsään,
Vesi tuli vastaan:
"Sammuta vesi tuli!—
Tuli ei polta tukkii,
Tukki ei lyö pukkii,
Pukki ei mene kotiin."—
Ei vesi sammuttanutkaan.

Meni akka metsään,
Härkä tuli vastaan:
"Juo'pa härkä vesi!—
Vesi ei sammuta tulta,
Tuli ei polta tukkii,
Tukki ei lyö pukkii,
Pukki ei mene kotiin."—
Eipä härkä juonutkaan.

Meni akka metsään,
Nuora tuli vastaan:
"Lyö'pä nuora härkää!—
Härkä ei juo vettä,
Vesi ei sammuta tulta,
Tuli ei polta tukkii,

Tukki ei lyö pukkii,
Pukki ei mene kotiin."—
Eipä nuora lyönytkään.

Meni akka metsään,
Hiiri tuli vastaan:
"Pure hiiri nuora!—
Nuora ei lyö härkää,
Härkä ei juo vettä,
Vesi ei sammuta tulta,
Tuli ei polta tukkii,
Tukki ei lyö pukkii,
Pukki ei mene kotiin."—
Eipä hiiri purrutkaan.

Meni akka metsään,
Kissa tuli vastaan:
"Syö'pä kissa hiiri!—
Hiiri ei pure nuoraa,
Nuora ei lyö härkää,
Härkä ei juo vettä j. n. e."
Eipä kissa syönytkään.

Meni akka metsään,
Repo tuli vastaan:
"Syö'pä repo kissa!
Kissa ei syö hiirtä,
Hiiri ei pure nuoraa,
Nuora ei lyö härkää j. n. e."
Eipä repo syönytkään.

Meni akka metsään,
Koira tuli vastaan
"Tapa koira repo!—
Repo ei syö kissaa,
Kissa ei syö hiirtä,

Hiiri ei pure nuoraa j. n. e."
Eipä koira tappanutkaan.

Meni akka metsään,
Susi tuli vastaan:
"Syö'pä susi koira!—
Koira ei tapa repoo,
Repo ei syö kissaa,
Kissa ei syö hiirtä j. n. e."
Eipä susi syönytkään.

Meni akka metsään,
Karhu tuli vastaan:
"Tapa karhu susi!—
Susi ei syö koiraa,
Koira ei tapa repoo,
Repo ei syö kissaa,
Kissa ei syö hiirtä,
Hiiri ei pure nuoraa,
Nuora ei lyö härkää,
Härkä ei juo vettä,
Vesi ei sammuta tulta,
Tuli ei polta tukkii,
Tukki ei lyö pukkii,
Pukki ei mene kotiin."
    Siitä:
Karhu tappamaan sutta,
Susi syömään koiraa,
Koira tappamaan repoo,
Repo syömään kissaa,
Kissa syömään hiirtä,
Hiiri puremaan nuoraa,
Nuora lyömään härkää,
Härkä juomaan vettä,
Vesi sammuttamaan tulta,
Tuli polttamaan tukkii,

Tukki lyömään pukkii,
Pukki juoksemaan kotiin.
Sillä sai akka pukkinsa kotiin.

237. Palvelin minä rikasta miestä.

Palvelin minä rikasta miestä,
Rikasta miestä ja viisasta,
Sain minä kukon palkastani;
Kukko sanoi kukkuluuraa.
Palvelin minä rikasta miestä,
Rikasta miestä ja viisasta,
Sain minä kanan palkastani;
Kai minun kanani,
Kukko sanoi kukkuluuraa.

Palvelin minä rikasta miestä,
Rikasta miestä ja viisasta,
Sain minä kissan palkastani;
Nau minun kissani,
   Kai minun kanani,
Kukko sanoi kukkuluuraa.

Palvelin minä rikasta miestä,
Rikasta miestä ja viisasta,
Sain minä koiran palkastani;
   Hau minun koirani,
   Nau minun kissani,
   Kai minun kanani,
Kukko sanoi kukkuluuraa.

Palvelin minä rikasta miestä,
Rikasta miestä ja viisasta,
Sain minä sian palkastani;

Röh minun sikani,
Hau minun koirani,
Nau minun kissani,
Kai minun kanani,
Kukko sanoi kukkuluuraa.

Palvelin minä rikasta miestä,
Rikasta miestä ja viisasta,
Sain minä uuhen palkastani;
  Mää minun uuheni,
  Röh minun sikani,
  Hau minun koirani,
  Nau minun kissani,
  Kai minun kanan,
Kukko sanoi kulclculuuraa.

Palvelin minä rikasta miestä,
Rikasta miestä ja viisasta,
Sain minä vuohen palkastani;
  Myy minun vuohen,
  Mää minun uuheni,
  Röh minun sikani,
  Hau minun koirani,
  Nau minun kissani,
  Kai minun kanani,
Kukko sanoi kukkuluuraa.

Palvelin minä rikasta miestä,
Rikasta miestä ja viisasta,
Sain minä lehmän palkastani;
  Muu minun lehmäni,
  Myy minun vuohen,
  Mää minun uuheni,
  Röh minun sikani,
  Hau minun koirani,
  Nau minun kissani,

Kai minun kanan,
Kukko sanoi kukkuluuraa.

Palvelin minä rikasta miestä,
Rikasta miestä ja viisasta,
Sain minä härän palkastani;
Möö minun härkäni,
Muu minun lehmäni,
Myy minun vuoheni,
Mää minun uuheni,
Röh minun sikani,
Hau minun koirani,
Nau minua kissani,
Kai minun kanani,
Kukko sanoi kukkuluuraa.

Palvelin minä rikasta miestä,
Rikasta miestä ja viisasta,
Sain minä oriin palkastani;
Ju minun oriini,
Möö minun härkäni,
Muu minun lehmän,
Myy minun vuohen,
Nää minun uuheni,
Röh minun sikani,
Hau minun koirani,
Nau minun kissani,
Kai minun kanani,
Kukko sanoi kukkuluuraa.

238. Luojan kukku.

Luojan kukku, kultahelkka!
Kuku mulle kultiasi,

Kuku mulle, kuku muille,
Kuku kaikelle kylälle;
Kuku kultia kujille,
Hopehia tanhuille,
Vaskia vajojen päihin,
Tien vierihin tinoja.
Luojan kukku, kultahelkka!
Kuku vielä kerta, toinen;
Kuku meiän kuulijoita,
Laita meiän laulajoita,
Kuulijat kukalle kullan,
Laulajat lehelle lemmen,
Mie itse remorekehen,
Virret väkkärän väkehen.

TOINEN KIRJA.

Viel' on virttää tieossani,
Saatavillani sanoja,
Virttä toista tuulet tuopi,
Aallot rannalle ajavi,
Linnut liittävi sanoja,
Puien latvat lausehia.

Erityisiä Lauluja.

I. Tyttöin lauluja.

1. Kuluu ikä laulamattaki.

Noin sanoi minun emoni,
Varotteli vanhempani:
"Elä lapsi paljo laula,
Tytär tyhjiä sanele;
Ikä kultainen kuluvi,
Aika armas rientelevi,
Sinun lapsen lauluissasi,
Kurjan kukkumaisissasi."
Vaan ellös emoni surko,
Valitelko vanhempani,

Iän kultaisen kulusta,
Armahan ali menosta,
Minun lapsen lauluissani,
Pienen pilpatuksissani!—
Ikä kuitenki kuluvi,
Aika armas rientelevi,
Jos en laula polvenani,
Hyrehi sinä ikänä;
Aika kultainen kuluvi,
Päivä kaunis karkelevi,
Ilman lintujen ilosta,
Varvuisten visertämistä.

2. Ei laulu kosista kiellä.

Noin ne muutamat sanovat,
Moniahat arvelevat:—
"Elä neito paljo naura,
Paljo naura, kilvoin laula;
Ei sinua kilvoin naia,
Ei kilvoin vihille vieä,
Josk' on kilvoin kihlattaisi,
Kilvoin käytäisi kosissa.
Olet lapsi laulamatta,
Tytär tyhjittä sanoitta,
Niin saat saksan varrellesi,
Verkanutun vierehesi;
Kolmin käyähän kosissa,
Nelin neittä pyytämässä,
Pohatoille puolisoksi,
Rikkahille reen perähän."
Vaan elkää, hyvät imeiset,
Tuota ouoksi otelko,
Jos ma laulan laiha lapsi,

Tytär tyhjä vierettelen;
Lauloipa isoki ennen,
Vieretteli veistoksilta,
Lauloi armahin emoni,
Värttinältä väännätteli,
Lauloi sisko, lauloi veikko,
Lauloi vielä veikon lapsi.
Ei laulu kosista kiellä,
Kun ei muut pahat tapani,
Laiskuuteni, laihuuteni,
Ja kaikki kataluuteni.
Ja jos en laula polvenani,
Kuulu kullan valkiana;
Ikä kuitenki kuluvi,
Kasvo kaunis lankiavi,
Muoto muualle menevi,
Koko varsi vanhenevi.

3. Laulan voiessani.

Laulan ehkä voiessani,
Keikun kehtaellessani;
Ehk' en toiste voine'kana,
En toiste kehanne'kana,
Kun tulen ison ijille,
Emon varrelle vajenen,
Nousen ohkaen olilta,
Kättä pieksäen pehuilta,
Voivotellen vuotehelta—
Kun tulen tutisevaksi,
Saame sanan kantajaksi,
Penkin pään pitelijäksi,
Joka nurkan nuohkijaksi.

4. Meistä kasvavi kananen.

Kukkuome me käköset,
Laulaome me latoset,
Kun yhen emosen lapset,
Yhen hanhen hautelemat,
Yhen sorsan suorittamat,
Yhen peiposen pesemät.

Kukkuome me käköset,
Laulaome me latoset;
Meist' on hanhi hautumassa,
Meistä joutsen joutumassa,
Sorsanen sorenemassa,
Vesilintu vertymässä.

Kukkuome me käköset,
Laulaome me latoset;
Meistä kasvavi kananen,
Ylenee ylen hyvänen,
Monen miehen mielitietty,
Yhen miehen varren vasta.

Kukkuome me käköset,
Laulaome me latoset;
Orahall' on onnen touot,
Ripsellä Kalevan riistat,
Ohrat päätä ottamassa,
Pavut pienellä palolla.

Kukkuome me käköset
Laulaome me latoset;
Isoni luvan lupasi
Seitsemäksi vuotoseksi,

Suntak-iltaset ilota,
Päivänlaskut lallatella.

5. Mitä me tytöt suremma.

Olkame tytöt yhessä,
Rinnatuusten rinkilöissä,
Laulakame laatusasti,
Vetäkäme vienosesti!
Mitä me tytöt suremma,
Kuta hullut huutelemma?
Ei meitä veroista vieä,
Ei oteta maanotoista;
Vasket vieähän veroista,
Oravaiset maanotoista.

Olkame tytöt yhessä,
Rinnatusten rinkilöissä,
Laulakame laatusasti,
Tanssikame taitavasti;
Tuota kaunot katselevi,
Tuota kullat kuuntelevi,
Ulkona oven takana,
Hatut kaikki kainalossa—
Ei tohi tupahan tulla,
Saaha salvoshuonehesen,
Tuostapa ämmät äkkäjäisi,
Koukkuleuat kokkajaisi.

6. Tässä tanssivi tasaiset.

Tässä tanssivi tasaiset,
Sekä lystit lyyräjävät,
Valitulla varrellansa,
Muhkialla muovollansa;
Meille on luoja varren luonut,
Jumala kuvan kuvannut,
Luoja luonut luokin varren,
Herra muovon muovaellut.
Tässä tanssivi tasaiset,
Sekä lystit lyyräjävät,
Varsiansa notkistavat,
Jalkojansa taivuttavat,
Nuorten miesten mieltä myöten,
Sulhosten syäntä myöten;
Nuorten miesten miel' tekevi,
Sulhosten syän sytevi.

7. Mitä tuosta, jos ma laulan.

Mitä tuosta, jos ma laulan,
Tahi tuosta, jos ma tanssin,
Ei tuota kyty kysele,
Eikä appi arvaele,
Nato ei naisille sanele,
Anoppi kylän akoille;
Ky'yn kytken kynnykselle,
Naon naittelen kylälle,
Anopin susille syötän,
Apen karhuille apatan.

8. Hyvä sanoma emolle.

Enmä tänne tullutkana,
Tullutkana, saanutkana,
Nurkkihin nuhajamahan,
Soppihin sohajamahan;
Tulin ihmisten iloksi,
Nuoren rahvahan ratoksi.
Kiitos kaunosen Jumalan,
Sain yhen iloisen illan,
Remullisen juhlapäivän;
Enk' ole nurkissa nuhannut,
En sohannut soppiloissa,
Aina tanssin taitavasti,
Keikuin keskilattialla.
Kun tulen eroon kotihin,
Saap' emo hyvän sanoman,
Isoni iloisen mielen,
Tämän lapsen laulannasta.
Tanssinnasta, taiannasta,
Kun on lauloin laatusasti,
Tanssin aina taitavasti.

9. Mitä te pojat suretta.

Mitä te pojat suretta?—
Sitäkö pojat suretta,
Ett' on meillä pienet piiat,
Piiat pienet ja matalat?
Jos on pienet, niin on pystyt,
Jos matalat, kaksi maksoi;
Siinä pieni pisteleksen,
Kussa suuri käänteleksen.
Vielä meiän pienet piiat,
Ja nämät tytöt matalat,
Tuntevat tupansa pestä,

Rappusensa raivaella,
Sillat suuret siivoella,
Lattiat vesin valella.

Nyt me outona olemma
Ja kulemma kummempina,
Kun tulevi toinen vuosi,
Toinen vuosi ja parempi,
Omenina me olemma,
Ja kulemma kukkasina,
Matkustamma mansikkoina,
Vaellamma vaapukkoina—
Käymmä parvessa parasna,
Piikaparvessa pisinnä,
Valkeinna vaimoloissa,
Juoleinna joukkoloissa.

10. Hyvän eukon tytär.

Ei oo kuussa käskemistä,
Päivässä opettamista,
Ei neiessä neuomista,
Hyvän eukon tyttäressä.
Keikutellen keträpuita,
Kohotellen kuontaloita,
Keträtkäme rihma kierä,
Rihma kierä ja livahka,
Laskekame lanka lievä,
Lanka lievä ja lahia;
Viskatkame viipsinpuulle,
Napatkame naulan päälle,
Kanikame kangaspuihin,
Pielkäme pirranpuuta.
Sitte pirta piukkoavi,

Sukkulainen suikkoavi,
Kuuluvi kylähän kalske,
Pirran pirske naapurihin.
Akat tuosta arvelevat,
Kysyvät kyläiset naiset:
"Kuka kangasta kutovi?"
Emo varsin vastoavi:
"Oma kultani kutovi.
Herttaseni helskyttävi."—
"Laskiko lapoja kangas,
Päästikö pirta piitämiä?"—
"Ei laske lapoja kangas,
Eikä pirta piitämiä;
On kun Kuuttaren kutoma,
Päivättären ketreämä,
Otavattaren osaama,
Tähettären täyttelemä."

11. Hyvä lykky neitosilla.

Oluell' on onni kaunis,
Juoahan janoamatta,
Hyvä lykky neitosilla,
Naiahan käkeämättä,
Kun tutaan hyvä tulevan,
Keksitähän kelpoavan;
Kun nähä'än nästäriksi,
Tiejetähän tikkariksi,
Rihman laavun laittajaksi,
Kankahan kutelijaksi.

Mikäs meiän neitosien,
Mikäpäs tytön minunki;
Kun tunnen tuten eleä,

Sekä kasvan kaunihisti,
Kulkevi sana kylälle,
Tieto toisehen talohon,
Naivat sulhot naapurihin,
Ottavat omille maille,
Oman pellon pientarelle,
Ison ikkunain näylle.

Mikäs meiän neitosien,
Mikäs meiän neitosien,
Mikäpäs tytön minunki;
Jos ei naia naapurihin,
Tahi ei taammaksi tahota
Olen ilmanki ikäni,
Tyttönä ison tykönä;
Tiivi on tyttönä eleä,
Nätti olla neitosena,
Ei oo huolta huhmarelle,
Miehen vaattehen varua.

12. Kolme kaunisa.

Kaks' on kaunista kesällä:
Lehti puussa, ruoho maassa,
Minä kohta kolmantena,
Minä lehti liehumassa,
Minä kukka kuulumassa,
Minä heinä heilumassa.
Vaan en huoli, huoli'kana,
Hyvä heinä heilumahan,
Hyvä kukka kuulumahan.
Lemmenlehti liehumahan;
Ei pahat hyvästä tieä,
Ei katalat kaunihista,

Rupalötöt ruskiasta.
Pullosuut punaverestä.

13. Ei sovi Karjalan kihlat.

Ei ole kylässä tässä,
Ei tämän kylän sisässä,
Eipä vielä toisessana,
Kuulu kolmannessakana,
Sitä miestä meiän maalla,
Karjalassa kaunokaista,
Jonka sormukset sopisi,
Rintaristi kelpoaisi,
Sormihin tämän sorian,
Rintahan ripiän neien;
Minun on viejäni Wirossa,
Saajani Savon takana,
Kihlantuojani turussa,
Vetäjäni Wiipurissa.

14. Enmä huoli huitukoille.

Enmä huoli huitukoille,
Noille poikaruitukoille,
Nillikoille, nallikoille,
Noille naapurin nasoille,
Kun ei tulle tuonnempoa,
Ehtine etempeäki,
Yli kuuen kirkkokunnan,
Yli kappelin kaheksan;
Kun ei naine Narvan herrat,

Viene Wiipurin isännät,
Turun piiparit perine,
Savon saksat korjaelle.

15. Mie tahon tasaista miestä.

Enpä huoli haalikkainen,
Enmä huoli hutsukoista,
Noista poika rantsukoista,
Koirista kotikyläni,
Nallikoista naapurini;
Mie tahon tasaista miestä,
Tasaiselle varrelleni,
Miehen riskin rinnoilleni,
Kaunokaisen kannoilleni,
Vereväisen viereheni.
Jääpi vaan tystötä tästä,
Jopa jääpi, kun sanonki,
Monta sulhasta surulle,
Nuorta miestä mielalalle,
Koiteren koriat sulhot,
Tokrajärven tolloturvat,
Lylyvaaran lylleröiset,
Kirvesvaaran kiltit miehet,
Sonkajan pojat soriat.

16. Paremman miehen verta.

Ei täyvy tätä tytärtä
Pahoille rekipajuille,
Likaisille liistehille,

Miehen vaivaisen vaille,
Kereäjän keitoksille,
Joka saapi sauan kanssa,
Kereää kepin keralla.
Viel' ompi tytössä tässä,
Vielä tässä neitosessa,
Paremmanki miehen verta,
Kaunihimman varren kauppa,
Rikkahamman rinnallinen,
Verevämmän vierellinen,
Paremman talon miniä,
Koriamman korjan täysi,
Veteä verevän miehen,
Kuletella kunnollisen,
Suurihin salitupihin,
Kalittuihin kartanoihin.

17. Ei täyvy renkien rekehen.

Ei täyvy tätä tytärtä
Jonki joutavan sylihin,
Renki rehvanain rekehen,
Kasakkojen kainaloihin;
Vielä tälle tyttärelle,
Tälle kainulle kanalle,
Tulevi tuhannen ruuna,
Saan maksava satula,
Vemmel värjätty väjäävi,
Kirjakorja kijättävi.

Vielä tälle tyttärelle,
Tälle kainulle kanalle,
Kihlat kilpoa tulevat,
Helkkäen hyvät hopiat;

Tuoahan Turusta sormus,
Ristit Riian kaupungista.

Vielä tästä neitosesta,
Tästä kainusta kanasta,
Suku juopi suuren sarkan,
Suku sarkan, taatto tuopin,
Maammoni hopiamaljan,
Veikko kupin kultalaian,
Kaaso kannun kallistavi,
Heimo hempiän pikarin.

18. Kun tämä kana katovi.

Kukapa tässä kukkunevi,
Kenpä kielin laulanevi,
Tämän kunnahan kukuilla,
Tämän harjun hartehilla,

Kun tämä kana katovi,
Tämä hanhi hairahtavi,
Eksyvi emosen tuoma,
Punapuola poismenevi.

Kun tämä kana katovi,
Tämä hanhi hairahtavi;
Katoi luuta lattialta,
Huosia pesinpytystä,
Tuopin korvat tummenevat,
Pinttyvät pikarin laiat.

Kun tämä kana katovi,
Tämä lintu liikahtavi;
Niin tämä mäki menevi,

Tämä linna liikahtavi,
Sivuin tästä tiet tehä'än,
Alta rannan raivatahan.
Kun tämä kana katovi,
Tämä puola pois menevi—
Tahi kun kuolen kuulu piika,
Katonen kasarivaski;
Jääpi sulhoset surulle,
Miehet mielimurtehille,
Partasuut pahoille mielin,
Hattupäät halajamahan.

19. On kumpiaki.

Niin on noita poikasia,
Kun on mustia sikoja,
Talvitakku porsahia.
Niin on noita poikasia,
Kun on suolla sammakoita,
Alla virsun vinkujia.
Niin on noita neitosia,
Kun on maalla mansikoita,
Punakukkia keolla.
Niin on noita neitosia,
Kun on kaupungin kanoja,
Eli liinalintusia.

20. Erilainen kirkonkäynti.

Kuului kenkien kupina,
Kautokenkien kapina;

Tytöt kirkkohon tulevat,
Leimahtavat lehterille,
Rinnan auki riehkäsevät,
Kirjan sieltä kiskasevat,
Josta virren veisoavat,
Luvut kaunihit lukevat.

Kuului löttöjen löpinä,
Tuohikenkien tohina;
Pojat kirkkohon tulevat,
Kirkkomäellä melskoavat,
Viinapuolikon povella,
Olutkannun kainalossa;
Ei oo kirja mielessänsä,
Ei papin parahat saarnat,
Tytöt mielessä makaavi,
Syämissänsä sytevi.

21. En mene Matille.

Kuului hoitanta kujoilta,
Outo määjintä mäeltä;
Äiti sulhoksi älysi,
Katsoi kihlan kantajaksi,
Mateli mahoksi luuli,
Kuivalatar Kukkeriksi.
Kävi sitte katsomahan,
Katsomahan, kuulemahan,
Mikä määjintä mäellä,
Kumma hoitanta kujoilla;
Matti määjelti mäellä,
Penttinen petäiköllä.

Äiti neuoi ja varotti:
"Elä hylkeä hyveä!—
Ei hyvät hylyksi joua,
Kuluksi Jumalan kullat."—
"Elä vainen äiti rukka
Työnnytä tätä tytärtä,
Laita lastasi Matille,
Perustele Penttiselle;
En mene minä Matille,
En perehy Penttiselle—
Matala minä Matille,
Ylen pieni Penttiselle.
Ollille minä osaksi,
Parahiksi Paavoselle."

22. En mene minä pahoin.

En mene minä pahoin,
En käy tuhmihin tupihin,
Mene en mustille vesille,
Likarantoihin rakastu;
En perille pienen pirtin,
Sivu en suuresta talosta.
Suut' en anna sulhaselle,
Jok' on tuhma turvan kautta,
Kovin kaita leuan kautta
Harva kautta hampahien;
Ei ole kirkas kiiltotähti,
Ei koria huomenkoite.
Tuhmaksi on tuuviteltu,
Kaltoksi kapalo'ittu,
Tuhmalta tuuvittajalta,
Väärältä väsyttäjältä.
Kun tuli tupahan kerran,

Tuli kun tupakan katsku,
Maikoi kun malinan henki.
Parempi minun pysyä,
Armahampi aikaella,
Liepehellä liete'rannan,
Kalarannan kaitehella,
Kun sylissä tuhman sulhon,
Miehen kalton kainalossa.

23. Toivossaan pettynyt.

Kuului suolta ruoskan roiske,
Rannalta re'en ratina,
Aisan kalke kaivotieltä,
Revon hirnunta pihalta;
Toivoin tuttuni tulevan,
Kaunihini kalkuttavan,
Koriani kohti käyvän,
Armahaiseni ajavan,
Näätäreuhkasen näkyvän,
Revonpuuhkan purhottavan.
Eipä tuttu tullutkana,
Kaunoseni kalkuttanna,
Armahaiseni ajanna,
Koriani kohti käynnä,
Revonpuuhk' ei purhottanna,
Näätälakkinen näkynnä;
Tuo tulevi turkin nyplä,
Kerinkanta keipottavi—
Tuohinen kypäri päässä,
Petäjäinen paita päällä,
Housut honkaiset jalassa,
Puksut puiset lantehella.

24. Enmä huoli huitukoille.

En oo narri narratta'a,
Höyhenlintu höyhettä'ä,
Enkä houkka houkutella,
Mielipuoli mielitellä,
Heikko helmasta veteä.—
Onpa tässä neitosessa
Paremmanki miehen verta,
Killimmänki kinnastaja,
Paremmalle paian saaja,
Kenstimmälle ketreäjä,
Kuulusammalle kutoja;
Ei sinulle, tilkatuppi;
Tilkatuppi, talkatasku,
Kymmenpaikkainen kypäri,
Satapaikka saapukkainen.

Enmä huoli huitukoille,
Huitukoille, haitukoille,
Mie tahon tasaisen varren
Tasaiselle varrelleni,
Tahon muovon muhkiamman
Muhkioille muovoilleni,
Tahon kasvon kaunihimman
Kaunihille kasvoilleni.

25. Mitä sie kävelet surma.

Mitä sie kävelet surma,
Rannanraukuja ajelet,
Kylän tyttöjä kyselet,
Tinavöitä tieustelet?—

Suuru surtsi kormanossa,
Hieta helmoissa helisi,
Kunnottoman kukkarossa,
Lantittoman lakkarissa.
Mitä teit tämän kesosen,
Kuta raaoit talven kaiken,
Kun et tenkoa kerännyt,
Saanut raukkoa rahoa,
Täältä neittä naiaksesi,
Tuottoaksesi tytärtä?—
Kesät kentällä makasit,
Talvet taljavuotehella.
Etsi nyt puusta puolisoa,
Hae neittä haavikosta,
Tyttöä petäiköstä,
Männiköstä morsianta;
Elä meiän neitosista,
Talon kuulun kukkapäistä,
Tästä suuresta suvusta,
Laajasta lajiperästä.

26. Elä pyyllä neittä pyyä.

Elä pyyllä neittä pyyä,
Oravalla morsianta,
Eläkä vaskella valitse,
Tinaisilla tieustele!
Saat pyyllä pyhänpitäjän,
Oravalla oikullisen,
Vaskella valehtelijan,
Tinaisilla tienkävijän.
Kysy kullalla tytärtä,
Hopialla morsianta,
Sormuksilla suosittele,

Silkkinauhoilla sitele;
Kuulu kullalla kosivi,
Hopialla huolittavi,
Sormuksilla suosittavi,
Silkkihuivilla sitovi.

27. Kotien erotus.

Mistä tunsit tuhma tulla,
Oron kärsä tien osasit,
Tähän kuuluhun kotihin,
Kaunihisen kartanohon?—
Kun tulet tähän kotihin,
Pistätet pihan sisälle,
Pihall' on humalan pilpa,
Rasvan kartu kartanolla.
Kuinkas on sinun kotini,
Sinun kurjan kartanosi—
Kun kävin pihatse kerran,
Ajoin ikkunan alatse,
Näin mä tuon näkijättäki,
Tunsin Turjanki Lapitta,
Räystähät revon riaksi,
Aitat aiaskommetoksi,
Selin seisovan isännän,
Selin onnenki olevan:
Tup' oli kuuella tuella,
Seitsemällä seipähällä,
Kaheksalla kankimella.
Kun sisähän katsahime,
Vehkat vinkui kiukoalla,
Parkit orrella parisi,
Pöyällä pököttileipä,
Olkitamppu taikinassa.

28. Toista tänne toivottihin.

> Mistä tunsit tuhma tulla,
> Epäkelpo tien osasit,
> Minun kuuluhun kotihin,
> Pystyhyn ison piha'an?—
> Toista tänne toivottihin,
> Paremmaista palkottihin,
> Ei sinua, sian silmä,
> Sian silmä, koiran korva,
> Talvisen orihin otsa,
> Kevähisen lehmän leuka,
> Kesäisen karitsan kaula,
> Sykysyisen vuohen naama.
> Tulitko sikojen tietä,
> Politko porsasten poluista,
> Astuit lammasten latua,
> Vai kävit mäkeä myöten?—
> Sivute sioilla tiensä,
> Pihan poikki porsahilla,
> Laon ta'ate lampahilla,
> Tie mäeltä männikköhön.

29. Tie on tehty tuhman mennä.

> Mistä tiesit tervahiiri,
> Ojamykrä tien osasit,
> Luovon lohta ampumahan,
> Siikoa ihoamahan;
> Mistä tiesit, kusta tunsit,
> Kusta kuitenki älysit,
> Täällä neien kasvavaksi,
> Impyen yleneväksi?—

Kuulu isoni, kuulu emoni,
Minä vielä kuulusampi,
Kuulun kultana merelle,
Hopiana maille muille.
Enkä huoli huitukoista,
Noista poika puitukoista,
Kun ei tulle tuuhiammat,
Koriammat kohti käyne,
Näätäsaapukat näkyne,
Reporinnat reilottane;
Sivu menköhöt siatki,
Poikki pellon porsahatki,
Sivu on tehtu tie siolle,
Pellon poikki porsahille,
Tie ylätse, tie alatse,
Kahenpuolen kartanosta;
Tie on tehty tuhman tulla,
Sekä tulla, jotta mennä,
Ura käyä käypäläisen,
Astua kylänkysyjän.
Tytötkö sinunki saattoi,
Neiet neuoi muille teille?—
Ne ne näppivät syäntä,
Vievät mielen miesten päästä.

30. Monisulhollinen.

Mont' on sulhoa minulla,
Yks' on Yrtti, toinen Tortti,
Kolmas koito Paalikkainen,
Neljäs Nerkko niemen päässä,
Viies Winnyrin Tapani,
Kuues kainu Karjalainen,
Seitsemäs sepän Simana,

Kaheksas on Kaitaparta,
Yheksäsi Yrjä raukka,
Kylän vanhin kymmenesi;
Repo rukka reunimmainen,
Päivän-poika päällimmäinen,
Kirjavissa kintahissa,
Kaunehissa kauhtanoissa,
Vaipassa vanutetussa,
Ostetuissa saappahissa.
Kävi kerran, kun käviki,
Istui illan vieressäni,
Kyläkunnan kuulematta,
Emoni havatsematta,
Koko mies me'elle maikoi,
Sylinistunta simalle,
Kainalo kananmunille,
Vierus voille, vehnäisille.

31. Onpa tietty tietyssäni.

Onpa tietty tietyssäni,
Mesimarja mielessäni,
Lempilintu liitossani,
Sinisorsa suojassani,
Jok' on mieltynyt minuhun,
Minä mieltynyt hänehen;
Hänell' on ihanat silmät,
Minulla syän suloinen.
Ei hän heittänyt minua,
Eikä yksin jättänynnä;
Omaksens' on ottanunna,
Kullaksensa kutsununna,
Kaunoksensa katsonunna,
Valkiaksensa valinnut.

Niin minä hänessä riipun,
Sekä riipun, jotta kiikun,
Niinkun lintu lehtipuussa,
Kuusen oksalla orava.

32. En heitä kullaistani.

Pappi paljonki lupasi,
Enemmän papin emäntä,
Vuoen voita syöäkseni,
Toisen tuoresta kaloa—
Lupasi hyvät hamoset,
Ja parahat liinapaiat;
Käski kullan heittämähän,
Armahan unohtamahan,
Etten kuulis kuuna päänä,
Näkisi sinä ikänä.
Mutt' en heitä kullaistani,
Armahaistani unoha;
Ennen heitän herkkuruoat,
Paistit pappilan unohan,
Heitän kaunoset hamehet,
Ja parahat liinapaiat,
Ennenkun heitän herttaseni,
Armahastani eroun,
Kesän kestyteltyäni,
Talven taivuteltuani.

33. Muien musta, minun hyvänen.

Moniki pohatan poika
Kovin on koiltahan kopia,
Suvultansa sangen suuri;
Sinä köyhä poika rukka
Et oo koiltasi kopia,
Suvultasi aivan suuri.
Moni sun mustaksi sanovi,
Tervaskannoksi tekevi,
Pahaksi panettelevi,
Tuhmemmaksi tunnustavi;
Voit sa olla muien musta,
Minun kaunis ja hyvänen,
Minun mielestä metonen,
Voisirunen silmästäni.

Jos oot musta mun omani,
Rauankarva rakkahani,
Tuhma muien tunnustaissa,
Tervaskanto katsellessa;
Selin muihin seisotate,
Selin muihin, päin minuhun,
Ehkä mie piloinen piika
Voisin paialla parata,
Kauluksilla kaunistella,
Sääret vikkelisukilla,
Kaulan paiankauluksella,
Käet kirjakintahilla,
Sametilla hienot hiukset.

34. Tuo on mies me'estä tehty.

Tuo on mies mc'estä tehty,
Sokerista sorvaeltu,
Suu somasti laulamahan,

Jalat taiten tanssimahan.
Pese silmät, pää silitä,
Harja'a hatun alukset,
Niin tule minun kotihin,
Ja kysy tätä tytärtä
Emoltani ensistäänki:
"Eukko työnnä tyttöäsi
Minulle miehelle hyvälle,
Sorialle sulhaselle,
Mie oon mies me'estä tehty,
Sokerista sorvaeltu."

35. Kun oisi kahen valta.

Kuti, kuti, kultaseni,
Sinisukka sulhaseni,
Punaposki puolisoni,
Tääll' on nuori neitosesi.
Käy'pä tuota katsomahan,
Tule yöllä yksinäsi,
Jottei jälki jäällä tunnu,
Jalan isku iljangolla.—
Kunpa jälki jäälle jäisi,
Jalan isku iljangolle,
Tuosta äiti äkkäjäisi,
Isoni imehen saisi,
Veikkoni vihotteleisi,
Oma sisko ouostuisi.
Iso ottaisi ikäni,
Emo pääni halkaiseisi,
Veikko veren vuoattaisi,
Sisko silmän kaiveleisi.

Kuti, kuti, kultaseni,
Tääll' on nuori neitosesi;
Sopisipa suuta antaa,
Kun oisi kahella valta.

36. Katso'pas tätä tytärtä.

Kuti, kuti, sulhaseni,
Punaposki poikaseni!
Katso'pa tätä tytärtä;.
Tästä kasvavi kananen,
Tästä joutsen jouahtavi,
Sorenevi kunnon sorsa.

Hanki sulho sukkulainen,
Kankahalta karttu väärä,
Vestele veräjän suussa,
Kannon päässä kalkuttele,
Tuo'pa tällä tyttärelle,
Tälle sorsalle sovita.
Vie sitte ve'elle neittä,
Saata sotkulle tytärtä—
Lähti paikat paiastasi,
Rätsinästäsi räpälet;
Sitte tunnet nainehesi,
Ja kosissa käynehesi.

37. Konsa meillä kosijat käypi.

Konsa meillä kosijat käypi,
Milloin mieli vierahaiset,

Konsa armahat ativot?—
Pääkähyri päätnitsänä,
Hivus suora suovattana;
Minun miilo kultaseni,
Se tulee pyhänä päänä.

Missä heitä vastatahan?—
Pirtissä kähyripäätä,
Sintsissä siliäpäätä;
Minun miilo kullaistani,
Sitä vastataan pihalla.

Mitä heille syötetähän?—
Leipeä kähyripäälle,
Kukkoja siliäpäälle;
Minun miilo kullalleni,
Sille vehnäkolatsuja.

Mitä heille juotetahan?—
Rieppua kähyripäälle,
Vaassoa siliäpäälle;
Minun miilo kullalleni,
Sille juotetaan olutta.
Minne heitä nukkumahan?—
Pirttihin kähyripäätä,
Sintsihin siliäpäätä;
Minun miilo kultaseni,
Se aittahan vuiskatahan.

Mitä heille vuoteheksi?—
Vaatetta kähyripäälle,
Posteet siliäpäälle;
Minun miilo kullalleni,
Sille sulkkuiset perinät—
    Minä itse ruskia,
    Minä itse valkia,

Minä kaunis ja ihana,
Miilo kullan viereen.

38. En kehannut kieltää.

Oli joulu joutumassa,
Tahvanus tavottamassa,
Panin tynnyrin olutta,
Puolen toista puolikkoa;
Toivoin kultani tulevan,
Armahaiseni ajavan,
Suu-verolle, muu-verolle,
Juhlan suuren syönnökselle.
Eipä kulta tullutkana,
Armahaiseni ajanut;
Tuli kuhjus kutsumatta,
Vaivainen varottamatta,
Osasi oluen juoa,
Syöä juhlasyönnökseni—
Tainnut en olla antamatta,
Enkä kielteä kehannut.

39. Mitä laihan laulannasta,

Lauloin ennen lassa ollen,
Paljo mieletön pakisin,
Ilman lintujen iloksi,
Pääskyjen huvitteheksi;
En nyt laula, enkä taia,
En paljo pakaja'kana.
Mitäpä laihan laulannasta,

Ja kurjan kukunnastani—
Suu kuluvi kuppiloille,
Kieli mässäksi menevi,
Eik' oo kulta kuulemassa,
Oma armas oppimassa;
Vieras kulta kuuntelevi,
Mies outo opitteleksen.
Ei ole minulla täällä,
Tällä rannalla rakasta,
Tällä puolla puolisoa;
Minun on kulta tuonnempana,
Etähämpänä omani,
Tuntemass' on tuulen teitä,
Arvoamassa ahavan.—
Tuollapa minun omani,
Tuolla puoll' on puolisoni,
Tuolla aaltojen takana,
Takana selän sinisen.

40. Miks' ei soita suu soria.

Miks' ei soita suu soria,
Eikä kieli keikellehä?—
Siks' ei soita suu soria,
Eikä kieli keikellehä,
Kun on poissa kultaseni,
Muilla mailla marjaseni,
Valkia vaeltamassa,
Armas maita astumassa;
Huuhalla ei oo' huomenkoite,
Peroksella pesty litsa.

Tulisko huuhalle huomenkoite,
Perokselle pesty litsa,

Se ois kukan kupua myöten,
Ja vaklon vatsoa myöten;
Sitte suuni soitteleisi,
Kieli keikellehteleisi—
Saisi suu sulosanoja,
Kieli kelpo keiketystä.

41. Ääni ei kuulu kullalleni.

Enpä laula laitoissani,
Enkä soita surkeissani,
Kieroissani en kisoa,
En ilotse inhuissani.
Mitäpä tuosta, jos ma laulan,
Tahi tuosta, jos ma soitan,
Jos laulan jokahi lakson,
Joka kummun kukkuelen,
Soitan soien rannikoilla,
Kujertelen kuusikoissa;
Suotta suutani kulutan,
Suotta säätelen sanoja—
Ääni ei kuulu kullalleni,
Armahalleni kujerrus.
On mua kuuset kuulemassa,
Oppimassa hongan oksat;
Kuuset kutsui kullaksensa,
Lepät lemmeksi saneli,
Suopetäjät sorsaksensa,
Ahokoivut armahaksi.
Enmä kuuselle kumarra,
Petäjälle päätä käännä,
En anna lepälle suuta,
Kättä en koivulle kokota;
Vaan kun kultani tulisi,

Armahani asteleisi,
Sille suun-anto sopisi,
Päätä käänteä päteisi,
Kättä lyöä kelpoaisi.
Sill' on suu sulasta voista,
Hunajasta huulta kaksi,
Parta sulkusta suettu,
Leuan-alus liessingistä;
Sill' on päivä silmissänsä,
Sillä kuuhut kulmaluilla,
Tähet taivon hartehilla,
Olkapäillänsä otavat.
Se on armas astunnalta,
Ylen jasnoinen jalalta;
Maksaisin tuhat tulosta,
Astunnasta aikasumman,
Jalansiirroltä sinikön,
Punaisen jalan polulta.

42. Etäällä minun omani.

Ei mun lauloa pitäisi,
Ei ilota ensinkänä,
Minun on kulta kulkemassa,
Minun vello vieremässä,
Minun armas astumassa,
Valkia vaeltamassa.
Etäällä minun omani,
Maalla muulla marjaseni,
Mies pieni kiherätukka,
Matalainen saapasjalka,
Kymmenen kylän ylitse,
Sa'an taipaleen takana;

Tuuli ei päivässä tulisi,
Lintu ei lentäisi kahessa.
Tuuli kyllinki tulevi,
Linnut kanssa lentelevät,
Mie en tunne tuulen mieltä,
Tuulen mieltä, linnun kieltä;
Vaan kun tuttuni tulisi,
Ennennähtyni näkyisi,
Tuntisin ma tuon tulosta,
Arvoaisin astunnasta,
Jalan nuoren nousennasta,
Sukan mustan muikunnasta,
Käymästä kepiän kengän,
Helman hienon hiipsinnästä.
Virstan vastahan menisin,
Virstan kahen kaapsahtaisin,
Aitoja alentamahan,
Siltoja siventämähän,
Veräjiä aukomahan,
Porttiloita purkomahan.
Sitte kättä käppäjäisin,
Jos ois käärme kämmenpäässä;
Suuta kanssa suikkoaisin,
Jos ois suu suen veressä;
Kiini kaulahan kapuisin,
Jos ois kaima kauluksessa;
Vielä vierehen viruisin,
Jos ois vierus verta täynnä.

43. Kun mun kultani tulisi.

Kun mun kultani tulisi,
Armahani asteleisi,
Tuntisin ma tuon tulosta,

Arvoaisin astunnasta,
Jos ois vielä virstan päässä,
Tahikka kahen takana.
Utuna ulos menisin,
Savuna pihalle saisin,
Kipunoina kiiättäisin,
Liekkinä lehauttaisin;
Vierten vierehen menisin,
Supostellen suun etehen.
Tok mie kättä käpseäisin,
Vaikk' ois käärme kämmenellä;
Tok mie suuta suikkajaisin,
Vaikk' ois surma suun eessä;
Tok mie kaulahan kapuisin,
Vaikk' ois kaima kaulaluilla;
Tok mie vierehen viruisin,
Vaikk' ois vierus verta täynnä.
Vaanp' ei ole kullallani,
Ei ole suu suen veressä,
Käet käärmehen talissa,
Kaula kalman tarttumissa;
Suu on rasvasta sulasta,
Huulet kun hunajameestä,
Käet kultaiset, koriat,
Kaula kun kanarvan varsi.

44. Oisko linnun lentoneuot.

Voi, kun loit minua luoja,
Kun et luonut lentäväksi,
Kotkana kohoavaksi,
Lintusena liikkuvaksi!
Oisko linnun lentoneuot,
Kohottimet kotkalinnun,

Saisin siivet hanhoselta,
Kurelta kulettimensa;
Sitte siiville rupeisin,
Lenteleisin, liiteleisin—
Kulkisin ma kullan maalle,
Asunnoille armahani.
Lentäisin lepeämättä,
Matkalla makoamatta,
Ilman puussa istumatta,
Lehvällä levähtämättä;
Meret ei estäisi minua,
Selät ei ne seisattaisi.
En surisi iltaisesta,
Enkä einetruo'istani,
Murkinat' en muisteleisi,
Viel' en viikonkaan perästä;
Armas minun aamustaisi,
Illastuttaisi ihana,
Kasvo kaunis syötteleisi,
Muoto murkinoitteleisi.

45. Itkee kurja kullaistani.

En itke isoni maita,
Enkä maammoni majoja;
Itken kurja kullaistani,
Ja katala kaunoistani.
Missäpä minun omani,
Kussa lie nyt kultaiseni?—
En ole sitte silmin nähnyt,
Kun laiva lahelta lähti,
Joka kultani kuletti,
Kauas kantoi kaunoseni.
Ylitse selän sinisen,

Poikki paljo pauhoavan;
Johon ei kuulu kurjan kulkku,
Eikä raiku raukan rinta,
Vaikka huuan hoilottelen,
Valittelen voivottelen.

Tuo Jumala purje'tuulta,
Eli ratki rasvatyyntä,
Etteipä poloisen pojan
Sormet soutaissa kuluisi,
Sormet suotta souellessa,
Käet vettä vellotessa.
Sitte tänne tullessansa,
Palatessansa kotihin,
Suo Jumala suora ranta,
Tyyni valkama valitse,
Jotta suorin souteleisi,
Matkan oikein osaisi.

46. Tehkös liitto lintuseni.

Kussa lie mun kultueni,
Maalla millä marjueni—
Lie'kö maalla, vai merellä,
Meren suurella selällä,
Vaiko Ruotsin-rantasilla,
Saksan salmilla syvillä,
Juutin julmassa soassa,
Kapinassa kauhiassa,
Joss' on verta säärivarsi,
Polvenkorkeus punaista.
Voi ken saattaisi sanoman,
Ja kuka kuletteleisi,
Ennenkun muut murehen saapi,

Akat huolen arvoavi?—
Tehkös liitto lintuseni,
Salakauppa kaunoseni—
Liitto lyökäme välehen,
Saakame salainen kauppa,
Ilman muien tietämättä,
Ja toisen tokatimatta:
Mie piän pesästä huolen,
Laitan ruoan lapsillesi,
Sie lennä ajalla sillä,
Saata sana sille maalle,
Kussa kulta kuuntelevi,
Kautokenkä katselevi.
Ei se jaksa pieni lintu,
Ei mennä meren ylitse—
Välehen vähä väsyvi,
Pian heikko hengästyvi;
Oisko tuuli mielellisnä,
Ahavainen kielellisnä,
Sepä voisi viestit vieä,
Sepä saatella sanomat;
Sanan veisi, toisen toisi,
Kielen liian liikuttaisi,
Kahen kaunihin välillä,
Kahen kullan kuulemilla.

47. Minun sulhoni soassa.

Muien on sulhonsa kotona,
Minun on sulhoni soassa,
Kutratukka kulkemassa,
Valkiipää vaeltamassa,
Tuolla Turkinmaan perillä,
Turkin raukoilla rajoilla.

Ei siellä emo elätä,
Ei sivele Suomen sisko,
Suomen tyttö ei suuta anna;
Siveli siliä miekka,
Satatti sotasapeli,
Tykki suuri suuta antoi.

Voi toki tytär typerä,
Kun on sulhoni soassa,
Aino sulhoni soassa,
Jota itkin, jota vuotin,
Jota toivotin ikäni!
Käkesi kotona naia,
Häät piteä pääsiäisnä;
Eipä nainunna kotona,
Saanut häitä Suomen maalla,
Sattui häät sotakeolla,
Vihki vierahan tuvilla,
Suuren herran suojuksessa,
Pienen herran pirttisessä—
Pappina pakanan sana,
Valta vieras vihkijänä,
Suora miekka sormuksina,
Morsiamena kiväri.

48. Jouvu kultani kotihin.

Käki kukkui, lintu lauloi,
Vaan en kuule kullan ääntä;
Minun on kulta kulkemassa,
Kaunoni kävelemässä,
Kaupoillahan Karjalassa,
Elonsaannilla Savossa,
Leiväntuonnilla Turussa,

Pääverolla Wiipurissa.
Tule kultani Turusta,
Viere kulta Wiipurista,
Astu armahin Savosta,
Käy kotihin Karjalasta
Jouvu huomena kotihin,
Päät' jo tänäki päänä;
Ellet kaunista kaota,
Tällä maalla marjaistasi.

49. Vaiva vuottaessa.

Yks' on ystävä minulla,
Tämän ilman kannen alla,
Yksi armas ainokainen,
Koko kolmessa kylässä,
Seki kurja mustakulma,
Poloinen pahannäköinen,
Raukka rauankarvallinen;
Muret on mustaksi vetänyt
Huoli muita hoikemmaksi,
Ikävä iättömäksi,
Tauti talven maanneheksi.

Muut ne mustaksi sanovat,
Kekäleeksi kelläjävät,
Minun on silmästä simana,
Mesimarja mielestäni,
Vaan on vaiva vuottaessa,
Yksin ollessa ikävä;
Harvoin yhtehen yhymmä,
Harvoin näämmä toinen toista,
Vesi on aaltoinen välillä,
Torat äitin aaltoisemmat.

50. Luonto luovun luoksi tuopi.

Kun nyt tuttuni tulisi,
Ennennähtyni näkyisi;
Tokko suuta suikkajaisin,
Levittäisin leukapieltä?

Tule, tule tuttuseni,
Näy ennennähtyseni,
Tule turkka tuutuhuni,
Viere armas viereheni,
Tälle uuelle tilalle,
Lakanaiselle lavalle!

Kun et tulle, ellös tulko,
Kun et vierre, ellös vierkö,
Enpä kovan kutsu'kana,
Huua'kana, huoli'kana;
Kyllä luonto luoksi tuopi,
Veri vierehen vetävi,
Oma veri ottelevi,
Lämpönen lähentelevi,
Lakanainen laittelevi,
Liinahursti liittelevi.
Sitte tänne saatuasi,
Tuutusehen tultuasi,
Liki, liki, lintuseni,
Kuti, kuti, kultaseni!

51. Minun on kultani kulossa.

Katsos muita miekkoisia,
Ja onnen osallisia—

Muill' on kulta kuulusalla,
Näkösällä näätärinta;
Käyvät kultansa kujassa,
Veräjillä veistelevät,
Pilkkovat pihalla puita,
Kalkehtivat kartanolla.
Minun ei kuulu kullaistani,
Eikä helkä hertaistani;
Minun on kultani kulossa,
Hopiani heinikossa—
Suuri kuusi kulman päällä,
Pajupehko parran päällä.

52. Armas arkussa ajavi.

Muien turvaset tulevat,
Armahaisensa ajavat,
Tahi on turvansa tuvassa,
Armahat katoksen alla;
Minun ei turva tulle'kana,
Armahani ei ajane.
Eipä liiku linnuistani,
Näy ei näätähattuistani,
Kujosilla kulkevaksi,
Aitoviertä astuvaksi;
Kulta kulkevi kulossa,
Armas arkussa ajavi,
Turva minun on turpehessa,
Armas kirkon aian alla,
Turpehia tuntemassa,
Aitoa armastamassa.

53. Maassa marjani makaavi.

Ikävät on illat pitkät,
Apiat on aamuseni,
Ikävät on yötki mulla,
Ajat kaikki katkerimmat.
Ei ikävä iltaistani,
Ei apia aamuistani,
Muret muita aikojani;
Ihanaistani ikävä,
Apiainen armaistani,
Mure mustakulmaistani
Ei mun kuulu kullaistani,
Näy ei näätärintoani,
Ei kuulu kujassa käyvän,
Alla ikkunan ajavan,
Pilkkovan pinolla puita,
Koan eessä kolkehtivan;
Maassa marjani makaavi,
Mullassa muhaelevi,
Alla hiekan herttaseni,
Kulon alla kultaseni.

54. Miks' on silmäni sipakat.

Miks' on silmäni sipakat,
Näkimeni näin häpäkät?—
Siit' on silmäni sipakat,
Näkimeni näin häpäkät—
Äiä itkin kuollehia,
Kaihosin katonehia.
Ensin kuol' isoni vanha,
Sitä itkin vuosikauen;

Sitte kuol' emoni vanha,
Sitä itkin kaksi vuotta;
Sitte kuoli sulho nuori,
Sit' itken iän kaiken,
Ja kaiken elinajani.

Ei ole kirkko kirkkahampi,
Eikä pappila parempi,
Kun otti minun omani,
Ja anasti armahani;
Someress' on suora sormi,
Hiekassa heliä kieli,
Mullassa muhia muoto,
Kasvo kaunis kankahassa.
Sielt' ei nouse nuori sulho,
Eikä kaunonen kavaha;
Kivet alla, paaet päällä,
Kivet keskikylkilöillä.

55. Pois on mennyt meistä toinen.

Kaks' oli meitä kaunokaista,
Tällä saarella kanoa,
Ja joella joutsenutta,
Yhen muotoiset molemmat.
Käsikkähä me kävimmä,
Sormikkaha me sovimma,
Rinnan riihihuonehesen,
Kilpoa kiven etehen.

Kaks' oli meitä kaunokaista,
Oli kun kanan pojaista;
Pois on mennyt meistä toinen,
Toinen suuresti surevi,

Itkevi ikänsä kaiken,
Ajan kaiken kaihoavi.

Vielä toivoisin tulevan,
Toki kerran kerkiävän,
Kun ois ottanut evästä,
Syönyt lähtöruokiahan,
Mennynnä merien taaksi,
Maille ouoille osannut—
Tulee mies merentakainen,
Ei tule turpehen alainen.

56. En voinut itkeä naurulta.

Kuoli multa suuri sulho,
Kaatui multa sulho kaunis;
Oisin tuota itkenynnä,
Oisin itkenyt ikäni,
Tahi puolen polvcani,
Vaan en voinut vuottakana,
Enpä voinut naurultani—
Iso käski ottamahan,
Emo tahtoi tappamahan,
Veikko poies potkimahan,
Sisko silmät kaivamahen.

57. Ei lehto leväten huoli.

Mitä huolin piika nuori,
Jos mun heitti poika nuori;
Kyllä muoto muita tuopi,

Kasvo kaunis kaupan saapi—
Luonto luovun luoksi tuopi,
Veri vierehen vetävi;
Tuopi toisen ja paremman,
Antavi avullisemman.

Hylästiinpä, heitettiinpä,
Maa lehto lepeämähän,
Hyvä halme hyötymähän,
Hyvä maa makoamahan,
Koivikko kohenemahan,
Katajikko kasvamahan.
Jos lie heitty ja hylästy,
Hyläsköhöt, heittäköhöt;
Ei lehto leväten huoli,
Hyvä halme hyövytellen.
Vuoen lehtonen lepäävi,
Kun tulevi toinen vuosi,
Kasvavi paremman kauran,
Tomiamman touon tuopi,
Vihannamman viljan saapi,
Teräkkään elon tekevi;
Eipä huoli heinäpieles
Yli vuoen oltuansa,
Ei pahene piikalapsi,
Jos on vielä viipykähän,
Kukkana ison ko'issa,
Marjana emonsa mailla.

58. Jo meillä ero tulevi.

Kaks' oli meitä kaunokaista,
Pienen piilovaaran päässä,
Koriassa koivikossa,

Heliässä heinikossa;
Nyt meillä ero tulevi
Kotihinsa kumpasenki.
Kenpä kuitenki erotti
Kaksi kaunista yhestä,
Ken pani vihan välille,

Kahen rakkahan välille!—
Ei kahta rakasta syäntä
Erota Jumalakana.
Elköhön sinä ikänä,
Kuuna kullan valkiana;
Tulko luojan tuomiolle,
Herran kasvoja katselko,
Ken lie luo'un estänynnä,
Aivotun anastanunnai

Orahall' oli omani,
Taimella taki hyväni,
Äsken putkelle rupesi,
Heristihen hiemumahan,
Tuli toinen, vei välehen,
Pois anasti aivottuni.

59. Minä musta, pikkarainen.

Muut on suuret ja soriat,
Mustakulmat ja koriat,
Minä musta pikkarainen,
Vääräkaula ja vähänen,
Penkin alla peitettävä,
Lavan alla laitettava.

Ois voinut minun emoni
Soriamman synnytellä,
Liekutella liukkahamman,
Tuuvitella turpiamman,
Vaalitella valkiamman,
Kaunihimman kasvatella;
Kekäleistä mun keräsi,
Sysilöistä synnytteli,
Hyville hylittäväksi,
Pahoillenki pantavaksi.

60. Olkiset minun omani.

Muien on kullat kuulumassa,
Armahat ajelemassa,
Rahalliset rannoillansa,
Varakkahat valkamilla;
Mull' on kurjat kuulumassa,
Armottomat astumassa,
Raukat mull' on rannoillani,
Varattomat valkamilla.

Omenaiset muill' omansa,
Autuahat armahansa,
Olkiset minun omani,
Akanaiset armahani.

61. Eipä tunneta tuvuksi.

Noin sanoi minun emoni,
Varotteli vanhempani,

Tätä lasta liekuttaissa,
Tuuvitellessaan tytärtä:
"Nousisiko nuori lintu,
Kasvaisi minun kanani,
Kivenpuusta kieltämähän,
Vakoista valitsemahan;
Saisin piltin piiallani,
Pojan poimuhelmallani."

Jopa nousi nuori lintu,
Ja kasvoi eroon kananen,
Kivenpuusta kieltämähän,
Vakoista valitsemahan.
Olisin minä tupunen,
Kun tuvuksi tunnettaisi;
Olisin minä kananen,
Kun kanaksi katsottaisi;
Olisin ma pieni lintu,
Kun oisin linnun liikkehillä;
Olisin soria sorsa,
Kun oisin sorsaksi sorittu.
Vaan ei tunneta tuvuksi,
Eikä katsota kanaksi,
En ole lintu liikkehiltä,
En sorsa soritsemalta;
Eipä tunne tuhmat naijat,
Äkki outoset älyä,
Naivat rikkahan rumia,
Vaan ei köyhän kaunosia.

62. Köyhän lapsi työt tekevi.

Voi nuo narrit nuoret miehet,
Voi tuhmat pojan turakat,

Kun ei keksi köyhän lasta,
Uksilta ulisevilta,
Veräjiltä viereviltä,
Aioilta alenevilta!
Köyhän lapsi työt tekevi,
Kaikki rihmat ketreävi,
Kaikki kankahat kutovi,
Kaikki lapset liekuttavi.—
Työt' on rikkahan tytöllä
Vartensa varustamasta,
Muretta makoamasta,
Toista ilman istunnasta.

63. Jäämmä mansikat mäelle.

Niin on meitä piikasia,
Kun meressä sikasia,
Niin on meitä piikasia,
Kun mäellä mansikoita;
Jäämmä mansikat mäelle,
Mesimarjat muille maille,
Kun on poissa poimijamme,
Katehessa katsojamme.
Pian kurjat kuivetumma,
Marjat maahan lankeamma,
Karisemma kaikki marjat,
Varisemma vaapukkaiset.
Ei kestä kesäinen lehti
Syksyn ilmoissa isoissa,
Kukat kaunihit, koriat,
Taia ei talveksi ruveta.

64. Tieä ei siika syöjeänsä.

Eipä tieä yksikänä,
Arvoa yheksänkänä,
Tieä ei tie kävijätänsä,
Heponen ajajatansa,
Eikä siika syöjeänsä,
Piika pieni viejeänsä,
Nuori neito sulhoansa,
Jos on kanssa kasvakohon,
Yksissä ylentyköhön.
Minun ei kanssa kasva'kana,
Eikä yksissä ylene—
Meri on kanssa kasvamassa,
Aaltoset ylenemässä,
Veet vierellä viruvi,
Lainehet lavalle käypi;
Meren on aallot armahani,
Rakkahani rannan hiekat,
Veikkoni vesiapajat,
Sisareni siikasalmet.

65. Tietämätön kullastansa.

En tieä minä piloinen,
En tieä piloinen piika,
Kuka korjan kirjoittavi
Vasten vaivaista minua;
Kussa kulta tulta poltti,
Armas aikoa kulutti—
Polttiko turulla tulta,
Alla vallin valkiaista,
Vai on suurella salolla,

Syänmaalla synkiällä;
Kävikö käpymäkeä,
Vaiko varvikkosaloa,
Vai lienee meren selällä,
Ulapalla aukialla,
Selvällä meren selällä,
Lakehilla lainehilla.

66. Kaikissa katala yksin.

Yksin vieno veet vetelen,
Yksin kannan puut poloinen,
Yksin jauhan, yksin laulan,
Yksin leivon, yksin keitän;
Kaikissa katala yksin,
Toist' ei turvana ikänä—
Yksin liitäme levolle,
Yksin nousen vuotehelta.
Eipä keksi suuret sulhot,
Ei ne keksi köyhän lasta
Kesannolla kenkiväksi,
Rannalla rakentavaksi—
Kenpä se köyheä käkisi,
Lehmitöntä leyhkäsisi!

67. Korpikotinen.

En tuosta isoa kiitä,
En kovin emoakana—
Teki korpehen kotinsa,
Kankahalle kartanonsa;

Ei ne tunne sulhot tulla,
Eikä kulkea kosijat.
Eipä tunne tuhmat sulhot,
Äkki outoset osoa,
Ilman tien teloittamatta,
Ilman merkin heittämättä;
Paljo kenkiä kuluvi,
Minun kurjan käyessäni,
Tienvieriä viittomassa,
Rastia rakentamassa.

68. Pahasti paimenoinnut.

Menin piennä paimenehen,
Lassa lammasten ajohon,
Ison polven korkunaisna,
Äitin värttinän pituisna.
Jouvuin metsähän mäelle,
Vaaran alle varvikkohon;
Varas istui varvikossa,
Mies vihainen virvikössä,
Otti silkit silmiltäni,
Kultalangat kulmiltani,
Vasket rinnoilta varasti,
Päältäni hyvät hopiat.
Siit olen asti ilman ollut,
Ajan kaiken kaihonnunna;
Tulin tuhmaksi katala,
Tytär muita tyhjemmäksi,
Ettei naitu naintavuonna,
Korjattu kosiavuonna.
Muut ne naitihin paremmat,
Koriammat korjattihin,
Minä olen outo ottamatta,

Korjoamatta katala,
Minä tuhma tuntematta,
Vieno viemättä vihille.

69. On ikävä iltasilla.

Isoni ilota käski,
Äiti käski riemutella,
Turun uuessa tuvassa,
Kauppamiehen kammarissa:
"Osta mettä, juo olutta,
Ilahuta itsiäsi,
Turun uuessa tuvassa,
Kauppamiehen kammarissa!"
Menin Turkuhun poloinen,
Sain katala kaupunkihin,
Ostin mettä, join olutta,
Ilahutin itsiäni.
Tulin aikahan Turussa
Toisten tyttöjen keralla,
Vaan oli illoilla ikävä,
Paha maata pannessani,
Vaiva vaipua levolle,
Sekä haikia havata.

70. Tuli kolmelta kosijat.

Oikein emoni ennen
Lauloi lapselle minulle,
Sanoi saavani minunki
Sulhon kaunon ja sorian,

Mustakulmaisen, korian;
Sanoi saavani varahin,
Viientoista vuoen päästä.
Kului vuotta viisitoista,
Kului vuoet, vieri päivät,
Kului kultainen ikäni,
Vieri aika armahampi,
Päivä kaunis karkaeli,
Tuli kolmelta kosijat,
Tuli kun emoni lauloi:
Suru työnti sormuksia,
Itku huivia isoja,
Kolmas kuolema tulevi
Kotihinsa korjoavi.

71. Jo tulevi Tuonen Tuomas.

Sanottihin soutaessa,
Lassa ollen laulettihin,
Sulhon saavani minunki,
Sulhon suuren ja sorian;
Senpä vaan olenki saanut,
Saanut kun sanottihinki.
Jo vainen iällä tällä
Suuret sulhaset ajavat—
Jo tulevi Tuonen Tuomas,
Matavi Manalan Matti,
Joka naia nappoavi,
Kotihinsa koppoavi,
Ilman vöittä, vaattehitta,
Ilman liinan aivinoitta,
Apen paiankauluksitta,
Ky'yn kirjokintahitta,
Naon suikkelisukitta.

Kyll' on kyitä Tuonelassa
Aivinaisiksi anopin,
Manalla matoja kyllin
Apen paian kauluksiksi,
Isot kimput käärmehiä
Ky'yn kirjokintahiksi,
Tuonen toukkia tukulta
Naon suikkelisukiksi.

72. Moni moitti muotoani.

Mikä lie minusta nähty,
Kuka kummanen katsottu,
Kun ei suostu suuret sulhot,
Sulhot suuret ja soriat!—
Moni moitti muotoani,
Moni katsoi kasvojani,
Moni varttani valitti,
Hoki varren hoikeutta.
On mulla mokoma muoto,
Kun on muovon moittijoilla;
Onpa kasvo kaunokainen,
Kun on kasvon katsojilla;
Viel' on varten valittu,
Kun varren valitsijoilla—
Mute on mulle muovon tuonut,
Itku kasvon kaunistanut,
Huoli varteni valanut.
Vielä tälle varrelleni,
Kanssa näille kasvoilleni,
Sekä muille muovoilleni,
Suuret sulhoset tulevat,
Miehet ankarat ajavat,
Käyvät korkiat kosijat.

Kun ei muita tulle'kana,
Ei sopine suurempia,
Ankarampia ajane,
Niin tulevi Tuonen sulhot,
Kulkevi Manan kosijat,
Jotk' ei moiti muotoani,
Eikä katso kasvojani,
Ei ne varttani valitse.
Sitte tuonne saahessani
Tuonen sulhojen tuville,
Appi ei paitoa anone,
Vaattehuksia anoppi,
Kyty ei kysy kintahia,
Natolapsi nauhanpäitä.

73. Toisin sattui toivomani.

Toisin toivoin, toisin luulin,
Ja toisin palo pakisin,
Toisin mie käkesin kälkö,
Toisin käv' käkeykseni,
Toisin toivoni osasi,
Ajatukseni alemma.
Toivoin suotusen tulevan,
Armahaisen astelevan,
Ei tuo suotu tullutkana,
Eikä armas astununna,
Jok' oisi johonki vienyt,
Minun kurjan korjannunna,
Näiltä suurilta suruilta,
Apioilta mielaloilta.
Niinpä nyt iällä tällä,
Tämän kymmenen kululla,
Tok' ei muita tulle'kana,

Ankarampia ajane,
Kun ei tulle Tuonen sulhot,
Marssine Manan kosijat,
Tuonen hattu hartioilla,
Tuonen lakki päälaella,
Tuonen kintahat käessä,
Tuonen kihlat kintahissa.

Kun sitte menen Manalle,
Tuonen poikien tuville,
Hyv' on siellä ollakseni,
Kaunis kasvaellakseni—
En ole tiellä kellenkänä,
Enkä kunkana jaloissa,
En sure sotakesiä,
Vainovuosia varaja;
Kyllä Tuoni voiton tuopi,
Mana maansa suojelevi.

74. Jospa se johi tulisi.

Jospa se johi tulisi,
Joka mun katalan naisi,
Sekä kurjan korjoaisi,
Näiltä ouoilta ovilta,
Veräjiltä vierahilta;
Vaikka saattaisi salolle,
Kulettaisi korven päähän,
Panisi pajuille maata,
Lehille lepeämähän.
Ei paha pajuilla maata,
Eikä läyli lehtisillä,
Läyli on toisen lämpimässä,
Varu toisen vaipan alla,

Tukela tuvassa toisen,
Huoli toisen huonehessa.

75. Voi jos mie tok miehen saisin.

Voi jos mie tok miehen saisin,
Miehen mieltäni mukahan,
Saisin sulhosen sorian.
Mustakulman ja korian.—
Jo olin viikon vuottanunna,
Kauan koissa kasvateltu.
Voi jos saisin nuoren sulhon,
Sulhon nuoren ja verevän,
Joka ilta pään pesisin,
Joka aamu uuen paian,
Uuen paian palttinaisen,
Housut liinan aivinaiset,
Säärille sukat säviät,
Kirjakintahat kätehen.
Sais tuo saappahat itseki,
Lakin päähänsä lavian;
Laittaisi lakin Turusta,
Toisi turkin Torniosta,
Verat saisi Viipurista:
Kamplotit kahennäköiset.

76. Voi kun mie mokoman saisin.

Onpa tietty tietyssäni,
Materikko mielessäni,
Mies pieni, punainen poski,

Valkia, kiherätukka,
Puolahattu, saapasjalka,
Verkavästi, silkkihuivi.
Voi kun mie mokoman saisin;
Joka päivä pään pesisin,
Joka ilta saunan saisin,
Ve'et, vastat laitteleisen,
Veen virrasta vetäisin,
Vastat varvikkometsästä,
Puut kokoisin korpiloista,
Vaikka väen virstan päästä.
Voi kun mie mokoman saisin,
Saisin sitte pienen poian,
Käsi ketreä vetäisi,
Jalka lasta liekuttaisi.

77. Kun tulis sulho vierahaksi.

Lintunen lehossa lauloi,
Pyy lehossa pyypötteli.
Mitä laulat pieni lintu,
Pyy lehossa pyypöttelet?—
Kunpa tietäisit tulevan
Sulhoseni vierahaksi,
Sillat silkillä panisin,
Sametilla suoramehet,
Veralla vetelät paikat,
Pahat paikat palttinalla.
Tammesta tuvan tekisin,
Tammiseinät seisottaisin,
Tammilattiat latoisin,
Tammipatsahat panisin,
Luaslauan lumpehesta,
Laen lahnan suomuksista.

Pöyän kullasta kuvaisin,
Penkin pienistä rahoista,
Uunin uusista kivistä,
Pankon saksan paasiloista.
Oron siltahan sitoisin
Sulkkuisilla ohjaksilla,
Kullan kutsuisin tupahan,
Istuttaisin pöyän päähän,
Itse istuisin sylihin,
Kanssa kaulahan kapuisin.

78. Käynkö viikon villapäänä.

Kuku kultainen käkönen,
Hopiainen hoilattele,
Rinta hieta helkyttele,
Papurinta paukuttele,
Saksan mansikka sanele,
Viron puola poimettele:
Käynkö viikon villapäänä,
Kauan tukka tuurukkana,
Hivuskassan kantajana,
Liemingän levittäjänä,
Sitojana silkkinauhan,
Päärihman ripustajana—
Käynkö vuoen; käynkö kaksi,
Käynkö vuotta viisi, kuusi,
Vai kaiken kaheksan vuotta,
Ympäri yheksän vuotta,
Vai käyn kaikenki ikäni,
Tahi ei täyttä tätä vuotta.

Kuku, kuku kultarinta,
Helskäse hopiarinta,

Kuku kullat kulmilleni,
Hopiaiset helmoilleni,
Kuku kuusin kultavöitä,
Seitsemin sinihamoja,
Tälle tyynelle tytölle,
Tälle kainulle kanalle—
Neittä nuorra naitavaksi,
Vihantana vietäväksi,
Punaposkelle pojalle,
Sorialle sulhaselle.

79. Kun saisin, mitä sanelen.

Sillenpä minä menisin,
Kull' ois kuusi kultavyötä,
Viisi verkaista hametta;
Kull' ois kuusi kammaria,
Seitsemän salitupoa,
Ja kaheksan kellaria—
Kellarit teloja täynnä,
Telat täynnä tynnyriä,
Tynnyrit olutta täynnä,
Juoa jouten ollessani,
Kielin kelpotellakseni.

Kun saisin, mitä sanelen,
Kun saisin salitupihin,
Minä rouaksi rupeisin,
Kauppamiehelle kanaksi,
Pohatalle puolisoksi;
Joisin kahvet kaiken päivän,
Söisin suuhuni sokurit,
Mesileivät mieltä myöten.

80. Luo'pa luoja luotuhuni.

Luo'pa luoja luotuhuni,
Elä mielisuotuhuni;
Luotu luoksensa vetävi,
Mielisuotu survoavi.
Tuo Jumala tuota miestä,
Jonka sormukset sopisi,
Jonka kihlat kelpoaisi;
Joka naia nappajaisi,
Kotihinsa koppajaisi;
Jok' ei veisi viertämähän,
Panisi palontekohon.

Ellös tuhma tulko'kana,
Kävynkanta käykö'känä;
Kun ei tulle tuuhiammat,
Koriammat kohti käyne,
En minä sinä ikänä,
Kuuna kullan valkiana,
Nuku nurjuksen nutulle,
Väsy värkin turjukselle,
Painu paikkakukkarolle,
Rajakengälle rakastu.

81. Varjele vakainen luoja.

Varjele vakainen luoja,
Kaitse kaunonen Jumala,
Tätä neittä joutumasta,
Saamasta tätä tytärtä,
Viinavillin vuotehelle,
Hurstille humalahurjan,

Olutjuojan olkiloille,
Piippusankarin savuille!

Varjele vakainen luoja,
Kaitse kaunonen Jumala,
Joutumasta juomarille,
Saamasta kyläratille!—
Kävis tuo joka kapakan,
Joka kannun kallistaisi,
Ostaisi joka oluen,
Joka viinan viillettäisi,
Viinapantiksi panisi
Vaimoltansa vaattehetki;
Itse vaimonsa vetäisi,
Puolisonsa puotteleisi,
Kylmäisi kylävälille,
Joka tielle juohattaisi,
Heitteleisi heinäteille,
Saloteille saatteleisi,
Kirkkoteille kirvottaisi,
Hääteille hävitteleisi.

Varjele vakainen luoja,
Kaitse kaunonen Jumala,
Tuvilta tupakan juojan.
Piippusankarin savuilta—
Savu silmät saastuttaisi,
Mustuttais ihanan muovon.

Tuo Jumala toinen miesi,
Toinen miesi ja parempi,
Jok' ei virsi viinan kanssa,
Ei tuiski tupakan kanssa,
Huiski ei humala päässä,
Piippu suussa ei pitele;
Jok' ei heitä heinäteille,

Eikä saattele salolle,
Jokiteille juohattele,
Kylmätä kylävälille;
Riko ei rintaristiäni,
Katko kaulaketjujani,
Korvakolttuja murota,
Sorra kullan sormuksia.

82. Ei naitu naintavuonua.

Mikä lie minusta nähty,
Kuka kumma keksittynä,
Kun ei naitu naintavuonna,
Otettu otantavuonna,
Kirkivuonna kihlattuna,
Viety viimeissä kesänä!—
Naitihin napimpiaki,
Otettihin ouompia,
Naitihin nasaneniä,
Noronaamat suollettihin.
Niin miks' ei minua naitu,
Omenaista ei otettu,
Suon kukaista, maan kukaista,
Kaiken kartanon kukaista,
Mesiheinän hempeyttä,
Kaste'korren kauneutta,
Ahokoivun armautta,
Soreutta solkikoivun,
Lehtokoivun lempeyttä,
Norokoivun notkeutta,
Nororaian raikkautta,
Noropihlajan pituutta?

Oisko herjat helmoillani,
Päälläni pahat panoset,

Sanat kehnot kengilläni,
Sukillani suutelukset?—
Heitän herjat helmoiltani,
Päältäni pahat panoset,
Sanat kehnot kengiltäni,
Sukiltani suutelukset;—
Ulos heitän herjät ryysyt,
Arkivaattehet alennan,
Riisun riihiryökälehet,
Kaskivaattehet karistan.
Otan vettä lähtehestä,
Heiluvasta hettehestä,
Jolla peiponen peseme,
Kylän kukka kuuroame.
Panen päälleni parasta,
Kaunihinta kaulalleni,
Kukkeinta kulmilleni,
Hempeintä helmoilleni;
Panen kullat kuultamahan,
Hopiat helisemähän,
Poskeni punottamahan,
Näköpääni näyttämähän,
Jotta kaikki katseleisi,
Kirkkokunta kiitteleisi,
Kyläkunta kummeksisi
Itseki imehteleisin.

Sitte tälle neitoselle
Kilpoa kosijat käyvät,
Kilvan kihlat kannetahan;
Tulevi Turusta sulhot,
Alta kaupungin ajavat,
Alta linnan liivittävät.
Neito vieähän Wirohon,
Saksan maalle saatetahan;
Kun tulen kotihin tuolta,

Tulen kullassa kotihin,
Hopiassa veikon luoksi,
Silkissä sisaren luoksi.

83. Akoill' on paha ajatus.

Akoill' on paha ajatus,
Tunto pitkätukkaisilla,
Hivus pitkä, miel' lyhyinen,
Etten mie sinä ikänä
Nouse nuoren vuotehelta,
Ylene vesan verevän;
Saa en miestä mielehistä,
Sulhaista sulosanaista.
Vaan vielä tätä nykyä,
Vielä tällä kymmenellä,
Nousen nuoren vuotehelta,
Ylenen vesan verevän,
Saanki miehen mielehisen,
Sulhasen sulosanaisen.
Onpa tietty tieossani,
Materikko mielessäni,
Punaposki puolessani,
Sinisukka suojassani
Mies pieni, kiherätukka,
Matalainen, saapasjalka.
Kun käypi katua myöten,
Sirkkasorkka sorkehtivi,
Se käypi kepein kengin,
Sukin valkein vaelsi,
Kengin mustin muikotteli;
Sääret sen syämen syöpi,
Varsi vatsan halkasevi,
Muu ruumis murehen tuopi.

84. Täytyvi tätä tytärtä.

Ei täyvy tätä tytärtä
Pahoille rekipajuille,
Likaiselle liistehille,
Miehen kainun kainalohon;
Vielä tälle tyttärelle,
Tälle kaunolle kanalle,
Tulevi Turusta sulhot,
Kirjakorjat kiiättävät,
Siitävät sinisatulat,
Verkaviitat viillettävät.
Sitte täytyvi tytärtä
Rikkahille reen perähän,
Kauppioille kainaloihin;
Verassa vihille vievät,
Paperissa pappilahan,
Silkissä salitupihin,
Säterissä sängyn päälle—
Sitte ei sänki säärtä pistä,
Sirppi ei sormia sipase,
Viikate vipase kättä,
Korenta ei paina olkapäätä,
Kivenpuu ei kättä lyötä.

85. Viel' on mulla mielitietto.

Minkä tiesivät minusta,
Kunka kummasen näkivät,
Kun ei nainehet minua
Nuo soriat nuoret sulhot,
Kun ei korjattu kesällä,
Viimetalvena tahottu,

Otettu omille maille,
Kopattu kotikylähän.
Ei tuo neito tuosta huoli,
Piä ei pitkältä surua,
Jos ei naitu naapurihin,
Kopattu kotikylähän;
Viel' on mulla mielitietto
Elossa etempänäki—
Menen neiti muille maille,
Omin jalkoini osoan,
Turun poikien tutuksi,
Porvarien puolisoksi.

86. Ei tuo neito tuosta huoli.

Mikä lie minusta nähty,
Kuka kummanen katsottu,
Kun ei naia naapurihin,
Oteta omille maille;
Liekö nähty liioin syövän,
Liioin syövän, liioin juovan,
Vai tietty vähä tekevän,
Tahi ei nousevan varahin.

Ei tuo neito tuosta huoli,
Jos ei naia naapurihin;
On maata metson matoa,
Kuusia oravan olla—
Kyll' on maata muuallaki,
Ilmoa etempänäki.
Menen neito muille maille,
Vierähän Wiron vesille,
Olen orjana Wirossa,
Palkkalaisna Pauluskoilla.
Hyv' on siellä orjan olla,

Armas piikasen eleä
Ei suata survomahan,
Ei tahota tappamahan,
Ei oo huolta huhmarelle,
Eikä kiirettä kivelle;
Vesi siellä vehnät jauhoi,
Koski kiikutti kivosen.

Saan ma riunasen rahoa,
Puolentoista polttinaista;
Ostan ylpiät yliset,
Aivan ankarat alaiset,
Ostan uuet ummiskengät,
Silkkiset sukan sitehet.
Sitte kuulun kukkasena,
Hopiaisena heläjän,
Menen herran heinämaalle,
Heinämaalle mansikaksi,
Tahi kirkkohon kukaksi.
Kaikki rahvas katsomahan,
Ihmiset imehtimähän,
Nuoret miehet mieltymähän,
Sulhaset suatsemahan,
Minun allin armautta,
Ja korian kukkautta,
Soreutta sorsalinnun;
Siitä naivat Narvan herrat,
Vievät Wiipurin isännät,
Suurihin salitupihin,
Kaunihisin kammarihin.

87. Nouse lempi liehumahan.

Kukapa täss' on Hiien koottu
Kenpä Lemmon lentokeihäs,
Joka lempeni lähetti,
Pani kuulun kunniani,
Tikan tiehen, tien ohe'en,
Maan alle, maon pesähän,
Tikan tietoliukkusehen,
Kären käyntiloukkosehen!

Vielä mä lempeni herätän,
Nostan kuulun kunniani,
Tikan tiestä, tien ohesta,
Maan alta, maon pesästä,
Tikan tietoliukkusesta,
Kären käyntiloukkosesta;
Nostan lempeni levosta,
Kunnian kulonki alta.

Nouse lempi liehumahan,
Kunnia kukostamahan!
Kule kuu, palate päivä,
Pala nuorten miesten mieli!
Syän syttyös tulehen,
Povi polttohon kovahan,
Vatsa valkian väkehen,
Mieli melki heltehesen;
Jott' ei oisi öissä maata,
Eikä päivällä levätä!

Paloi tuli, paloi taula,
Pala nuorten miesten mieli!—
Paras mulle, ei pahinta,
Paras pappien seasta,
Killin kirkkorahvahasta,
Sorein sotaväestä,
Verevin vesien päältä!

88. Paistaa päivä muuallaki.

Mitä neiti tuosta huolin,
Kuta kukkanen valitan,
Jos ei naia naapurihin,
Oteta omille maille!—
Paistavi Jumalan päivä
Muuallenki maalimassa,
Ei isosen ikkunalle,
Ei veikon veräjän suulle.
Menen neiti muille maille,
Toukka toisille vesille,
Savohon sananalainen,
Vihattava Wiipurihin;
Sitte naivat Narvan herrat,
Vievät Wiipurin isännät,
Liikuttavat linnan herrat,
Keltyn saksat saattelevat.
Kevyt on Keltyssä eleä,
Kevyt syöä Keltyn leipä—
Kesäss' ei tehä kekoa,
Talvess' ei tapeta riihtä;
Leipä linnasta tulevi,
Särvin kaikki kaupungista;
Syömättä siat lihovat,
Kaunis karja katsomatta.
En tuolta kotihin tulle,
Käy en näille kartanoille,
Ennenkun verassa vierin,
Sametissa saan kotihin,
Oma poika ohjillani,
Saamani satulan päällä.
Kun ma tyttönä tulisin,
Kassapäänä kalkettaisin,
Viel' ois viiellä vihoa,

Kuuellaki kulkun täysi,
Kysymistä kymmenellä,
Sa'alla sanelemista.

89. Läkkän musta muille maille.

Mustaksi mua sanovat,
Tervaskannoksi tekevät,
Pahaksi panettelevat,
Kekäleeksi kelläjävät:
Moni on mustempi sanoja,
Pahempi panettelija—
On kyllin kekälehiä,
Tiellä tervaskantojaki.

Enkä tuosta neito huoli,
Jos mun mustaksi sanovat;
Läkkän musta muille maille,
Rauankarva kaupunkihin,
Siellä musta valkenevi,
Rauankarva kaunistuvi—
Saksan saipua pesevi,
Meren vaahti valkasevi.
Tok se on veteä toisti
Uuen linnan linnukkinen,
Suomen suolainen silakka,
Kaupungin kala makia.

90. Pois tulee tytölle lähtö.

Aina muut mukahisensa,
Kuki kielikumppalinsa,
Ottavat omilta mailta,
Tuovat mailta tuttavilta;
Minä vieno vertoani,
Minä kainu kauppoani,
En ota omilta mailta,
Tuo en mailta tuttavilta.
Pois tulee tytölle lähtö,
Erohetki ennättävi,
Tästä kylmästä kylästä
Katalasta Karjalasta;
Ero on viinat keitettynä,
Ero pantuna oluet,
Kohta korjat käännettynä,
Päin ulos, perin tupahan,
Lappein ison latohon,
Kalten karjohuonehesen.

92. Suotta soimat nostettihin.

Suotta soimat nostettihin,
Kiusan kielet kannettihin,
Mun päälle hyvän tapani,
Päälle kuulun kunniani.
Jopa vaan tytöstä tästä
Piiat tuumoa pitivät,
Sekä piiat, jotta poiat,
Miehet mieliä pahoja,
Sekä siirtivät sisaret,
Jotta langot laittelivat,
Heimokunta herjaeli.
Noin ne luuli luppakorvat,
Ajatteli arpinaamat;

Tämän piian pilkan saavan,
Häpiähän häilähtävän—
Koiterehen kuolevani,
Kaatuvan kalojen syöä.
Vaan en kuole Koiterehen,
En kaau kalojen syöä;
Vielä nyt tätä nykyä,
Vielä tällä kymmenellä,
Lempipaitoihin paneme,
Lyöme lykkyvaattehisin.
Vielä tälle vienoselle,
Vielä vienopäiväiselle,
Kolkkavi kosijan kengät,
Välkkävi vävyn kypärät;
Pian Pielinen pesevi,
Vesi kuulu kuuroavi,
Vesi vallan valkasevi,
Enon valkama valavi.

93. Sepä vasta sen pahempi.

Paha lienenki poloinen,
Pahemmaksi pantanehe;
Tuhma lienenki poloinen,
Tuhmemmaksi turmellahan;
Kehno lienenki poloinen,
Kehnommaksi kellätähän.
Eipä se paha olisi,
Kun kylän paras panisi,
Kylän kukka kuikuttaisi,
Kylän sankari sanoisi.
Sepä vasta sen pahempi,
Sepä äsken äitelämpi,
Kun panee kylän pahimmat,

Kylän huonot huikuttavat,
Kylän kehnot kelläjävät,'
Kylän herjat herjoavat,
Kylän rietat riioavat,
Kylän ilkiät ilovat,
Puhelevi ruumenpurnut,
Tervakirnut tempoavat,
Sylttysammiot sanovat,
Kellokaulat kelläjävät.

Ja mitä huolitta minusta,
Kuta kannatta surua,
Revon huulet Hermikistä,
Pulloturvat Tuurikista,
Pullosuut punakerästä?—
Senpä te minusta saatta,
Min kirves kivestä saapi,
Napakaira kalliosta,
Järky jäästä iljenestä.
Saatta sen sanottuanne,
Minkä ilman oltuanne—
Syntiä syämen täyen,
Vatsan täyen vaikeutta.

94. En ole syötävä soria.

Aina laulan laitettava,
Aina pantava pajatan,
Sanelen sananalainen,
Vihattava vierettelen:
Mitä te hyvät imeiset,
Viikon kannatta vihoa,
Päälle mun vähäväkisen,
Lapsen pienen pikkaraisen?

En ole syötävä soria,
Enkä purtava punainen,
Kaluttava kaunokainen;
Taitava minä olisin,
Otettava oivanlainen,
Korjaeltava koria.

95. Tulin kummaksi kylähän.

Tulin kummaksi kylähän,
Imeheksi ihmisihin,
Ouoksi omille maille.
Nauramoiksi naapurihin,
Otettiin minusta outo,
Varsin virhi viskattihin,
Minun lapsen lauluistani,
Pienen pilpatuksistani;
Tuli soppehen sohina,
Sekä nurkkihin puhina,
Silmän isku ikkunoihin,
Jalan polku porstuihin.—
Pantihin minä pahaksi,
Tuhmemmaksi turmeltihin.
Pankohotpa, min panevat,
Sanokohot, min sanovat,
Pian mie paha pakenen,
Kohta outo kollahtanen;
Kohta tästä kelkan käännän,
Kelkan käännän, toisen väännän,
Käännän silmät sinne pääin,
Kusta kultani tulisi,
Herttaseni herskuttaisi.
Menen tuhma tuonnemmaksi,
Kulen kumma muille maille;

Ei taia minun täheni,
Kauttani minun katalan,
Mieli mierolta vähetä,
Ajatus kylän akoilta,
Nauru naapurin tuvilta,
Leikki lemmon loumajoilta,
Silmän isku ikkunoilta,
Välkytys kyläväliltä.

96. Liika minusta laitettihin.

Liika minusta laitettihin,
Sekä laava laskettihin,
Moni virhi viskattihin,
Saatihin moni sanoma.
Ken minusta liian laittoi,
Liian laittoi, laavan laski;
Tulkoon laava lapsistansa,
Sekä liika saamistansa,
Pojistansa miehen polku,
Tyttärestä läänilautta,
Miniästä mieliharmi.
Sanottiin minun poloisen
Sata lasta saaneheni,
Tuhat tuuvitelleheni;
Saakohot itse sanojat,
Saakohot saviset lapset,
Sisiliskoiset sikiöt,
Käärmehiset kätkyläiset,
Korppilintujen kokoiset,
Linnun mustan mustukkaiset.

97. Suotta soimat nostettihin.

Ei minusta olle'kana,
Olle'kana, liene'känä.
Viikoista vihanpitoa,
Kaukaista ylenkatsetta.
Jo on viikko vihattuna,
Kauan ylenkatsottuna,
Suotta soimat nostettuna,
Kiusan kielet kannettuna,
Päälle mun hyvän tapani,
Päälle kuulun kunniani.

Sanottihin, soimattihin,
Sanottiin minun poloisen
Silmin syöväni urohot,
Käsin miehet kätkeväni;
Surma syököhön urohot,
Tauti miehet tappakohon,
Kalma käsin kätkeköhön.
Tulkohon Turusta rutto,
Amputauti Aunuksesta,
Veritauti Wiipurista;
Ampuisi akat kylästä,
Koukkuleuat kopristaisi!
Ei minua muut sanoisi,
Akat saatanat sanovat,
Pakanat panettelevat,
Varajavat poikiansa,
Luulevat lutuksiansa,
Minun pienen pettäväni,
Katalan kaottavani;
Piru heitä pettäköhön,
Tuoni heitä toivokohon,

Tytöt Kalman katselkohot,
Maanitelkohot Manalan.

98. Mitäpä suree sanoista.

Jospahan poloinen lienen,
Eli lienen tuhma tuiki,
Pahemmaksi nuo panevi,
Tuhmemmaksi turmelevat;
Kylä on suuri suita täynnä,
Silmiä sitäi enemmän,
Korvia sitäi kovemman.
Vaan mitä huolinki hotakka,
Aika piika pelkeänki,
Mitäpä suren sanoista,
Kuta tottelen torista—
Mie olen tottunut torihin,
Sattunut kylän sanoihin,
Viipynyt kylän viho'in,
Puuttunut puhetten alle.

Kun kuulen sanottavaksi,
Eli liioin pantavaksi,
Silloin seison selvemmästi,
Piän päätä pystymmästi,
Olen kun oriheponen,
Tahi sälkö säärtä lyöen;
Kuulisin kiitettäväksi
Kertakaan kehuttavaksi,
Alempana pään pitäisin,
Alas silmät siirteleisin.

99. Sanat päälleni satavi.

Usein minä poloinen,
Usein tytär utuinen,
Luskan luisessa tuvassa,
Kiehun kielikattilassa.
Usein minun poloisen,
Usein utuisen lapsen,
Sanat päälleni satavi,
Puheet putoelevat.
Sanottiin minun poloisen
Juossehen joka kisassa,
Maannehen joka majassa;
Moni huoraksi hokotti,
Moni vannoi varkahaksi—
Huorammat hokottajani,
Varkahammat vannojani.
Mitä mie vaivainen varastin,
Kuta oisin kurja saanut:
Pykäläss' oli piimäpytty,
Merkissä isännän itra,
Vakassa vaja'a leipä,
Aitassa alottamaton.
Leikkasin manatun leivän
Manatusta kannikasta,
Makasin unen manatun,
Torkahin toran-alaisen
Manatuilla vuotehilla,
Kirotuilla pääaloilla—
Makia uni manattu,
Tuo mielen toran-alainen.

100. Vierin vierahan varalle.

Olin mie ison koissa,
Veikon kaunon kartanossa,
Olin kun omena-marja,
Tahi kun mansikka mäellä;
Nyt on tullut turmiolle,
Tammanna tavattomaksi.
Vei ensin emoni surma,
Sitte tauti taaton tappoi,
Vesi veljeni hukutti;
Jäin minä ve'en varahan,
Tulin tuulen turvan alle.
Ei paha ve'en varassa,
Eikä tuulen turvan alla;
Pah' on vierahan varassa,
Tunnottaman turvan alla.
Tulin mie tähän talohon,
Tulin kun tulikipuna;
Vierin vierahan varahan,
Vierin kun vesipisara;
Äkättihin äiä syövän,
Tiettihin vähä tekevän,
Varattiin varastavani,
Ei varahin nousevani.
Kyllä kuulin mieki kurja
Lemmon linnun laulavaksi,
Kuulin, kuinka kukko lauloi,
Ilotsi isännän lintu;
Vaan en voine vuolas nosta,
Enkä haikia havata,
Kullaki kukon sanalla,
Linnun laajan laulannalla.—
Voi sinua kurja kukko,
Haikia havukan ruoka,
Kun sa niin varahin laulat,
Allittelet aikaisehen
Et sä silloin laajoin laula,

Et alota aikaisehen,
Kun sa vieähän viluhun,
Paiskatahan pakkasehen.

101. Monta muoriteltavata,

Mont' on muoria minulla,
Monta muoriteltavata;
En tieä kuta kumarran,
Kumarran vähä kutaki.
Vainko heitän herjat kaikki,
Pakenen pahoista poies,
Vaikka metsähän menisin,
Korpehen kotini saisin.
Ennen kuusia kumarran,
Kun kumarran kunnotonta,
Ennen kierrän kieron koivun,
Kun ma kierrän kelvotonta;
Ennen palvelen pajua,
Kun ma palvelen pahoa;
Ennen leppeä lepytän,
Kun lepytän lempolaista.

Lempoko näistä lemmen saapi,
Piru kunnian pitävi,
Tästä lemmon leisiosta,
Pirujen pesäsiasta!—
Hyppäsin hypyn jaloilla,
Kävin kärpän kämmenellä,
Siistiä tavottaessa,
Kunniata pyytäessä;
Saanut en kurja kunniata,
Raukk' en lempiä tavannut,

Vaikka vuoret vierettäisin,
Kalliot kaha panisin.

102. Kun ma voisin vielä vuoen.

Tuskaksi minun tulevi,
Pakoksi minun panevi,
Tätä orjana oloa,
Vierasta kiven vetoa
Kivi kiskoi harteheni
Paasi paitani repäsi.

Kun ma voisin vielä vuoen,
Kesteä tämän kesosen,
Tämän syksyn syylätellä,
Tämän talven tallustella,
Akan ankaran apuna,
Rautakämmenen kälynä!

Jospa voisin vuoen olla,
Tok' en toiseksi rupeisi,
Paistiksi pahan emännän,
Tulikulkun kumppaliksi;
Kun minkä sanan sanovi,
Tuli suusta suihkuavi,
Kipunoivi alta kielen,
Savuaa sanan jälestä.

Jo ma voinen vuoen olla,
Yhen kesteä kesosen,
Yhen syksyn syylätellä,
Yhen talven tallustella,
Akan ankaran apuna,
Rautakämmenen kälynä;

Teräksestä tietän kengät,
Paulat vaskesta panetan,
Joilla seison seinävieret,
Kuuntelen kujaperukset,
Kunnes suuri suisteleksen,
Ankara asetteleksen,
Rautakämmen käänteleksen,
Tulikulkku kuohteleksen.

103. Emännäll' on kolme kieltä.

Niin minäki pieni piika,
Kun on muutki pienet piiat,
Orjaksi olen osattu,
Pantu palkan piikuutehen,
Näille tuhmille tuville,
Asunnoille arvoisille.
Niin kiilui isännän silmät,
Kun tuima tulikipuna,
Niin liikkui emännän kieli,
Kun on kuiva haavan lehti.
Emännäll' on kolme kieltä—
Yksi puinen, toinen luinen,
Kolmas on kivinen kieli;
Puisella puhui tuvassa,
Luisella lukon takana,
Kivisellä kellarissa.
Mit' ei kielellä kerinne,
Kut' ei saattane sanoilla,
Sen panevi seipähällä,
Halkosilla haastelevi.—

Eipä se paha olisi,
Ei ois puoliakaan pahoa,

Kun on tuojan toruisi,
Tahi saajani sanoisi,
Iskisi imettäjäni,
Löisi löylynkylvettäjä;
Se vasta paha paneksen,
Sepä tuskan tuottelevi,
Kun on tuomaton toruvi,
Saamaton pahoin sanovi,
Iskevi imettämätön,
Lyöpi löylynkylpemätön.

104. Mahoit ennen luoja luoa.

Voi kun loit minua luoja,
Voi kun säätelit Jumala,
Orjaksi osalliselle,
Vangiksi varalliselle.
Kun et sie minua luonut,
Säätänyt tätä tytärtä,
Vaimoksi varalliselle,
Pohatalle puolisoksi,
Joka kestin juoksijaksi,
Joka ilta ilotsijaksi.

Mahoit ennen luoja luoa,
Luoa luotoja merehen,
Salasaaria sanella,
Karipäitä kasvatella,
Ennenkun tätä tytärtä,
Näille päiville pahoille,
Portahille pyöriville,
Varvuille vapiseville,
Joka tuulen tuultavaksi,
Satehen saeltavaksi!

105. Lähen linnahan kauaksi.

Ei minusta liene'känä
Orjaksi omille maille,
Lähen linnahan kanaksi,
Maille muille marjaseksi.
Ennen kannan maitokannun,
Maitokuksinan kuletan,
Sihen sillan korvasehen,
Tahikka kaupungin kaulle;
Ennenkun kannan kaskipölkyn,
Nokipölkyn nostattelen,
Sillä paikalla pahalla,
Tuhmalla tulirovilla,
Josta saita syöä saapi,
Punakuoren purraksehen,
Joka vei vähän väkeni,
Vaahen otsasta valutti,
Kaikki kiskoi kylkiluuni,
Väänti hartiot hajalle.

106. Ei ollut kaunis Karpan puoli.

Olin Karpalla kanana,
Herttasena herran poian;
Kaunisko oli Karpan puoli,
Heleväinen herran puoli?
Ei ollut kaunis Karpan puoli,
Ei helevä herran puoli;
Se kaunis Kalinan niemi,
Se soria Sorsan niemi,
Suuren aallon survelija,
Suuren vietran vierettäjä.

Voi sie kumman Kuittijärvi,
Voi sie lemmon liete'pohja,
Minun kurjan kuolettaja,
Minun suotta souattaja,
Sormien sorruttaja,
Verieni vierettäjä,
Lihojeni liuvuttaja,
Koko varren vaivuttaja.
Saattaisiko suurisynty,
Auttaisi ylinen armo,
Tätä neittä Niemelästä,
Kaunoista Kalinalasta,
Immeksi ison kotihin,
Tahi Karpalle kanaksi;
Tok mie tuohukset vetäisin,
Vahasauat saatteleisin,
Parahiksi pappilahan,
Kirikköhön kiiättäisin.

107. Ei tytär jokehen jona.

Soutaisin isoni purtta,
Kun lehteä lennätellen,
Souan vierasta venettä,
Veän kun vesi-hakoa;
Vesi vie vähän väkeni,
Aalto armahan ikäni,
Tuuli tukkani repivi,
Muun muovon vihuri viepi.

Tule tuuli, paista päivä,
Laske lasta irrallehen;
Ota minua orjuuesta,
Päästä palkan piikuuesta,

Vaikka vierisin vetehen,
Kaatuisin kalajokehen,
Sisareksi siikasille,
Veikoksi ve'en kaloille—
Siiat silmäni pesisi,
Hauit pääni harjoaisi.

Vaan kun kuolen kuulu piika,
Riutunen tytär ritunen;
Kukapas sitte kullalleni,
Kenpä kielilinnulleni,
Puun saapi, halon hakevi,
Ve'en rannalta vetävi?—
Ken pesi pyhäiset pyykit,
Arkipaiat ompelevi,
Nästykit näpertelevi,
Viepi ne vesikivelle,
Alle kartun kantelevi,
Sotkuhun sovittelevi?

108. Vierahan ylösajanta.

Piennä heitti minun emoni
Kylän vaimojen varahan,
Kylän naisten kylvetellä,
Kylän akkojen ajella.
Kaikki tunnen mie katala,
Kaikki oon kokenut kurja,
Mieron mielen, mieron kielen,
Mieron armot armahimmat,
Kyläiset hyvinpiännät,
Vierahan ylösajannan.

Kun vieras ylös ajavi,
Noin se silloin vieras virkki:
"Nouse pois nokinen pölkky,
Hava'a vesihakonen,
Puhu tulta turve'korva,
Lietso lemmon liekuttama!"
Ei se niin oma emonen,
Noin sanois oma emonen:

"Nouse ylös noutamani,
Kaapsahtele kantamani,
Puhu tulta tuomaseni,
Lietso liekuteltuseni;
Kun et jaksa, niin lepeä,
Ja lietso levättyäsi!"

109. Kasvoin lassa armotonna.

Eipä kasva kaikki lapset,
Ei ylene yksikänä,
Niinkun mie katala kasvoin,
Yksipuolinen ylenin.
Kasvoin lassa armotonna,
Yksipuolisna ylenin;
Kasvoin kun karankokuusi,
Nousin kun noropetäjä,
Niinkun putki puun nojassa,
Saraheinä sammalsuolla,—
Kaste kaihassa tilassa,
Vesi vaahterin vajossa.
En kasvan't kananmunilla,
Ylennyt sianlihoilla;
Kasvoin kainalopaloilla,
Täyvyin kaalin tähtehillä,

Veräjillä vierahilla,
Uksilla ulisevilla.

Kunp' on eukkoni eläisi,
Oisi vanhin valvehella,
Ei se lapsi näin kävisi,
Nukkavierulla nutulla,
Karvavieru kauhtanalla,
Paha raiska paita päällä;
Maata verkani vetäisi,
Siltoa sinihamonen.

110. Tule ei päivä polvenaan.

Elköhön hyvä Jumala
Luoko lasta luonnotonta,
Eikä aivan armotonta,
Isotonta alle ilman,
Emotonta ensinkänä,
Niinkun loi minun Jumala
Isottaman alle ilman,
Emottoman ensimmäisen—
Loi kun lokkien sekahan,
Karille meren kajavan.
Päivä pääskyille tulevi,
Varpusille valkenevi,
Ilo ilman lintusille;
Ei minulle milloinkana.
Eipä se emottomalle,
Tule päivä polvenahan,
Eikä valkia valosta,
Ei ilo sinä ikänä.

Käyn mä kymmenen kyleä,
Samoan saan taloa;
Ei ole sitä sisarta,
Vielä veljeä vähemmin,
Jolle huoleni sanoisin,
Ja haluni haasteleisin—
Sisaret on siellä täällä,
Veikkoni Wenäehellä.

Jos mä virkan vierahalle,
Kyllinki kylän väelle,
Vieras sen viieksi panevi,
Kyläläinen kymmeneksi.
Parempi sanon pajuille,
Eli haastan halkosille,
Kerron puille pääni päällä,
Maahan alla jalkojeni;
Lausun saunan lautasille,
Itken saunassa saloa,
Kyllin kylpihuonehessa,
Ylisellä yksinäni—
Yliset ulasvesille,
Saunan lauat lainehille.

111. Pois itkin ihanat silmät.

Miks' on silmäni sipalat,
Näkimeni näin huterat—
Lie'kö lassa langeteltu,
Ja piennä pahoin pielty?
Ei oo lassa langeteltu,
Ei piennä pahoin pielty.
Siit' on silmäni sipalat,
Näkimeni näin häperät;

Kun ennen emoa itkin,
Kantajata kaihoelin,
Surin suurta syöttäjeä,
Varuin suurta vanhempoa.

Itkin vuoen, itkin toisen,
Itkin kohta kolmannenki,
Kolmannenki, neljännenki,
Vielä itkin viiennenki;
Pois itkin ihanat silmät,
Kasvon kaunihin kaotin,
Puottelin punaisen posken,
Vereväisen vierettelin.
En ole sitte silmin nähnyt,
Kun on kirstu kiini pantu,
Rautanauloilla napattu,
Vasaroilla vahvistettu.

112. Ei kuule emo minua.

Kun olin lassa kuuskesoisna,
Vielä viisivuotoisena,
Olin nokka nuotilleni,
Sekä vilkka virsilleni,
Laulelin jokaisen lakson,
Joka rannan rallattelin;
Nyt en oo nokka nuotilleni,
Enkä vilkka virsilleni,
Ilman laulan laitoissani,
Murehissani murajan.
Laulan mie liki kotia,
Liki vettä vierettelen,
Liki laulan linnaistani,
Liki salvanta sanelen,

Ehkä kuulisi emoni,
Panisi pa'an tulelle,
Parasta pa'an sisälle;
Tulisi kyselemähän,
Ja saisi sanelemahan:
"Mitä laulat lapsueni,
Kuta lintuni likerrät?"
Ei kuule emo minua,
Jos mie silmillä siherrän,
Tahi kulmilla kuherran,
Päälaella laulattelen;
Enkä huoli huutamahan,
Ei se kuulu kumminkana,
Ei kuulu emolle itku,
Ei valitus vanhemmalle—
Huuto ei kuulu Tuonelahan,
Valitus Manan majoille.

113. Nokeusin nuotioilla.

En minäki oisi ollut,
Isän koissa ollessani,
Mustin muita neitosia.
Kalvakin kylän kanoja.
Vaan ma mustuin mustikoilla,
Painuin marjoilla pahoilla,
Muutuin mustilla tulilla,
Nokeuhuin nuotioilla,
Keryin keittovalkioilla,
Savustuin savumajoilla;
Kun söin lassa mustikoita,
Paljo marjoja pahoja,
Nukuin nuotiotulilla,
Makasin savumajoilla.

114: Oisinko pojaksi luotu.

Kun oisin poikana poloinen,
Kalki jousen kantajana;
Ei ne pyyt pyhää pitäisi,
Oravaiset oisi jouten.

Oisinko pojaksi luotu,
Ja kyhätty kyntäjäksi,
Enmä näissä näin kävisi,
Kylän vierahan varassa;
Kyntäisin isoni maita,
Ja vakoisin vanhempani;
Ei vieras viheltelisi
Pelloilla ison perillä;
Ei itkis isoni pelto,
Vainiot valitteleisi.
Itkikö isoni pelto,
Taaton vaimot valitti?

Itkipä isoni pelto,
Taaton vainio valitti.
Kun kävin sivutse kerran,
Astuin aitojen alatse,
Kuulin itkevän isosti,
Vahvasti valittelevan,
Kylällistä kyntäjätä,
Vierasta vakoaiata.
Pellot itki, niityt itki,
Kotinurmet nukkerehti,
Näin hyveä niittäjätä
Kaunista kaputtajata.

115. Toisinpa kävi kätehen.

Toisin tiesin, toisin toivoin,
Toisin luulin ja käkesin,
Toisinpa kävi kätehen;
Tuli tyhjä toivotusta,
Vale viikon vuotetusta,
Tosi toivomattomasta.

Mennä vuonna, näill' ajoilla,
Kuka tiesi kuulun piian,
Kenpä kenstin morsiamen,
Sukivan suruista päätä,
Huolellista harjoavan,
Kaihollista kampoavan.

Mennä vuonna, näill' ajoilla,
Kuka tiesi, kenpä luuli,
Tänä vuonna, täll' ajalla,
Kynsivän kylän väliä,
Mieron teitä mittelevän;
Nämät notkot nousevaksi,
Nämät maat matelevaksi,
Nämät kursot kulkevaksi.

Enpä uskonna olisi,
Jos oisi sata sanonna,
Viisi viiasta puhunna,
Kuus' sanonna kuusikosta,
Näille juonin joutuvani,
Näille päivin päätyväni,
Jotk' on päivät päälle päässyt,
Juonet joutunna käsihin.

116. Osan tähen ei otettu.

Olisi tämä otettu,
Neito kaunonen katsottu,
Tämä muoto muuanne'ki,
Tämä kasvo kaikin paikoin;
Osan tähen ei otettu,
Tavan tähen ei tahottu.
Ken oisi köyhän ottanunna,
Katsonna minun katalan,
Minun kurjan korjannunna;
Oisi tuo poloinen poika
Saanut vihkurin vihoa,
Paljo päiviä pahoja,
Sylin syäntähän piellä,
Käsivarsin vatsoahan—
Saanut panna paiatuutta,
Sukatuutta surkutella,
Hoiotella housutuutta,
Panna paitansa pahuutta.

117. Miksi olen laiha.

Aina laulan laiha piika,
Tielle heitetty heläjän,
Sanelen sanan-alainen,
Kaitaposki kaikottelen,
Kun ei muut lihavat laula,
Pulskiammat ei puhele,
Verevämmät vierettele,
Kaunihimmat kaikottele.

Laulan, laulan laihalanta,
Kuivalanta kuikuttelen,
Laulan laihoilta lihoilta,
Kupehilta kuuttomilta.

Miks' olen lihoilta laiha,
Kupehilta ilman kuutta?—
Siks' olen lihoilta laiha,
Kupehilta ilman kuutta,
Kun on lassa langeteltu,
Piennä kolhittu kovasti.—

Voi velonen veitoseni,
Kaunis kasvinkumppalini,
Kuin sa kuitenki vetelit,
Ja pitelit pienosena,
Huppusena huiskuttelit,
Kantelit kapalolassa!—

118. Ikävä omia maita.

Laulan, laulan laiha piika,
Vieritän veretön lapsi;
Laulan rannan laiturilla,
Vieritän vesikivellä,
Johon kaikki aallot käypi,
Veen tyrskyt tyyräjävi,
Minun raukan laulellessa,
Kurjan kuikerrellessani.

Minä laulan laiturilla,
Vieritän vesien luona,
Jotta kuuluisi kujerrus,
Ääneni yli vesien;
Kuuluisi kotikylähän,
Oman puolen poikasille—
Ikävä minun tulevi,
Ikävä omia maita,

Oman puolen poikasia,
Oman Suomen sulhasia.

119. Surujani mie sukitan.

Katsos muita miekkosia,
Ja onnen osallisia,
Sukittavat suotujansa,
Luotujansa paiottavat;
En minä sinä ikänä,
En poloinen polvenani,
Sukittele suotuani,
Luotuani paiottele—
Surujani mie sukitan,
Paiotan pahoa mieltä,
Mielen kaiken kääntehiä,
Liikkehiä liian mielen.

Kunpa kuolisin poloinen,
Katalainen katkiaisin,
Sukat Surmalle tekisin,
Paiat Kalman poikasille—
Sukat suurista suruista,
Paiat päivistä pahoista,
Housut huolen kankahasta,
Iholiivit itkuloista.

120. Kunpa kurja kuolisinki.

En minä sinä ikänä,
Kuuna kullan valkiana.

Näkijälle kättä näytä;
Näkijä valehtelevi
Syöäksehen, saahaksehen,
Kylläisnä eleäksehen.

Noin sanoi Savon näkijät,
Noin pakisi Pohjan noiat
Minun kurjan kuolevaksi,
Kalkisen katoavaksi,
Nuorena nukahtavaksi,
Kasvavana kaatuvaksi—
Minä hoikka huolemahan,
Ja musta murehtimahan.
Mieleni meni pahaksi,
Syämeni surulliseksi,—
Enkä kuollut kuitenkana,
Tainnut en kalkinen kaota.

Kunpa kurja kuolisinki,
Katkiaisinki katala,
Äsken tuosta toissa vuonna,
Kohta kolmanna kesänä,
Maassa heinänä helyisin,
Kukkana kukosteleisin—
Paremmat kukalla päivät,
Helevämmät heinäsellä,
Kun on kurjalla minulla,
Kovin koitopäiväisellä.

121. Löyän armon aaltoloissa.

Läksin piennä paimenehen,
Lassa lammasten ajohon,
Istuin maalle marjaiselle,

Nukuin nurmikkokeolle;
Tuli vieras viiviköltä,
Koiransuoli koivukolta,
Jok' otti minun omani,
Piti piikakunniani.

Menin itkien kotihin,
Itkien ison pihoille;
Iso torui ikkunalta,
Emo aittansa ovelta,
Veikkoni veräjän suulta,
Sisko sillan korvaselta—
Ollut ei turvoa tuvassa,
Armoa katosten alla.

Niin jo kohta koito raukka,
Näillä päivillä pahoilla,
Löyän turvan tuulen alla,
Armon aaltojen seassa—
Mennä mieleni tekevi
Alle aaltojen syvien,
Sisareksi siikasille,
Veikoksi ve'en kaloille.

Ellös sie emoni sitte
Panko vettä taikinahan,
Laajalta lahen perältä,
Ilman karvan katsomatta;
Ves' on täynnä tukkiani,
Rannat kaikki kasvojani,
Minun tuiman tukkiani,
Minun haitran hapsiani.

122. Tuli hurtta huovin maalta.

Niin minäi pieni piika,
Kun on muutki suuremmaiset,
Kannoin vartta vartalolla,
Nostatin noripereä;
Tuli hurtta huovin maalta,
Sammakko Savon rajalta,
Miesi kurja Kuopiosta,
Sotaheitto Helsingistä,
Joka joi minun vereni,
Piti piikakunniani,
Vetytti verevän kasvon,
Huollutti punaisen posken,
Vaivutti ihanan varren,
Notkutti noriperäni.
Ei tiennyt emoni rukka,
Iso ei se ensinkänä—
Iso piikana pitävi,
Emo lassa lallittavi,
Mie vaan näissä naapottelin.
Kyllä tiesi kurja miesi,
Tunsi hurtta huovilainen,
Alla aian maannehensa,
Nurmet nutturoinnehensa,
Lepiköt levännehensä.

123. Ei tieä emo tytärtä.

Ei tieä emoni rukka,
Ei tieä emo tytärtä,
Miss' on piika pillattuna,
Emon tuoma turmeltuna:
Tuolla piika pillattihin,
Emon tuoma turmeltihin,
Laitasaaren laitehella,

Lehtovaaran liepehellä.
Kun kerran kävin jälestä
Sillä paikalla samalla,
Jopa saariki saneli,
Saaren rannat raukotteli,
Itkivät ihanat nurmet
Ahot armahat valitti,
Nuoret heinät hellitteli,
Kuikutti kukat kanervan,
Tuota piian pillamusta,
Emon tuoman turmellusta.
Eipä noussut nuori heinä,
Kasvanut kanervan kukka,
Ei noussut sinä ikänä
Sillä tuhmalla sialla,
Kuss' on piika pillattihin,
Emon tuoma turmeltihin.

124. Mieli muien ja minunki.

Miten on mieli nuorten neitten,
Mieli muien miekkosien?—
Niin on mieli nuorten neitten,
Mieli muien miekkosien,
On kun vellova vetonen,
Eli aalto altahassa.
Miten on mieleni minunki,
Mieleni minun poloisen?—
On kun hanki harjun alla,
Vesi kaivossa syvässä.

Niin on mieleni poloisen,
Mieleni minun poloisen,
Kun on myötävän hevosen,

Tahi tamman kaupittavan,
Tahi ostetun orihin,
Tahi miehen tappanehen,
Miestä kaksi kaatanehen,
Urosta upottanehen.

125. Alene Jumalan aika.

Hoi isoni, hoi emoni,
Joko nyt kesä tulevi,
Kun mun kenkäni kuluvi,
Hameheni harvenevi—
Kun tuo peipo puipertavi,
Rastas rannalla panevi?
Tule jo kesäki kerran,
Talvi siirräte sivutse,
Kule päivä, viere viikko,
Alene Jumalan aika;
Mene aika mielaloissa,
Hoilattele huolissaki.
Kuku jo ilokäkeni,
Laula lempilintuseni,
Alemmaksi aikojani,
Lyhemmäksi päiviäni.
Päästä päiviä lyhennä,
Sekä keskeltä kevennä,
Katkase kahenki puolen,
Päästä lasta päivän päähän,
Näissä suurissa suruissa,
Apioissa mielaloissa.

126. Viikon vuottelin käkeä.

Kun oisin paimenna paloinen,
Eli paimenen tytärnä,
Niin toisin huhuelisin,
Sekä toisin leilottaisin;
Kuuluisi kulosta ääni,
Heläjäntä heinikosta;
Kukkuisi käetki puissa,
Pienet linnut laulelisi.
Viikon vuottelin käkeä,
Kauan katsoin kaunoistani:
Kuulisin käen kukunnan,
Ehkä syämeni sulaisi.

Viikon vuotin, kauan katsoin,
Jo tuli kevätki kerran;
Kuulin mie käen kukunnan,
Linnun laulavan lehossa,
Vaan ei syämeni sulanut,
Eikä mennyt raskas mieli.
Kuta kuuntelin enemmän,
Sitä mieli raskahampi;
Mieleni meni pahaksi,
Syän syttä mustemmaksi.

127. Kolminaiset huolet.

Ei ole huolet yksinäiset,
Eikä huolet kaksinaiset,
Vaan on huolet kolminaiset,
Murehet monennäköiset.
Yks' on huoli pääni päällä,
Toinen alla jalkojeni!
Kolmas on kohalla kesken,
Sykertäk syänalassa.

Jok' on huoli pääni päällä,
Sen panisin palmikolle,
Nuorasilla kiinittäisin,
Silkkinauhoilla sitoisin.

Jok' on alla jalkojeni,
Sen käärisin kenkihini,
Kengänpauloilla panisin,
Sukillani suullittaisin.

Vaan jok' on kohalla kesken,
Jos sen vyöllä vyötteleisin,
Ei vyöhyt pitäisi'känä,
Vyö kaheksi katkiaisi.
Sepä huoli keskimäinen
Se syäntä maitelevi,
Viepi vienosen manalle,
Iän nuoren tuonelahan.

Paha panna'ki olisi
Hiekkahan heliä silmä,
Multihin muhia muoto,
Kasvo kaunis kankahasen,
Tuonen toukkien torua,
Manalan matojen syöä.

128. Maassa mieleni matavi.

Niin ne muutamat sanovat,
Moniahat arvelevat:
"Iloissahan tuo elävi,
Riemuissahan riehkahuvi."—
Minä hoikka huolissani,
Ikävissäni ilotsen.

Usein minun utuisen,
Usein utuisen lapsen,
Maassa mieleni matavi,
Alla jalkani asuvi,
Alla penkin piehtaroivi,
Nurkissa nuhaelevi.

Usein minun utuisen,
Usein utuisen lapsen,
Mieli kulkevi kulossa,
Vesakoissa viehkuroivi,
Miel' ei tervoa parempi,
Syän ei syttä valkiampi.

Usein minä utuinen,
Usein utuinen lapsi,
Itketän ihanat silmät,
Kastuttelen kaian kasvon,
Vetytän verevän posken,
Hoikan varteni valelen;
Kylä tiesi kylpenehen,
Veli vettä kantanehen—
Minä kylvin kyyneleillä,
Hautelin haluvesillä.

129. Kannan mustoa muretta.

Hoi velinen veitoseni,
Kaunis kasvinkumppalini,
Kuule'pas, kuin sanelen,
Kielen kurjan kuikuttelen:
Mikä lienehe minulle,
Kuka kurjan kannetulle,
Iskennä tämän ikävän,

Tämän huolen hoivannunna,
Tämän kaihon kantanunna,
Murehen mukaellunna!

Ei ne muut muretta tunne,
Kanna kaihoista syäntä,
Niinkun mie katala kanto
Kannan mustoa muretta,
Syäntä syennäöistä,
Huolta hiilenkarvallista.

Usein minun poloisen,
Usein polon-alaisen,
Suru päätäni sukivi,
Huoli päätä harjoavi,
Kaiho päätä kampoavi—
Ei ison suka suloinen,
Ei emon haluinen harja,
Veikon kampa kaunokainen;
Ei sui suruista päätä,
Huolellista harjaele,
Kaihollista kampaele.

130. Toinen ei tunne toisen huolta.

Eipä tieä toinen toista,
Tunne ei toinen toisen huolta;
Eipä tieä yksikänä,
Arvoa yheksänkänä,
Tämän pääskyn päänsisusta,
Tämän allin mielaloa,
Mitä mielessä makaavi,
Aivossa asuelevi.

Kylä kyllinki sanovi,
Naapuri naputtelevi,
Elävän minun ilossa,
Riemussa remuelevan—
Ikävät minun iloni,
Riemut ratki raskahia.
Usein minun utuisen,
Usein utuisen lapsen,
Itku silmäni sitovi,
Huoli pääni harjoavi,
Kaiho pääni palmikoivi—
Ei ison sininen silkki,
Ei emori käet kätyiset,
Veranlisti veikon tuoma.
Usein minun utuisen,
Usein utuisen lapsen,
Mieli tervoa tekevi,
Syän syttä keittelevi;
Itku on iltalaulunani,
Aamuvirtenä valitus.
Usein minun utuisen,
Usein utuisen lapsen,
Huoli hurstille tulevi,
Varu vaattehuisilleni,
Mure muille vuotehille.
Uni ei tule usein
Minun hoikan hurstilleni,
Varullisen vaipan alle;
Eipä se uni lähene
Huolellisen huonehesen,
Kaihollisen kartanohon,
Murehellisen majahan.

131. Kyllä huoli virttä tuopi.

Kun olin ennen nuorempana,
Kasvavaisena kanana;
Tuli eukko tuonnempata,
Laulaja Lapin periltä,
Joka virsiä veteli,
Monet laulut laulatteli.

Annoin rätsinän akalle,
Hyvän paian palkastansa,
Siirrytin sinikeräset,
Puottelin punaiset langat,
Hyvän laulun laulannasta,
Paremman pajattamasta,
Virret kielin kertomasta,
Suin sanat sovittamasta.

Kuules eukko, kuin nyt laulan,
Kuules akka, kuin sanelen:
Tuo nyt jälle rätsinäni,
Palahuta paitavaate,
Työnnä pois punaiset langat,
Siirrytä sinikeräset—
On jo virttä neuomatta,
Saamatta sanoja kyllin;
Kyllä huoli virttä tuopi,
Mure virttä muistuttavi,
Kaiho kantavi sanoja,
Mielalani arveloita.

132. Erotus jauhinkivillä.

Annettihin aikoinani
Juoa juossehen hevosen,
Appoa ajetun ruunan,

Syöä neien jauhanehen.
Jauhoin mie ison kiveä,
Kun lehtiä lennätellen;
Väännän vierasta kiveä,
Kun on vuorta vieretellen.

Mitäpä kilkkaset kivonen,
Mitä vuori voivottelet,
Alla ainoan käteni,
Alla pienen peukaloni—
Jalompaako jauhajata,
Killimpätä kiskojata?

Et sä kilkkase kivonen,
Etkä vuori voivottele,
Kun tämä kana katovi,
Pieni lintu liikahtavi—
Kun ma kuolen kuulu piika,
Riutunen tytär ritunen.

133. Kivi on suuri, orja pieni.

Mitä sie kivi kitajat,
Mitä vuori väikerrehät,
Minun huonon horjuttaissa,
Vienon vieritellessäni?

"Sitäpä kivi kitajan,
Sitä vuori väikerrehän:
Kivi on suuri, orja pieni,
Jauhaja vähäväkinen."

Elä sie kivi kitaja,
Elä vuori väikerrehä.

Minun vienon vierittäissä,
Huonon horjutellessani;
Kuitenki kivi sinulle
Vara uusi vahvenevi.
Kohta kuolen kurja lapsi,
Katoan tytär katala,
Saat sa jauhajan jalomman,
Verevämmän vierettäjän.

134. Ellös vuori voivotelko.

Jauhaos sinä kivonen,
Hyvä paasi pauhaellos,
Somerinen souatellos.
Minun jauhinvuorollani,
Ilman sormen soutamatta,
Käen puuta kääntämättä,
Käsivarren vääntämättä,
Peukalon pitelemättä!

Mitä kilkkoat kivonen,
Mitä vuori voivottelet,
Minun riskin rinnan alla,
Alla kaunihin käteni?—
Sitäkö kilkkoat kivonen,
Sitä vuori voivottelet,
Vienoista vetäjätäsi,
Jalotonta jauhajata?

Ellös kilkkao kivonen,
Ellös vuori voivotelko;
Ei tuoa kivelle tälle,
Ei tuoa Turustakana,
Saaha ei Saksasta tytärtä,

Ve'etä Venäeheltä,
Oteta omalta maalta,
Tieltä kirkko kihlaella,
Jalompata jauhajata,
Killimpätä kiskojata.

135. Mitä kaikatat kivonen.

Mitä kaikatat kivonen,
Laklatat kiven lapatta—
Sitäkö kaikatat kivonen,
Laklatat kiven lapatta,
Ettei naia neitojamme,
Korjaella kukkiamme;
Ettei naitu naintavuonna,
Kihlattu kilokesänä?

Elä kaikata kivonen,
Laklata kiven lapatta;
Vielä näille neitosille,
Näille kaunoille kanoille,
Kihlat kiljuen tulevat,
Rahat suuret raskutellen,
Tengat tiellä teuotellen,
Isot äyrit äyötellen.
Elä kaikata kivonen,
Laklata kiven lapatta;
Vielä näille neitosille,
Näille kaunoille kanoille,
Reki rensuen ajavi,
Kirjakorja kiiättävi,
Juoksevi ori punainen,
Liinaharja liuottavi.

136. Jauhan, jauhan jauhon hienon.

Jauhan, jauhan jauhon hienon,
Leivon, leivon sangin hienon,
Sangin lasken lautaselle,
Panen paikan katteheksi,
Vien sangin venoseheni,
Ja työnnän venon vesille.

Lähen sitte soutamahan,
Souan tuonne saarimaalle,
Katson saaren sulhosia,
Punaposki-poikasia;
Katson, kell' on pestyt kasvot,
Silmin, kell' on sievät varret,
Kell' on silmänsä siniset,
Kellä kulta kulmaluilla.
Kutsun sulhot syönnökselle,
Sinisilmät syönnökselle,
Kuussannalle kultakulmat,
Pestyt litsat piirasille.

137. Neien mieli mieholahan.

Suu vetää suen ritahan,
Kieli kärpän lautasehen,
Mieli neien mieholahan,
Tapa toisehen talohon.

Jauha, jauha neiti nuori,
Jauha mieli nuoren neien,—
Jauha käsi, jauha jalka,
Jauha kinnas, jauha sukka,

Jauha jauhaja kivonen,
Jauha neittä mieholahan;
Mieli miehelle tekevi,
Kytevi kylän pojille.
Vesille venehen mieli,
Mieli laivan lainehille;
Neien mieli mieholahan,
Tapa toisehen talohon.
Niinp' on neiti luotunaki,
Tytär tuuviteltunaki:
Taattolasta mieholahan,
Mieholasta tuonelahan.

138. Arvan asettaja.

Neito arpoa asetti,
Laaitteli lastusia:
"Sano totta luojan merkki,
Juttele Jumalan arpa!—
Saattele sanomat mulle,
Varmat liitot liikahuta,
Minne neito naitanehe,
Orpana otettanehe,
Marja maaniteltanehe,
Vesilintu vietänehe;
Naiahanko naapurihin,
Saaha'an salitupihin,
Leivän paksun paistajaksi,
Vehnäleivän leipojaksi.

Sano arpa syytä myöten,
Elä neien mieltä myöten!
Jos arpa valehtelevi,
Arpa lyöähän tulehen."

Arpa se ajattelevi:
"Kun sanoisin syytä myöten,
Neiti huolelle tulisi,
Paloinen pahoille mielin."—
Ei sanonut syytä myöten,
Sanoi neien mieltä myöten,
Eikä tungettu tulehen,
Palamahan paiskattuna.

139. Näkijä valehtelevi.

En minä sinä ikänä,
Kuuna kullan polvenani,
Näkijälle kättä näytä;
Näkijä valehtelevi,
Saavani minun Savohon,
Joroisihin joutuvani,
Hurstille humalahurjan,
Viinavillin vuotehelle.

Itse saakohot sanojat,
Käyköhöt käen näkijät,
Hurstille humalahurjan,
Viinavillin vuotehelle;
Itse saakohot Savohon,
Joroisihin joutukohot,
En minä piloinen piika,
Eikä muut emoni lapset!—
On miestä omalla maalla
Minun kurjan korjaajaksi,
Miestä monta kirkkomäällä,
Saapasjalkoa jaloa.
Kun ei tuota tulle'kana,
Olen ilmanki ikäni;

Paneme pajuille maata,
Lehtohon lepeämähän.
Parempi pajuilla maata,
Leppeämpi lehtosessa;
Kun on hurjan hurstiloilla,
Viinavillin vuotehella;
Hullu löisi hurstillaki,
Lakanoilla juomalalli,
Sormet soisi suuta vasten,
Käet korvalle kohoisi.

140. Ei minusta miniäksi.

Niin neito ison kotona,
Kun kuningas linnassansa,
Vaan on miekkoa vajoa;
Niin miniä miehelässä,
Kun vanki Wenäehellä,
Vaan on vahtia vajoa.
Eikä vaan minusta liene
Miniäksi vietäveä,
Orjaksi otettavoa;

Ei taia minusta tulla
Iki orjoa isännän,
Aika orjoa anopin,
Iki naurua naoille,
Iki kytkyttä ky'yille,
Kälyksille käskyläistä,
Veikoille vesihevoista.

141. En muistaisi mukiin mennä.

Ei minusta liene'känä,
Olle'kana, liene'känä,
Miniäksi miehelähän,
Orjaksi anoppelahan,—
Vihainen minä miniä,
Ankara anopin orja.
Ei neiti minun näköinen
Osaisi orjana eleä,
Muistais' ei mukihin mennä,
Olla aina alla kynsin.
Toinen kun sanan sanoisi,
Minä kaksi vastoaisin;
Kun tulisi tukkahani,
Hairahtaisi hapsihini,
Tukastani tuivertaisin,
Hapsistani haivertaisin.

142. Neitivalta ja miniävalta.

Valkia kesäinen päivä,
Neitivalta valkiampi;
Vilu rauta pakkasessa,
Vilumpi miniävalta.
Niin on neiti taattolassa,
Kun marja hyvällä maalla;
Niin miniä miehelässä;
Kun koira pahassa säässä:
Teki työtä työn ajalla,
Väänti hartion väellä,
Hipiä hien veessä,
Otsa vaahen valkiassa;
Kun tulevi toinen tunti,
Niin tulehen tuomitahan,
Ajetahan ahiohon,

Sen kätehen käsketähän.
Piteä hänen pitäisi,
Piteä piloisen piian,
Lohen mieli, kiiskin kieli,
Lammin ahvenen ajatus,
Suu sären, salakan vatsa,
Meritetren tieto saaha.

143. Hyväoloinen neiti.

Hyvä täss' on olla neien,
Kaunis kasvoa kanasen;
Täss' on pitkät pirtin penkit,
Sekä laajat saunan lauat,
Isännät isoni väärtit,
Emännät emoni väärtit,
Pojat täss' on veikon väärtit,
Tyttäret sisaren väärtit.
Hyvä täss' on olla neien,
Kaunis kasvoa kanasen;

Ei oo kiirettä kivelle,
Eikä huolta huhmarelle—

Kiire kihlakintahille,
Huoli huiville hyville.
Vesi tässä vehnät jauhoi,
Koski kuohutti rukehet,
Aalto astiat pesevi,
Meren vaahti valkasevi.

Hyvä täss' on olla neien,
Kaunis kasvoa kanasen:
Nurmet alla, pellot päällä,—

Keskellä kylä välillä;
Kylän alta kylmä juoksi,
Maan alta vesi makia—
Sopii tuossa sorsan uia,
Vesilinnun vieretellä.

144. Erilaisia käskyjä.

Iso antoi vierrinhangon,
Käski käymähän palolle;
En lähe minä palolle—
Silmät saastuisi savusta.

Emo antoi sukkulaisen,
Käski kangasta kutoa;
Kuo en kangasta, emoni—
Varsi vaipuisi pahaksi.

Veikko antoi paperipankon,
Ja käski kirjottamahan;
Enmä taia kirjotella—
Mustuis kaunoset käteni.

Sisko antoi silkkineulan,
Käski ompeluksillehen;
Enmä lähe ompeluille—
Sormet kultaiset kuluisi.

Sulho antoi sulkkutyynyn,
Ja käski makoamahan;
Menen mä makoamahan,
Liitäme lepeämähän—
Hyvä on maata marjan kanssa,
Kera lempeni levätä.

145. Kaksi kaunista yhessä.

Astuin, astuin aian viertä,
Kuunnellen kujan pereä;
Näin sulassa suuren sorsan,
Joen suussa jouhisorsan.

Läksin luoksi suuren sorsan,
Menin luoksi marjalinnun;
Läksin haapanan haluhun,
Jouhilinnun joutelohon—
Suot oli kaikki soslehessa,
Iljenessä ilman rannat.

Sotkin suota soslehista,
Jäätä järvenrannallista,
Iljenellä itkusilmin,
Soslehessa surkusilmin,
Riettasilmin riittehessä,
Jäläsilmin jäätä myöten.

Tulin luoksi jouhilinnun,
Pääsin luoksi marjalinnun,
Jouhisorsan joutelohon,
Haapanan halaeluhun.
Kaks' oli kaunista yhessä,
Kalevaista kasvokkaha,
Soriaista suuksekkaha,
Kahen päivät pääksekkähä,
Otavaiset otsakkaha.
Kuu se kullalle kumotti,
Hopialle päivä hohti;
Puut kaikki punalle paistoi,
Salot siintivät sinelle:
Metsä meelle haiskahteli,

Ahovieret viertehelle,
Meiän kahen kauneutta,
Kahen sorsan suoseutta,
Aholinnun armautta,
Makeutta marjalinnun.

146. Läksin meren kylventähän.

Läksin meren kylventähän,
Löysin meren kylvetyksi;
Menin toiselle merelle,
Löysin senki kylvetyksi;
Menin kohta kolmannelle,
Siin' oli rannalla tupanen.

Katsoin tuonne tuvan taaksi,
Kolm' oli neittä kylpemässä;
Meninpä minäi tuonne,
Panin paitani pajulle,
Haavan oksalle hamoni,
Sukkani sulalle maalle,
Kengät kuivalle kivelle,
Hiekalle helistimeni,
Somerelle sormukseni,
Ristini risun nenähän.

Tuli koira kongotellen,
Vesirakki vengotellen;
Otti paitani pajuilta,
Haavan oksalta hamoni,
Sukkani sulalta maalta,
Kengät kuivalta kiveltä,
Hiekalta helistimeni,
Somerelta sormukseni,

Ristini risun nenästä.
Minä itkien kotihin,
Kaikatellen kartanohon;
Iso istui ikkunassa,
Emo aitan rappusilla:
"Mitä itket piikaseni,
Nuorra saamani valitat?"

"Ota aittani avaimet,
Mene aittahan mäelle,
Pane paita palttinainen,
Liitä liinan aivinainen,
Hame verkainen vetäse,
Sio päälle silkkivyöhyt,
Kaulahan heliät helmet,
Kullan sormus sormehesi.
Tulet entistä ehompi,
Paljo muinaista parempi."

147. Tee minua tikkariksi.

Menin piennä paimenehen,
Lassa lammasten ajohon;
Yhtyi yrkä vastahani,
Kysytteli, lausutteli
"Joko tieät tikkaella,
Joko ommella osoat?"

"Jos en tieä tikkaella,
Tahi en ommella osoa;
Tikatkohot tietävämmät,
Osavammat ommelkohot,
Kellä lie tila tikata,
Osa ommella parempi."

Kun tulin illalla kotihin
Emoni kyselemähän:
"Mit' on silmäsi vetiset,
Kasvot kalvakan näköiset,
Kävikö hukka karjassasi,
Metsän liehu lehmissäsi,
Vai viikon vilussa viivyit,
Kauan ilman iltaisetta?"

"Hukka ei käynyt karjassani,
Metsän liehu lehmissäni,
En viikon vilussa ollut,
Ilman iltaruo'ittani,
Viikon soitin sarveani,
Kauan karjan torveani."

"Oi emoni ainoseni,
Minun kaunis kantajani!
Tee minua tikkariksi,
Ompelijaksi opeta,
Elä pane paimeneksi,
Elä karjan kaitsijaksi.
Pah' on olla paimenessa,
Käyä karjan kaitsijana;
Ompelijana parempi,
Kutojana kuulusampi."

148. Ostettavia.

Nevan neito vettä kantoi,
Läpi linnan; lähtehestä;
Notkui korvot, notkui koivut,
Neion nuoren olkapäillä.

Kelle neito vettä kantoi?
Isollensa silmivettä:
"Pese iso silmiäsi,
Tahi karsi korviasi!
Mene iso ilvesmaalle;
Osta sieltä ostamia,
Itsellesi ilveshattu!

Mene siitä Puolan maalle;
Osta sieltä ostamia,
Pojallesi puolahattu!

Mene siitä Saksan maalle;
Osta sieltä ostamia,
Emännälle Saksan turkki!

Mene siitä verkamaalle;
Osta sieltä ostamia,
Tyttärelle tyynyverka.—
Tytär miehelle menevi,
Punaposkelle pojalle,
Sorialle sulhaselle;
Poika pellot pehmittävi,
Aitavieret astuvoipi."

149. Kauro ei tule tupahan.

Olin orja pienen Outin,
Palvelin kylän parasta;
Istahime ikkunahan,
Lasin alle laittelime,
Katsoin päähän kangasniemen,
Sekä suuhun sulkkusalmen
"Oi on Outi sikkoseni!

Ken se tuo tulevi tuolta?—
On kun oisi ennen tuttu,
Näkyvi kun ennen nähty."

Tulipa ennen tuttuseni,
Tuli kaunis Kauron poika,
Helytruoska helkähteli,
Kariruoska kalkahteli.

"Oi on Outi sikkoseni!
Mie lähen talosta tästä,
Heikko heinän kannantahan
Sarajalta Rannan Kauron,
Leino leivän nostantahan
Karsinasta Rannan Kauron."

Se katala Kauro rukka,
Sepä raukka Rannan poika,
Ei tupahan tullutkana,
Ajoi kylitse kylihin.
Heitti heinän kantajansa,
Paksun leivän paistajnsa,
Kierrähti kisaväkehen,
Ruotsin raukoille rajoille,
Joss' on viina vesselöinä,
Tupakka on tovolnoina,
Utu ilman upottavi,
Savu ilman saastuttavi.

150. Koivun ja tuomen oksa.

Olin oksa lehtipuussa,
Koivun kasvatti katalan,

Aholla alastomalla,
Maalla mansikattomalla.

Toinen kasvoi kaunis tuomi,
Puuhut ylpiä yleni,
Nurmella mesinukalla,
Maalla maksankarvaisella.

Olovilla oksillansa,
Leveillä lehvillänsä,
Peitti päivän paistamasta,
Kätki kuun kumottamasta.

Noita kaikki katselivat,
Ihmiset ihaelivat,
Kukkia korian tuomen,
Puun sorian kasvakkeita.

Ei ken katsoisi minua,
Huolta huonosta pitäisi,
Koivun tyhjästä tytöstä,
Puun katalan kantamasta.

Kasvoin vieläki vähäsen,
Tyhjän onneni ohessa;
Tuli toukka, tuomen kaivoi,
Kukat kaunoset kaotti.

Siinä tuomi tuskan tunsi,
Huolen haikian havatsi;
Minä jäini seisomahan
Vähän onneni varalle.

151. Ei sovi rengin rekehen.

Noin sanoi minun emoni,
Saneli saoinki kerroin,
Tuhansinki tuikkaeli:
"Ellös vainon tyttäreni
Rengin reilihin ruvetko,
Kauppoihin kasakkamiehen—
Läkkö renkien rekehen,
Kasakkojen kainalohon;
Renki löisi reilistänsä,
Kaupoistaan kasakka löisi."

Vaan elä toru minua,
Elä toista tyttöäsi;
Ei meitä sinä ikänä,
Kuuna kullan valkiana,
Nähä renkien re'essä,
Kasakkojen kainalossa.
Rengill' ei ole rekiä,
Eikä orjalla oritta;
Rek' on rengillä matala,
Kasakalla kaiat laiat—
Matala monen ajoa,
Kaita kahen istuskella.

152. Jo minä menen jonaki.

Eläpä emoni rukka,
Elä sie toru minua;
Toru toista tuomoasi,
Varo vaivan nähtyäsi,
Jonk' oot tuonut tuhmemmasti,
Kaihemmasti kasvatellut!
Jo minä menen jonaki,
Jo jonaki, jo kunaki,

Renkipoikien remussa,
Kasakkojen kainalossa.

153. Toisin mieleni omani.

Noin emo tytärtä neuoi,
Sekä neuoi ja varotti:
Pyhäillat istumahan,
Kirjat kaiket katsomahan,
Lukemahan muut lukuset,
Sekä suuret siunaukset.
Niin emo minua neuoi,
Vanhin lastansa varotti;
Toisin mieleni omani,
Toisin käski ja kehotti.
Käski käymähän kylissä,
Joka juhla juoksemahan,
Joka ilta ilotsemahan,
Päivänlaskut laulamahan,
Kylän tyttöjen keralla,
Kanssa naisten naapurini.—
Eipä tainnut tanssi nosta,
Ilo ilmahan yletä,
Minun yksin ollessani,
Illat istuellessani.

154. Millä maksan maammon maion.

Millä maksan maammon maion,
Millä kostan äitin koulun,
Millä vaivat vanhempani?

Osalliset, onnelliset,
Veralla verensä maksoi,
Sametilla saunatiensä;
Ei oo meiän veljeksissä,
Ei meiän sisaruksissa,
Maammon maion maksajoa,
Emon koulun kostajoa.

Maksankon marjoilla kesällä,
Kostan koivun jältösillä;
Ei marjat mitänä maksa,
Maammon maitojen eholla;
Ei ne kosta koivun jället,
Kosta ei koulua emoni.

Ammunko joutsenen joelta,
Virralta vihervän linnun;
Ei se vielä sitte'känä,
Maksa ei maitoa emoni,
Kosta ei äitin koululoita,
Ei vaivoja vanhempani.

Maksa Kiesus maammon maiot,
Kosta luoja äitin koulut,
Maksa vaivat vanhempani,
Huolet kaikki kantajani!

II. Naisten lauluja.

a) Miniänä.

155. Se raukka miniä raukka.

Soisi soutaja venonsa
Soutamatta juoksevaksi,
Soisi jauhaja kivosen
Jauhamatta pyöriväksi
Soisi vielä nuori neiti,
Miehelähän mentyänsä,
Olevans' ison ko'issa,
Armahan emonsa luona.

Niin neiti ison ko'issa,
Kun kuningas linnassansa;
Niin miniä miehelässä,
Kun vanki Wenäehellä.
Jo mä tunnen orjan mielet,
Ja tunnen miniän mielet;
Ei oo raukka orja raukka,
Vaan raukka miniä raukka—
Vuos' on olla orjan määrä,
Kaiken polvensa miniän.

156. Kun elin emoni luona.

Kun elin emoni luona,
Ison kaunon kartanossa,
Käynyt en varaten vaille,
Silmän kaiten kattilalle,
Enkä kierten kellarihin,
Piilten piimähuonehesen,
En kaarten kananmunille,
Pelotellen piirasille.
Nousin voille vuotehelta,

Pettäjäisille pehuista,
Maioille makoamasta,
Venymästä vehnäisille;
Kun en voinut voita syöä,
Sipasin sianlihoa.

Tulin toisehen talohon,
Yli kynnyksen kylähän;
Käyn nyt varaten vaista,
Silmän kaiten kattilasta
Kierten kellarituvasta,
Piilten piimähuonehesta,
Kaarrellen kananmunista,
Pelotellen piirasista.
Istun tyhjän tuolin päällä,
Katson tyhjän pöyän päälle,
Nyrkki voina, vehnäisinä,
Kakarat kananmunina,
Seiväs pitkä piirasina,
Pettäjäisinä petäjä.

157. Olin kukkana kotona.

Olin kukkana kotona,
Ilona ison pihoilla;
Iso kutsui kuuvaloksi,
Emo päivän nousemaksi,
Sisareni siikasiksi,
Veikkoni vesikaloiksi.
Menin toisehen talohon,
Poikki pellon naapurihin;
Appi kutsui ahkioksi,
Anoppi vesihavuiksi,
Kyty kynnysportahaksi,

Nato naiseksi pahaksi.
Äsken mie hyvä olisin,
Äsken kerta kelpoaisin
Utuna ulos menisin,
Savuna pihalle saisin,
Lohtosena lenteleisin,
Kipunoina kiiättäisin.
En ole lintu lentäjäksi,
Enkä lehti liehujaksi,
En kipuna kiitäjäksi,
Savu saajaksi pihalle.

158. Ahot täynnä armotuutta.

Sanottihin tääll' olevan,
Neittä tänne naitaissa,
Kuusi kuusista tupoa,
Kaksin kerroin kammaria,
Ahovieret aittamaina,
Kujavieret kukkamaina,
Ojavieret ohramaina,
Kangasvieret kauramaina;
Purnu puitua eloa,
Toinen purnu puimatonta;
Sata saatuja rahoja,
Sata toinen saamatonta.

Sai tuo neiti tulleheksi,
Kälkö kättä lyöneheksi;
Tupa on puussa tuutivassa,
Kammarit katajikossa,
Ahot täynnä armotuutta,
Lehot täynnä lemmetyyttä,
Metsät mieliä pahoja,

Kujat kurjan huoliani;—
Purnu on puitua vihoa,
Toinen purnu puimatonta;
Sata saatuja sanoja,
Sata toinen saamatonta.

159. Ei ole aittahan asiita.

Sanottihin tääll' olevan,
Tätä neittä tahtoessa,
Morsianta maanittaissa
Houkutellessa tytärtä,
Kuusi kullaista tupoa,
Viisi viinikellaria;
Kellarit teloja täynnä,
Telat täynnä tynnyriä,
Joka tynnyri olutta,
Täynnä otraista olutta.

Sai tuo neiti tulleheksi,
Kälkö kättä lyöneheksi;
Ei ole aittahan asiita,
Eikä tietä riihen luoksi—
Aitt' on autiomäellä,
Riihi suolla sammalilla,
Kellarit kivipurolla,
Juomiset joka ojalla;
Leipä mäellä männikössä,
Kakkara katajikolla,
Vellijauhot vehkasuolla,
Petäjässä pellonsiemen.

160. Yks' on Kyyttö kylkyessä.

Sanottihin tääll' olevan,
Meiän neittä maanittaissa,
Tätä pyytä pyyettäissä,
Kiurua kosittaessa,
Sata sarven kantajata,
Tuhat tuojoa utaren.

Sai tuo neiti tulleheksi,
Kälkö kättä lyöneheksi;
Yks' on Kyyttö kytkyessä,
Karavarsi kahlehessa,
Jok' on nuorin nostettava,
Tervaköysin temmottava—
Lehmä läävässä lamana,
Sairahana sarvinauta,
Käätty sarvet sammalihin,
Häntä pitkin lattiata.

Kun vajahan katsahime,
Vajassa vasikan raato;
Katsoin lammaskarsinahan,
Linki lammas karsinassa;
Loin silmät hevosten päälle,
Soimella hepo sokia.

Kun tulin tupahan tuolta,
Silmät uunille utautui;
Ukko on vanha uunin päällä,
Jolt' on sirkka silmän syönyt,
Kärpäset käen kalunna,
Hiiret hiuksia nykinnä;
Se on miehistä parahin,
Uhkein uros talossa.

161. Heitän hempiät tapani.

Elettihin ennen meillä,
Asuttihin aikoinansa,
Kasvaessani kanerva,
Noustessani nuori heinä;
Iso kutsui kukkasiksi,
Maammo marjoiksi hyviksi,
Veikko vehnäksi saneli,
Siskoni sinikeräksi.
Tulin toisehen talohon,
Toisehen emän alahan;
Appi haukkui halkosiksi,
Anoppi haoiksi haukkui,
Kyty kylmiksi kiviksi,
Nato naisien pahaksi,
Käly kylän kärrykseksi,
Oma ukko unteloksi.

Tämän kumman kuullessani,
Haikian havatessani,
Usein minä utuinen,
Usein utuinen lapsi,
Heitän hempiät tupani,
Karsin kauas kankahalle;
Vierin soita, vierin maita,
Vierin ventoja vesiä,
Vaikka vierisin vetehen,
Kaatuisin kalajokehen,
Veikon verkolla veteä,
Taaton tarponuotallansa.

162. Ei itkemätöntä aikaa.

Osasi minun emoni,
Osasi omenan tehä,
Taisi taimen kasvatella—
Ei osannut istutella.
Istutti ihanan taimen
Ilkiöille istumille;
Pani paikoille pahoille,
Koivun juurille koville,
Iäksensä itkemähän,
Kuuksensa kujertamahan,
Joka viikko vieremähän,
Muut ajat murehtimahan.

Ei ole ilta, kun en itke,
Eikä yö, kun en valita,
Se ei viikko, kun en viere,
Se ei kuu, kun en kujerra.
Illat itken ikkunoissa,
Aamut aitan portahilla,
Puolet päivät porstuissa,
Keskipäivät kellarissa,
Viikkauet veräjän suilla,
Kuukauet kujan perillä.
Mit' en itkeä ilenne,
Kut' en voine voivotella,
Itkeä inehmisissä;
Itken saunassa saloa,
Yliset kulasvesille,
Saunanlauat lainehille.

163. Myötihin mä miehelähän.

Niin' minä kotona kasvoin,
Kun putki palolla kasvoi,

Eikä suotu survomahan,
Ei tahottu tappamahan.
Orjat survoi, orjat jauhoi,
Rengit riskit riihen tappoi;
Minä luhissa makasin,
Luhissa lukon takana,
Alla viien villavaipan,
Päällä kuuen korvatyynyn.
Menin aittahan mäelle,
Särin siellä vehnäleivät,
Sivalsin sianlihoja,
Viileskelin voimuruja.

Naitihin minä talolle,
Myötihin mä miehelähän;
Sain minä kovan anopin,
Alkoi kohta koiskaella:
"Kun tahot talossa olla,
Asua anopin luona,
Pane turkan myöhän maata,
Nouse vaivaisen varahin,
Illoin portit sulkemahan,
Aamusin avajamahan;
Käännä saavit syrjillensä,
Kumo kiulut korvillensa;
Lennättele lehmän heinät,
Heinät lehmän kantanehen,
Katkase karitsan korsi,
Anna vaivaisen vasikan!"

Yön talossa oltuani,
Yhen yön levättyäni,
Aamulla ani varahin,
Se paha anoppimuori
Pani karpion käelle,
Riihipannin riuskahutti—

Pani minua jauhamahan,
Sai minua survomahan,
Vaati vettä kantamahan,
Tahtoi riihtä tappamahan;
Tuli itse katsomahan,
Pitkä pihlaja pivossa,
Halko haapa kainalossa.
Kirosi kovin kahesti,
Kukutteli kolmannesta:
"Miss' olet piru pietty,
Kussa kalso kasvatettu?
Piiloss' on paha pietty,
Kannon alla kasvatettu."
Löi sitte häristämättä,
Pieksi pihlajakepillä,
Hakkasi kotahalolla.

164. Sain kerran kesässä maata.

Kun oisi yö kesänpituinen,
Päivä petkelen pituinen,
Saisin maata marjan kanssa,
Kera lempeni levätä!
Vaan ei tuota kaikki toivo,
Ei anoppi ensitikänä;
Tuota toivoi suuri appi,
Tuota ankara anoppi,
Kun oisi päivä päätä vailla,
Yöt' ei kertana kesässä.

Niin minä miniä raukka
Sain kerran kesässä maata,
Senki saunassa saloa
Piilten pikku pirttisessä.

Viel' en ollut unta saanut
Sen kovemmin silmilleni,
Kun jo kuulin kumman kulkun,
Anopin ylösajannan;
Kun torui tuhmista tulista,
Vaivaisista valkioista,
Piti kuusta kummat saarnat,
Otavasta ouot huolet,
Kummemmat kukon sanoista,
Linnun laajan laulannasta.

Kyllä kuulin mieki kurja
Sen pahan kukon parunnan,
Vaan en voiuut vielä nosta,
Enkä haikennut havata;
Uni petti, vuoe voitti,
Petti pehmyt päänalainen,
Nuori sulhonen nukutti,
Käsivarsin vaivutteli.

165. Kauan maata annettu.

En minä isoa kiitä,
En kovin emoakana—
Lassa laiskaksi opetti,
Piennä penkin istujaksi,
Nuorena makoajaksi;
Lyönyt ei virkuksi vitsalla,
Nopiaksi nuoran päällä,
Rapsiaksi raipan päällä.
Sitte tunki turnukselle,
Työnti miehelle tylylle,
Pani paikkakukkarolle,
Rajakengälle rakenti.

Vieras vaimo, viekas vaimo,
Vaimo viekas ja vihainen,
Antoi viikon maatakseni,
Kauan kaihotellakseni,
Sai tuosta sanoaksensa,
Kohta koiskaellaksensa:
"Viikon makasit viraton,
Kauan laiska kaikottelit,
Viikon istuit vyö käessä,
Kauan kalsut kainalossa;
Saapi nyt sopet makuuta,
Saapi unta uunin korvat,
Saunan lauat lappiata,
Penkki paksua pereä."

166. Toinen toistansa parempi.

Ankara anoppi mulla,
Appi vielä ankarampi,
Sulhonen sitäi parempi:
Kylin söi, selin makasi,
Poies potki vierestänsä,
Ajoi alta peittehensä,
Ulos sängystä uhitti;
Antoi kyllin kyynäspäätä,
Viljalta vihaista kättä,
Paljo paksuja pajuja,
Mursunluista ruoskan vartta.

167. Pitäminen päätynyttä.

Piteä minun pitävi,
Piteä piloisen piian,
Mi on päätynyt minulle,
Ku on käynynnä kätehen;
Pitäminen päätynyttä,
Saatua syleleminen.
Enkä appia surisi,
En kovin anoppiani,
Vaikk' ois karhu kartanolla,
Elikkä susi supussa;
Aina aikahan tulisin,
Aikahan tuletteleisin,
Kun oisi miesi mielehinen
Sulhoni sulosanainen—
Kun sulho hyvin pitäisi,
Aina illoilla kysyisi:
"Missä vierit minun vereni,
Hyllysit hyvä lihani,
Jäseneni järkähtelit?"
Tahi kun aamuilla sanoisi:
"Minne liikut lintuseni,
Siirryt sinisorsaseni,
Matelehat marjaseni,
Vaapukkaiseni vaellat?"

168. Ei tunne tehä tuvaista.

Voi armas anoppiseni,
Kun tuuvit pojan mokoman,
Vaalit vaivaisen urohon!
Tuntevi tupakan purra,
Viinan juoa vingotella,
Piipun suussansa piteä,
Ei tunne tehä tuvaista,
Sääliä ei sammalhuonehutta;

Tupa on kuuella tuella,
Seitsemällä seipähällä,
Kaheksalla kankimella,
Pöyällä pököttileipä,
Olkitamppu taikinassa.

169. Survo nyt itse suuri muori.

Niin minä miniä raukka,
Kun muutki miniä raukat,
Olin pyyhyt pyyttäessä,
Kana kaupateltaessa,
Neito nuori naitaessa,
Kulta kuihuteltaessa,
Mesimarja maanittaissa,
Omena otettaessa—
Portto pois ajettaessa,
Luisku luovuteltaessa.

Tuolla toivoin kunniata,
Tulen tuomalla tupahan,
Pään päretten poimennalla,
Pieksin otsani ovehen,
Pääni pihtipuolisehen;
Ovensuuss' on ouot silmät,
Kierot keskilattialla,
Perässä perivihaiset,—
Tuli suusta tuikahuvi,
Ilkiän isännän suusta,
Kekälehet kielen alta,
Alta kielen armottoman.

Suotta survoin suuret jauhot,
Kiusan karkiat karistin,

Syöä ankaran anopin,
Tulikulkun kuiskaella,
Päässä pitkän pintapöyän,
Kultalaiasta kupista;
Itse mie miniä raukka
Syön tahasta taikinoa,
Apan jauhoja kiveltä,
Liesipankko pöytänäni
Kapusta lusikkanani,
Kattila kupin siassa.

Survo nyt itse suuri muori,
Ja jauha jalo emäntä,
Kun sa pojan pois porotit,
Hylkäsit hyvän miniän!

Usein utuinen minjä,
Armahan anopin koissa,
Kantoi suolta sammalia,
Noita leipoi leiväksensä;
Vesikappanen käessä,
Tuota ryyppi ryypyiksensä.

Usein utuinen minjä,
Armahan anopin koissa,
Joi pytystä pyllötteli,
Ämpäristä ällötteli,
Suolakopsahan koputti,
Katsoi kaalin tähtehille.

Usein utuinen minjä,
Armahan anopin koissa,
Kesät kontuja keräsi,
Talvet väänti taikon vartta,
Niinkuin muinenki kasakka,
Eli parka palkkalainen.

Sini söi kaloja kalki,
Sini koito kuorehia,
Kuni notkui nuottapuissa,
Keikkui keskellä venettä;
Ei saanut sitä kaloa
Anoppinsa antamasta,
Joka päiväksi pätisi,
Kerraksensa kelpoaisi.

170. Miniän syntymäkoti.

Kasvoin mie ison koissa,
Veikon kaunon kartanossa,
Iso ei kieltänyt oritta,
Veikko kirjakorjoansa;
Ori vieri väkkäränä,
Korja mustina kerinä.

Naitihin minä talohon,
Yli kynnyksen kylähän.
Viikon viivyin, kauan kasvoin,
Vuotin kutsua ko'ista;
Katsoin pääni kallellehen,
Suuret silmät soikiaksi,
Juoksevan ison orosen.
Kolajavan veikon korjan—
Ei juossut ison oronen,
Ei kolannut veikon korja.

Läksin kurja kutsumatta,
Tytär outo oppimatta,
Apelta anoin hevosta,
Anopelta tuomisia,
Kysyin korjoa ky'yltä,

Omaltani ohjaksia;
Appi aisalla tavotti,
Anoppeni aiaksella,
Kyty kyntörahkehella,
Oma ohjaksen perillä.

Enmä tuotana totellut,
Panin reiteni re'eksi,
Varpahani valjahiksi,
Kannat kaploiksi asetin,
Selkäni sepäpajuksi,
Olkapään ohjaksiksi;
Vierin veikon pellon päähän,
Veikon koirat haukkumahan:
"Ei täällä sinun kotisi,
Tääll' ei synnyntäsiasi."

Enmä tuotana totellut,
Vierin veikkoni pihaan,
Veikon lapset vastahani:
"Mitä toit täti tuomisia?"

"Toin ma tänne tuomisia,
Paljo pantuja eväitä:
Apen aisan taittumia,
Anoppeni aiaksia,
Ky'yn kyntörahkehia,
Oman ohjaksen periä."

Tuosta tungime tupahan,
Kaivome katoksen alle,
Veikon nainen naljasilmä
Ei tule likistämähän,
Käy ei kättä antamahan;
Veikkoni toki tulevi,

Tunsi veikko siskoksensa,
Kävi kättä antamahan.

Virkkoi veikko naisellensa,
Kuikutteli kullallensa:
"Laitakkas siskolle juoa,
Tuo olutta siskolleni!"
Veikon nainen naljasilmä
Vastoavi veikolleni:
"Hiiva on alla, vaahti päällä,
Hiivan alla hiililöitä,
Vaalien alla vaarnikkaita;
Saata ei tuoa siskollesi."

Virkkoi veikko naisellensa,
Kuikutteli kullallensa:
"Laita syöä siskolleni,
Tee siskolle talkkunoa!"
Veikon nainen naljasilmä
Vastoavi veikolleni:
"Vesi on jäässä, jauhot kylmät,
Sitä kylmempi tekijä;
Ei synny siskolle syöä,
Taia ei saaha talkkunoa."

Virkkoi veikko naisellensa,
Kuikutteli kullallensa:
"Puhkase muna patahan,
Kaaha maito kattilahan!"
Veikon nainen naljasilmä
Vastoavi veikolleni:
"Arinass' on paasi paksu,
Liesi kylmistä kivistä;
Paista ei muna pa'asta,
Eikä maito kattilasta."

Veikon lapset lattialla,
Lausui lapset lattialta:
"Jo tuli tätimme tänne;
Tuoa ei Wille juoa,
Eikä tehä talkkunoa,
Keitetä kananmunia."
Veikon nainen nalkkisihnä
Lappajavi lasta päähän:
"Ei se oo sinun tätisi,
Ei sinun isosi sisko;
Se ompi munien murha,
Kaivaja kananpesien;
Se on lehmien levitys,
Sekä laakka lampahien."

Emo vanha kiukoalta
Tuopa tuohon vastoavi:
"Ei se oo munien murha,
Kaivaja kananpesien,
Ei se oo lehmien levitys,
Eikä laakka lampahien;
Haukka on kanojen kaihe,
Harakka munien murha,
Susi surma lampahien,
Karhu lehmien levitys."

171. Suuri kiitos sulholleni.

Suuri kiitos sulholleni,
Päänkumarrus kullalleni,
Joka mun otti orjuuesta,
Päästi palkan piikuuesta,
Koppasi korennan päästä,
Rahvoi rannan juoksennasta,

Kihlasi kylän kivestä,
Riihivartasta valitsi.

Enkä moiti muoriani,
Aleksi anoppiani,
Joka toi pojan mokoman,
Vaali valkian urohon,
Mokomalle neitoselle.
Aina mie piloinen piika
Kiinitin kylän kiveä,
Kylän vuorta vierittelin,
Kylän keträsin keriä,
Kylän väännin värttinöitä,
Kylän paitoja parannin—
Omat paitani paheni.

Aina minulle annettihin
Riihestä rivein riusa,
Saunasta jykein loukku,
Rannalta ravein karttu,
Suurin taikko tanhuasta.
Se minulle syöäkseni:
Luut lihoista, päät kaloista,
Siitalot sianlihoista,
Kuoret leivistä kovista,
Murut muista suuruksista.

Ei uskottu uupuvani,
Ei varattu vaipuvani;
Jos ma uhkin uuvuksissa,
Väsyksissä väännättelin.
Uupuivatpa uhkiammat,
Väkevämmätki väsyivät,
Saati mie vähäväkinen,
Lapsi pieni pikkarainen;
Välehen vähä väsyvi,

Pian uupui pikkarainen.—
Jo minäi silloin uuvuin,
Kun ne uupuivat urohot;
Jo minäi silloin vaivuin,
Kun vaipui hevosen varsat.

b) Lasta tuuvittaissa.

172. Minä laulan lapsen virttä.

Minä laulan lapselleni,
Kieltä pieksän pienelleni—
Pieksän kieltä penningittä,
Suuta kullatta kulutan.
Minä laulan lapsen virttä,
Panen paimosen sanoja,
Joita ennen eukko neuoi,
Oma vanhempi opetti,
Kätkyessä käätessäni,
Liekussa levätessäni,
Korkian ison ko'issa,
Kaunosessa kartanossa.

173. Kiitä huomenna hevoista.

Minä tuuvin tuttuani,
Liekuttelen lintuani,
Kasvattelen kaunoistani,
Ihanaistani imetän.

En tieä imettelijä,
En katala kasvattaja,
Mitä miksiki imetän,
Kuta kuksi kostuttelen;
Imettelenkö iloksi,
Vai imetän itkukseni,
Vaalin lasta vaivoikseni,
Tuuvittelen tuskikseni,
Huolikseni huiskuttelen,
Kaihokseni kasvattelen.

Noin ne ennen eukot lauloi,
Muorit muinaiset saneli:
"Kiitä huomenna hevoista,
Partasuuna poikoasi,
Tyttölasta miehelässä,
Itseäs iän lopulla!"—
Usein utuinen äiti,
Lapsen kantaja katala,
Rinnan suuhun rientelevi,
Nännin suuhun survoavi;
Ei taia tajua panna,
Eikä miehuutta lisätä—
Mielt' ei panna puntarilla,
Kaata ei kauhalla älyä.

174. Laulan lasta nukkumahan.

Tuuti lasta, tuuti pientä,
Tuuti lasta nukkumahan!
Laulan lasta nukkumahan,
Uuvutan unen rekehen;
Käy unonen kätkemähän,
Poik' unosen ottamahan,

Kultaisehen korjahasi,
Hopiaisehen rekehen!

Sitte saatua rekehen,
Kopattua korjahasi,
Ajele tinaista tietä,
Vaskitannerta tasaista;
Vieös tuonne vienoistani,
Kuletellos kullaistani,
Harjulle hopiavuoren,
Kultavuoren kukkulalle,
Hopiaisehen salohon,
Kultaisehen koivikkohon,
Kussa käet kullan kukkui,
Lauleli hopialinnut.

175. Käy unonen kätkyehen.

Tuuti, tuuti tuomen marja,
Liiku, liiku lempilehti,
Nuku nurmilintuseni,
Väsy västäräkkiseni;
Nuku, kun minä nukutan,
Väsy, kun minä väsytän!

Vaan eipä minussa liene
Lapseni nukuttajata,
Ei taia emo poloinen
Saaha lasta nukkumahan.
Äiä on emolla huolta,
Paljo pantua muretta;
Uni ei tule usein
Huolellisen huonehesen,

Kaihollisen kartanohon,
Murehellisen majahan.

Kun se ei emo poloinen
Saane lasta nukkumahan,
Nukuta Jumala lasta,
Makauta Maariainen;
Saisin itseki levätä,
Lapsen orja olla jouten.

Uni jo ulkoa kysyvi,
Unen poika porstuasta,
Lausuvi lasin takoa,
Alta ikkunan anovi:
"Onkos lasta kätkyessä,
Pientä peitetten sisässä?"
Tule tuutuhun unonen,
Käy unonen kätkyehen,
Lapsen pienen peittehisin,
Vakaisen vaattehisin;
Anna maata lapsen pienen,
Levätä vähäväkisen—
Anna maata maan unia,
Maan unia, puun unia,
Maarian makiita unta,
Pyhän pohratsan lepoa!

176. Unta täällä tarvitahan.

Sotka souti poikinensa,
Tavi laaji lapsinensa,
Souti alli akkoinensa,
Peiponen perehinensä;
Souteli joka solukan,

Joka lahen laikutteli.
Tuli souten Suomen maalle,
Melan luoen luotehesen,
Airon iskein itähän,
Kokan kääten Karjalahan.

Sotkall' on sininen siipi,
Anna sotka siipeäsi,
Millä lennän löyhäytän,
Yheksän meren ylitse;
Lennän unta ottamahan,
Nukutinta noutamahan,
Ukon uuen lippahasta,
Akan vanhan vakkasesta—
Unta täällä tarvitahan,
Nukutinta nuurutahan,
Unta tälle lapselleni,
Nukutinta lemmelleni.

177. Anna maata Maariainen.

Tuuvitan tuhoista lasta,
Tätä lasta liekuttelen,
Suen suuhun syntynyttä,
Talvella tapahtunutta.

Anna onni, suo Jumala,
Laita lapselle osoa,
Syötelläni nälkähistä,
Viluhista lämmitellä;
Anna maata Maariainen,
Kiesus leppein levätä,
Niinkuin Maaria makasit,
Kiesus leppein lepäsit!

Kiesuski kehossa kiikkui,
Kaikkivaltias vaussa,
Kapalohon käärittynä,
Seimehen sovitettuna,
Sinne lassa laskettuna,
Pienosena pistettynä.

178. Tuuti lasta tuonelahan.

Tuuti, tuuti tummaistani,
Tummaisessa tuutusessa,
Tummaisella tuutijalla,
Tummaisen tuvan sisässä!
Tuuti lasta tuonelahan,
Lasta lautojen sylihin,
Alla nurmen nukkumahan,
Maan alla makoamahan;
Tuonen lasten laulatella,
Manan neitojen piellä!
Tuonen tuutunen parempi,
Manan kätkyt kaunosampi,
Etevämmät Tuonen eukot,
Paremmat Manan miniät,
Tupa suuri Tuonelassa,
Manalla majat avarat.

179. Äsken poika poik' olisi.

Tuuvin, tuuvin poikoani,
Vaapotan vaka'istani,

Tuikseni tuulisäällä,
Varakseni vastasäällä.

Tuuti, tunti poiaistani,
Tuuti miestä poiastani,
Kyntäjätä, kylväjätä,
Siemenen sirottajata,
Varsan viejeä vaolle,
Mustan ruunan mullokselle!

Tuuti, tuuti poiaistani,
Tuuti turvoa pojasta!—
Äsken poika poik' olisi,
Kun leivän lehosta toisi,
Kannikan katajikolta,
Punakuoren kuusikosta,
Vesakosta vehnäleivän,
Isoselle syöttämästä,
Emolle imettämästä.

Tuuti, tuuti poiaistani,
Tuuti turvoa pojasta!—
Äsken poika poik' olisi,
Kun uuen tuvan tekisi,
Uuen saunan salpoaisi,
Kynnyksen tuvan etehen,
Unen uksen kynnykselle.

Tuuti, tuuti poiaistani,
Tunti turvoa pojasta!—
Äsken poika poik' olisi,
Kun mulle miniän toisi,
Veen kantajan vetäisi,
Saisi saunan lämmittäjän,
Vastan hautojan hakisi,
Kuontalon koputtelijan.

180. Vara muunne valmennunna.

Emo tuuti poikoansa,
Toivoi tuuvitellessansa:
"Kun tuosta tuki tulisi,
Vara suuri valmeneisi,
Toisi tuo emolle leivän,
Kakun kannon juuren alta,
Kohokuoren koivukosta,
Kakkaran kanarvikosta!"

Ellös sie emo poloinen,
Ellös kantaja katala,
Lasta pientä peittehissä,
Varatonta vaattehissa,
Tuiksesi tuuvitelko,
Varoiksesi vaapotelko!
Jopa tuosta toissa vuonna,
Äsken kolmanna kesänä,
Tuki on tullut toisa'alle,
Vara muunne valmennunna;
Saatu on surman suupalaksi,
Kovan onnen otteloksi,
Orjaksi osalliselle,
Rahakkaalle raatajaksi;
Vai on sattunut sotahan,
Tapahtunut tappelohon,
Tykin suuren suun etehen,
Rautakirnujen kitahan.

181. Ei tule emon tukia.

Emo tuuti poikoansa,
Lauloi tuuvitellessansa:
"Kunpa tuo poloinen poika
Varakseni vahvistuisi,
Nousisi nokitulilta,
Havuisilta vuotehilta;
Havut päänsä harjoaisi,
Varvut vartalon sukisi!"

Vaan ellös emo poloinen,
Lasta pientä kätkyessä,
Tuiksesi tuuvitelko,
Varaksesi vaapotelko;
Ei tule emon tukia,
Eikä vanhemman varoa.
Jo ennen emo Manalla
Pojan tuoja Tuonelassa;
Jää poika emottomaksi,
Lapsi orvoksi osasi.

Elköhön emoton poika,
Elköhön sinä ikänä,
Pyhänä kosihin menkö,
Alla juhlan juoksennelko;
Pyhänä pahatki piiat
Palttinaisihin panevat,
Tinavöihin vyöttelevät,
Kautokenkihin kapivat.
Katsokoon kas'elta neittä,
Nokitieltä noutakohon,
Neittä kaskikantoloista,
Riihivartasta tytärtä!

Elköhön emoton poika,
Elköhön sinä ikänä,
Huoran hurstille ruvetko,

Lakanoille mieron lautan.
Huorat hurstia kutovat,
Lakanoita laittelevat,
Maata poikani poloisen.—
Huoli et huoran hurstiloista,
Lakanoista mieron lautan;
Ennen maannet maata vasten,
Ollet ilman olkiloilla,
Parempi yksin öitä olla,
Kun kahen pahan keralla,
Viien, kuuen kunnottoman.

182. Tulipa tukan repijä.

Hyv' on poikanen tehessä,
Kaunis kasvateltaessa,
Saahessa ylen soria,
Kapaloiessa koria;
Vaan en tieä mie emonen,
Enkä kantaja katala,
Mikä tullevi tehystä,
Kannetusta kasvanevi,
Jos tuli suvulle surma,
Kasvoi herja heimokunnan.
Jo moni mokoma eukko,
Moni kantaja katala,
Vuotti tuutusta tukia,
Kätkyestä käskyläistä,
Vaan tuli toruja poika,
Sai poika pahantapainen;
Tuli tukkien repijä,
Hapsien hajottelija.

Pitäisi pojan poloisen
Piteä pitempi mieli
Eikä eukolle torua,
Vanhemmalle vastaella.—
Kun poika polut näkisi,
Lapsi synnyntäsiansa,
Ei tuo eukolle toruisi,
Vanhemmalle vastoaisi;
Itse tottelis' emoa,
Varajaisi vanhempata.

183. Tuuti, tuuti poikalasta.

Tuuti, tuuti tyttölasta,
Sen parempi poikalasta;
Poikanen miniän tuopi,
Ve'enkantajan vetävi,
Saapi saunanlämmittäjän,
Vastanhautojan hakevi:
Mee isäntä kylpemähän,
Mee emäntä kylpemähän
Korenta koan perässä,
Saavi saunan porstuassa,
Kappa kaivon kannen päällä,
Vastat vanhalla luhilla.

184. Tuuti, tuuti poiuttani.

Tuuti, tuuti poiuttani,
Poiuttani pienuttani,

Lastani ihanuttani,
Kantamaista kaunuttani!

Tuuti lasta tuomariksi,
Kiiku kirjan kantajaksi,
Liiku linnan vanhimmaksi,
Heilu herraksi hyväksi;
Maakunnan kurittajaksi,
Kaiken kansan kaitsijaksi,
Läpi linnan liikkujaksi,
Vaalastin vaeltajaksi;
Supun suuren istujaksi,
Pikarin pitelijäksi,
Olutkannun kantajaksi,
Tuopin tuojaksi tupahan;
Vetäjäksi verkahousun,
Saajaksi samettiliivin,
Mustan kengän polkijaksi,
Saappahan samoajaksi!

185. Pahenneet polvet.

Kolkkoa tätä kotoa,
Kuka tään koan sisässä?—
Mie poloinen poikineni,
Lintu laiha lapsineni.

Olipa minulla ennen,
Oli kun muillaki emoilla;
Polvet poikoa piellä,
Käet lasta käännätellä—
Polvet paljoa paremmat,
Käsivarret vantterammat.

186. Tytär syntyi, tyhjä syntyi.

Poika syntyi, polte syntyi,
Polte syntyi, kaski kasvoi;
Tytär syntyi, tyhjä syntyi,
Tyhjä syntyi, kaiho kasvoi.

Ken se tuutii poikalasta,
Sepä totta torjuttavi;
Ken se tuutivi tytärtä,
Se vaan tyhjeä tekevi.
Äyri äijistä pojista,
Yksi tyhjä tyttäristä,
Jos kylälle naitakohon,
Tahi koissa kasvakohon,
Tahi tauti tappakohon,
Surma suin lopettakohon.

187. Ei tukia tyttärestä.

Varsa on vaivaisen hevonen,
Tytär lapsi tyhjän eukon.
Tuuvitan tätä tytärtä,
Tätä lasta liekuttelen;
En tieä emo poloinen,
Enkä kantaja katala,
Tuikseniko tuuvittelen,
Varoikseni vaapottelen,
Vaiko tuuvin tuskikseni,
Vaalin lasta vaivoikseni.

Noin ne ennen eukot tiesi,
Muisti muinaiset eläjät:

"Elköhön emo tytärtä,
Elköhön sinä ikänä,
Tuiksensa tuuvitelko,
Varoiksensa vaapotelko;
Ei tule emon tukia,
Eikä vanhemman varoa—
Tuki mieron turmioille,
Vara mieron vaahtisuille.
Kielsi vanha Väinämöinen,
Epäsi suvannon sulho,
Tytöstä emon tukia,
Vanhan äitinsä varoa."

188. Kun tytär hyvä tulisi.

Emo tuuti tyttöänsä,
Liekutteli lempiänsä,
Toivoi tuuvitellessansa,
Lauloi liekutellessansa:
"Kun tytär hyvä tulisi;
Kasvaisi emon kananen,
Sitte nuorra naita'isi,
Vihantana vietä'isi,
Kylässä kyselemättä,
Naapurissa lausumatta;
Sitte ei kontit korkeneisi,
Eikä laavat lankiaisi,
Konttiselät kollehtisi,
Väskyselät vällehtisi."

"Kun tytär paha tulevi,
Tytär tuhma turmeltuvi;
Eip' on nuorra naiakana,
Vihantana vieä'känä,

Vaan ne kontit korkenevat,
Sekä laavat lankiavat
Konttiselät kollehtivi,
Väskyselät vällehtivi."

189. Mihin tuutinen tytärtä.

Tuuvitan tätä tytärtä,
Tätä lasta liekuttelen,
Souan pienisormistani,
Vakaistani vaapottelen;
Vaan en tieä vaimo raukka,
Tunne en kantaja katala,
Mihin tuutinen tytärtä,
Kuhun lasta liekuttanen,
Minkä karjun kainalohon,
Kunka rehvanan rekehen.
Pitäisipä piikasien
Kahen puolensa katsella,
Ennen kihlan ottamista,
Kauppahan rupeamista.

Pitäisipä piikasien;
Pitäisipä poikienki,
Yli päänsä ymmärrellä,
Tulla ei tuhmasti tupahan,
Käyä kättä iskemähän,
Sormia sovittamahan.—
Kyll' on kihlan kantajoa,
Talarin taritsijoa,
Neien viejeä vihille,
Kuortihin kulettajoa;
Ei ole lapsen syöttäjeä,
Ei emon elättäjeä.

Ellös vainen neito nuori,
Ellös kasvaja kananen,
Rengin reilihin ruvetko,
Kauppoihin kasakkamiesten,
Kestipoikien poluille,
Joutilasten juoniloihin;
Renki lyöpi reilistänsä,
Kaupoistaan kasakka lyöpi;
Poluiltansa kestipoika,
Joutopoika juonistansa.

190. Huolet huovilla tupana.

Ei tieä emo tekijä,
Kellen tuutivi tytärtä;
Jos tuutii tuvalliselle,
Vaativi varalliselle,
Vai tuutii tuvattomalle,
Vaalivi varattomalle,
Purlakalle puoltuvaksi,
Rampahan rakastuvaksi.

Ei tieä tytär kotoinen,
Kasvaessahan kananen,
Nostessahan neiti nuori,
Mistä syöjä syntynevi,
Kaluaja kasvanevi,
Lihan syöjä, luun purija,
Tukan tuulelle jakaja,
Hapsien hajottelija.

Ellös vainen, tyttö parka,
Huolta huoville pitäkö,
Mieltä miekan kantajalle;

Huolet huovilla tupana,
Miekan ponnet porstuina,
Saapukka salitupina,
Ummiskengät kellarina,
Ruoska suolaisna kaloina.

191. Miehellenkö vai manalle.

Noin tuo ennen eukko lauloi,
Lauloi laajalla mäellä,
Lauloi lasta liekuttaissa,
Tuuvitellessa tytärtä:
"Tuuvitan tätä tytärtä,
Tätä lasta liekuttelen,
Vaan en tunne tuuvittaissa,
Tieä en telkytellessäni,
Mihin tuutinen tytärtä,
Kuhun lasta telkytellen,
Kenen pieksiä pitelen,
Kenen lyöä lyyräelen."

Ei tieä emo tytärtä,
Tunne ei tuota tuhma raukka;
Kenen on syöä synnyttänyt,
Kenen on kantanut kaluta—
Miehellenkö, vai manalle,
Sulhollenko, vai suelle;
Miel' on neien miehelähän,
Mieli toinen tuonelahan,
Korkiastaki ko'ista,
Kaunihista kartanosta.

192. Viel' on vuoro valvoa'ki.

Tuuti, tuuti tyttöäni,
Tuuti onnea tytölle;
Tule onni oppimahan,
Sekä lykky löytämähän,
Kirjavalla korjallasi,
Ruskialla ruunallasi,
Valkialla varsallasi,
Tasakarva tammallasi,
Orihilla olkisella,
Herne'varrella hevolla!

Kun et tulle oppimahan;
Susi syököhön hevosen,
Tauti miehen tappakohon,
Tuli korjan polttaköhon!

Tuuti, tuuti tyttöäni,—
Nukkumahan tyttöäni!
Nuku, nuku nurmilintu,
Väsy, väsy västäräkki,
Nuku nukkumis-ajalla,
Väsy maata-vuorollasi;
Viel' on aika valvoa'ki,
Vuoro toinen valvoa'ki.
Eipä anna mahti maata,
Hyvä onni olla jouten,
Kyty kun kinnasta kysyvi,
Appi paitoa anovi,
Apen lapset lahjuksia,
Nato nauhoja hyviä.

Tuuti, tuuti tyttöäni,
Tuuti tyyneksi tytärtä;

Hyvä on tyttö tyynemmästä,
Piika suusta pienemmästä.
Elä'kä itke ilman syytä,
Elä vaivoitta valita;
Viel' on syyssä itkemistä,
Vaivoissa valittamista,
Ikävissä itkemistä,
Huolissa kujertamista.

193. Tuuti sulhoa tytölle.

Tuuti, tuuti tyttöäni,
Tätä tyyntä tyttöäni,
Tätä pientä piikoani,
Matalaista marjoani,
Monen lehmän lypsäjäksi,
Yheksän heruttajaksi!

Tuuti, tuuti tyttöäni,
Tuuti sulhoa tytölle;
Tullos sulhanen tytölle,
Mies kaunis, punainen poski,
Matalainen, saapasjalka,
Vereväinen, verkahousu!

Tuuti, tuuti tyttöäni,
Tuuti Turkuhun tytärtä,
Kauppamiehelle kanaksi
Porvarille puolisoksi;
Viimen vanhemman varaksi,
Emonsa elättäjäksi!

Tuuti, tuuti tyttöäni,
Tuuti lasta tuomarille,

Kiiku kirjan kantajalle,—
Liiku herralle hyvälle,
Kaiken kaupan katsojalle,
Pokostan pohatimmalle,
Saajalle satalukujen,
Monen tuojalle tuhannen!

194. Minä vaan tuuvin tyttöäni.

Tuuti, tuuti tyttöäni,
Tätä pientä piikoani;
Tuuti tyyneksi tytärtä,
Vakaiseksi neioistani!
Elköhön sinä ikänä,
Kuuna kullan valkiana,
Tähen tyttären tämänki,
Vasten lastani vakaista,
Vitsa viiassa yletkö,
Koivu korpinotkelmassa!

Minä vaan tuuvin piikoani,
Kylän akka poikoansa;,
Minun on piikani parempi,
Toista mointa toimevampi,
Kahta mointa kaunihimpi,
Viittä kuutta virkiämpi.
Kylän poika, kyykkäniska,
Kyykkäniska, kynnyshäntä,
Käypi kerran katsomassa,
Kerran toisen tahtomassa,
Tätä pientä piikoani,
Matalaista marjoani—
Jos on pieni piikaseni,
Matalainen marjaseni;

Kyllä kengillä korotan,
Kapiukoilla kaunistelen.

195. Rahat raskuen tulevat.

Tuuvin mie tätä tytärtä,
Tätä lasta liekuttelen,
Souan pienisormistani,
Vaalin lastani vakaista.

Vielä tälle neitoselle,
Tälle pienelle tytölle,
Luokki tuominen tulevi,
Aisa koivuinen ajavi.

Vielä tälle neitoselle,
Tälle pienelle tytölle,
Rahat raskuen tulevat,
Tengat pienet piehtaroien,
Killingit kipoa lyöen,
Tolpat toistansa ajellen.

Vielä tälle neitoselle,
Tälle pienelle tytölle,
Tuoahan Turusta sormus,
Kihlat toiset Torniosta,
Riiasta hopiariksit,
Sormus Suomessa valettu.

Vielä tätä neioistani,
Tätä pienoista tytärtä,
Ajetahan kirjokorjin,
Souetaan veno-punasin,

Porvarille puolisoksi,
Kauppamiehelle kanaksi.

c) Miestään arvatessa.

196. Yks' on paha ei parane.

Äiän lassa lankielen,
Piennä penkiltä putosin,
Sit' en itkenyt isosti,
Kovin viikon vieretellyt—
Ne pahat pian parani.
Yks' on paha, ei parane:
Kun ma vierin veikon luota,
Lankesin emon elolta,
Miehen tuhmasen tulille,
Varattoman valkioille;
Siitä nät ikäni itken,
Ajan kaiken kaihoelen.

Eipä vainenki pitäisi,
Eipä piikaista pitäisi,
Tuvattoman tunnustella,
Kartanottoman katsella,
Suojattoman suositella,
Lepytellä lehmättömän.

197. Puutuin tuohon pulluksehen.

Olisi tämä otettu
Paikoille paremmillenki,
Tämä muoto muuanne'ki,
Tämä kasvo kaikin paikoin,
Ilman tuotta turmiotta,
Ilman ilkiriiviöttä.

Olisi minussa ollut
Paremman talon miniä,
Emäntä elollisenki,
Rahan alku aitallisen.
Olisi minussa ollut
Paremmalle puolisolle,
Verevämmän miehen verta,
Turpiamman turkin täysi.

Oisin mie mokoman saanut
Mäellenki mentyäni,
Kannoille karattuani;
Saanut hongista salolta,
Kantoloista kaskimaalta,
Löynnyt tieltä tervaskannon,
Leppäpökkelön lehosta—
Suu kivestä, pää savesta,
Silmät kuivista sysistä,
Turpa tuuran taittumasta,
Parta naavoista pahoista,
Korvat koivun pahkuloista,
Jalat koivun konkelosta,
Varsi puista vaivaisista,
Muu ruumis lahosta puusta.

198. Itse hullu hukkasime.

Olisi minussa ollut
Pitemmillenki pihoille,
Isommille ikkunoille,
Laajemmille lattioille.

Olisi minussa ollut
Piika pienehen talohon,
Emäntä elollisehen,
Tuki uutehen tupahan,
Vara vastasalvettuhun.

Olisi minussa ollut
Sukittaja suuremmanki,
Paremmanki paiottaja;
Puoliso pohatan miehen,
Rikkahamman rinnallinen.

En sano isoni syyksi,
En isoni, en emoni;
Iso ei myönynnä minua,
Eikä kaupannut emoni—
Itse hullu hukkasime,
Mieletön menettelime;
Itse tungime tulehen,
Tieten tervan keitoksehen;
Itse liitin liinahurstit,
Laitin aivinalakanat;
Itse vierehen venäyin,
Käsivarrelle valauin.
Katsoin suuta sulhoseni,
Muotoa mukahiseni,
Ajatusta ainoseni,
Mieltä mielivaationi.

Voipa mieltä miekkoseni!
Ajatusta ainoseni,

Suuta suuren sulhoseni,
Muotoa mukahiseni—
Varikselt' on varren saanut,
Korpilta nenän kopannut,
Muovon mustalta sialta,
Suun kun syövältä suelta.

199. Pyyä sulhoa sulolla.

Noin sanoi minun emoni,
Varotteli vanhempani:
"Elä vainen neito nuori,
Elä kasvava kananen,
Pyyä sulhoa sukilla,
Miestä kirjokintahilla,
Paioilla kylän parasta,
Helmuksilla hempeintä;
Pyyä sulhoa sulolla,
Miestä mielisiivollasi,
Tavoilla tasaista miestä,
Ku'onnalla kunnollista!"

En minä piloinen piika,
En kuullut emon sanoa,
Pyysin sulhoa sukilla,
Miestä kirjokintahilla,
Paioilla kylän parasta,
Helmuksilla hempeintä;
Sain ma suuttoman sukilla,
Kielettömän kintahilla,
Paioilla kylän pahimman,
Kylän herjan helmuksilla—
Sain miehen savilapion,
Korpilta nokan korian,

Perän pieneltä siviltä,
Sääret rannan raukujalta.

200. Kosto kaunistelemisesta.

Kostohon minäi koito,
Kostohon kovaosainen,
Pi'in piikakunniata,
Kannatin pohatan puolta.

Kostohon minäi koito,
Kostohon kovaosainen,
Kokosin tätä kokoa,
Tätä vartta valmistelin,
Näille ouoille oville,
Veräjille vierahille.

Kostohon minäi koito,
Kostohon kovaosainen,
Kannoin kaunihit hivukset
Sian villojen sekahan,
Sorahutin suorat sääret
Sian säärien sivulle.

201. Kuka tiesi, kenpä luuli.

Kuka tiesi, kenpä luuli,
Sokiahan suostuvani,
Rampahan rakastuvani,
Niinkun mie sokiaan suostuin,
Sekä rampahan rakastuin?

Nukuin untelon sivuhun,
Miehen kainun kainalohon,
Ku ei kutkuta kuvetta,
Eikä kaiva kainaloita.

Luulin viinoin vietäväksi,
Olosin otettavaksi;
Vietihin vesipikarin,
Vesikannun kaimottihin,
Pirttiporsahan povehen,
Karstamuksen kainalohon.

202. Viikon vuotin virkiäistä.

Noin minäki lassa lauloin:
"Elköhön sinä ikänä,
Vasten vaivaista minua,
Ja kohti kovaosaista,
Vesat viiassa yletkö,
Ja pajut pahalla maalla,
Koivut korpinotkelmoilla,
Kankahaisilla karahkat!"

Kasvoin siitä suuremmaksi,
Korkiammaksi kohosin,
Vuotin viikon vihkiäistä,
Kauan kaunista valitsin;
Sain viimein vihaisen miehen,
Lihan syöjän, luun purijan,
Tukan tuulille jakajan,
Hapsien hajottelijan.

Piti vitsan vieressänsä,
Nahkaruoskan naulallansa,

Karsitun karangon käässä,
Käätyn kartun kainalossa,
Jolla lyöä lykkäjävi,
Kohti päätä kolkkajavi.

203. Tunnen sulhoni.

Tunnen mie hyvän tulosta,
Astunnasta arvaelen—
Tukk' on tyyni tuulessaki,
Hivus ei visko viimallaki.
Tulosta pahanki tunnen,
Astunnasta arvaelen—
Tukka tuiski tuulettaki,
Hivus viskoi viimattaki.

Vielä tunnen muien sulhot,
Muitterammat muien sulhot;
Kun tulevat muorin luoksi,
Muhotellen muorin luona;
Kun tulevat naisen luoksi,
Nauratellen naisen luona.
Katso'pas minun katalan,
Mun katalan kaunoistani,
Ei tuo muorille muhota,
Eikä naura naisen luona!

On kun karhu kaunoseni,
Sulhoni suelle verta,
Ikenet on irvellähän,
Silmät kiljan kaljallahan.
Nurin tungeksen tupahan,
Väärin veäksen huonehesen,
Väätty pihlaja pivossa,

Käätty karttu kainalossa,
Seiväs säätty olkapäällä,
Karsittu karahka käässä—
Ei ketänä muuta vasten,
Vasten vaivaista minua,
Kohtipa kovaosaista
Kohti koitopäivällistä.

204. Itken pois ihanat silmät.

Laulu työksi lankiavi
Hevosen hyvän re'essä,
Itku silmähän tulevi
Pahan miehen vuotehella.
Jo olen joutunut johonki,
Kurja kunne'ki osannut,
Vierelle viholliseni,
Sanojani saapuville;
Jo on minulla riivi rinnus,
Riivi rinnuksen vetäjä,
Jo on minulla konsti korja,
Konsti korjan kanneltava.

Aina aikahan tulisin,
Aikahan tulettelisin,
Kun ei tuojani toruisi,
Saajani pahoin sanoisi,
Vetäjäni vierastuisi.
Vaan kun tuojan toruvi,
Saajani pahoin sanovi,
Vetäjäni vierastuvi,
Siit' itken iäni kaiken,
Ja kaiken elinajani.
Itken pois ihanat silmät,

Vieretän verevän kasvon,
Puotan poskeni punaiset,
Kasvon kaunihin kaotan.
Itken kujat kuurullani,
Läävät länkämäisilläni,
Itken saavit, itken saunat,
Itken salvomet saloa.
Jo tuosta joki tulevi,
Meri selvä selkiävi,
Itkemistäni vesistä,
Läpi pääni laskemista,
Läpi kulman kulkemista,
Poskilta putoamista.
Kylpisi kyläni naiset,
Sekä naiset naapurini,
Kolmasti kotini naiset,
Kylpisin minä itseki,
Sekä valta vanhempani,
Sekä saamani emoni,
Itkemilläni vesillä,
Läpi pääni laskemilla,
Läpi kulman kulkemilla,
Poskilta putoamilla.

205. Miesi minulle annettihin.

Tuota toivoin tuon ikäni,
Katsoin kaiken kasvinaian,
Suojakseni suurta miestä,
Lajikseni laaullista;
Ei iso suannutkana,
Eikä äitini luvannut
Suojakseni suurta miestä,
Lajikseni laaullista.

Miesi minulle annettihin,
Uros uusi laivattihin;
Miehen mitta, miehen varsi,
Ei ole miehen mieltä päässä
Miel' on viety,—pää jätetty,
Aivot otsasta otettu.

206. Sain minä savisen saksan.

Voi minä piloinen piika,
Kunne kuitenki osasin,
Polin puulle pyörivälle,
Varvulle varattomalle!

Oisipa minuksi ollut
Paikkoja parempiaki,
Puita pyörimättömiä,
Varpuja varallisia;
Vaan ma hullu hukkasime,
Mielimennyt mättäsime,
Tieten tervan keittimehen,
Silmin valkian sisähän.
Luulin saksan saaneheni,
Pajarin valinneheni;

Sain minä savisen saksan,
Pahanpäiväisen pajarin—
Multatakka myötävänä,
Savitakka saatavana,
Kukon kullat kukkarossa,
Taskussa kanan hopiat.
Sain ma untelon urohon,
Miehen tuulenmielellisen,

Vielä villin viinanjuojan,
Hurjan ostajan oluen;

Kun tuon kaupalle lähetän,
Kaikki juopi kaupukseni—
Saan saapi, tuhannen viepi,
Vielä velkoa tekevi,
Alttinoin kylän akoille,
Polttinoin kylän pojille.
Kun tulevi kaupoiltahan,
Tuo ei tenkoa tinaista;
Tuopi kyllä kyynäsvartta,
Viljalta vihaista kättä,
Jolla tukkani repivi,
Hapseni hajottelevi,
Tukat tuulelle jakavi,
Ahavalle anneksivi.

207. Jo johonki saatettu.

Jo mun saatti saarehinen,
Juohatti joentakainen,
Hurstille humalahurjan,
Viinavillin vuotehelle,
Vasten tahtoa emoni,
Varotusta vanhempani.

Noin sanoi minun emoni,
Varotteli vanhempani:
"Ellös vainon neito nuori,
Ellös kasvava kanarva,
Hurjan hurstille ruvetko,
Lakanoille juomalallin,
Oksentajan olkiloille,

Tuville tupakanjuojan!
Usein humalahurjan,
Useimmin viinavillin,
Kopra tukkihin tulevi,
Hapsihin hahattelevi;
Usein humalahurjan,
Useimmin viinavillin,
Oksennus olille jääpi,
Vaahti vaipalle valuvi,
Korjata vihaisen vaimon,
Sekä tyynen työnnytellä."

Mikä kuitenki minulta,
Kuka kurjalta tytöltä,
Mikä otti mielen multa,
Kuka haikian hajotti,
Mukomalta mielevältä,
Kylän kaiken viisahalta;
Kun menin miehelle pahalle,
Viinarattihin rakastuin,
Laskin hurjan hurstilleni,
Viinavillin viereheni;
Otin yöksi vuotehelle,
Laskin kyynysvarrelleni,
Kuusen oksalta kuvetta,
Käsivartta karrukselta.

208. Tein kaupan kallallisen.

Olisi minun pitännä,
Piteä pitempi mieli,
Vielä vuosi, vielä toinen,
Vielä vuotta viisi, kuusi,

Kaiketi kaheksan vuotta,
Ympäri yheksän vuotta,

Kahen puoleni katsella,
Yli pääni ymmärrellä,
Ei tehä katuva kauppa,
Ikuhinen itkettävä

Tein kaupan kallallisen,
Syrjällisen synnyttelin;
Otin hurjalta hopiat,
Kullat mieron kulkijalta,
Tengat tien kävelijältä,
Rahat rannan juoksijalta.
Nukuin nurjuksen nutulle,
Väsyin värjyn vuotehelle,
Hurstille humalahurjan,
Viinavillin vaattehille;
Hullu lyöpi hurstiltansa,
Viinavilli vierestänsä,
Poies potki uutimesta,
Ulos sängystä uhitti.

209. Hyv' on olla hympyrällä.

Minä jauhan vanha vaimo,
Home'korva houhattelen;
Ei mulle miniä jauha,
Pojan nainen pyörittele.

Eikä jauha Jaakkoseni,
Uros lynkä lykkiele,
Väännättele vääräsääri,
Hympyräiseni hykerrä;

Itse jauhan Jaakolleni,
Väännän vääräsäärelleni,
Lykkielen lyngälleni,
Hympyrälleni hykerrän.

Hyv' on olla hympyrällä,
Kaunis kampurajalalla—
Hympyrä hyvällä syötti,
Kampura veen kaloilla;
Pyhät syötti pyynlihoilla,
Aret ampulintusilla.
Pyhä ei kiellä pyytämästä,
Sapatti samoamasta;
Aina antoi armoluoja,
Lupasi hyvä Jumala,
Pyhänäki pyytäjälle,
Arkena anelijalle.

Hyv' on olla hympyrällä,
Lysti lyngällä eleä—
Kyllä lynkä linnun saapi,
Kampura kalan vetävi;
Ei sitä sotahan vieä,
Ei tahota tappeluhun.

210. Minun lauloa pitäisi.

Kukko lauloi kullallensa,
Kananlapsi kaunollensa,
Varis lauloi vaahtokuulla,
Kevätkuulla keikutteli;
Minun lauloa pitäisi,
Reiän olla laulamatta.
Reiän on kultansa kotona,

Turvansa tutuilla mailla;
Minun on kulta kulkehella,
Minun turva tuul'ajolla,
Leivänsaaja lentehessä,
Kyntäjä kylän kululla,
Rannalla rahan hakija,
Kapelulla karhitsija.

Eipä kuulu kullaistani,
Ei kuulu kujassa käyvän,
Alla ikkunan asuvan,
Veräjillä veistelevän,
Pilkkovan pihalla puita,
Koan eessä kolkkoavan;
Sill' on illoilla ikävä,
Äsken yöllä äitelämpi,
Aamusilla aatkelampi,
Havatessa haikiampi.

Useinpa leinon lesken,
Usein minun utuisen,
Puolet pään-alaisiani,
Toinen puoli vuoettani,
Kirppujen kisattavana,
Lutikkojen maattavana.
Useinpa leinon lesken,
Usein minun utuisen,
Keskiöisissä unissa,
Kopra tyhjeä kokovi,
Käsi vaalivi valetta,
Kupehelta kummaltaki.

Useinpa leino leski,
Usein minä utuinen,
Yksin työlle työnteleme,
Yksin ruoalle rupean,

Yksin liitäme levolle,
Käyn ukotta uutimehen.
Vielä aikahan tulisin,
Aikahan tulettelisin,
Yksin työllä ollessani,
Yksin käyessä vaille;
Sepä vasta vaikiampi,
Yksin lähteä levolle—
Ei kutana kumppalina,
Kuka suuta suikkajaisi,
Syyhyttelisi sivuja,
Kupehia kutkuttaisi.

d) Muissa tiloissa.

211. Ilo ilmahan katosi.

Lauloin ennen lapsempana,
Muistin muita pienempänä;
Laulelin jokaisen lakson,
Joka kummun kukkuelin,
Joka rannan rallattelin,
Lehot leikkiä pitelin,
Ilman lintujen iloksi,
Rastahaisien ratoksi,
Suosioksi sorsasien,
Allien ajan kuluksi.
Sillä voitin viisi vuotta,
Vuotta kuutosen kulutin,
Armahan isoni luona,
Emon kannon kartanoilla,

Veikkoni venon kokassa,
Siskon marjapoimennilla.
Allit mulle palkan maksoi,
Sorsat soittoni sovitti;
Antoi allit armautta,
Suloutta sorsat antoi,
Rastahaiset rattoutta,
Ilman lintuset iloa.

Tuli sitte aika toinen,
Aika entinen aleni,
Vei sorsa suloutensa,
Alli armahan elonsa,
Rastahaiset rattouuen,
Ilman lintuset ilonsa,
Jäivät leikkini leholle,
Ajat armahat aholle,
Ilot kaikki kankahalle,
Laulut laksohin katosi.

Niin en nyt enempi laula,
Enkä oikein osaja,
Hopiatt' en ensinkänä,
Vaskett' en vähäistäkänä;
Laulajan laki palavi,
Runon kulkku kuivettuvi,
Vaan ei korvat kuulijoitten,
Naurut ilman istujitten,
Naurut naisten, mielet miesten,
Arvelot kylän urosten.

Vielä laulaisin rahalta,
Kullalta kukahtelisin,
Hopialta huolisime,
Varustaisime vas'elta;
Enkä äijiä anoisi,

Kovin paljo pakkoaisi:
Alttinan kylän akoilta,
Polttinan kylän pojilta,
Neljä tenkoa tytöiltä,
Ruplan ukko ruhtinoilta.

212. Laulu laiskana pitävvi.

Minä neuon neitosia,
Sanelen sanan tytöille:
Elä neito liioin laula,
Liioin laula, paljo naura;
Laulu laiskana pitävi,
Virret työtä viivyttävi.
Ei kolka kosijan kengät,
Kirjakorjat kiiättele,
Tytön työttömän tykönä,
Lapsen laiskan kartanolla;
Konnat kolkkavat pihalla,
Pahat kalkki kartanolla,
Vievät lapsen lauluiltansa,
Viettelevät virsiltänsä,
Iäksensä itkemähän,
Kuuksensa kujertamahan,
Miehen tuhmasen tulilla,
Varattoman valkioilla.

Äiän mieki hullu huusin,
Äiän raukka rallattelin;
Ei ollut hullun kieltäjäistä,
Ankaran asettajaista,
Jok' oisi opettanunna,
Sanonut sanan minulle:
"Elä huua hullu tyttö,

Elä mieletön melua;
Saat sa hullun hurstillesi,
Mielipuolen puolellesi,
Joka itkettää ikäsi,
Ajan kaiken kaihottavi."

213. Ei oo huolta neitosena.

Elkäte tytön typykät,
Elkäte emosen lapset,
Kovin konstia kysykö,
Ja valitko valkiata;
Konstill' on kova kulakka,
Naastilla navakka ruoska,
Käsi vahva valkialla,
Käsi vahva, syän suuri—
Lihan syöpi, luun purevi,
Veren uuelta vetävi,
Tukat tuulelle jakavi,
Ahavalle anneksivi.

Mitä te tytöt suretta,
Mikä teiän neitosien,
Jospa vielä viikommanki
Kasvatta emon ko'issa?—
Ei oo huolta neitosena,
Tyttönä pahoa mieltä;
Äsken huolta hoivatahan,
Pannahan pahoa mieltä,
Kun on liina liitetähän,
Lakki päähän laitetahan.

Mipä liina liitetähän,
Sepä saaha'an sanoja;

Mikä lakki laitetahan,
Se pannaan pahoa mieltä;
Housut huolella pitävi,
Miehen vaattehet varulla,
Paitaset pahoilla mielin,
Sukat suurella suvulla.

214. Vanhan lahjat nuorelle.

Ei pitäisi neien nuoren
Miestä vannoa valita—
Vilu käsi, jäinen jalka,
Kylmät kylkensä molemmat;
Ei älyä nuori neito
Vanhan miehen miettehiä,
Vanha ei se varsinkana
Tunne nuoren tarpehia.

Na'i vanha nuoren neien,
Otti vanhan nuori neito.
Kävi vanha kaupunkikin.
Osti sieltä rätsinäisen,
Antoi nuorelle kätehen.
Nuori sylki ja pakisi:
"Voi sinua lemmon vanha,
Harma'an havukan silmä,
Mustan koiran karvan kutri!"

Na'i vanha nuoren neien,
Otti vanhan nuori neito.
Kävi vanha kaupunkihin,
Osti sieltä sussunaisen,
Antoi nuorelle kätehen.
Nuori sylki ja pakisi:

"Voi sinua lemmon vanha,
Harma'an havukan silmä,
Mustan koiran karvan kutri!"

Na'i vanha nuoren neien,
Otti vanhan nuori neito.
Kävi vanha kankahalle,
Toi karahkan kankahalta,
Alkoi nuorta peipotella.
Nuori hyppi ja rukoili:
"Voi mun kultakutriseni,
Sinisilmä sirkkuseni,
Minun armas ainoseni,
Kukankarva kaunoseni!"

215. Vanhan eukon valitus.

Kuulin ennen eukon vanhan,
Valittavan vanhan eukon,
Pojastansa noin puhuvan,
Lapsestansa laulelevan:
"Niin minäi äiti raukka,
Kun on muutki äiti raukat,
Tuuvin lapsesta tukia,
Vanhan päiväni varoa,
Pyssykäistä pyörittelin,
Jousikäistä jouvuttelin.
Ei tullut emon tukia,
Ei varoa vanhan päivän
Tulipa tuska kantajalle,
Vahvistui emolle vaiva,
Tuli tukkani repijä,
Kasvoi kallon kolkuttaja."

"Toivoin miestä lapsestani,
Urosta ukon pojasta;
Eipä miestä tullutkana,
Urosta utaununna—
Tuli tuppelo sukuni,
Epatto emän-alani;
Tuli tuhmin kansahani,
Laiskin lapsi joukkiohon;
Tuli villi viinanjuoja,
Raivo ostaja oluen."

"Josp' on söisi siivollansa,
Joisi taitavan tavalla;
Vaan on syöpi syrjillänsä,
Juopi juomarin tavalla."

216. Mitäpä kylä kyselet.

Kylä kyllinki sanovi,
Miero mieltä jatkoavi,
Ihmiset imehtelevi,
Ajan kaiken kalkuttavi,
Sonnassa minun elävän,
Kakaroissa kasvavani.

Vaan mitä kylä kyselet,
Kuta miero kuikuttelet,
Näistä pienistä pihoista,
Kapehista karjateistä?—
Suokohon sula Jumala,

Antakohon armoluoja,
Tätä sontaista pihoa,
Kakaraista kaivotietä;

Kyllin sontoa pihalle,
Kakaroita kaivotielle,
Kyllin sonnan säätäjätä,
Kakaran karistajata,
Näillä pienillä pihoilla,
Kapehilla karjateillä!

Suokohon sula Jumala,
Antakohon armoluoja,
Oluessa tuopit olla,
Maljat maiossa märätä;
Jotta saisi saamatonki,
Ottaisi olematonki;
Jott' oisi antoa kylälle,
Kyllin itsellä eleä!

217. Lempoko lennätti tänne.

Lempoko lennätti minua,
Paha henki tänne painoi,
Saattoi puolelta pokostan,
Kantoi koista korkiasta,
    Korville Kostamuksen,
    Puolehen puropohjan,
    Vierehen ve'en mustan,
    Uroille umpilammin,
    Alliksi Akimaisen,
    Sorsaksi Sohjan poian!
Parempi minun olisi
Olla puolella pokostan,
Marjana isoni mailla,
Emon mailla mansikkana,
Lapukassa lassa piennä
Peipona kotipihoilla.

218. Rajan taaksi raapattihin.

Mikä lie minusta nähty,
Kuka kummanen katsottu,
Kun ei naitu naapurihin
Kopattu kotirikoille;
Eikä Ouluhun otettu,
Kuletettu Kuopiohon,
Liperihin liikutettu,
Saatettu Savon rajoille.
Vietihin Wenäehelle,
Rajan taaksi raapattihin,
Joss' ei äiti ääntä kuule,
Iso ei itkua tajua,
Itikoissa itkeväni,
Paarmoissa parahtavani.

Oisin naitu naapurihin,
Otettu omille maille,
Kotihin koti näkyisi,
Ison pelto ikkunoihin;
Kuuluisi kukonki ääni,
Oman pihan rikkasilta,
Koiran haukunta kujilta,
Käin kukunta kuusikolta.

219. Viety on maille vierahille.

Mikä lie minusta nähty,
Mikä nähty, kuka kuultu,
Kuka kumminki havattu,
Kun ei naitu naapurihin
Otettu omille maille,

Oman pellon pientarelle;
Lie'kö nähty äiä syövän,
Äiä syövän, äiä juovan,
Vai viikon viruneheni,
Ei varahin nousevani?—

Jo olen johonki saatu,
Ylen loitos luovutettu,
Viety maille vierahille,
Maille ouoille otettu,
Ikävissä itkemähän,
Kovin päivin kuolemahan.
Paremp' ois omalla maalla
Juoa vettä tuohisesta,
Kun on maalla vierahalla
Juoa tuopista olutta.

220. Emon kanaset.

Kasvatti minun emoni,
Kasvatti kanoja parven,
Toisen parven joutsenia,
Nuot on aialle asetti,
Seisotteli seipähälle;
Tuli kokko, niin kohotti,
Tuli haukka, niin hajotti,
Tuli lempo, niin levitti,
Yhen vei Wenäjän maalle,
Toisen saatteli Savohon,
Kolmannen kotihin heitti.

Jonka vei Wenäjän maalle,
Se soassa surmattihin;
Jonka saatteli Savohon,

Sen Savossa tauti tappoi;
Kolmannen kotirikoilla
Tappavi ikuinen itku,
Mielalat menettelevi,
Kovat päivät kuolettavi.

221. Tullut muoto mustemmaksi.

Olinpa minäi ennen,
Olin kun omenakukka,
Olin marja maatessani,
Lehti liikkuellessani,
Istuessani ihana,
Armas astuellessani;
Moni katsoi muotohoni,
Varteheni valkotteli.
Nyt on muoto muunne saanut,
Kasvo kaunis vanhentunut,
Tullut muoto mustemmaksi,
Kasvo kaiaksi ruvennut.
Mure tuonut mustan muovon,
Huoli kasvon kaientanna;
Hoikk' on huoleva hevonen,
Murehtiva vaimo musta.

222. Luulin käyväni käkenä.

Toisin tiesin, toisin luulin,
Toisin toivotin ikäni;
Toisin tiesi suuri luoja,
Toisin toivotti Jumala.

Käkesin käkenä käyä,
Kukahella kukkuroilla,
En käkenä käynytkänä,
Kukahellut kukkuroilla;
Toisin otteli osani,
Toisin käv' käkeykseni,
Toisin väänti väärä lykky,
Toisin onni ohjaeli—
Väänti väärälle lykylle,
Onnelle osattomalle.
Täytyi ruupuhun ruveta,
Käsin käyä tähteliille,
Piti lenteä leholle,
Havupuille haihatella.

En nyt tuota tuhma tunne,
Äkki outonen älyä,
Kunne luome luotu lapsi,
Kunne kaivame katala,
Tien kunka otan etehen,
Juonen kunka juostakseni;
Lähenkö revon rekehen,
Vai lähen jänön jälille.

Jos lähen revon rekehen,
Revoll' on reki matala;
Kiskoisi joka kivonen,
Joka kanto kaapaseisi.

Jos lähen jänön jälille,
Koukkupolven polkumille;
Jänö peittäisi jälensä,
Koukkupolvi polkumensa.

En lähe jänön jälille,
En rekehen repo raukan;

Istun ilveksen rekehen,
Ilves vie ison kotihin,
Reen käymättä kivihin,
Kantoloihin koskematta.

223. Jouvuin puulle pyörivälle.

Voi minä poloinen lapsi,
Poloisella Pohjan maalla!
Jo minä johonki jouvuin,
Jouvuin puulle pyörivälle,
Varvalle vapisevalle,
Sain lehelle liekkuvalle.

Kunne puuhut pyörrähtävi,
Sinne pyörrähän jälestä;
Kunne varpa vaapahtavi
Sinne vaapahan jälestä;
Kunne lehti liekahtavi,
Sinne liekahan jälestä.

Oisipa minuksi ollut,
Ollut puita pyörimättä,
Varpoja vapisematta,
Lehtilöitä liekkumatta;
Itse hullu hukkasime,
Mieletön menettelime,
Itse mie isosta luovuin,
Itse äitistä erosin,
Itse vierin veikoistani,
Siirrime sisaristani,
Sorsan suojille sioille,
Allien asuntamaille,
Sisareksi siikasille,

Lohen poian puolisoksi.
Siellä sorsa suojelevi,
Tavi laitto laajelevi,
Siika silmäni pesevi,
Hauki pääni harjoavi,
Ahven suuta anneksivi,
Veen kalaset kauloavi.

Jopa vaan minun poloisen,
Jo kohta poloisen lapsen,
Sisar saapi siikasina,
Veikko haukina vetävi,
Emo appo ahvenina,
Iso kaikkina kaloina.

224. Itken kurja kulkuani.

En itke ison hyvyyttä,
Enkä äitin armautta,
Vaan itken isoni maita,
Maita maammoni murajan;
Itken veikon valkamia,
Siskon siltoja paheksin.

Tuota itken tuon ikäni,
Kun olen kurja kulkusassa,
Raukka rannan juoksennassa,
Vaivainen vaeltamassa.
Sain ma kurja kulkemahan,
Raukka rannat kiertämähän,
Vaivainen vaeltamahan;
Jouvuin kylmähän kylähän,
Rautaisehen rahva'asen—
Lapset raukan rannikolla,

Keion mieron kierrännässä,
Vaivaisen kylävarassa.

Tuulet kurjalla tupana,
Saunana vesisatehet;
Mont' on tuulta tuulevata,
Monta saapoa saetta,
Päälle lapsen armottoman,
Vaattoman vaimon päälle,
Näillä ouoilla ovilla,
Kyläsillä kynnyksillä.

225. Kun oisin kuollut kuusiöisnä.

Syäntäni syytelevi,
Päätäni pahoin panevi;
Viekäte minua maata,
Tupatkate tuutumahan,
Ikuisille vuotehille,
Polvuisille pääaloille,
Näiltä päiviltä pahoilta,
Ilmoilta ilottomilta!

Kun en oisi kurja raukka
Luotu tänne luonnankana,
Näille päiville pahoille,
Ilmoille ilottomille.—
Parempi minun olisi,
Parempi olettelisi,
Syntymättä, kasvamatta,
Suureksi sukeumatta,
Tämän ilman tuntematta,
Näkemättä näätki päivät.

Eikä surma suorin tehnyt,
Tauti oikein osannut,
Kun ei tappanut minua,
Kun mie liekuin kätkyessä,
Karjuin eukon kainalossa.

Kun oisin kuollut kuusiöisnä,
Katonut kaheksan-öisnä,
En oisi paljoa pitänyt—
Pikkaraisen pientaretta,
Kyynärän pyheä maata,
Eroon itkua vähäsen,
Ison ei väheäkänä.

Tahi kun karjassa kävelin,
Lassa lammasten keralla,
Kun oisi karhu kaatanunna,
Susi surmannut minunki,
Niinkun kaatoi lammaskarjan,
Lehmät kaunoiset kaotti!
Parempi minun olisi,
Parempi olisi ollut,
Olla karhun kainalossa,
Suussa juoksevan sutosen,
Kun reessä repokypärän,
Korjassa korian sulhon.

226. Minä pyy pesätön lintu.

Ajattelen aikojani,
Muistan muita päiviäni,
Entistä elantoani;
Niin oli entinen elanto,
Kun kesäinen päivän nousu,

Aamu armas aurinkoinen.
Niin on nyt minun eloni,
Kun pimiä pilven ranta,
Tahi laaka lammin ranta;
On kun syksy-yö suruinen,
Pimiä kun talven päivä.

Olin ennen kun olinki,
Olin kun omenakukka,
Tahi tuores tuomenkukka;
Olin mansikka mäellä,
Punapuola kankahalla,
Koppelo eroon ko'issa,
Tavi taaton kartanolla,
Sirkkunen sisaren luona,
Vesilintu veikon luona—
Missä nyt minun kotini,
Kussa kurjan kartanoni?

Koti on koppelon pojilla,
Kartano kylän kanoilla,
Pesä pyillä pienoisilla;
Minä koppelo koiton,
Minä kana kartanoton,
Minä pyy pesätön lintu.
Korvess' on minun kotini;
Kalliolla kartanoni,
Maantiellä minun majani,
Turpehessa muut tupani,
Aian soppi on suojanani,
Joka tuuli turvanani,
Meren aallot armonani,
Meren vaahet varjonani.

227. Sinnes nyt pihani pitkät.

Olin mieki neito muinen,
Olin kasvava kananen,
Pitkillä ison pihoilla,
Oman taaton tanhuilla;
Kävin kukkana kujilla,
Kajavana kartanoilla.

Toisin nyt minun poloisen,
Toisinpa tätä nykyä:
Sinnes on pihani pitkät,
Kunnes pitkät pilven rannat;
Sinnes kaiat kaivotieni,
Kunnes kaiat kaaren rannat;
Sinnes laajat lattiani,
Kunnes laajat lammin rannat;
Sinnes oikein oveni,
Kunnes oikein otavat.

228. Kului kultainen ikäni.

Kului kultainen ikäni
Kului koiran kunnialla;
Väsyi herttainen väkeni,
Väsyi väärällä tavalla.
Ei kulunut kutsuloissa,
Ei väsynyt välttilöissä;
Kului kuivissa sanoissa,
Väsyi silmävääntelöissä,
Hautui hammasten välissä,
Kiehui kielikattilassa.

Monipa minulla onpi,
Usia olettelevi,
Virkkaja vihaisen äänen,
Äänen tuiman tuikuttaja;
Ei ole minulla monta,
Tieä en raukka yhtäkänä,
Sanan armon antajata,
Suin sulin puhelijata,
Kiukahalle käskijätä,
Uunille uhittajata,
Tuppurista tultuani,
Satehesta saatuani,
Kylmästä kyhättyäni—
Turkin helmat tuppurissa,
Viitan helmat viehkurissa,
Hallassa hamehen helmat.

229. Väki herttainen väheni.

Kului kultainen ikäni,
Valui armas vartaloni,
Väki herttainen väheni;
Ei kulunut kunnialla,
Ison ikkunan aloilla,
Kului kunniattomilla,
Kylän kynnyspolkimilla,
Meni mieron juoksennassa,
Väheni kylävälillä,
Valui vaivoissa pahoissa.

Kesät kontuja keräsin,
Talvet väännin taikon vartta,
Piti käyä piilosassa,
Metsän korvessa kovassa;

Pässit päätäni puneli,
Oinas otsakierojani,
Minun päätäni piloisen,
Otsoani onnettoman.

230. Pah' oli orjana eleä.

Pah' on orjana eleä,
Käyä toisen käskyläisnä
Olin orja mieki muinen,
Palkanpiika pappilassa;
Pah' oli olla pappilassa,
Kehno kellon soittajassa,
Paljo pantihin olutta,
Meille hiivat heitettihin.

Pah' oli olla orjuuessa,
Ei parempi emantuuessa:
Unta täynnä uunin korvat,
Paljo pankolla makuuta,
Ei emännän vuotehella,
Talon vanhimman varalla.

231. Olut vieri kun vetehen.

Olinpa minäi ennen
Kirkon kippa, linnan lippa,
Sulhasten syämen syttö,
Nuorten miesten mielitietty;
Moni katsoi muotoani,
Vartaloa valvatteli.

Kesät kengässä kepasin,
Talvet saksan talluksessa,
Turun uuessa tuvassa,
Kauppamiehen kartanossa.
Join ma kahvia kahesti,
Kolmasti koin oluet;
Saksa kullaksi saneli,
Kanaksensa kauppamiehet,
Pienet herrat hertaksensa,
Sorsaksensa suuret herrat.

Tulin vanhaksi varahin,
Epatoksi ennen muita;
Nurin katsoi nurkkaherrat,
Väärin katsoi väärttimiehet,
Katsoi kaltoin vierahatki,
Ei oikein omat isännät.

Olut vieri, kun vetehen,
Kaatui kahvet, kun jokehen;
Jo olen hyljätty hyvänen,
Olen heikko heitettynä,
Omin sormin soutamahan,
Omin väin vetelemähän,
Omin kengin kenkimähän,
Syömähän omin lusikoin.

232. Ei nyt paista palmikkoni.

Kun olin ennen nuorra neinnä,
Nuorra neinnä kasvavana,
Niin mun keikkui keträpuuni,
Kun veikon venehen kokka;
Niin mun verkani vihotti,

Kun isoni nurminiittu;
Niin mun paisti palmikkoni,
Kun kaunis kasarivaski;
Niin mun huohti kaulahuivit,
Kun on kullattu hopia,
Tahi kukat kultalatvat,
Keskellä kesäsyäntä;
Helmukseni hempiämmät,
Kaunihimmat karvaltansa,
Kun on armas aamurusko,
Kaunihimmat taivon kaarta,
Sa'an karvan kantavata.
Kenkäni käkenä kukkui,
Kesälintuna lipasi,
Käyessäni kirkkotietä,
Toisten tyttöjen keralla.

Nyt on tullut aika toinen,
Elo entinen kaonnut;
Ei nyt keiku keträpuuni,
Eikä verkani vihota,
Paista ei palmikot isosti,
Eikä huoha kaulahuivit,
Helmukseni ei helota,
Eikä kengät kukkuele.

233. Nyt on tullut turmiolle.

Olin armas aikoinani,
Kaunis kasvinpäivinäni,
Lakla emoni lattioilla,
Tavi taattoni pihoilla,
Vesilintu veikon luona,
Sirkkunen sisaren luona.

Kun ma läksin astumahan,
Kirkkotietä teppomahan,
Astuin allin askelilla,
Taputin tavin jaloilla;
Monen miehen mieli vieri,
Monen sulhon suu muhahti,
Tämän allin astuessa,
Vesilinnun viertessäni.

Nyt on aika toisin tullut,
Päivä tuhmempi tavannut;
Olen tullut turmiolle,
Tammanna tavattomaksi,
Joka sammakon sanella,
Joka hallin haukkuella,
Joka korpin koikkuella,
Mustan linnun muihkaella.

Vaan elä korppi koiku'kana,
Elä muihka musta lintu!
Et very minun verellä,
Et liho minun lihalla;
Se on vettä, mi on verta,
Sepä luuta, mi lihoa.

234. Olin ennen otramaana.

Olin ennen otramaana,
Otramaana, kakramaana,
Kaalimaana kaunihina,
Papupeltona parasna;
Jo jouvuin sekalimaaksi,
Kehnon heinän kasvajaksi,

Tulin nurmiturpeheksi,
Sain sammalmättähäksi.

Olin ennen, kun olinki,
Armahampi aikoinani,
Olin kukka kuuskesoisna,
Vilkka viisivuotisena;
Kun ma istuin, maat ilotsi,
Kun ma seisoin, seinät kuulti,
Kun ma tanssin, taivas kiehui,
Kun kävin, kämärät läikkyi.

Olin mansikka mäellä,
Puolakukka kumparella,
Maksoin markat maatessani,
Tengat tietä käyessäni;
Jos nyt en mitänä maksa,
Maksa en maallista matoa,
Toukan syömeä tomua,
Riihen eellistä rikaista.

III. Poikien lauluja.

235. Jos ma lauluille las'eme.

Jos ma lauluille las'eme,
Virrentöille työnteleme;
Laulan ma meret mesiksi,
Meren hiekat hernehiksi,
Meren kivet kirstuloiksi,
Meren kaislat kaupungiksi.

Laulan neien kaupunkihin,
Liitän linnani sisähän,
Joka piioista pitävi,
Neitosista niekuttavi.
Se ei suostu sormuksihin,
Mielly miehiin hyvihin;
Ennenkun kosissa käynen,
Itse käynen katsomassa.

Nain ma tuosta nuoren neien,
Otan linnasta lihavan,
Jonka kanssa yöt lepeän,
Kahen päivät kallottelen.
Tuosta kasvan kaunihiksi,
Ylenen ylen hyväksi,
Paisun linnan paimeneksi,
Vahvan linnan vartiaksi.
Suorin poikaset sotahan,
Nuoret miehet miekka vyölle;
Itse linnassa lihoan.
Sekä kasvan kaupungissa,
Juon olutta, minkä jaksan,
Apan kaupungin kanoja.
Sure en sitte Suomen maita,
Enkä Suomen neitosia—
Suomess' on soriat neiot,
Kaunokaiset Karjalassa;
Lihavammat linnassani,
Kaunihimmat kaupungissa.

236. Käynti roualassa.

Lähen tästä roualahan,
Hyvän rouan kartanohon,

Kullaista kujoa myöten,
Hopiaista tietä myöten,
Jost' on sillat silkin pantu,
Veralla vetelät paikat.

Jo joutui joki etehen,
Häilähti hätä kätehen;
Hypätenkö, harpatenko?
Hypätkäme, harpatkame.

"Hyvä huomen roualan,
Onni uutehen tupahan!
Täältä leikari tulevi,
Keikari keritteleksen:
Joko on viikon viinat pantu,
Kauan otraiset oluet;
Onko lautaiset laottu,
Lusikkaiset lautaisilla;
Onko pirtti pyyhittynä,
Sekä sintsi siivottuna;
Onko pesty pitkät penkit,
Lattiat vesin valettu,
Sillat silkillä katettu,
Veran lestolla ve'etty,
Tulla Turun poikasien,
Saaha Saksan sulhosien?"

"Onpa viikon viinat pantu,
Kauan ollehet oluet;
Onpa lautaiset laottu,
Lusikkaiset lautaisilla;
Viel' on pirtti pyyhittynä,
Sekä sintsi siistittynä,—
Pesty pitkät seinäpenkit,
Lattiat ve'en valettu,
Sillat silkillä katettu,

Veran lestolla ve'etty,
Tulla Turun poikasien,
Saaha Saksan sulhosien."

"Hyvä kiitos, hyvä laitos,
Hyvän rouan huonehessa!
Saako leikar leikin lyöä,
Piipari ilon piteä,
Hyvän muorin moisiolla,
Hyvän vaarin vainiolla,
Tämän talon tanterella,
Talon rikkahan rikoilla?"

"Saapi leikar leikin lyöä,
Leikin lyöä ja kisata,
Hyvän muorin moisiolla,
Hyvän vaarin vainiolla,
Tämän talon tanterella,
Talon rikkahan rikoilla."

"Hyvä kiitos, hyvä laitos,
Saamasta hyvän sanoman!
Ken nyt leikkihin tulevi,
Ken kisahan kerkiävi;
Tokko roua koista jouti?"

"Ei roua kotoa joua,
Tekemist' on työtä paljo:
Vehnäleivät leipomista,
Talkkunat taputtamista,
Mesikannut kantamista;
Tästä kulkevi kuningas,
Vaeltavi linnan vanhin.

Ennen pistän piikojani,
Panen palkkalaisiani,

Annan kokkini koasta,
Tallipojan tanhuasta."

"Hyvä kiitos, hyvä laitos,
Saamasta hyvän sanoman;
Nyt se leikar leikin lyöpi,
Piipari ilon pitävi."

"Millä teiän palkan maksan,
Kullallako, vai hopeella?"

"Et kullalla, et hopeella;
Kyll' on kultia ko'issa,
Vaikka kiukoat tekisi,
Rauniot rakentelisi,
Tekis rastit rauniolle,
Ristit riihen ikkunoihin;
Anna mulle nuori neito,
Sillä roua palkan maksat."

"Annan sulle nuoren neion,
Panen piioista parahan;
Annan riskin riihen puijan,
Konstin kankahan kutojan."

"Hyvä kiitos, hyvä laitos,
Hyvän annin antamasta,
Paremman lupoamasta.
Hyvin roua palkan maksoi,
Nuori neito saatiin,
Neito nuori ja soria."

237. Täytyykö tätä tupoa.

Kuules kultainen isäntä,
Pienoinen perehen miesi;
Keltä mä kysyn lupoa,
Keltä lausun lattiata,
Minun leikin lyöäkseni,
Taiten tanssaellakseni?

Hoi isännät, hoi emännät!
Kell' on kellarin avaimet;
Täytyykö tätä tupoa,
Lainataanko lattiata,
Tanssia tasaisten miesten,
Miesten nuorten notkustella?

Kun ei täytyne tupoa,
Lainattane lattiata,
Mie ulos ovia myöten
Siirten, saarten seinäviertä,
Kierten, kaarten kartanolle;
Sitte tanssin tanterella,
Keikun keskellä pihoa,
Liipottelen liinamaalla,
Joss' ei pää lakehen koske,
Otsa ei ortehen kolaha,
Jalat sillan liitoksehen.

"Täytyypä tätä tupoa,
Lainatahan lattiata,
Tanssia tasaisten miesten,
Miesten nuorten notkustella;
Tarvis ei tanssia pihalla,
Liipotella liinamaalla—
Harakat pihalla tanssi,
Pienet linnut liinamaalla."

238. Soita'pas soria likka.

Soita'pas soria likka,
Rannin likka rallattele,
Sorialla soitollasi,
Kumialla kulkullasi,
Heliällä hengelläsi,
Kaunihilla kaulallasi!
Anna suuta, Suomen likka,
Tälle Suomen sulhoselle;
Suu ei kulu suuellessa,
Käsi kättä antaessa.

239. Täm' on iltoja iloisin.

Ilona käki metsässä,
Lammas laihohalmehessa,
Neito nuori nuotehessa,
Pieni lapsi lattialla;
Iloiset on muutki illat,
Remusat on muutki retket,
Täm' on iltoja iloisin,
Tämä retkiä remusin.

Laulaisinpa, taitaisinpa,
Kun olutta tuota'isin,
Tuoppikana, toinenkana,
Kannukana, kaksikana.
Kun ei tuotane olutta,
Kannettane kannun täyttä,
Kerin virteni kerälle,
Sykkyrälle syyättelen,
Kerän pistän kelkkahani,

Sykkyrän rekoseheni.
Silloin laulan, konsa jouan,
Kun en konsa joua'kana,
Niin en silloin laula'kana;
Enkä laula ensinkänä,
Ei ole kulta kuulemassa,
Oma armas oppimassa,
On mua kuuset kuulemassa,
Oppimassa hongan oksat.

240. Miksi juot joesta vettä.

Näkyi nännit neitoselta,
Pystyt rinnat piikaselta,
Juoessa joesta vettä,
Lakuttaissa lammikosta;
Mie tuota ihoamahan,
Ja kohta kyselemähän
"Miksi juot joesta vettä,
Lakit vettä lammikosta?"

"Siksi juon joesta vettä,
Lakin vettä lammikosta,
Ei anna iso olutta,
Ei emoni ensinkänä;
Iso juotti aisanpäällä,
Emoni avainperillä."

241. Rikas kosija.

Tullos neitonen minulle,
Minulle miehelle hyvälle,
Tälle Suomen sulhaselle,
Sorialle sorkalelle;
Ei minulta tyhjä puutu,
Pahat päivät polvenahan.
Kolm' on aittoa minulla:
Yks' on aitta vehkasuolla,
Toinen parkkikankahalla,
Kolmansi kotoinen aitta.

Jok' on aitta vehkasuolla,
Sihen on vehkoja ve'etty;
Jok' on parkkikankahalla,
Sihen on pantu parkkiloita;
Se kolmas kotoinen aitta,
Sihen on tyhjeä typitty—
Eikä aivan tyhjäkänä,
Eikä aivan täysikänä:
Kanan pää, karitsan kaula,
Kolme hauin kylkiluuta.

Tule neitonen minulle,
Minulle miehelle hyvälle,
Korialle kumpalille,
Pohatalle puolisolle;
Kolm' on lehmeä minulla,
Yks' on suolla muurikkinen,
Toinen määllä mansikkinen,
Kolmas puolukka palolla.
Yks' on maiolta mahoton,
Toinen voilla vuolovampi,
Kolmas vallaton vasoilta;
Ei ole illoin kytkemistä,
Eikä aamuin laskemista,
Suolan, suuruksen surua.

242. Keltä mä kysyn tytärtä.

Kuules kultainen isäntä,
Pienoinen perehen miesi!
Keltä mä kysyn tytärtä,
Keltä anon ainoistasi:
Kiviltäkö, kannoiltako,
Vaiko pitkiltä pihoilta;
Kysynkö kylän akoilta,
Vai isolta, vai emolta,
Vai veikolta vanhimmalta,
Vaiko itseltä tytöltä?

Kuules kultainen isäntä,
Pienoinen perehen miesi!
En minä sinua kiitä
Kiviltäsi, kannoiltasi,
Enkä pitkiltä pihoilta,
Avaroilta aitoiltasi,
Kun et antane minulle
Pihan pitkän juoksijaista,
Aitavieren astujaista,
Kujavieren kulkijaista,
Tanteren taputtajaista.

243. Monimorsiamellinen.

Mont' on mulla morsianta,
Neljä neittä tieossani
Vielä viieski varalla,
Kanssa kuues kuuluvissa.

Yks' on tuolla Toivolassa,
Niemelässä neiti toinen,
Kolmansi Kotalahella,
Neljäs Neitolan kylällä.
En taia sitä epäillä,
Eri pelänne ensinkänä,
Ettei ota onkeheni,
Kala viiestä ve'estä,
Osaavasti onkiessa,
Koukun konstin laskiessa;
Vaan sitä epäelenki
Sitä pelkeän pahasti,
Etten saa ma ensimäistä
Tuolta Toivolan kylästä.

244. Potra on poikana eleä.

Ei ole herjalla hevoista,
Emäntät' ei ensinkänä;
Tulisko ostoa oronen,
Sekä naimahan ruveta?

Naisin naisen neitosista,
Ottaisin omilta mailta;
Vaan onko nämät nykyiset,
Nämät tyttäret nykyiset!
Ne on lyhyen lylleröiset
Maantasaiset talleroiset,
Kuvettaskujen tasaiset,
Vyökusakan korkeuiset,
Rinnat rikki riivatuilla,
Hamet halki halvatuilla.

Nainen linnasta lihavan,
Kaupungista kaunokaisen,
Joll' on kallis kampa päässä,
Kohtapää, kotat jalassa.

Tahi jos tietäisin vähäsen,
Arvoaisin aikanani,
Niin en naisi ensinkänä,
Nykyisiä tyttölöitä;
Ne on neitona soriat,
Koriat ison kotona,
Äsken akkana äkäiset,
Vihaiset vihittyänsä.

Mikäs on poikana eleä,
Mikäs olla naimatonna?—
Potra on poikana eleä,
Naasti olla naimatonna;
Ei oo naista naukumassa,
Eikä lasta itkemässä,
Akka ei arttia vetäne,
Laps' ei leipeä anone.
Huoleton hevoton poika,
Aivan huoleton akaton:
Piä ei piiskasta muretta,
Kanna ei huolta kannuksesta.

245. Oisi mulla vallan miekka.

Oisi mulla vallan miekka,
Vallan miekka, vallan valta,
Vallan valkia hevonen;
Ajaisin ma neitimaalle,
Naisin sieltä neittä kolme:

Yhen nuoren, toisen vanhan,
Kolmannen kasatun piian.
Kasatulla työt tekisin,
Vanhan neuona pitäisin,
Itse nuorta naurattaisin.

246. Kun saisin Savosta naia.

Kun saisin Savosta naia,
Joroisista juohatella;
Minä naisin kolme naista,
Yhen naisin nuoren naisen,
Toisen naisin vanhan naisen,
Kolmannen kasatun naisen.
Nuoren nuotalle panisin,
Vanhan vaattehen tekohon,
Kasatun kiven etehen;
Nuor' oisi nuotalla parempi,
Vanha vaattehen teossa,
Kasattu kiven e'essä.

247. Katumoiksi nainen kaunis.

Oisko mulla, kun on muilla,
Rekiviitta viien louvun,
Sa'an maksava satula,
Heponen hyvännäköinen;
Naisin naisen neitosista;
Ottaisin oman emännän,
Vaimon muita valkiamman,
Akan muita armahamman.

Aiä äyriä pitävi,
Paljo pieniä rahoja,
Saaha uuesta taloa,
Naia naista neitosista,
Ostoa orihevoista.

Enkä tieä mie poloinen,
En tunne poloinen poika,
Tällä inhalla iällä,
Katovalla kannikalla,
Nainko naisen nuoremmaisen,
Eli vanhemman valitsen.
Elköhön poloinen poika
Puuttuvalla polvellansa,
Naiko naista nuoremmaista,
Naista kaunista katselko!
Kielti vanha Wäinämöinen,
Epäsi suvannon sulho,
Vanhan nuorta ottamasta,
Kaunista käkeämästä:
"Katumoiksi nainen kaunis
Kainun miehen kainalossa,
Huoleksi hyvä heponen
Huonon miehen seimen päässä."

248. Lempo leskelle menevi.

Mik' otti isolta mielen,
Kuka kummanen emolta,
Leskelle minun lupasi,
Tahtoi toisen tähtehille.

Lempo leskelle menevi,
Tuoni toisen tähtehille;

Parempi pajuilla maata,
Lepän oksilla levätä,
Kun on lesken vuotehella,
Pieluksilla pietyn naisen—
Armahampi aitovieri,
Kun on lesken kylkipuoli;
Leppiämpi lehtovieri,
Kun on lesken vuoetvieri.

Lempo leskelle menevi,
Kalma naijalle kahesti;
Leskell' on kovempi kopra,
Kun on kuiva kuusen oksa,
Jolla lyöpi leikkilöistä,
Nappajavi nauruloista—
Leski on leikkinsä pitänyt,
Viettänyt iloisen illan,
Entisen eläjän kanssa,
Miehen mennehen keralla.

Lempo leskelle menevi,
Tauti taljan maannehelle;
Levitetty on lesken vuoe,
Lesken talja tallaeltu.
Saan minä kiveltä kielen,
Kuulen paaelta pakinan—
Kivi kerran kirkasevi,
Paasi toisen parkasevi,
Lesken on leukansa lukossa,
Koko suunsa sulkehessa.

249. Mie valitsen varrellani.

Oisin mieki miehen verta,
Kun oisin pohatan poika,
Kun ois pelto pienoinenki,
Keko kellon suuruinenki.
Oisin miesi täyelläni,
Sulho suotuinen soria,
Kun on muutki Saaren saksat,
Nuo Saaren pojat pohatat.

Vaan moniki Saaren saksa,
Ja moni pohatan poika,
Onpi koiltahan koria,
Suvultansa aivan suuri;
Käyvät kullassa kosihin,
Hopiassa heilumahan.
Mie en oo koiltani koria,
Suvultani aivan suuri;
Mie valitsen varrellani,
Otan muilla muovoillani,
Kuiskutellen, kaiskutellen,
Tyttöjä tykö puhellen:
"Tule tyttönen minulle,
Tälle miehelle hyvälle,
Tälle sulho suikalelle,
Mokomalle muikalelle!
Elä tuusi tullessasi;
Hyv' oppi minulla olla—
Suot on täynnä suuruksia,
Männyt mämmiä mäellä,
Olutpuolikot purolla,
Juomista joka joella."

250. Mikä kumma kummitseksen.

Mipä tässä millitseksen,
Kuka kumma kummitseksen,
Tämän kunnahan kukuilla,
Tämän harjun hartehilla,
Kun ei kanna suo varista,
Suo varista, maa jänistä,
Nurmi nuorta morsianta,
Pelto pieniä kanoja,
Joen korvat joutsenia,
Lammin laiat laklasia!

Mikä kumma kummitseksen,
Ime ilmi anteleksen,
Kun täss' ei siat sikiä,
Kasva lampahan karitsat;
Maito ei lähe mahosta,
Piimä pitkähäntäsestä!

Jo olen orrelle osattu,
Palasetta partahalle;
Harvoin näiss' on harrit nähty,
Siiat ei sinä ikänä,
Harvoin on hauki vierahana,
Lohen poik' ei polvenahan.

251. Köyhä kyntöpoika.

Minä köyhä kyntöpoika,
Kyntöpoika, kyytipoika,
Kylän kyntöjen kysyjä,
Mieron töien tieustaja;
Minä kynnän kyiset pellot,
Vakoelen maat matoiset,
Ilman rautarukkasitta,

Vaskisitta vanttuhitta.
Kylvän kaurat Karjalahan,
Ohrat viskoan Wirohon,
Rukeheni Ruotsin maalle,
Hernehet Hämehen maalle.

Vaan mitä köyhän kynnännästä,
Vaivaisen vakoamasta;
Minkä kynnän, minkä kylvän,
Sen kynnän kylän akoille,
Kylän vaimoille vakoan,
Työnnän mieron tyttärille.

252. Elettihin meillä ennen.

En tieä poloinen poika
Poloisiksi päivikseni,
Elettihin meillä ennen,
Asuttihin aikoinani,
Kuultihin kalat kutevan,
Lohen purstot loiskuttavan;
Vaanpa nyt tätä nykyä
Ei kuulu kuettajia,
Pois on kaonneet kalatki,
Lohen purstot loiskahtanna.

Illalla isäni kuoli,
Aamulla talo hävisi,
Jäini kun jäniksen poika
Jäälle jääkellehtämähän;
Parahiks' on paita pantu
Lapselle isottomalle,
Emon tietämättömälle,
Varsin vanhemmattomalle.

En tieä poloinen poika
Poloisiksi päivikseni,
Kunne luome luotu lapsi,
Kunne aiottu ajame;
Joutaisi joki'i sulata,
Saisin verkkoni vesille—
Kyll' on verkkoni vesillä,
Vaan on vierahan panema.

En tieä poloinen poika
Poloisiksi päivikseni,
Ei ole niitun niittäjätä,
Eikä pellon kyntäjätä.
Muut niitti isoni niitun,
Muut kynti isoni pellon,
Mie kynnän kyläväliä,
Ahoviertä astuvoitsen,
Kangasviertä karhielen,
Lehtoviertä lennättelen.

Niin minua niitutonta,
Lasta pientä pellotonta;
Kylvän ohrat Suomen maalle,
Hernehet Hämehen maalle,
Vehnät viskoan Wirohon,
Kaurat Karjalan ahoille,
Josta vilja virtoavi,
Vilja vierahan kätehen.

253. Rahansa menettänyt.

Kävin kauppoa Wirossa,
Katsoin tiellä kauppojani,
Luin tiellä tenkojani,

Rannalla rahasiani.
Jäivät tielle tenkaseni,
Rannalle rahani vieri;
Annoin ainoat rahani,
Heitin hentuet hopiat,
Wiron piikojen pivohon,
Narvan naisten kukkarohon.

254. Pahasti maannut.

Olin poika pikkarainen,
Koko kolmonen kesoinen,
Kahen vuoen vanhukkainen;
Koin kerta kesässä maata,
Senki saunassa saloa,
Piilten pikkuhuonehessa,
Pikkaraisen piian kanssa,
Matalan Marin keralla.
Mari itkien tupahan:
"Voi minä piloinen piika,
Mitk' on vaivat vatsassani,
Ponnistus poveni alla!"

Vatsa kasvoi, vyö lyheni,
Navan kohta korkenevi,
Vei paha papille viestin;
Tuo pakanan pallinaama
Otti lehmän leikkilöistä,
Kiskalti härän kisoista.

255. Neittä tavotteleva.

Niin minäi pieni poika,
Kun on muutki suuremmaiset,
Äiän leskiä lepytin,
Tyyvyttelin tyttölöitä.

Kävin mie lehossa kerran,
Löysin neitosen lehosta,
Sinisilmän haavikosta,
Mustakulman koivikosta,
Sormet kullan sormuksissa,
Käet kullan kätinehissä.

Mie tuota tapoamahan,
Piika eestä juoksemahan;
Piika juoksi pitkin suota,
Minä juoksin poikki suota,
Piika pitkin mättähälle,
Minä pitkin piian päälle,
Näpit sattui nännin päälle,
Käet vatsalle valahti.
Siitä mulla onni siirtyi,
Elo entinen hävisi,
Tulin tuhmaksi varahin,
Nuorra naisten nauruloiksi.

256. Pahasti öitsinyt.

Pahoin tein minä poloinen,
Pahoin tein poloinen poika,
Kävin öillä öitsilöissä,
Päivät pyörin päivätsissä,
Illat iltaistunnoissa;
Tuot' emo pani pahaksi,
Iso katsoi ilkiäksi.

Kun on kukko kerran lauloi,
Iso istui kiukoalla,
Emo laapoi lattialla,
Panetteli poikoansa:
"Taas on hurja huilamassa,
Joka yöhyt öitsimissä;
Tuuvin tuhmaisen pojasen,
Tuuvin huorien hyväksi,
Joka huoran huikutella,
Joka kurvan kuihutella.
Tytöt huorat huikuttavat,
Joka kurva kuihuttavi,
Mun poloisen poikoani;
Saattelevat saunahansa,
Viettelevät vierehensä,
Liiaksi likistämähän."

257. Akat sanovat.

Akat saatanat sanovat,
Pakanat panettelevat,
Syömäriksi, juomariksi
Kylän kaiken koipuriksi.

Kun ma syömäri olisin;
Söisin mä kylältä koiran,
Kissan lapset kiukoalta,
Kasin lapset karsinasta.

Kun ma juomari olisin;
Joisin ma joka kapakan,
Joka kannun kallistaisin,
Putelitki pulputtaisin.

Kun ma koipuri olisin;
Ei oisi kuuessa kylässä,
Pitäjässä seitsemässä,
Piikoa pitämätöntä,
Akkoa ajamatonta,
Leskeä likentämättä.
Ajaisin joka akalla,
Pitäisin jokahi piian,
Joka naisen naurattaisin,
Ja lesken likenteleisin.

258. Pahin omalla maalla.

Kävin Suomet, kävin Saaret,
Kävin puolen Pohjanmaata,
Sakaran Savon rajoa,
Kahen puolen Karjaloa,
Kaikki kaupungit katsellen,
Turun linnat tunnustellen;
Ei ollut pääni polkejaista,
Aivoni alentajaista.
Kun tulin omille maille,
Yksi portto pääni polki,
Toinen aivoni alenti,
Kolmas rikkoi rinnukseni.

259. Koti toivoi kuolleheksi.

Kaikki saan kokea koito,
Kaikki tuntea katala;
Noit' en tulle tuntemahan

Konstia kotoisen vaimon,
Ehtoja oman emännän,
Talon tyttären tapoja.

Koti minun toivoi kuolleheksi,
Piha pitkin maanneheksi,
Maja maan myöneheksi,
Kartano kaonneheksi.
Soisit mun kylänki naiset,
Soisit naiset naapurini,
Sorkkihin sotahevosten,
Miesten vaino varpahisin,
Sortuvan minun sotahan
Alla vainon vaipuvani.

Vaan et suo sula Jumala,
Et salli vakainen luoja,
Poikoa ison poluilta,
Lasta vanhemman la'ulta.
Itse tieät suuri luoja,
Arvoat jalo Jumala:
Et silloin sikoa luonut,
Kalttokorvoa kohannut,
Kun loit miehen, loit luonnon,
Loit onnen luomallisen.

260. Usiassa yötä ollut.

Moness' oon minäki maannut,
Usiass' oon yötä ollut,
Monen huoran huimenessa,
Monen lautan lattialla,
Monen porton polstarilla,
Monen keukosen keralla.

Jopa vaan minua vasten.
Vasten vaivaista minua,
Huorat hurstia kutoivat,
Lakanoita laittelivat,
Saunassa savun seassa,
Kylän kylpihuonehissa.

Jopa vaan minua vasten,
Vasten vaivaista minua,
Nuo huorat huhuelivat,
Luoskut luikerrettelivat;
Järäeli järven rannat,
Vavahteli vaaran rinnat,
Kun huorat huhuelivat,
Luoskut luikerroittelivat.

261. Jo on maattu marjaseni.

Oioi, oioi onneani;
Jo on maattu marjaseni,
Jo levätty lintuseni!
Tietäisinkö, ken makasi,
Lempilintuni lepäsi;
Sen pitäis matona maata,
Kulkia kulon-alaisna,
Käyä käärmehen jytyisnä,
Sisiliskona sivata.
Tietäisinkö, ken makasi,
Lempilintuni lepäsi;
Parempi hänen olisi,
Kun olisi maassa maannut,
Maassa mustina matoina,
Kirjavina käärmehinä,

Ilman maasta nousematta,
Pystyhyn kykenemättä.

262. Anastettu armahani.

Enpä luullut luopuvani,
Uskonut eroavani,
Tuosta linkistä likasta,
Kaunokaisesta kanasta,
Punaisesta puolukasta,
Maalatusta mansikasta,
Jota vuotin vuotta kaksi,
Kohta kolmisen keseä.

Tuli tuo vieras ventolainen,
Kyyssyselkä kylkeläinen,
Jok' otti minun omani,
Ja anasti armahani,
Maanitteli marjaseni,
Vaapukkaiseni varasti.

263. Pois tulee pojalle lähtö.

Pois tulee pojalle lähtö,
Pois pojan, ulos urohon,
Tästä kylmästä kylästä,
Katalasta Karjalasta,
Kun ei anna naiset naia,
Piiat leikkiä piteä,
Muorit voita syöäkseni,
Emännät sianlihoa.

Voi tätä voitonta kyleä,
Pitäjätä piimätöntä;
Miten voivat voitta olla,
Kuten piimättä pysyä,
Tässä kylmässä kylässä,
Katalassa Karjalassa!

264. Kuu tämä kave katovi.

En tieä poloinen poika,
En poika polon-alainen,
Tällä inhalla iällä,
Puuttuvalla polveksella,
Minne vieähän minua,
Ja kunne kuletetahan,
Näiltä pieniltä pihoilta,
Ison luomilta eloilta.

Kun tämä kave katovi,
Emon tuoma erkanevi,
Ilo ilmalta katovi,
Laulu maalta lankiavi,
Jääpi emoni itkemähän,
Ikävöimähän isoni,
Näillä raukoilla rajoilla,
Poloisilla pohjanmailla.

Kun tämä kave katovi,
Emon tuoma erkanevi,
Tok ei naura kaikki naiset,
Eikä muoriset muhaja,
Ei ne neitoset ilotse,
Kassapäät ei kalkettele,

Näillä raukoilla rajoilla,
Poloisilla pohjanmailla.

Kun tämä kave katovi,
Emon tuoma erkanevi,
Saapi lintuset levätä,
Pyyhyiset pyhän piteä,
Oravaiset olla jouten,
Jouten kärppäset kävellä,
Näillä raukoilla rajoilla,
Poloisilla pohjanmailla.

Kun tämä kave katovi,
Emon tuoma erkanevi,
Jääpi maat matojen syöä,
Lehot ilvesten levätä,
Pellot peurain piehtaroia,
Ahot hanhien asua,
Näillä raukoilla rajoilla,
Poloisilla pohjanmailla.

265. Soria sotainen tauti.

Suku suuresti surevi,
Laji kaikki kaihoavi,
Heimokunta hellehtivi,
Saavani minun sotahan,
Tykin suuren suun etehen,
Rautakirnujen kitahan;
Sortuvan sotatiloilla,
Vainoteillä vaipuvani.

Vaan elä sure sukuni,
Kaihoa lajini kaunis;

Enmä silloin suohon sorru,
Enkä kaau kankahalle,
Kun minä sotahan kuolen,
Kaaun miekan kalskehesen.
Soria on sotainen tauti,
Soria sotahan kuolla,
Hemme miekan helskehesen:
Äkin poika pois tulevi,
Potematta pois menevi,
Laihtumatta lankiavi.

266. Tietämätön kuolo.

Ei tieä tekijä vaimo,
Ei katala kantajani,
Missä liikkuvi lihansa,
Vierevi oma verensä:
Maallako tahi merellä,
Meren suurella selällä,
Ruotsin ruokorantasilla,
Saksan salmien perillä;
Polttiko turulla tulta,
Alla vallin valkiata,
Vai kävi käpymäkeä,
Vaelsi varvikkosaloa.

Kaikki kuoli mun sukuni,
Kaikki kuoli kunnialla;
Mie vaan kuolen ouoin surmin,
Ouoin surmin, liioin tauin.
Miepä vierrähän vetehen,
Putoan punajokehen,
Vai kuolen kylän kujille,

Koirien kotisioille,
Variksien vainioille.

Sitte kurjan kuoltuani,
Katalan kaottuani,
Linnut syöpi mun lihani,
Varikset varin vereni,
Luuni luovat rauniolle,
Kantavat meren karille;
Noita tuuli turjuttavi,
Ahavainen liekuttavi,
Saapi saaren rantaselle,
Kivikolle kirjavalle.

267. Ikävä tuletteleksen.

Voi minä poloinen poika,
Voi poika polon-alainen;
Voipa kurja kulkuani,
Vaivainen vaellustani,
Näillä mailla vierahilla,
Äkki ouoilla ovilla!

Ikävä minun tulevi,
Ikävä tuletteleksen,
Oman maani mansikoita,
Oman vaaran vaapukoita,
Oman Suomen sorsasia,
Oman linnan lintusia,
Oman niemen neitosia,
Oman kaupungin kanoja.

Ouoksi olen katsottu,
Outopa minä olenki,
Outo ouoilla tiloilla,

Vieras mailla vierahilla.
Outona olen tuvissa,
Outona ovissa astun;
Ei kuka sanan sanoisi,
Antais' armahan sanasen,
Näillä mailla vierahilla,
Äkki ouoilla ovilla.

268. Liuoin soita, liuoin maita.

Kuinkas muilla miekkoisilla,
Kuinkas kurjalla minulla?—
Kohalten on muilla korjat,
Minun väärälten vähäsen.

Oisi mulla, kun on muilla,
Kun oisin ison kotona;
Oispa korjani kohalten,
Reki tervainen teloilla,
Aisat koivuiset kolottu,
Väätty vemmel vaahterinen.

Enkä tieä mie poloinen,
Mikä vei minulta mielen,
Kun läksin ison ko'ista,
Vierin veikkoni pihoilta.
Sukset voijin voitimella,
Liukomet sian lihalla,
Liuoin soita, liuoin maita,
Liuoin synkkiä saloja,
Heitin suuret maat maoille,
Isot nurmet ilveksille,
Oravaisten aiat juosta
Pihat kärppien kävellä.

IV. Miesten lauluja.

269. Kulle työlle tempoamma.

Me yhen emosen lapset,
Yhen kantamat kaposen,
Yhen sotkan suorittamat,
Yhen peiposen pesemät,
Yhen hanhen hautelemat,
Yhen varpusen valamat,
Kulle nyt työlle tempoamma,
Kulle viitsimmä viralle?—
Lyöme'kö remun rekehen,
Virsivänkärän väkehen,
Sovitellen sormiamme,
Kanteleitamme katsellen,
Laskien käen kätehen,
Ha'an toisehen haka'an,
Lauloaksemma hyviä,
Parahia pannaksemma,
Kuulla noien kultasien,
Tietä mielitehtosien,
Nuorisossa nousevassa,
Kansassa kasuavassa.

270. Joko laululle lähemmä.

Hoi velinen veitoseni,
Suullinen sanalliseni,
Kieli-kasvin-kumpalini,
Kuulestamma, kun sanelen:

Harvoin on hanhet suutasuksen,
Sisarukset silmätysten,
Harvoin veiot vieretysten,
Emon lapset laiatusten,
Näillä raukoilla rajoilla,
Poloisilla pohjanmailla.
Niin joko laululle lähemmä,
Töille virtten työntelemmä,
Yhtehen yhyttyämme,
Kahta'alta käytyämme;
Laulaen sanat paremmat,
Virret soittaen somemmat.

Lähtiessä laulamahan,
Saahessa sanelemahan,
Istumma ilokivelle,
Laulupaaelle panemma,
Kiven kirjavan selälle,
Paaen paksun pallialle.
Suitamme sovittelemma,
Säveltämme säätelemmä,
Keritämmä pään kerältä,
Saamma solmun sommelolta,
Iskemmä käen kätehen,
Sormet sormien lomahan,
Lauloaksemma hyviä,
Parahia pannaksemma,
Hyvän iltamme iloksi,
Päivän kuulun kunniaksi,
Tahi aamun armahaksi,
Huomenkuuromme kuluksi.

271. Mitä laulamma lajia.

Vieläpä veljekset elämmä,
Veikot virsiä veämmä,
Näillä raukoilla rajoilla,
Poloisilla pohjanmailla.

Oi veio sulosanainen,
Sulosuinen äitin poika,
Kuules kuin sanon sinulle,
Kuin nyt kuitenki puhelen:
Läkkämästä laulamahan,
Saakama sanelemahan,—
Suu sinulla, suu minulla,
Kieli kemppi kummallaki!

Oi veio sulosanainen,
Sulosuinen äitin poika,
Tuota nyt kysyn sinulta,
Tuota unnalta utelen:
Mitä laulamma lajia,
Kuta syytä syyätämmä—
Tuotako vuotta voimatonta,
Pahoa palokesyttä,
Joka poltti paljo maita,
Paljo maita, paljo soita?—

Noita laulan, joita tieän,
Joita tieän ja tajuan,
Joita ennen eukko neuoi,
Oma vanhempi opetti,
Maitopartana pahaisna,
Piimäsuuna pikkaraisna.

272. Laula, laula veitoseni.

Laula, laula veitoseni,
Kuku, kuku kultaseni;
Anna aikasi ilohon,
Ääni laske laulamahan!
Ota kaunis kantelesi
Soitto kultainen kuleta,
Kielet soppehen sovita,
Käännä sormet soittamahan,
Jotta kuuluisi kujilla,
Kajahtaisi kankahilla,
Sekä soitto, jotta laulu,
Jotta ainoinen ilosi—
Kuuluisi kyliä myöten,
Kajahtaisi kaikin paikoin,
Savossa soria soitto,
Ilo kaunis Karjalassa!

273. En joua laulamahan.

Lauloin ennen, lauloin eilen,
Laulaisin tänäki päänä
Viel' on virttä tieossani,
Saatavillani sanoja;
Virttä toista tuulet toisi,
Meren aaltoset ajaisi,
Linnut liittäisi sanoja,
Puien latvat lausehia.
Vaan en joua laulamahan
Kesäisiltä kiirehiltä,
Heliältä hein'ajalta,
Kalakuulta kaunihilta;
Lohi kultainen kutevi,
Kala kaunis karkajavi,

Minun lapsen laulellessa,
Päivät suotta soitellessa.

274. Soisin päivät soitettavan.

Soisin päivät soitettavan,
Illat tehtävän iloa;
Soitteleisin mieki kurja,
Itseki ilotteleisin,
Vaan ei soita suuni kurjan,
Eikä ääneni ilotse.

Miks' ei soita suuni kurjan,
Eikä ääneni ilotse?—
Siks' ei soita suuni kurjan,
Siks' ei ääneni ilotse,
Kun olen vaimalan valama,
Kurjalan kuvaelema;
En oo laulajan lajia,
Enkä tietäjän terästä.

Enkä tuota tunne'kana,
Tieä'känä, tunne'kana,
Mistä laulun laitteleisin,
Kusta keksisin runosen—
Akanko vanhan vakkasesta,
Ukon uuen lippahasta.
Laulaisin minä vakoista,
Lippahista liirettäisin,
Kun oisi vakoissa voita,
Lippahaisissa lihoja.

Saisin laulun lampahista,
Kiinnittäisin kirvehistä,

Vaan on laihat lampahani,
Tuiki tylsät kirveheni.

Miks' on laihat lampahani,
Sekä tylsät kirveheni?—
Siks' on laihat lampahani,
Kun on noiat naapurissa;
Siksi tylsät kirveheni,
Kun on seppäni sokia—
Sinnespä sepät sokiat,
Kunnes viinoa vähäsen.

Tuo pulli puhasta vettä,
Kuppi kullan karvallista;
Ehkä suu toen sanoisi,
Eli leuat leikin löisi,
Hampahat lujan puhuisi,
Kieli keito kelpottaisi.

275. Suu ei laula suuruksitta.

Elä miestä jouten juota,
Laita miestä laulamahan;
Harvoin yhtehen yhymmä,
Harvoin toinen toisihimme,
Näillä raukoilla rajoilla,
Poloisilla pohjanmailla.

Tuo sarkka sanansepälle,
Laita tuoppi laulajalle;
Suu ei laula suuruksitta,
Rinta ei rasvatta rimaja.

Kunpa tuoppini tulisi,
Kannuni karetteleisi,
Lauleleisin, taiteleisin,
Heläjäisin, heitteleisin;
Kun ei tuoppi tulle'kana,
Pikarini pistäyne,
Vien on virteni viluhun,
Tatehesen tanhualle,
Josta tunkio tulevi,
Pellon höystö hömmöttävi.

276. Kunpa palkka pantaisi.

Lauloa minä lupasin,
Lauloa iloista virttä,
Virttä veisata suloista,
Kaunistaki kaikotella.

Laulaisinki, taitaisinki,
Kun olutta tuota'isi,
Pikarin pieltä'isi,
Sarkoin saatatelta'isi,
Kun tuotais' olutta tuoppi,
Toinen taaria parasta,
Voita, leipeä lisäksi,
Kanssa tuoresta kaloa;
Tahi kun palkka pantaisi,
Talari taritta'isi,
Talari joka sanalta,
Tolppa toiselta sanalta,
Loutu kielen käännynnältä,
Kaksi kaikelta peliltä—
Laki laulun lankiavi,
Runon kulkku kuivettuvi,

Rahatonta laulamista,
Kullatonta kukkumista.

277. Siitä sinne tie menevi.

Laulun tieän, ehk' en laula,
Oksat karsin, tien osotin,
Nuorisolle nousevalle,
Kansalle kasuavalle.
Siitä sinne tie menevi,
Rata uusi urkenevi,
Paremmille laulajille,
Taitavammille runoille,
Nuorisossa nousevassa,
Kansassa kasuavassa.

278. Noita laulan, joita talan.

Minä mies vähäväkinen,
Uros heikkohengellinen,
En ole iso iältä,
Vahva varren kasvannolta;
Vaan kuitenki, kaikitenki,
Jos ei muut lihavat laula,
Verevämmät vierettele,
Niin mä laulan laiha poika,
Kuiva poika kuikuttelen,
Laulan laihoilta lihoilta,
Kupehilta kuuttomilta,
Tämän iltasen iloksi,
Tämän päivän päätteheksi.

Noita laulan, joita taian,
Ennen kuultuja kujerran,
Ennen saatuja sanoja,
Opituita ongelmoita,
Taaton saamia sanoja,
Vanhemman varustamia.
Niit' ennen isoni neuoi,
Oma vanhempi opetti,
Kahen tietä käyessämme,
Kolmin kolkutellessamme.
Ei sanat salahan joua,
Eikä luottehet lovehen,
Mahti ei mene maan rakohon,
Vaikka mahtajat menevät.

Tuo oli laulaja ikuinen,
Virren porras polvuhinen,
Tuop' on vanha Wäinämöinen,
Toinen seppo Ilmarinen,
Kolmas lieto Lemminkäinen,
Seki kaunis Kaukomieli,
Pohjan neiti neljäntenä,
Pohjan neiti, Pohjan akka,
Viies Antero Wipunen,
Se kuues Kaleva vanha.
Viel' oli nuori Joukahainen,
Vielä muitaki monia,
Joit' ennen isoni lauloi,
Oma vanhempi opetti.

Onko niin elikkä toisin,
Eli muite jomminkummin?—
Sampo ei puuttunut sanoja,
Eikä Louhi luottehia;
Sampo vanhani sanoilla,
Lahoi Louhi luottehilla,

Virsillä Wipunen kuoli,
Leikin lyöen Lemminkäinen.

279. Lapset tässä laulelevat.

Ei ole tässä ennen ollut,
Eikä varsin vasta liene,
Laaullista laulajata,
Kunnollista kukkujata;
Ei ole kuultu, eikä nähty,
Sinä ilmoissa ikänä,
Parempata laulajata,
Tarkempata taitajata.

Lapset tässä laulelavat,
Suukurjat kujertelevat,
Suusta kun sulan kynästä,
Päästä kun pärehen päästä.
Lapset tässä laulelevat,
Suitansa sovittelevat,
Niinkun kahta kannikkoa,
Kolmia kovasimia.
Lapset tässä laulelevat,
Säveltänsä säätelevät,
Oven suussa, pankon päässä,
Kolmen koukun kääntimellä.

Ei ole lasten laululoista,
Kurjien kujertamista;
Valehia lasten laulut,
Tyhjiä tytärten virret.
Itse lähtenen runoille,
Laikahtanen laulamahan,
Aukasen sanaisen arkun,

Virsilippahan viritän,
Poikkipuolin polvilleni;
Enkä viitsi viisastella,
Sanon tarkkoja tosia,
Joit' ei laula kaikki lapset,
Ymmärrä yhet urohot,
Eikä pojat puolinkana,
Sinä ilmoissa ikänä,
Kuuna kullan valkiana.

Kun aika tosin tulevi,
Päivä liitolle lipuvi,
Käännän väärin vaatteheni,
Murrin turkkini muserran,
Laulelen Lapin sanoja,
Wiron virsiä vetelen;
Mie olen uinut umpilammit,
Koirankieliset kokenut,
Viipynyt Lapin livuilla,
Kotapoikien poluilla.

280. Omat on virret oppimani.

Ei ole seppä sen parempi,
Eikä tarkempi takoja,
Jos syntyi sysikeolla,
Kasvoi hiilikankahalla.

En ole opissa ollut,
Käynyt mailla mahtavien,
Samonnut Lapin saloja,
Souellut Wiron vesiä;
Omat on virret oppimani,
Omat saamani sanaset,

Tiepuolista tempomani,
Risukoista riipomani,
Pajukoista poimimani,
Vesoista vetelemäni,
Kanarvoista katkomani,
Päästä heinän hieromani.
Kun olin piennä paimenessa,
Lassa karjan kaitsijana,
Metisillä mättähillä,
Kultaisilla kunnahilla,
Kirjavaisilla kivillä,
Paistavilla paateroilla;
Tuuli toi sata sanoa,
Tuhat ilma tuuvitteli,
Virret aaltona ajeli,
Laulut läikkyi lainehina.
Ne minä kerälle käärin,
Sykkyrälle syylättelin,
Panin aitan parven päähän,
Kukkarohon kultaisehen,
Rasiahan rautaisehen,
Vaskisehen vakkasehen.

281. Tuonko virteni vilusta.

Pohjolainen pitkä poika,
Lappalainen lieto poika,
Veti virsiä reellä,
Saanilla sanoja saatti.
Kilahti jalas kivehen,
Saani meiän salvomehen,
Siitä sain sanoja äiän,
Koko kuorman lausehia;
Toisin ne tähän tupahan,

Kantaisin katoksen alle,
Rautaisen rahin nenähän,
Petäjäisen pienan päähän,
Kunp' on täytyisi tupoa,
Lainattaisi lattiata.
Kun ei täytyne tupoa,
Lainattane lattiata,
Puran saanini salolle,
Virret viehkoille jakelen.

"Täytyvi tätä tupoa,
Lainatahan lattiata,
Tuoa virtesi vilusta,
Saaha laulut pakkasesta."

Suuri kiitos, kostjumala,
Hyvän luvan saatuani!
Tokko pääsen pöyän päähän,
Kelpoan väen kes'elle,
Otetaan oluen luoksi,
Viinan luoksi lasketahan?
Kun en päässe pöyän päähän,
Kelvanne väen kes'elle,
Otettane olven luoksi,
Luoksi viinan laskettane,
Orsi juokohon oluen,
Lakehinen lappakohon,
Leppäisestä lekkeristä,
Tapin tammisen takoa!

"Miks' et pääse pöyän päähän,
Kelpoa väen kes'elle,
Oteta oluen luoksi,
Luoksi viinan laskettaisi;
Tuoppi tuoahan olutta,
Kaksi mettä kannetahan,

Voita pannahan varalle,
Voita viisi leiviskätä,
Voita viisi, kuuta kuusi,
Seitsemän sianlihoa."

Suuri kiitos, kostjumala,
Saatua lupasanoman!
Joko nyt ryhtyisin runoille,
Laikahtaisin laulamahan?
Piä pihti valkiata,
Jotta lauloa näkisin;
Lauloa luku tulevi,
Suuni soia tahtelevi.
Lauloa laki lupasi,
Hyvät herrat heikotella,
Lauloa hyvätki virret,
Virret kelpo keikutella.
Ruo'ilta rukehisilta,
Oluilta otraisilta.

282. Kaksi laulajata.

1.
Läkkän langot laulamahan,
Heimokset heläjämähän,
Sukuvirttä suoltamahan,
Lajivirttä laulamahan,
Tämän iltamme iloksi,
Päivän kuulun kunniaksi!

2.
En ole runon sukua,
Enkä laulajan lajia,
En ole tietäjän tekemä,

Enkä lapsi Lappalaisen;
Vaan kuitenki, kaikitenki,
Jos lähenki laulamahan,
Hyvän toiseni keralla,
Parempaisen kumpalini.

Laulaisinki, taitaisinki,
Vaan en tunne eellä käyä,
Ennen käymätön e'ellä,
Ennen maan matelematon;
Sinä synnyit yötä ennen,
Minä päiveä jälestä,
Sinä kengässä kepasit,
Minä virsussa vitelin.

Laulaisinki, taitaisinki,
Hyvän toiseni keralla,
Laulaisin minä kotona,
Vaan en kehtoa kylässä;
Kylän naiset nauranevat,
Piiat pilkan pistänevät,
Vienevät Wiron vioiksi,
Savon suuriksi sanoiksi.

1.
Mitä huolit huntupäistä,
Piät piioista lukua;
Josp' on naiset nauranevat,
Piiat pilkan pistänevät,
Kyllä kostan naisten naurut,
Soppityrskyt tyttärien—
Navan all' on naisten nauru,
Helmoissa tytärten herja.

2.
Laulaisinpa, taitaisinpa,

Kellittäisin, kehtoaisin,
Kun emännät voita toisi,
Isännät sianlihoa,
Pojat tuoresta kaloa,
Piiat pikkuisen olutta;
Sill' ei suu sulotta soita,
Kulkku kuitta kukkuele,
Kieli keitinpiirasitta,
Mieli mustitta mesittä.
Saisin kuuta kulkulleni,
Mettä kieleni nenähän,
Sitte laulanta kävisi,
Ilonteentä kelpoaisi,
Sanat suussani sulaisi,
Ikenilläni itäisi,
Puhe'et putoeleisi,
Kielelleni kerkiäisi,
Hampahilleni hajoisi,
Leviäisi leuoilleni,
Niinkun hiilet hinkalossa,
Kekälehet kiukoassa.

283. Kilvan laulajat.

1.

Kuuntele tätä runoa,
Tähystele laulajata;
Se on kumma kuulijanki,
Ime ilmanki olijan!
Kun mä laululle las'eme,
Virrentyölle työnteleme,
Laulan rauniot rahoiksi,
Kivet pienet penningiksi,

Suuret vuoret voipytyiksi,
Kalliot kananmuniksi.

2.

Kun ma laululle las'eme
Virrentyölle työnteleme,
Lehot laulan leipämaiksi,
Ahovieret vehnämaiksi,
Mäet mämmikakkoroiksi,
Pienet vaarat piirasiksi.

1.

Kun ma laululle las'eme,
Virrentyölle työnteleme,
Laulan suoloiksi someret,
Meren mullat maltahiksi,
Meren ruovot ruokapuiksi,
Ve'en kaislat kaalimaiksi.

2.

Kun ma laululle las'eme,
Virren työlle työnteleme,
Laulan mä meret mesiksi,
Meren hiekat hernehiksi,
Meren kivet kiiltäviksi,
Meren kaislat kaunihiksi.

1.

Kun ma laululle las'eme,
Virrentyölle työnteleme,
Laulan tyrskyt tyyntymähän,
Meren vaahet vaipumahan;
Tyrskyt laulan tyynysiksi,
Meren vaahet vaippasiksi.

2.
Kun ma laululle las'eme,
Virrentyölle työnteleme,
Laulan aallot ahveniksi,
Vaahtipäät valaskaloiksi,
Siioiksi meren siveret,
Meren luotoset lohiksi.

1.
Kun ma laululle las'eme,
Virrentyölle työnteleme,
Laulan tuopit tuolta maalta,
Kannut mailta kaukaisilta,
Puolehen punaisen pöyän,
Päähän pitkän pintalauan.

2.
Kun ma laululle las'eme,
Virrentyölle työnteleme,
Laulan tuoppihin olutta,
Kaikki kannut mettä täynnä,
Kupit kukkurakuvulle,
Va'it varpalaitehille.

1.
Kun ma laululle las'eme,
Virrentyölle työnteleme,
Laulan ma tytölle tyynyn,
Isännälle ilvesturkin,
Emännälle verkaviitan,
Pojalle punaisen liivin.

2.
Kun ma laululle las'eme,
Virrentyölle työnteleme,
Laulan lammit lattialle,

Lampihin siniset sotkat,
Kulmat kulta, päät hopia,
Kaikki varpahat vas'esta.

1.

Kun ma laululle las'eme,
Virrentyölle työnteleme,
Laulan lammit lattialta,
Sorsat soille, telkät teille,
Joutsenet jokien suille,
Allit aian seipähille.

2.

Kun ma laululle las'eme,
Virrentyölle työnteleme,
Kivet laikkui lainehilla,
Someret vesillä souti,
Paaet paukkui kankahilla,
Kalliot kaheksi lenti.

1.

Kun ma laululle las'eme,
Virrentyölle työnteleme,
Hiietki hikoelevat,
Jumalatki lämpiävät,
Tämän lapsen laulaessa,
Kurjan kukkuellessani.
Kut' en kuulle laulajaksi,
Enkä tienne tietäjäksi,
Sen minä siaksi laulan,
Muutan mullan tuhnijaksi.

2.

Mitä sä sanelet raukka,
Kuta untelo utelet!
Jos tahon tasoille panna,

Viitsin verroille veteä,
Tyvin laulan tyhvän kuusen,
Latvoin laikkapään petäjän,
Sinun kurja kulkkuhusi,
Herja henkireikähäsi,
Ettei kulkkusi kumaja,
Henkireikäsi heläjä.
Laulan laulajat parahat
Pahimmiksi laulajoksi,
Kivet suuhun syrjin syöstän,
Paaet lappehin lapelen,
Parahille laulajille,
Taitavimmille runoille;
Kivikintahat kätehen,
Kiviharkko hartioille,
Kivilakki päälaelle,
Jalkahan kiviset kengät.

284. Ml meiät ko'olle saattoi.

Kaikki kannettu näkevi,
Syntynyt sylin pitävi,
Emontuoma tunnustavi,
Kuoleva koettelevi;
Mi se nyt meiätki lähetti,
Kuletteli kuulut miehet,
Mi meiät ko'olle saattoi,
Ku on tuonunna tukulle,
Juomahan yhen pikarin,
Yhen kannun kaatamahan,
Yhet laulut laulamahan,
Sanat kielin kertomahan.

285. Mist' on viina synnytetty.

Mist' on viina synnytetty,
Juoma kaunis kasvatettu,
Jok' on joukossa ilona,
Ravintona rahva'assa;
Joka miehet miellyttävi,
Ihmiset ilahuttavi,
Saapi naiset naurusuulle,
Miekkoiset hyville mielin?

Tuost' on viina synnytetty,
Juoma kaunis kasvatettu,
Okahista nuoren otran,
Ripsistä vihannan viljan.

Juokse viina, jouvu viina,
Rallata rahan-alainen,
Kulkkuhuni kurjan miehen,
Suuhun untelon urohon;
Jott' oisin joukossa iloinen,
Rahva'assa rattohinen,
Aina seuroissa suloinen,
Miesluvussa mieluhinen!

286. Miks' et pysty miehen päähän.

Lauloa minä lupasin,
Humalahan tultuani,
Olvehen osattuani,
Ilopäähän päästyäni.

Humala Remusen poika,
Miks' et pysty miehen päähän,
Miehen kulmille kahoa,
Miestä raivohon rakenna!
Etkö muista muinaistasi,
Entistä elämätäsi?—
Suun kautta menit maha'an,
Kautta kielen kulkkuhuni,
Tuosta korvihin kohosit,
Sekä otsahan osasit,
Pääsit siitä päälakehen,
Nostit kullat kulmilleni,
Hopiaiset helmoilleni,
Vasket varpahaisilleni.

287. Hoi on, hoi on huolta paljo.

Hoi on, hoi on huolta paljo,
Tekemätt' on työtä paljo,
Paljo juomatta olutta,
Paljo saamatta rahoa!

Anna luoja, suo Jumala,
Anna rauniot rahaksi,
Kivet pienet penningiksi;
Oluessa tuopin olla,
Maljan maiossa mahia,
Juoani joka oluen,
Joka kannun kallistella!

Vaan en tieä tihmallani,
Tunne tuota tuhmallani,
Tällä inhalla iällä,
Katovalla kannikalla,

Raha on Kurstin kukkarossa,
Olut Kirstin kellarissa;
Ei ole niinkun muuna päänä,
Parempana päivänäni,
Meit' oli miehiä jaloja,
Moni poika ja pohatta,
Me joimma joka kapakan,
Joka kannun kallistimma,
Joka pullon pullistimma,
Lekkerinki leilatimma,
Saimma kuhmut kulmillemme,
Sinimarjat silmillemme.

288. Nyt on kaikki kallistunna.

Kun olin miessä nuorempana,
Hersyin heinänkarvaisena,
Silloin kelpasi kestin käyä,
Kestin käyä ja kisata;
Lysti oli syöä, lysti juoa,
Lysti leikkiä piteä,
Markan maksoi mallaskappa,
Killingin humalanaula.
Nyt ne on kaikki kallistunna,
Elo entinen hävinnä,
Nyt on kukkaro kulunna,
Rahat saaut rauennunna.

289. Laulan taskuni tavoilta.

Kesän vuotin kekriäni,
Talven talkkunaisiani,
Sykysyn olosiani;
Toivoin vuoeksi tulevan,
Se tuli yheksi yöksi,
Vielä puoleksi sitäi.

En laula talon tavoilta,
Kuku pöyän kunnialta,
Laulan taskuni tavoilta,
Kukkaroni kunnialta.
Laulan ma lyhyen virren,
Tihiämmin tilkutamma;
Ryyppeän vajoisen ryypyn,
Pitemmältä piisoavi.

Kunp' ei kukkaro kuluisi,
Rahataskut taas menisi;
Joisin ma joka oluen,
Joka viinan vierettäisin,
Pitäisin joka pikarin,
Joka kannun kaateleisin.

290. Sikuna minun seotti.

Tuuvitti emo minua,
Vaapotteli vanhempani,
Tuuvitteli turviksensa,
Varoiksensa vaapotteli.
Hyv' oli minun eleä,
Hyvän vanhemman varassa;
Oisi mulla onni ollut,
Etu muutenki eleä,
Vaan ma jouvuin juomariksi,
Ratkesin kyläratiksi,

Sikuna minun seotti,
Savuviina siksi saattoi.

Voi minä poloinen poika,
Voi poika polon-alainen,
Kun ma jouvuin juomariksi,
Ratkesin kyläratiksi,
Joka pullon puistajaksi,
Joka kannun kaatajaksi,
Joka särkän saattajaksi,
Pikarin pitelijäksi!
Ei pullot kylältä puutu,
Juomakannut ei kapene;
Paljo on pulloja kylässä,
Täynnä kannuja kapakat,
Sarkkoja satalukusin,
Pinosin pikariloita.

Vaan enmä suruinen liene,
Enkä huolella eläne;
Olkohon susi suruinen,
Metsän hukka huolellinen—
Vieläkö viinoa viruisi,
Putelista pulputinta,
Lekkeristä lerkutinta,
Tuoppikana, toinenkana,
Kannukana, kaksikana;
Lauleleisin kaikki päivät,
Kaiken yötä huikkajaisin,

291. Selväksi tekeyminen.

Jopa tunsin tullessani,
Tiesin tiepotellessani,

Tämän koitosen kotihin,
Tämän talon tanhuille—
Tunsin saavani hyvihin,
Ja jaloihin joutuvani:
Kolm' oli aittoa mäellä:
Ison aitta kultaharja,
Pojan aitta hopiaharja,
Veljenpojan vaskiharja.
Tunsin saavani tupihin,
Joutuvani juominkihin,
Kun tuli oluen tuohku,
Viinan karsu kartanolle.

Hyv' on sain tähän salihin,
Jouvuin näihin juominkihin;
Juon mä päivän, juon mä kaksi,
Pääsen kohta kohmelohon,
Selviän mä siitä jälle.
Niin olen sitte selvä miesi.

292. Oluetta ei ollenkana.

Tanssin ennen, taisin ennen,
Keikuin ennen, kestin ennen;
Tanssisin tänäki päänä,
Ilotsisin kaiken illan,
Vaan ei jaksa jalka nosta,
Perä penkistä yletä,
Oluetta ei ollenkana,
Viinatta väheäkänä.

Kunp' olutta tuotahisi,
Viinoa ve'ettähisi,

Ehkä jalka jaksaisiki,
Saisin penkiltä peräni.

293. Enmä lurjus liene'känä.

Elä luule lurjukseksi,
Katso karjan paimeneksi,
Enmä lurjus liene'känä,
En katala karjan paimen;
Mie olen opissa ollut,
Seisonut sepon pajassa;
Sepän pihtiä piellyt,
Sepän vartta valkotellut,
Syönyt tynnyrin sysiä,
Nelikön terästä niellyt,
Syli syttä hartioilla,
Vaaksa vaahtia otsassa.

Arveli akat minua,
Naiset tuhmat tunnusteli,
Silloiksi likasioilla,
Soilla sotkuportahiksi;
Vaan vielä tätä nykyä,
Kun tämä porras ponnistaksen,
Vanha kanto karmistaksen,
Likasilta likahaksen,
Niin on kumma kuulijanki,
Ime ilmanki olijan.

294. Sanotahan, soimatahan.

Sanotahan, soimatahan,
Syömäriksi, juomariksi;
Sanotaan minun poloisen
Syöväni kylän sikoja
Tallukoita tappavani,
Vasikoita vainovani,
Karitsoita kaatavani.
Syököhön susi sikoja,
Tallukoita tappakohon,
Vasikoita vainokohon,
Karitsoita kaatakohon;
Minä leipeä letustan,
Juon olutta oivallista,
Konsa pistän piirahaita,
Konsa kaalia kaverran.

295. En minä kysy kylästä.

Jos kylä jotain puhuvi,
Naapuri naputtelevi,
Varahaisin valvomilla,
Aikasin alottamilla;
En minä kysy kylästä,
Tee tiliä naapurista.
Soisit mun kyläni naiset,
Soisit naiset naapurini,
Silloiksi likasioille,
Paikoiksi pahoille maille;
Vaan ei luonunna Jumala,
Isän lasta luomatonta,
Poikoa isän periltä,
Lasta vanhemman jäleltä.

296. Laulan ilman lainehilta.

Kuka kuuli laulavan,
Luul' olutta juoneheni,
Taaria tavanneheni,
Humalassa huutavani,
Viinassa viheltäväni.

En huua humalan kautta,
Kautta viinan vierettele,
Huuan mie humalattaki,
Ja vihellän viinattaki;
Laulan ilman lainehilta,
Vetoselta vierettelen,
Jott' on iltani kuluisi,
Aamuni ali menisi,
Huopeneisi huomeneni.

297. Laulan hoikka huolissani.

Kuuluvi kylä sanovan,
Kyläkunta kuunteleva,
Minun laihan laulavani,
Minun hoikan huutavani,
Laulavan iloista virttä,
Remullista riehkoavan.
Ja moni minun sanovi,
Usia ajattelevi,
Laulavan olven halulla,
Tahi taarin tarpehella.

En laula iloista virttä,
Remullista riehkaele,

Enkä myös olven himossa,
Enkä taarin tarpehessa;
Laulan hoikka huolissani,
Ikävissäni ilotsen,
Murajan murehissani,
Panen pakkopäivissäni.

Luotu on lintu lentämähän,
Humalainen huutamahan,
Viinainen viheltämän,
Huolellinen laulamahan.

298. Muut ja minä.

Muut istui ilotsemahan,
Painuvat pajahtamahan;
Minä istun itkemähän,
Ja painun pahalle mielen.

Ilossahan muut elävät,
Leikkissähän leikamoivat;
Minä hoikka huolissani,
Palo pakkopäivissäni.

Muill' on tässä mustat kengät,
Saappahat somannäköiset;
Minä virsussa vitistän,
Tuohikengässä kitistän.

Muill' on kauhtanat komiat,
Sinertävät silkkiviitat;
Mull' on nuttu nukkavieru,
Takki tappurannäköinen.

Muill' on pitkät piipunvarret,
Kopat kopran täytehiset;
Minä tynkyllä typytän,
Nahkavarrella naputan.

Muut syövät murukaloja,
Ja juovat olutpunaista;
Minä kiiskiä kitustan,
Vesilientä lippielen.

299. Tiirin, liirin, tengan löysin.

Tiirin, liirin, tengan löysin,
Löysin uuen, löysin vanhan,
Vanhan annoin vaimostani,
Uuella orihin ostin,
Orihilla tamman vaihoin,
Tammalla talon asetin.

Kynnin kymmenen vakoa,
Kylvin kymmenen jyveä,
Sain siitä sata kekoa,
Tuhat riihtä tungettelin.

Pu'in riihen ripsuttelin,
Sain otria ololta,
Otrista oluen keitin;
Join ma jouluna olutta,
Sillä lauloin laskiaisna,
Viel' oli päässä pääsiäisnä.

Panin tamman valjahisin,
Ajoin kyytillä kylässä;

Reki hiettona helisi,
Kapla koivuinen kalisi.

Tuli siitä päivä toinen,
Päivä toinen ja pahempi:
Tuli hiiri, joi oluen,
Tuli tauti, vaimon tappoi,
Tuli susi, söi hevosen,
Tuli poltti kartanoni;
Jätti minun yksinäni,
Niinkun poltetun petäjän,
Tahi kun kuivan kuusen oksan,
Tahi karsitun katajan.

300. Sepä vasta kullan kulta.

Isä kulta, äiti kulta,
Mies kulta, heponen kulta—
Korpin kulta kumpanenki.

Olut kulta, otra kulta,
Liha kulta, leipä kulta,
Ei ne vielä kullan kullat.

Se oli vasta kullan kulta,
Jok' oli kulta kumpalini,
Armas vaippani alainen,
Riski rintataarissani.

Vaan nyt kuoli kumpalini,
Vaipui vaippani alainen,
Riutui rintataarissani.
Sill' en nyt eneä tieä,
Miten olla, kuin eleä,

Miten olla mielevänä,
Kuinka kuuluna asua;
Jos lähen Lapin lauille,
Kotapoikien poluille,
Eli vierrähän Wirohon,
Häilähän Hämehen maalle.

Jo vainen iällä tällä,
Jo minusta mies menevi,
Kullan keittäjä kuluvi,
Rahan saaja raukenevi.

301. Hepo huono, akka tiine.

Vieläkö veljekset elävät,
Veikot verkkoa kutovat,
Käpyjänsä kääntelevät,
Kalpimia katselevat!

Hoi on armas vaariseni!
Anna armas vaariseni,
Anna viinoa velaksi,
Viinoa pikarin verta,
Tähän suurehen suruhun,
Apioihin mielaloihin!

"Mikä suurena suruna,
Apioina mielaloina?"

"Sepä suurena suruna,
Apioina mielaloina:
Hepo huono, akka tiine,
Itse mies vähäväkinen."

302. Jo nousen nokinen poika.

Kauan malkio makasin,
Viikon utra uinaelin,
Nokisilla nuotioilla,
Hiilisillä hiertimillä.
Jo nousen nokinen poika,
Nousen pois nokisioilta,
Syli syttä hartioilla,
Vaaksa varrella nokea;
Vaan en tuota tunne'kana,
Enkä arvoa esinnä,
Tien kunka otan etehen,
Juonen kunka juostakseni:
Oisko seppä seinän alla,
Takoja tuvan takana,
Antaisin pajalle palkan,
Hinnan hiilihuonehelle,
Taottaisin uuen miekan,
Terän pitkän, pään lyhyen,
Lähteäkseni sotahan,
Kera tauin tappelohon,
Kun ei surma suorin tehnyt,
Tauti oikein osannut.

303. Luulin lumpehen pitävän.

Voi minä poloinen poika,
Voi poika polonalainen!
Luulin lumpehen pitävän,
Meren kaislan kannattavan;
Ei lumme pitänytkänä,
Meren kaisla ei kannattanna.

Loime raukka lumpehelle,
Lumme lumpsahti merehen;
Minä kaislalle kavahin,
Kaisla katkesi jälestä.

Jo nyt kohta koitoisella,
Kohta koitopäiväisellä,
Yks' on tiehyt tietyssäni,
Yksi matka mielessäni:
Mennä pohjahan poloisen,
Alle aaltojen osata,
Alle selvien vesien,
Päälle mustien murien,
Sisareksi siikasille,
Veikoksi ve'en kaloille.

304. Lähin Pietarin pihoille.

En tieä poloinen poika,
Poloisiksi päivikseni,
Mitäpä minäki mietin;
Kuta kurja toivottelin,
Kun läksin kotoa koito,
Raukka rannoilta omilta,
Näille Pietarin pihoille,
Ulitsoille uuen linnan;
Naisparan pahoille heitin,
Oman vaimon ostopaksi,
Heitin lapset itkemähän,
Pienoset pisartamahan.

Linnun lentävän näkevät,
Kokkolinnun liitelevän,
Näiltä tuulilta tulevan,

Näiltä ilmoin ennättävän,
Niin kyselevät kokolta:
"Oi sie kulta kokkoseni!
Etkö tietäisi sanoa,
Mitenkä iso elävi,
Siellä Pietarin pihoilla,
Ulitsoilla uuen linnan?"

Ei kokko mitänä tieä,
Ei se tunne tuhma lintu;
Kokko tiesi kuolleheksi,
Lintu liioin maanneheksi,
Ikävihin kuolleheksi,
Itkuihin kaonneheksi.

305. Joko minua noiat noitui.

Ohoh milmani poloista,
Poloisella pohjanmaalla!
Joko minua noiat noitui,
Noiat noitui, näit näkijät,
Koki kolme Lappalaista,
Kolmella kotaporolla,
Kehuit keittovalkioilla,
Tuikutit tulisioilla,
Tällä tiellä kuolevaksi,
Matkalla masenevaksi,
Nuorena nukahtavaksi,
Verevänä viereväksi,
Aivan apposen alasti,
Ilman vyöttä, vaattehitta!
Enkä tuota tuhma tunne,
Äkkioutonen älyä,
Kussa kuoleman pitävi,

Kussa kerran kellistellä;
Josp' on kuolen korven päähän,
Kaaun kankahan nenähän,
Kuolen korppien kotihin,
Variksien vainiolle.

Kunpa kuolisin kotihin,
Rikoilleni riukeneisin,
Vaimot päätäni pesisi,
Lakanoihin laitteleisi,
Sitte kerran kellot soisi,
Kirkon vasket vankahuisi;
Suku ei suuresti surisi,
Heimokunta hellehtisi.

Vaan kun kuolen korven päähän,
Kaaun kankahan nenähän,
Saavat korpit kohtaloa,
Varikset varia verta,
Minun raukan raaoistani,
Kurjan kuolemaisistani,
Luuni luovat rauniolle,
Kantavat kivikarille;
Siinä siskot katselevat,
Veikot vierahat sanovat:

Korppipa tuolle koulun kantoi,
Harakkaiset hauan kaivoi.

306. Kuolema kovinta työtä.

Kurell' on kumia kulkku,
Kajavalla pitkä kaula;
Saisinko kurelta kulkun,

Kajavalta pitkän kaulan,
Ruvetessani runoille,
Saahessa sanelemahan.
Laulanta runolla työtä,
Kukunta kesäkäellä,
Painanta Sinettärillä,
Kuonta Kankahattarilla.
Nainta nuorella iällä,
Kuolema ikälopulla.
Kuolema kovinta työtä,
Majanmuutto surkeinta;
Suru on juoa surman viina,
Katkera manalan kannu,
Katkera kahesti naia,
Kolmasti kosissa käyä—
Kalkinen kahesti naipi,
Kolmasti kovaosainen.

307. Kun kolotin koivun latvan.

Nuoret miehet naimattomat,
Vielä viinan juomattomat,
Ja kosissa käymättömät!
Elkäte sinä ikänä
Nouatelko naisen mieltä,
Naisen mieltä, kiurun kieltä,
Niinkun mie poloinen poika,
Nouattelin naisen mieltä—
Lihat ostin, leivät ostin,
Kalat laitoin kaikenlaiset,
Ostin viljat Wiipurista,
Suolat Saksan kaupungista.

En sillä hyveä saanut,
En hyveä puolinkana,
Ulos potki uutimesta,
Sääret sängystä särähti.
Kun kolotin koivun latvan,
Jo likisti linnuksehen;
Kun kärsin katajan latvan,
Jo kumarsi kullaksehen;
Kun vielä panin pajuilla,
Jo kapusi kaunoksehen.

308. Kolm' on miehellä pahoa.

Koim' on miehellä pahoa,
Kolme miehen kuolemata:
Yks' on vuotava venonen,
Toinen heittiö heponen,
Kolmansi äkäinen akka.

Kyllä mies pahasta pääsi
Wenehestä vuotavasta,
Ilman armotta Jumalan,
Turvatta totisen luojan:
Wenehen tulessa poltti.

Vielä mies pahasta pääsi
Heposesta heittiöstä,
Ilman armotta Jumalan,
Turvatta totisen luojan:
Heposen susille syötti.

Mutta kaitse kaunis Herra,
Varjele vakainen luoja,
Akasta äkisevästä,

Vaimosta pahatavasta!
Ei pääse pahasta siitä
Ilman armotta Jumalan,
Turvatta totisen luojan;
Ei taia tulehen luoa,
Saata ei syötteä susille,
Kun ei surma suorin tehne,
Tappane Jumalan tauti.

309. Emon torat.

Ei ennen emo torunna,
Kantajani kalkuttanna,
Vaikka maion maahan kaasin,
Lehmät metsähän levitin.

Ei ennen emo torunna,
Kantajani kalkuttanna,
Kun särin pari patoa,
Poltin paitani pahaksi.

Ei ennen emo torunna,
Kantajani kalkuttanna,
Kun tein kieron kehrävarren,
Väärän värttinän rapasin.

Ei vielä emo torusi,
Kantajani kalkuttaisi,
Jos ma viikomman viruisin,
Kauan työttä kalkehtisin.

Ei vielä emo toruisi,
Kantajani kalkuttaisi,

Jos joisin hevosen varsan,
Kellokaulan kenkkeäisin.

Vaan tuosta emo toruvi,
Kantajani kalkuttavi,
Toin tuhman tulen puhujan,
Pahan paian ompelijan.

Pahan paian ompelevi,
Päälle päärmehet tekevi;
Kehnon rihman ketreävi,
Päiksi pellavat panevi.

310. Täytyi runpuhun ruveta.

Viikon viivyin Wiipurissa,
Kauan suolakaupungissa;
Kun tulin omille maille,
Jo oli vietynä omani,
Naituna parahat piiat,
Valittuna valkeimmat,
Kirkkahimmat kihlattuna,
Soreimmat suorittuna,
Minulle herjat heitettynä,
Aivan kehnot annettuna,
Kierosilmät kenkättynä,
Vihaisimmat viskattuna.

Mitäs mun poloisen poian—
Täytyi runpuhun ruveta,
Käsin käyä tähtehille;
Saaha suolta suopetäjä,
Leppäpökkelö lehosta,
Tervaskanto kankahalta,

Kun en tammea tavannut,
Osannut omenapuuta.

311. Nain vihaisen, toin toraisen.

Voi minä poloinen poika,
Voi poika polonalainen,
Kun ma nain vihaisen vaimon,
Nain vihaisen, toin toraisen,
Valitsin veräjän vörstin,
Aisan taitelman tapasin,
Saunan lautojen lamojan,
Penkin päihen piehtaroijan;
Vihoissahan työn tekevi,
Ahmissähän äiän syöpi.

Noin kuulin emon sanovan,
Vaimon vanhan lausuvaksi:
"Miniä on minulle tuotu,
Koan kokka, saunan salpa,
Sylttysukka, kalttokenkä,
Penkin pestyn hierelijä,
Lattian ripottelija,
Tuvan uuen turmelija;
Toi toran pereheseni,
Surun saattoi leipähäni."

"Parempi olisi ollut,
Parempi ori polosen,
Tuoa Tuonetar tupahan,
Manatar tähän majahan,
Kun tuoa toruja vaimo,
Saaha riski riitelijä."

"Ei ollut orihin syytä,
Ei vikoa liinaharjan;
Sen ori kotihin tuopi,
Liinaharja liuvuttavi,
Mi on pannahan pajuille,
Liitetähän liistehille."

312. Ei ole puuru ruunan syytä.

Voi mun puuru ruunaistani,
Kun ve'it vihaisen vaimon,
Toit tuhman tulen puhujan!
Mahoit silloin ruuna rukka,
Tahi vielä tamma parka,
Tuoa puita puiroasta,
Havuja havumetsästä,
Vettä rannalta veteä,
Kun sa toit torujan vaimon,
Toit torujan, sait sanojan,
Ve'it riskin riitelijän,
Ja varskin valehtelijan.—
Ei ole puuru ruunan syytä,
Ei vikoa tamma raiskan;
Sen ruuna kotihin tuopi,
Taluttavi tamma raiska,
Mi rekehen reuotahan
Korjahan kohotetahan.

313. Syrjin söi, selin makasi.

Ka'pas muien morsioita,
Kun on suuret ja soriat;
Minun on pieni pikkarainen,
Lakoharja hakkurainen.
Tuo tapana naisellani.
Omallani vaimollani:
Syrjin söi, selin makasi,
Selin kaikki työt tekevi.
Kun tuli ulkoa tupahan,
Tuhmasti tuli tupahan,
Muotoansa mullistellen,
Silmiänsä väännitellen,
Kopra hapsia harasi,
Käsi tuiski tukkiani.

Jos ma vasta vaimon saisin,
Saisin vaimon, ja paremman,
Käsissäni kanteleisin,
Sylissäni syötteleisin,
Vieressäni istuttaisin,
Suuta suinki suikkajaisin.

314. Hauki syöpi sammakonki.

Oisi aikoa iässä
Valitenki vaimo naia,
Tuten neiti tunnustella;
Mielellänsä mies tekevi,
Tahallansa naisen naipi,
Tuopi luoksensa torujan,
Rinnallensa riitelijän,
Tasallensa tappelijan.

Hauki syöpi sammakonki,
Selän suuren uituansa;
Mies naipi pahanki naisen,
Viikon ilman oltuansa.

315. Vanha sai valitun piian.

Voi minua mieskulua,
Kun en nainut naiskuluista,
Nainut nuorella iällä,
Ottanut elon ajalla,
Ennen elon puuttumista,
Väkeni vähenemistä!—
Kaikkiahan mies katuvi,
Vaan ei nuorra naimistansa,
Lassa lapsen saamistansa,
Pienenä perehtimistä.

Nain ma vasta vanhoillani,
Otin onneni lopulla;
Vanha sai valitun piian,
Ilkiän ikä kulunut.

316. Kun oisi vaimo vaihtamoina.

Minull' on nainen miekkoisella,
Toinen Vaaran Tuomahalla,
Kolmas Korpelan Matilla,
Neljäs vielä neityenä.
Kun oisi vaimo vaihtamoina,
Mustakulma muuttamoina,

Mie oisin miessä ensimmäissä,
Vaimoloita vaihtamassa,
Mustapäitä muuttamassa;
Parin härkiä panisin,
Hiirenkarvaisen hevosen,
Vaimoloita vaihtaessa,
Mustapäitä muuttaessa.

Eikä kuole kuppelohäntä,
Kaau vanha kampelmanni;
Saisin vasta naisen naia,
Vaimon valkian valita,
Ukon uuen tyttäristä,
Akan nuoren neitosista.

317. Tulin turkka naineheksi.

Pahoin on tehnyt linnan pappi,
Maan pappi sitäi pahemmin,
Kun vihki Wirottarihin,
Tunki Turmiottarihin.

Kun olin ennen nuorra miessä,
Miessä nuorra, naimatonna,
Vielä viinan juomatonna,
Ja kosissa käymätönnä;
Aian kolkat voita lypsi,
Kivoset muni munia,
Piti piikaset hyvänä,
Vaimot pääni valkiana.
Tulin narri naineheksi,
Konna käyneeksi kosissa,
Kälkä kättä lyöneheksi,
Kaltto kaupan tehneheksi,

En tullut eläneheksi;
Nurin katsoi nurkkamuorit,
Väärin väärtimorsiamet,
Ei oikein omat emännät.

318. Sivu käyvät, kanta välkkyi.

Olin poika ollessani,
Paimenessa käyessäni,
Osasin oluen juoa,
Tanssin käyä ja kisata,
Laskent ei piiat pilkan alle,
Eikä naiset naurun alle,
Moni katsoi muotohoni,
Varteheni valkotteli.
Nyt olen vanhannut varahin,
Tullut muita tuhmemmaksi;
Sill' ei katso neiet nuoret,
Neiet nuoret ja soriat—
Sivu käv'vät, kanta välkkyi,
Sivu astuit, maat aleni,
Selin seisoi, seinät paistoi,
Selin istui, maat ilotsi.

319. Tulin vanhaksi varahin.

Olin mieki miessä ennen
Mieslukuja tehtäessä,
Miehiä miteltäessä,
Arvaeltaissa uroja;

Kiskoin ma kivestä tuohta,
Vestin jäästä tervaksia,
Pakanoilta kirkon poltin,
Kiiskiltä kivisen linnan.
Miekkani käessä kääntyi,
Kun kevyisin haavan lehti,
Eli leppäinen palikka;
Sylin syöksin keihäsvartta
Peltohon alaperähän,
Maahan mättähättömähän;
Piti piikaset hyvänä,
Vaimot pääni valkiana.

Nyt on kaikki toisin tullut,
Aika kehnompi kerinnyt,
Kun tulin vanhaksi varahin,
Epakoksi ennen muita.
Aamut nousin aikasehen,
Illat istuin myöhäsehen,
Väännin päivät väin nojassa,
En pitänyt ehtonetta,
Sepä vei väkeni multa,
Varren vaivutti varahin,
Saatti naisten naurun alle,
Soppityrskyksi tytärten;
Niin nyt naiset naurun lyövät,
Piiat pilkkana pitävät.

320. Ajoin konstisti kotihin.

Olin orjana Wirossa,
Paimenna pahalla maalla,
Tuollai lepytin lemmot,
Pehmitin pakanan mielen,

Tuomahan tupahan viinat,
Joka aamu antamahan.

Mitäpä palkaksi minulle
Vuoen orjana ololta?
Oinas minulle annettihin,
Tuonki pukkihin vajehin.
Tuo pukki pahan-tapainen,
Ei piätä pienet aiat;
Otin hengen heinänpäällä,
Kulkun ruoholla kuristin.
Sain verta venehen täyen,
Kuuta kuusi kauhallista,
Neki kaupitsin Wirohon,
Sain rahoja viisi, kuusi.
Niillä mä orihin ostin,
Kultakukka lautasilla,
Lähet länkien siassa;
Siitä noiat vettä nouti,
Siitä joivat juomaritki,
Sekä lappoi Lappalaiset.

Panin oron oikomahan,
Harjan liina liukomahan
Ajoin konstisti kotihin,
Isosti ison pihoille,
Rikki riihe'en rekeni,
Aisat poikki portahasen.
Alkoi äiti arvaella,
Isoseni surkotella:
"Kun tulit kummasti kotihin,
Pahasti ison pihalle—
Suottapa rikoit rekesi,
Tahallasi aisan taitoit."

321. Pah' oli Wirossa orjan.

Olin orjana Wirossa,
Palvelin pakanan maalla;
Sain orihin orjuuella,
Pitkäjouhen juoksennalla,
Harjan liina liikkumalla,
Villovarsan valvomalla.

Mieleni teki kotia,
Tulla maille tuttaville,
Kuss' olin ennenki elänyt,
Aina muinenki asunut.

Kysyin passia papilta:
"Annas passi pappiseni;
Pääsisin omille maille,
Noille maille muinoisille,
Kuss' olen ennenki elänyt,
Aina muinenki asunut!"

Pappi paljoa kysyvi,
Kirkkoherra kiinnittävi,
Mie vielä enemmän annoin,
Annoin ainoan orihin;
Sen sai pappi passistansa,
Kirjastansa kirkkoherra.

Ole kiitetty Jumala,
Ylistetty luoja yksin,
Kun vielä kotihin saatit,
Päästit viimenki Wirosta!
Pah' oli Wirossa olla:
Leip' ei parkista parannut,
Juominen jokivesistä,

Vaate vaipan kirjavasta;
Yöt seisoin sepän pajassa,

Päivät pitkät piinan alla,
Pyhät päivät pyssy käässä,
Aret atrasarvikossa.

322. Pakolaisen matka.

Oluest' on juoen kelpo
Syöen herkkuruokasista,
Unesta makoamalla,
Pakenemalla pahasta.
Niin minäi mies mokoma
Paeten pahasta pääsin;
Orjana olin Wirossa,
Palkalla pakanan maalla,
Surma kasvoi suun e'essä,
Paha päivä parran päällä,
Yks' oli päivä miehen päätä,
Tunti tukkoa urohon.

Läksin päätäni pakohon,
Kaulanvartta varjelohon,
Kulin maita kuuttomia,
Päivättömiä periä;
Enkä tiennyt tietä käyä,
Outo matkata osannut,
Tievieret tipoja täynnä,
Norot nokkeloneniä,
Arot aisan taittumia,
Korvet kuusen kaatumia.

Kun päivyt ylentelihen,
Joka kaislanen kahahti,
Joka korttehut kuhahti,
Minun vatsani varahti;
Kun kuuhut ylentelihen,
Silloin matka mairisampi,
Silloin kulku kukkarampi,
Astuntani armahampi.

323. Varjele Jumala soasta.

Varjele vakainen luoja,
Kaitse kaunoinen Jumala,
Kavioista vainovarsain,
Sorkista sotahevosten!

Varjele vakainen luoja,
Kaitse kaunoinen Jumala,
Rauan valkian varasta,
Terän tuiman tutkamesta,
Tykin suuren suun e'estä,
Rautakirnujen kiasta!

Varjele vakainen luoja,
Kaitse kaunoinen Jumala,
Suurilta sotakeoilta,
Uron tappotanterilta,
Jossa lyiy miestä lyöpi,
Tinapalli paiskoavi;
Jossa pää pahoin menevi,
Sekä kaula katkiavi,
Hivus hieno lankiavi,
Tukka turhi'in tulevi!

324. On nyt miestä miekan alla.

Sykysyllä seikka syntyi,
Talven tullen työ tapahtui,
Kesällä etehen kierti,
Vasten meitä vaivaisia,
Kohti koitopäiväisiä;
Saivat miehet miekan alle,
Terän kirkkahan kisahan,
Rauan valkian varahan.
Saivat miehet miekan teille,
Sulhoset sotakeoille,
Varsat vainovaljahisin,
Surman suitsihin hevoset.

Voi sinäki ruuna rukka,
Kasvinvarsani valittu,
Siksikö sinäki syimyit,
Tähän ilmahan ylenit,
Sotiteillä sortumahan,
Vainoteillä vaipumahan!
Siksikö suin sinua,
Siksi syötin ja apatin,
Surman suurille ajoille,
Manan matkan juoksemille!

On nyt meitä miekan alla,
Poikia sotapoluilla;
Yöt porumma pakkasessa,
Luskomma lumen seassa,
Päivät päätämmä kululla,
Eli koiran kunnialla,
Isännät ikisiassa,
Miehet melkiarvosessa.
Vaan emme pojat poloiset,

Emme itke itsiämme,
Emmekä vaivoja valita,
Jos immet hyvin eläisi,
Päät on kassa kalkettaisi,
Impyet ilolla mielin,
Mesimielin morsiamet,
Naiset kaikki naurusuulla,
Lesket leikkiä pitäen,
Muoriset murehtimatta.

325. Koti luuli kuolleheksi.

Eipä naura kaikki naiset,
Kaikki muoriset muhaja,
Poloisia poikiansa;
Koti luuli kuolleheksi,
Kartano kaonneheksi,
Kylä kyllin maanneheksi.

Itkevi iso minua,
Emoni sitäi enemmin,
Vettä veioni sulavi,
Lainetta emoni lapsi.
Itki vanhat, itki nuoret,
Itki kerran kesk'ikäiset,
Vanhat vaimot poikiansa,
Naiset nuoret miehiänsä,
Sulhojansa Suomen neiet,
Tytöt kainut kauppojansa.

Noin se saajani sanovi,
Valittavi vanhempani:
"Tuoll' on poikani poloinen,
Tuolla laiton lapsueni,

Tuonen toukojen panossa,
Kalman maien karhinnassa.
Saapi nyt minun poloisen,
Minun laiton lapseltani,
Saapi pyyt pyhän piteä,
Saapi lintuset lihota,
Oravaiset jouten juosta,
Jouten kärppäset kävellä."

Vaan elä isoni itke,
Elä'kä emo valita,
Viere vettä veion silmä,
Sisaren sinä ikänä;
Vielä päästän pääramuni,
Heikon henkeni pelastan,
Suurilta sotakeoilta,
Miesten tappotanterilta,
Sorkista sotihevosten,
Varpahista vainovarsan,
Tykin suuren suun e'estä,
Rautakirnujen kiasta.

Sentähen minä poloinen,
Sentähen poloinen poika,
Teräksestä kengät tietin,
Varret vaskesta valatin,
Jotta seison nlinkun seinä,
Asun niinkun pystyaita;
Sentähen minun poloisen,
Sentähen poloisen poian,
Rinta rautahan rakettu,
Teräksehen tienaeltu,
Jott' ei lyiy miestä löisi,
Rautapalli paiskoaisi,
Jott' ei nuoli nouattaisi,
Terä tuima turmeleisi.

326. Yks' on päivä miehen päätä.

Jo minä johonki jouvuin,
Ruunun rautoihin rumihin,
Sorkkihin sotihevosten,
Miesten vaino varpahisin.
Jo nyt miehellä minulla,
Kohta koitopäiväisellä,
Yks' on tunti tukkoani,
Päivä päätäni poloisen.

Millä päästän pääramuni
Ruunun rauoista rumista,
Sorkista sotihevosten,
Miesten vaino varpahista?
Tuolla päästän pääramuni,
Heikon henkeni vapahan,
Kun ma luome luojahani,
Heitäme Jumalahani.
Varjele vakainen luoja,
Kaitse kaunoinen Jumala,
Varjele vahingon teiltä,
Kaitse kaikista pahoista,
Ettei pää pahoin menisi,

Eli kaula katkiaisi,
Hivus hieno lankiaisi,
Tukka turhi'in tulisi!

327. Tuo kerta rajalle rauha.

Oi Ukko ylinen herra,
Taivahallinen Jumala,

Tuo kerta rajalle rauha,
Suomehen sula sovinto,
Rauha raukoille rajoille,
Sana kaunis Karjalahan!

Kun toisit rajalle rauhan,
Suomehen hyvän sovinnon,
Viel' ois miestä mielehistä,
Sulhoa sulosanaista,
Kyntäjäksi, kylväjäksi,
Siemenen sirottajaksi;
Itku ei kuuluisi kujilla,
Valitus vajojen päissä,
Lehot ei nurmelle leveisi,
Pellolle petjän taimet.

328. Kiitos rauhasta.

Ole kiitetty Jumala,
Ylistetty luoja yksin,
Kun annoit rajalle rauhan,
Suomehen hyvän sovinnon;
Raja jo rauhassa elävi,
Suomi kaikki suosiossa!

Ole kiitetty Jumala,
Ylistetty luoja yksin,
Kun päästit omille maille,
Poies mailta vierahilta;
Päästit siitä pälkähästä,
Siitä keinosta keritit!

Kauan me pojat poloiset
Alla miekan melskasimma;

Joka mies, joka hevonen,
Tulen tuskoa piteli,
Panun vaivoa vaelti.
Jalot juomat kaivettihin,
Puhki vaaroista puhettiin,
Sillat suuret siivottihin
Poikitse joka joesta,
Miehet ankarat ajeli.
Hevoset hikoi veessä,
Varsat vaahessa samosi,
Vesi tippui vempeleestä,
Rasva rahkehen nenästä,
Postia kulettaessa,
Lerpottia lennättäissä.
Laihtui tammat lautaselta,
Vertyi vempelen kohasta,
Vetäessä vaikiata,
Raskahia raataessa.

Yön tullen, pimeten päivän,
Aletessa aurinkoisen,
Piti matkoilla majata
Tervatynnyrin tykönä,
Tahi luskata lumessa,
Pauhaella pakkasessa.
Vaaroilla valantehillä,
Korkehilla kompakoilla,
Tomueli tervastorvet,
Olkikoppolit kohosi,
Josta vaaria varoimma,
Viholaista vartioimma.

Tuota toivoimma poloiset,
Tuot' aina ajattelimma,
Kun kohoisi koiliskoinen,
Huomenvarjo valkeneisi,

Ehkä toisi toinen päivä
Rauhan rakkahan sanoman;
Yön mennen, valeten päivän,
Yletessä aurinkoisen,
Yks' oli entinen e'essä,
Vaiva vanha vieressämme.

Suven tullen, suon sulaten,
Lätäköien lämmitessä,
Muut vuotti hyveä vuotta,
Katsoi kaunista keseä,
Meili' oli vilu vilulta,
Nälkä toiselta nälältä,
Tunturia tullessamme,
Vaaroja vaeltaessa;
Markan maksoi leivän kanta,
Muru mullisen vasikan,
Kaakku kaksivuotehisen,
Sa'an pyy, tuhannen tetri.

329. Ota metsä miehiksesi.

Satoi ukko uutta lunta,
Herra hienoista vitiä,
Sykysyisen uuhen verran,
Verran talvisen jäniksen;
Lähen miehistä metsälle,
Urohista ulkotöille,
Ukon uuelle lumelle,
Palvoisen panemaviille,
Jäniksen jälettömälle,
Hiiren hiihtamattomalle.
Ota metsä miehiksesi,
Urohiksesi Tapio,

Korpi kolkkipoiaksesi,
Kumpu kumpalivaraksi;
Ota miestä oppimahan,
Taivon kaarta katsomahan
Otavaista oppimahan,
Tähtiä tähystämähän!

Kun kuulet minun tulevan,
Miehen aimo astuvaksi,
Lähe tietä neuomahan,

Rastia rakentamahan,
Tienvieriä viittomahan,
Siltoja siventämähän;
Vestä pilkat pitkin maita,
Rastit vaaroihin rapaja,
Jotta tunnen tuhma käyä,
Äkki outo tien osoan!

Hiihata hiasta miestä,
Takin helmasta taluta,
Lykkeä lylyn lävestä,
Saata sauan suoverosta
Saata sille saarekselle,
Sille kummulle kuleta,
Josta saalis saataisi,
Erän toimi tuota'isi,
Osin päitä pantai'si,
Jakoja jaettai'si;
Kuss' on kuuset kultavöissä,
Hopiassa hongan oksat,
Koivut kaikki koltuskoissa,
Haavat haljakkaveroissa!

330. Mieli mennä metsolahan.

Mieleni minun tekevi,
Aivoni ajattelevi,
Mieli mennä metsolahan,
Metsän tyttöjen tyköhön,
Salon piikojen pihoille,
Havulinnan liepehille,
Juomahan salon simoa,
Metsän mettä maistamahan,
Heitän poies heinäkengät,
Kaskivirsuni karistan,
Panen talvitallukseni,
Sykysyiset syylinkini.
Sitte raatoni rakennan,
Varustelen vartaloni,
Hamehella harmajalla,
Nukkavierulla nutulla,
Sukset voian voitimella,
Liukomet sianlihalla,
Hiihan tuosta hiljallehen,
Veteleme verkallehen,
Hiljallehen huono käypi,
Sanan voimaton pitävi.
Hiihan kohti korven rannan,
Salon siritävän sisälle,
Yöllä auringottomalla,
Ehtoyönä ensimmäissä;
Oksat otsani sukivi,
Havut pääni harjoavi,
Mieliksi metsän tytärten,
Salon impien iloksi.

331. Mielly metsä miehi'ini.

Lepy lehto, kostu korpi,
Taivu ainoinen Tapio;
Lepy metsä miehillemme,
Kostu korpi koirillemme!
Metsä haiskosi me'elle,
Simalle salo sininen,
Suovieret sulalle voille,
Ahovieret viertehelle!
Soita metsä kanteletta,
Kukuta salo käkeä,
Jotta kulta kuuntelisi,
Hopia tilin tekisi,
Alla kuusen kukkalatvan,
Alla kaunoisen katajan!

Mielly metsä miehi'ini,
Kostu korpi koirihini;
Meill' on miehet lapsimiehet,
Meillä koirat pentukoirat,
Ampujat alakätiset,
Päretjouset, puuvasamat,
Ei ne kauas kannattane,
Ampuvärkit ei yletä.

332. Rakenteleminen.

Millä raatoni rakennan
Metsolahan mennessäni?
Raaon raualla rakennan,
Teräksillä telkittelen;
Rautapaitoihin paneme,
Teräsvöihin tietteleme.

Sitte pyyhin pyssyäni
Mustan käärmehen mujulla,
Jouvuttelen jousiani,
Kehottelen keihästäni,
Suksiani suin puhelen:
Suksi on jalkoa sukua,
Keihäs kirvestä lajia,
Jousi kättä joukkioa;
Jalo on suksi suunnallinen,
Siivo päällinen sivakka,
Jalo jousi janhuksinen,
Kylkehinen keihäsvarsi.

333. Metsän kuninkaalle.

Metsän ukko halliparta,
Metsän kultainen kuningas,
Ava nyt aittasi avara,
Luinen lukko lonkahuta!
Laske juoni juoksemahan,
Virka vippelehtämähän,
Kullaista kujoa myöten,
Hopiaista tietä myöten,
Jost' on sillat silkin pantu,
Sillat silkin, suot sametin,
Veralla vetelät paikat,
Pahat paikat palttinalla!

Ukko kultainen kuningas,
Hopiainen hallitsija,
Anna mulle ainojasi,
Kanna mulle kaunojasi,
Kullassa kulisevia,
Hopiassa helkkäviä!

Aja vilja vieremille,
Aukeimmille ahoille,
Minun metsipäivinäni,
Erän etsiaikoinani!

334. Mielikki ja Kuurikki.

Mielikki metsän emäntä,
Metsän muori muoto kaunis,
Lyöte lykkyvaattehisin,
Antipaitoihin panete,
Sormet kullan sormuksihin,
Käet kullan käärehisin,
Pää kullan vipalehisin,
Tukat kullan suortuvihin,
Korvat kullan koltuskoihin,
Kaula helmihin hyvihin!

Usein hyvän emännän,
Mielikin ehon emännän,
Sormet kullan sormuksissa,
Käet kullan käärehissä,
Pää kullan vipalehissa,
Tukat kullan suortuvissa,
Korvat kullan koltuskoissa,
Kaula helmissä hyvissä;
Silloin on hyvä emäntä,
Mielikki metsän emäntä,
Aina altis annillansa,
Armas auttamaisillansa.

Usein pahan emännän,
Kuurikin kovan emännän,
Sormet vitsasormuksissa,

Käet vitsakäärehissä,
Pää vitsavipalehissa,
Tukat vitsasuortuvissa,
Korvat vitsakoltuskoissa,
Kaula helmissä pahoissa;
Silloin on paha emäntä,
Kuurikki kova emäntä,
Ei ole altis annillansa,
Armas auttamaisillansa.—

335. Mielikki metsän emäntä.

Mielikki metsän emäntä,
Muori puhasmuovollinen,
Varustellos mun varani,
Kohotellos kohtaloni!
Aukase metinen arkku,
Mesilipas liikahuta,
Sisässä salon sinisen,
Kummun kultaisen navalla!
Pane kulta kulkemahan,
Hopia vaeltamahan,
Vasten miestä valkiata,
Kovin koivun karvallista!

Kun ei täyvy täällä maalla,
Tuovos maalta tuonnempoa,
Ylitse salon yheksän,
Kautta kankahan kaheksan!
Veä vettenki takoa,
Jouvuta jokien poikki,
Viien Wiipurin väliltä,
Kuuen kirkon kuuluvilta,
Lapin laajoilta saloilta,

Pohjan pitkältä perältä,
Muotoa monennäöistä,
Kynttä kasken karvallista,
Metsästä metsän hyviä,
Maalta maan parahimmia,
Havon alta hallipäitä,
Kiven alta kirjapäitä,
Mättähän makoajia,
Nurmen nukkerehtijoita,
Veen viljan soutajia,
Jokien melastajia.

336. Metsän tyttö, mieli neito.

Metsän tyttö, mieli neito,
Yön tyttö, hämärän neito,
Pitkän puhtehen pitäjä,
Rievän rihman ketreäjä,
Laita kulta kuontaloihin,
Pane vaski vartaloihin,
Ketreä punainen lanka,
Sinilanka siuahuta,
Kultaisesta kuontalosta,
Vaskisesta vartalosta!
Veä se jokien poikki,
Läpitse salon sinisen,
Veä lännestä itähän,
Luotehesta lounahasen,
Juosta viljan joutusasti,
Vikevästi viiletellä,
Ilman tieltä eksymättä,
Poikkeamatta polulta,
Juosta kullaisna keränä,
Hopiaisna sykkyränä,

Läpi viian vilmeikön,
Kangasten kapeikkojen,
Läpi soien, läpi maien,
Läpi korpien kovien!

337. Pohjan tyttö, viljaneiti.

Pohjan tyttö, viljaneiti,
Maan tyttö, manulan neiti,
Tuovos vilja tuonnempoa,
Etsiös etempeäki,
Saata tälle saarekselle,
Tälle kummulle kuleta,
Ilman haaralta sa'alta,
Tuhat ilman tutkamelta;
Saata poikki salmistaki,
Vetele vesien poikki,
Ylitse katehen mielen,
Pahan miehen luonnon päitse,
Poikki Pohjolan joesta,
Yli kosken kuohuloista!

Ota vitsa viiakosta,
Koivu korven notkelmosta,
Jolla arkoja ajelet,
Nuorisia nouattelet!
Jok' on jäykkä juoksullahan,
Eli laiska laukullahan,
Sitä siimalla sivalla,
Rautaruoskalla ravauta,
Heitä helmipaattehella,
Kaiota kariperällä!

338. Tellervo Tapion neiti.

Tellervo Tapion neiti,
Metsän piika pikkarainen,
Ota piiska pihlajainen,
Katajainen karjaruoska,
Takoa Tapiovaaran,
Tuomivaaran tuolta puolen,
Jolla vitsot viljoasi,
Karkottelet karjoasi!

Jok' on jäykkä juoksullahan,
Laiska laskemaisillahan,
Sitä virkuta vitsalla,
Kaiota kariperällä,
Jotta vitsa vinkasevi,
Pajun latva parkasevi;
Sivalla sivua kohti,
Eli laske lautaselle,
Elä otsahan osota,
Päälakehen paukahuta!

Kun tunnet uran tulevan,
Tupita uroa myöten;
Pane kaksi kämmentäsi
Kahenpuolin kaiteheksi,
Jott' ei vilja vieprahtaisi,
Metsän karja kaaprahtaisi!

Aita vastahan tulevi,
Rieho aitoa repäse,
Kaaha aita kallellehen,
Viieltä vitsasväliltä;
Havu tiellä poikkipuolin,
Havu syrjähän syseä;

Joki joutuvi etehen,
Silkki sillaksi sivalla,
Punalanka portahaksi,
Polullehen poikkeutta.

339. Ukko kultainen kuningas.

Ukko kultainen kuningas,
Hopiainen hallitsija,
Ota kultainen kurikka,
Eli vaskinen vasara,
Jolla korvet kolkuttelet,
Salot synkät sylkyttelet,
Yhtenä kesäisnä yönä,
Ehtoyönä ensimäisnä!
Käyös korvet kolkutellen,
Syrjävieret sylkytellen;
Aja vilja vieremille,
Aukeimmille ahoille,
Minun metsipäivinäni,
Erän etsiaikoinani!

340. Penu pieni koiraseni.

Penu pieni koiraseni,
Aina harras haukkWjani,
Tule minun turvikseni,
Metsolahan mennessäni,
Ettei naiset naurahtaisi,
Piiat pilkkana pitäisi,

Ukotki urahtelisi,
Partasuut pahoin puhuisi!

Koirani keränä vieri,
Kylän kukka kuulusana;
Itse mie kulen kuvana,
Sukset mustina matoina.

Sinä koirani komehin,
Juoksuttele, jouvuttele,
Ahomaita aukehia;
Juokse tuonne toisa'alle,
Mielusahan metsolahan,
Tarkkahan Tapiolahan!

Minun on koirani komiat,
Otukseni oivalliset;
Niin on silmät koirallani,
Kun on suuri suitsirengas;
Niin on korvat koirallani,
Kun on lumme lammin päällä;
Niin on hammas koirallani,
Kun on viikate Virossa;
Niin on häntä koirallani,
Kun komehin korpikuusi.

Mielikki metsän emäntä,
Tapiolan tarkka vaimo,
Kukuta nyt koiroani,
Haukuta hakijätani,
Sisällä salon sinisen,
Korven kultaisen kuvussa!
Elä haukuta havuja,
Kuusen-oksia kukuta;
Haukuta havunalaista,
Kuusen-oksan istujaista!

Luo löyly etempätäki,
Kanna vainu kaukempata,
Vilullaki, vihmoillaki,
Tuiskullaki, tuulillaki,
Jotta koiran kohti juosta,
Penun julki julkotella,
Mielusassa metsolassa,
Tarkassa Tapiolassa!

341. Ku on koirani kokenut.

Mi on haitta haukullani,
Kuka kumma koirallani,
Kun ei koira kohti hauku,
Penu oikein osoa;
Mi on hallin haittaellut,
Kuka koirani kokenut,
Ku on tukki koiran turvan,
Vainukullan salpaeli?
Kovako ilma koskenevi,
Rakkihini rapsunnevi,
Vaiko on katsottu katehin,
Silmin kieroin keksittynä?

Penitar valio vaimo,
Louhi Pohjolan emäntä,
Tule lastas päästämähän,
Poikoas kerittämähän;
Ota sulku koiran suusta,
Haitta haukun hampahista,
Kapu kielen kantimesta,
Sieni koiran sieramista!
Päästä poikasi pahoista,
Haitasta rahanhakija,

Jotta koiran kohti juosta,
Penun oikein osata,
Koiran juosta korven pohjat,
Sapakon salot samota.

342. Koira haukkuvi havuja.

Mi on kumma koirallani,
Haire haukkujaisellani,
Kun tuo haukkuvi havuja,
Lehviä lekuttelevi!

Pohjan ukko, Pohjan akka,
Pohjan entinen emäntä,
Sukin suuta sulkemahan,
Penun kieltä peittämähän,
Ettei koirani erehy,
Hairaha rahanhakija,
Ei hauku joka havua,
Joka lehveä lekuta;
En minä elä havuilla,
Enkä lehvillä lihoa,
Elän lehvän lekkujoilla,
Havun alla astujoilla.

343. Etsittelen eukkoani.

Etsittelen eukkoani,
Luo'uttelen luojoani,
Entistä emänteäni,
Muinohista muoriani.

Toisin entinen emäntä,—
Entinen metsän emäntä
Aina antoi antimia,
Viisi viljan nyppylältä,
Kuusi kummun mättähältä,
Seitsemän selänneheltä;
Mut tämä nykyinen muori,
Nykyinen metsän emäntä,
Kerran kuussa koukkoavi,
Ei sitänä siivollahan.
Hiihan päivän, hiihan toisen,
Hiihan kohta kolmannenki,
Viikon hiihan Hiien maita,
Maita Lemmon löyhyttelen,
Etsiessäni ereä,
Antia anellessani.

Miss' on entinen emäntä
Entinen elättäjäni;
Missä antajat asuvat,
Elävät emantovaimot?—
Tuoll' on entinen emäntä,
Entinen elättäjäni;
Tuolla antajat asuvat,
Elävät emantovaimot,
Metsän linnan liepehillä,
Puhtahilla puuhoavat.
Kolm' on linnalla ovea,
Kynnys kullaki ovella,
Yks' on kynnys puinen kynnys,
Kynnys toinen luinen kynnys,
Kolmansi lihainen kynnys.

344. Tule kullan muuttelohon.

Metsän kultainen kuningas,
Metsän armas antimuori,
Tule jo kullan muuttelohon,
Hopian vajehtelohon;
Kullan annan kynsillesi,
Kämmenillesi hopian!

Minun on kullat kuunikuiset,
Päivän polviset hopiat,
Isäni soasta saamat,
Vanhemman varustelemat;
Ne kuluvat kukkarossa,
Tummentuvat tuhniossa,
Kun ei ole kullan muuttajoa,
Hopian vajehtajoa.

345. Mikä mieli, mikä muutos.

Mikä mieli, mikä muutos,
Mielusassa metsolassa;
Viikon on vihoissa metsä,
Kauan korpi karsahana,
Ei huoli hopehistani,
Eikä kysy kullastani!

Mistä suuttui suuri luoja,
Viljan antaja vihastui,
Kun ei anna aioinkana,
Harvoinkana hoivauta;

Ellös suuttuko Jumala,
Maanpitäjä pillastuko;
Toki anna aiallani,
Iälläni ilmauta,

Nähä näillä silmilläni,
Kämmenilläni kätellä!

346. Itken osattomuutta.

Kalatuutta Kauko itki,
Veli toinen verkotuutta,
Kolmansi osan vähyyttä;
Mie itken syvintä syytä,
Mie pahinta paipattelen,
Kun itken osattomuutta.
Miks' et anna antiluoja,
Lupoa luja Jumala,
Kun mä ainosin anelen,
Kielen kullan kuikuttelen!

Ei ne muutkana paremmat,
Eikä pyytäjät pyhemmät;
Muut ne vievät viekkahuulla,
Ottelevat ounahuulla,
Mie en veisi viekkahuulla,
En ottaisi ounahuulla,
Veisin vaivani näöstä,
Otsan hiellä otteleisin.

347. Matala on mahti mulla.

Matala on mulla mahti,
Lyhykkäinen onnen lykky;
Muilla onni työn tekevi,
Haltija rahan hakevi.

Muill' on murkinat paremmat,
Iltaruoat runsahammat,
Leviämmät leipälaukut,
Raviammat voirasiat.
Muut on pyytäjät pyhemmät,
Muut on miehet mieluisemmat,
Käyvät kullassa kulaten,
Hopiassa heilakoien,
Ei niinkun minä poloinen,
Nukkavierulla nutulla,
Paikkalaialla lakilla,
Karvavieru kauhtanalla.
Muut sanovat saamiansa,
Tuomiansa tunnustavat;
Mie sanelen saamatuutta,
Tuomatuutta torkuttelen.

348. Ikävä erätön ilta.

Siit' on mieleni apia,
Syämeni sangen sairas,
Kun ei mielly metsä mulle,
Taivu ei ainoinen Tapio;
Kun ei anna aioinkana,
Harvoinkana hoivauta.
Ikävä minun tulevi
Ikävä tulettelevi,
Tätä tyhjeä eloa,
Annitonta aikoani;
Ikävä erätön ilta,
Päivä pitkä saalihiton.

Harvoin on nähty näillä mailla,
Harvoin nähty ja havattu,

Osia jaeltavaksi,
Arveltavaksi eriä;
Imeheks' on saalis saatu,
Virsiksi Jumalan vilja,
Näillä tuhmilla tulilla,
Vaivaisilla valkioilla.

Anna ainoinen Jumala
Miehelle anelevalle,
Anna kynttä kymmenistä,
Karvoa monennäöistä;
En sua kiviltä kiitä,
Enkä kannoilta kumarra,
Tok en palvele pajuilta,
Havun oksilta halaja—
Kynsiä minä kysyisin,
Aina jalkoja anoisin,
Kysyn kynnen kantajata,
Jalan jalon juoksijata,
En parasta, en pahinta,
Kysyn keskikertahista.

349. Anna ainoinen Jumala.

Mistä suuttui suuri luoja,
Viljan antaja vihastui,
Kun ei anna aioinkana,
Tee tiliä milloinkana!

Suvun syötti, synnyn syötti,
Esivanhemman elätti;
Niin miks' ei minua syötä,
Kuks' ei kurjoa elätä,

Suvun suurilla paloilla,
Heimon herkkuruokasilla!

Jos on minulla muoto musta,
Muoto musta, kaiat kasvot,
Syöen kaunoinen tulisi,
Hyvä muoto nunnostellen.

Anna ainoinen Jumala,
Anna miehelle minulle,
Anna kun esi-isille,
Sekä suurelle suvulle,
Kyllin syöä, kyllin juoa,
Kyllin antoa kylälle!
Päästä lasta päivän työstä,
Laita illalla lepohon,
Karjan käyessä kotihin,
Havumetsän harmatessa!

350. Ellös panko pahaksi.

Luulin käen kukkuvaksi,
Lempilinnun laulavaksi,
Ei käkönen ollutkana;
Oli koirani omani,
Ohtosen tuvan ovella,
Kainun pojan kartanolla.

Ohtoseni, ainoseni,
Mesikämmen kaunoseni,
Ellös nyt pahaksi panko,
Jos meille johi' tulevi—
Luien luske, päien pauke,
Hammasten hajotusvuoro!

Päästä nyt tänne pääripasi,
Pueta purasimesi,
Heitä harvat hampahasi,
Liitä leukasi lipiät!

351. Suostu metsä suoloihini.

Suostu metsä suolohini,
Taivu talkkunaisihini,
Syötä miestä mämmilläsi,
Talkkunallasi taputa!

Kuippana metsän kuningas,
Havuhippa, halliparta,
Metsän ehtoinen emäntä,
Metsän armas antimuori,
Pane kulta kulkemahan,
Hopia vaeltamahan,
Kullaista kujoa myöten,
Hopiaista tietä myöten,
Kultaisehen kuppisehen,
Hopeisehen hohtimehen!

Aja vilja vikkelästi,
Metsän karja kapperasti,
Rakettuihin rautoihini,
Tiettyihin teräksihini!
Sitte luoksi tultuansa,
Paikalle osattuansa,
Ramauta rautojani,
Tempoa teräsneniä!

Sa'a ukko uutta lunta,
Visko'os vähän vitiä,

Jäälle aivan iljanelle,
Kankahalle kaljamelle;
Ettei tunnu miehen jälki,
Eikä haise miehen henki!
Jospa jälkiä näkyisi,
Se jälki jäniksen jälki;
Jospa henki haisahtaisi,
Se haju metsän havuilta.

352. Jäniksen vivulla.

Hakkoan metisen haavan
Metisellä kirvehellä,
Metiseltä mättähältä,
Kultaiselta kunnahalta;
Tyven työnnän taivosehen,
Latvan taivutan lumehen.

Ukko kultainen kuningas,
Hopiainen hallitsija,
Sa'a nyt mettä taivosesta,
Sa'a mettä latvaselle,
Siitä kuorelle simoa,
Mesi syämehen sula'a!

Elina metsän emäntä,
Vaimo puhasvarrellinen,
Tuo nyt vilja tuonnempata,
Metsän linnan liepehiltä,
Sivulta simasalojen,
Vaskivaarojen takoa!
Anna juosta vääräsäären,
Kierosilmän keikistellä,
Käyä suuren, käyä pienen,

Käyä kerran keskisenki,
Kohti minun pyytöäni,
Vasten näitä varpujani,
Muien siimoista sivute,
Muien ansoista alate!

Jänis jäppä, juppaniska,
Juokse nyt kohti lankojani;
Ellös tuonne menkö'känä
Toisten varpujen tyköhön,
Siellä surma suin pitäisi,
Kova kuolo kohtajaisi—
Muut kaikki vihaiset varvut,
Täm' yksi metinen varpu,
Tyvin on työtty taivosehen,
Latvoin laskettu vitihin.
Juokse nyt vinttura vipuhun,
Kanttura tähän kaha'an,
Jouvu riiviö ritahan,
Pyöräsilmä pyyvyksehen,
Ennen päivän paistamista,
Ennen kuun kehittämistä,
Auringon ylenemistä,
Koi Jumalan koittamista!

353. Oravan pyytäjä.

Mielikki metsän emäntä,
Komauta kumpuroita,
Oravat orolle nosta,
Rahat rannoille ajele,
Jotta saisin sauan lyöä,
Käsin koprin kuopotella!

Missäpä olet orava,
Kussa käyt kävynpurija?—
Saa nyt tälle saarekselle,
Kule tälle kunnarelle,
Miehen etsivän etehen,
Uottelevan ympärille!

Oravainen kummun kukka,
Kummun kultainen omena,
Oksalla ojentelete,
Lehvällä levättelete,
Kunnes jouvun jousissani,
Vasamoissani varahun!

Oravainen väästäjäni,
Kaunis kasvinkumpalini,
Ellös kaartani kamotko,
Varatko vasamiani!—
Päre'jouset, puikkonuolet,
Ei ne kauas kannattane.

354. Linnustaja.

Lennä, lennä lintu parka,
Lennä tänne näille maille,
Pienoisille puuhuisille,
Mataloille maahuisille;
Ojennate oksaselle,
Levitäte lehväselle,
Kusta nuoli noppajaisi,
Tinapalli paiskoaisi!

Vuota, vuota lintuseni,
Vuota oksan juuruella,

Kunnes jousen jouvuttaisin,
Käsikaaren käännyttäisin!
Jos sa lentohon leviät,
Ennen kun perille pääsen,
Siivet siimoilla sitelen,
Varpahat vahalla käärin.

Utu tyttö, neito terhen,
Luonnotar tytär Tapion,
Seulo seulalla utua,
Terhenistä tepsuttele;
Utu silmille sivalla,
Terhen korville karista,
Ettei kuule kulkevaksi,
Ei näe vaeltavaksi!

KOLMAS KIRJA

Noita laulan, joita taian,
Ennen kuultuja kujerran,
Ennen saatuja sanoja,
Opituita ongelmoita,
Taaton saamia sanoja,
Vanhemman varustamia.

ALKULAUSE

Jo 1:mäisen kirjan alussa olemma lausuneet, mitä luulimma näihin Kantelettaren lauluihin ja virsihin yhteisesti koskevan. Nyt erittäin muutamia sanoja näistä 3:mannen kirjan virsistä. Virret 5, 7, 8, 9, 32 ovat Hämeen ja Satakunnan puolesta; Wenäjänpuolisesta Karjalasta (erittäinki Wuokkiniemen, Paanajärven ja Repolan pitäjistä) ovat virret 2, 3, 6, 10, 12, 19-23, 25, 27, 28, 39, 52, 53, 59; Suomenpuolisesta Karjalasta 1, 4, 11, 13-18, 29, 34, 36, 37, 40-45, 47-50, 54-58; virsiä 24, 26, 30, 31, 33, 35, 38, 46, 51, 60 lauletaan niin Suomen, kun Wenäjänki puolella Karjalassa. Tämä erottaminen näiden virsien kotipaikoista on sitä myöten toimitettu, kun niitä meille on kussaki paikassa laulettu; mahdollisesti saatettaisi eräitä muitaki virsiä yhteisesti laulaa, kun mitä sillä nimellä erittäin osottaneet olemma, jonka ohessa myös tulee nimittää muutamia, Suomen Karjalasta saatuja, Savossaki laulettavan. Myös tulee meidän tässä oikasta, mitä 1:mäisen kirjan alkulauseessa, sivulla IV, mainitsimma, "näitä virsiä enemmin Wenäjän, kun Suomen Karjalassa laulettavan", koska vasta osotettu niiden erottaminen kotipaikkoihinsa näyttää toisin. Se erehdyttävä lauseemme tuli siitä, ettemme silloin oikein tulleet ajatuksessamme erottamaan näitä virsiä vanhoista runoista, joita kyllä enemmin Wenäjän puolella lauletaan.

Virret 5, 9, 32 ovat Ritualan Helkavirsiä. Rituala on eräs iso kylä Sääksmäen pitäjässä Hämeessä, ja näistä Helkavirsistä, kun myöski itsestä Helkajuhlasta, jota tytöt siellä alkupuolella kesää sunnuntai-iltapuolina viettävät, on Herra Akademian Lehtori C. A. Gottlundi, Otava-nimisen kirjansa 2:sessa osassa taitavasti kirjottanut.

Pispa Henrikki, jonka surmasta 7:männessä virressä kerrotaan, oli Englandista syntysin ja tuli v. 1156 eli 1157 (kumpanako vuonna, siitä ei ole vielä tarkkaa tietoa saatu) Ruotsin kuninkaan Eerikki IX:sännen, liialta nimeltä Pyhän, kanssa Suomeen. Hän oli ensimäinen Kristin uskon saarnaja Suomessa, ja tuli muitaki tietoja myöten Suomen pakanoilta (Köyliöjärven seuduilla) surmatuksi. Hänen poikkioin peukalonsa on vieläki Turun Tuomio-kapitulin sinetissä kuvattuna, ja Henrikin päivä Annakoissa on hänen muistoksensa säädetty.

Elinan surma, josta 8:ksannessa virressä kerrotaan, kuuluu myös olevan tosi, tapahtunut asia. Klaus Kurki, niinkuin hänen esi-isänsä ja jälkeisensäki olivat Laukon kartanon ja muiden laajoin tilusten hallitsijoita Wesilahdessa ja rajapitäjissä. Usiampi Kurkeista olivat Laamanneja, joiden alle sihen aikaan kuuluivat isot piirit Suomessa, ja niin näyttää olleen Klaus Kurkiki, sillä hänen keräjäinatkansa Pohjanmaalle lienee sillä mielellä ymmärrettävä. Suomela, Elina neitsyen entinen asuntopaikka, on eräs kylä Wesilahdessa, neljä Wenäjän virstaa Laukosta.

Tämän kirjan 6:dennetta virttä lauletaan Wenäjän Karjalassa, ja eikö lieneki pian paras tieto, mitä heillä Kristin uskosta siellä tienoin on. Sillä vaikka armollinen esivalta heille lähettää opettajia sinne, kun muuallenki alakuuluvaan maahansa, niin riippuvat he uppiniskaisesti vanhoissa taioissaan, eli siinä niin kutsutussa vanhassa vierossa (uskossa), eivätkä huoli opettajista mitänä. Kuinka surkiaan pimeyteen he tämän uppiniskasuutensa ja opettajiensa ylenkatseen kautta ovat joutuneet, sen asian mahtaa nykyinenki Neitsy Maarian virsi osottaa. Melkein koko virsi on tyhjää juorua, jolla Raamatussa ei ole pienintäkään perää. Neitsy Maaria ei siinnyt puolukasta eli muusta marjasta, vaan Pyhästä Hengestä; tähdestä, jonka Ruotuksen (Herodeksen) tallirenki Tahvanus, eli repo, eli paimen, olisivat havanneet, ei virketä Raamatussa, vaan kyllä siitä tähdestä, joka johdatti viisaat miehet itäiseltä maalta; Vapahtajan heräjäminen haudasta tapahtui peräti toiseen laatuun; hänen virressä mainittu viekkautensa eli kavalnutensa Juutasta kohti on koko hänen Jumaluuttansa vastaan pitävä asia, niinkuin se myös muutenki on valet, muuta nimittämättä. Mutta niin tuhma ja perätön kun tämä virsi yhdeltä puolelta on, niin on se toiselta puolelta sanarakentonsa suhteen soma ja kaunis; josta on nähtävä, että asia itse ja sanarakento ovat eriasioita, vaikka yksinkertaiset niitä aina ei erota toisestaan. Vielä on tästä virrestä muistuteltava, että Tahvanuksen seikkoja värsystä 256 värsyyn 449 asti lauletaan myös Hämeessä ja Savonki maalla.

Wiipurin linnan hävityksestä ja Kaarlon sodasta, virsissä 10 ja 12, olemma jo ennen, mitä tarvinnee, maininneet 1836 vuosikerran Mehiläisessä Tammi- ja Kesäkuulta. Jaakko Puntus, virressä 11, Suomessa oleva sotaväen senaikuinen päällysmies, muuten tavallisesti Laiska-Jaakoksi kutsuttu, syntyi v. 1583, kuoli v. 1655, ja oli hänen oikia nimensä Jacob De la Gardie.

Mitä historiallisia perustuksia muihin tässä kirjassa löytyvihin virsiin saattaisi olla ja mitä osviittoja niistä olisi saatava muinaisten aikain tietohon, sen nyt heitämmä silleen.

Syy siteen, että Hämeen puolesta saaduissa virsissä d, l, eli r, kuin kussaki paikassa sanavarren muuttuvata keraketta t äännetään, on tullut peräti pois jätetyksi, on se, että emme ole niiden harvalukuisten, sieltä kotoisten virsien tähden luulleet sopivan, tässä kokouksessa muuten yletiensä seurattavata kirjotuslaatua muuttaa. Se joka ylen siitä meille pahastuu, pitäköön kun muinaki kirjotus- eli pränttivirheinä ne poisjääneet kerakkeet ja oikaskoon sanat mieltänsä myöten.

Mitä 1:mäisen kirjan alkulauseessa toivoimma, ja tämän kirjan lopulla saattavamme toimittaa jonkunlaisen selvityksen oudommista sanoista, se nyt on jäänyt keskoseksi, ja täytyy niin jäädä, ellemme tahdo ylen kauan tämän viimeisen kirjan präntistä uloskäyntiä viivytellä. Mutta mainittu sanaselvitys kyllä sopii erittäinki jälkeenpäin toimitettaa, ja sillä toivolla, että kuitenki niin saada lupauksemme täytetyksi, otamma tällä kertaa lukialta jäähyväset.

Matkalla Sotkamon pitäjässä 9 päivä Lokakuuta 1840.

Elias Lönnrot

Virsi-Lauluja.

1. Suomettaren kosijat.

Oli ennen neiti nuori,
Läksi lehmien ajohon,
Ajoi lehmät suota myöten,
Löysi suolta sorsalinnun,
Tavin rannalta tapasi.

Kantoi sorsansa kotihin,
Syötti, juotti sorsaistansa,
Sorsa suorivi pesäsen,
Muni kultaisen munasen.

Hierelevi, hautelevi,
Muna muuttui neitoseksi,
Mikä neielle nimeksi—
Sorsatarko, Suometarko?
Ei ole Sorsatar soria,
Suometar nimi soria.

Oli aikoa vähäsen,
Kului kuuta viisi, kuusi,

Neiti kasvoi kaunihiksi,
Yleni ylen hyväksi,
Kolmet sulhaset käkesi,
Yheksiset ylkämiehet:
Kulki Kuu, ajeli Päivä,
Kulki kolmas Pohjantähti.

Tuli ensin Kuu kosija,
Tuli kullassa kulisten.
Hopiassa helkkäellen:
"Tule'pas minulle neiti,
Lähe pois talosta tästä,
Hopiaisihin tupihin,
Kultaisihin kammioihin!"

Eipä neiti mennytkänä,
Tuon neiti sanoiksi virkki:
"Tok' en Kuulle mennetkänä,
Kuuli' on kumma katsantonsa,
Muotonsa monennäköinen:
Milloin kaita kasvoiltansa,
Milloin liiaksi leviä;
Öill' on kurja kulkemassa,
Päivällä lepeämässä,
Ei taia taloa tulla."

Tuli toinen Päivä poika,
Tuli kullassa kulisten,
Hopiassa helkkäellen:
"Tule'pas minulle neiti,
Lähe'päs talosta tästä,
Hopiaisihin tupihin,
Kultaisihin kammioihin!"

Eipä neiti mennytkänä,
Tuon neiti sanoiksi virkki:

"Enmä Päivälle menisi,
Päivä se pahantapainen
Kesän vaivavi varilla,
Talven paahtoi pakkasella;
Heliälla hein'ajalla
Antoi ainoiset satehet,
Kallihilla kaur'ajalla
Teki pouat ponnettomat."

Tuli poika Pohjantähti
Kullassa kulisematta,
Hopiassa helkkimättä:
"Tule'pas minulle neiti,
Lähe pois talosta tästä,
Kultaisihin kammioihin,
Hopiaisihin tupihin!"

Neiti vasten vastaeli:
"Taianpa Tähelle mennä,
Tähti se hyväntapainen,
Talossansa aina tarkka,
Koissahan ylen koria,
Otavaisten olkapäillä,
Seitsentähtisen selällä."

Vieähän Tähen hevonen,
Tallihin talutetahan,
Hienot heinät heitetähän,
Kauravakka kannetahan;
Tähti tuoahan tupahan,
Päähän pöyän laitetahan;
Tuoppi tuoahan olutta,
Mettä kannu kannetahan:
"Syö'pä, juo'pa Tähti kulta!"

"En taho syöä, enkä juoa,
Kun en nähne neitoani;
Missäp' on minun omani,
Kussa Suometar soria?"
Suometar soria neiti
Itse aitasta sanovi:
"Sulhoseni suotuseni,
Ylkäni ylimäiseni!
Anna aikoa vähäsen,
Aikoa isottomalle,
Emottomalle enempi;
Ei mua emoni auta,
Oma vanhin valmistele,
Auttavat kyläiset eukot,
Kylän vaimot vaatehtivat,
Kylmä on kyläinen toimi,
Valju mieron vaatehtima."

2. Lyylikin hiihanta.

Lyylikki lylyjen seppä,
Kauppi kalhujen tekijä,
Vuoen vuoli uutta susta,
Talven kalhua kaverti,
Sai lylyn lykittäväksi,
Kalhun kannan lyötäväksi,
Sauan varren vuolleheksi,
Sompansa sovitetuksi,
Saukon maksoi sauanvarsi,
Sompa ruskian reposen.

Lyylikki lylyjen seppä,
Kauppi kalhujen tekijä,
Läksi rangan karsintahan,

Puun sorian sorrantahan,
Lykkäsi lylyn lumelle,
Olaspohjan ottamahan,
Sanovi sanalla tuolla,
Lausui tuolla lausehella:
"Ei sitä salossa liene
Jalan neljän juoksevata,
Tahi siivin siukovata,
Kut' en taitaisi tavata,
Näill' yksillä yötulilla,
Myöhäisillä valkioilla."

Päätyi Hiiet kuulemassa,
Juuttahat tähystämässä;
Hiiet hirviä rakenti,
Juuttahat poroja laati,
Noin he neuoi hirviänsä,
Porojansa suin puheli:
"Nyt sie juokse Hiitten hirvi,
Jalkoa jalo tevanki,
Poron poikima sioilla,
Lapin lastutanterilla,
Itketä Lapista immet,
Haukuta Lapista koirat!"

Siitä juoksi Hiitten hirvi,
Jalkasi jaloton vilja,
Lapin lastutanteritse,
Poropeltojen peritse,
Potkasi koasta korvon,
Kaatoi kattilat tulelta,
Keitot tuhkahan tuherti;
Kalat lietehen levitti;
Silloin siellä haukkui koirat,
Silloin siellä itki immet,
Silloin siellä nauroi naiset.

Lyylikki lylyjen seppä,
Kauppi kalhujen tekijä,
Kuuli melkoisen metelin,
Kuuli koirat haukkuvaksi,
Lapin immet itkeväksi,
Lapin naiset nauravaksi.

Heitti rangan karsintansa,
Puun sorian sorrantansa,
Itse seisottui lylylle,
Lapin lastutanterilla:
"Mitä täällä immet itki,
Kuta täällä koirat haukkui?"

"Juoksi tästä Hiitten hirvi,
Jalkasi jaloton vilja,
Potkasi koasta korvan,
Kaatoi kattilat tulelta,
Keitot tuhkahan tuherti,
Kalat lietehen levitti."

Lyylikki lylyjen seppä,
Kauppi kalhujen tekijä,
Tuosta suuttui, sekä syäntyi,
Kovin suuttui ja vihastui,
Lykkäsi lylyn lumelle,
Kuni kyyn kulonalaisen,
Solahutti suopetäjän,
Kuni käärmehen elävän.
Niinkun kerran potkasihen,
Silmän siitämättömähän,
Kerran toisen kuopasihen,
Korvan kuulemattomahan,
Kolmannen kohenteleksen,
Lautasille Hiitten hirven,
Poropetran potsasille.

Jop' on taljoa taputti,
Sivua silittelevi:
"Oispa tuossa ollakseni,
Saispa tuossa maatakseni,
Sopisi elelläkseni,
Nuoren neitosen keralla,
Kanssa kasvavan kanasen,
Impyen yleneväisen."

Otti vaajan vaahterisen,
Raksin koivuisen rakenti,
Hirveänsä kytkemähän.
Katselevi, kääntelevi:
Pää oli pantu mättähästä,
Silmät lammin pulpukoista,
Korvat lammin lumpehista,
Sarvet raian haarukasta,
Suonet kuivista kuloista,
Sääret aian seipähistä,
Selkä aian aiaksista,
Muu runko lahosta puusta,
Talja kuusen koskuesta.

Lyylikki lylyjen seppä,
Kauppi kalhujen tekijä,
Jo kohti kotia lähti,
Potkasevi ensikerran,
Lyly lenti pälkähästä,
Lenti poikki pälkähästä,
Kaihu kantapään takoa,
Saua sompasen siasta.

Lyylikki lylyjen seppä,
Kauppi kalhujen tekijä,
Alla päin, pahoilla mielin,
Kaiken kallella kypärin,

Värkkiähän katselevi,
Sompia sovittelevi,
Itse tuon sanoiksi virkki:
"En tieä poloinen poika,
Poloisina päivinäni,
Miten olla, kuin eleä;
Palaneeko, paistuneeko,
Lappalaisen ruokokenkä,
Luikkaneeko, laikkaneeko
Lappalaisen kalhunpohja?
Elköhön sinä ikänä,
Kuuna kullan valkiana,
Menkö toinen miehiämme
Hiitten hirveä ajohon,
Sai palan lahoa puuta,
Senki suurella surulla."

3. Katrin parannus.

Katri kangasta kutovi,
Helma hieno helkytteli;
Niin sen sulkki sukkulainen,
Kun kärppä kiven kolossa,
Niin sen piukki pirran ääni,
Kun kivisen kirkon kello.

Katri kangasta kutovi,
Helma hieno helkytteli;
Ei suku sikein makoa,
Kylä kyllin uinaele,
Katrin kankahan kuulta,
Helman hienon helkkeheltä.

Tuli mies merentakainen,
Uros umpilausehinen,
Pilkkoi puita pikkaraisen,
Halkoi halkoja vähäsen,
Kolmekymmentä rekiä,
Ne kaikki tulehen työnti,
Kai kantoi Katrin tulehen,
Helman hienon heltehesen.
Katri laski äänen kaihun,
Parkasi pahan sävelen;
Ääni kuului kuusialle,
Kajahti kaheksa'alle.

Neitsy Maaria emonen,
Rakas äiti armollinen,
Pian juoksi matkat pitkät,
Vähelen välit samosi,
Koprin helmansa kokosi,
Käsin kääri vaattehensa,
Rotkot nousi, vaarat vaipui,
Kaikki sai matkat tasaiset.
Tempasi tulesta Katrin,
Helman hienon heltehestä,
Kantoi Katrisen kylyhyn,
Itse loi parahan löylyn,
Hyvän löylyn löyhäytti,
Hyvän lämpösen lähetti,
Läpi kiukoan kivisen;
Teki Katrin terveheksi,
Paransi paranneheksi.

4. Wiron orja ja Isäntä.

Minä laulan kaksi virttä,
Kun parasta seinähirttä,
Isännille, emännille,
Orjille osattomille,

Oli ennen Virossa orja,
Pajarissa karjapaimen,
Pahoin palkka maksettihin,
Pahoin palkka, väärin vaivat,
Lyhimmällä kyynärällä,
Saralla märännehellä,
Pienimmällä kappasella,
Ruumenisilla jyvillä.
Lupa orjan annettihin,

Lupa orjan, valta vangin,
Juosta jouluna kotihin,
Pääpyhille päästäksensä;
Orja suistuvi suvehen,
Suin suvehen, päin savehen,
Koprin ilmahan kovahan,
Perin pälvehen paha'an.
Sihen uupui orja rukka,
Kuoli kurja käskyläinen,
Paljahilla paioillahan,
Aivan aivinattomilla.

Tuli kolme Tuonen neittä,
Kerättihin kuollehia,
Löyettihin orjan sielu,
Otettihin orjan sielu,
Taluttihin taivahasen,
Saatettiin ilosalihin.

Avettiin hopia-uksi,
Kultaportti päästettihin,

Orjan saahessa sisälle.
Tuotihin hopiatuoli,
Kultakammi kannettihin:
"Istu tuolle orja raukka!
Kyll' oot saanut, orja raukka,
Istua pahemmallaki,
Orjuuessa ollessasi,
Käyessäsi käskyläisnä—
Istua kovalla puulla,
Sekä muuten seisoa'ki."

Tuotihin hopiatuoppi,
Kultakannu kannttihin,
Mettä, hunnaa sisässä,
Olutta hyvännöstä:
"Juo'pas tästä orja rukka!
Kyll' oot saanut, orja rukkai
Juoa vettäki joesta,
Orjuuessa ollessasi,
Käskyläisnä käyessäsi
Juoa suolta suovesiä,
Taetvettä tanhuista."

Oli aikoa vähäsen,
Kuoli tuo iso isäntä,
Tuli kolme Tuonen neittä,
Kerättihin kuollehia;
Löyettiin isännän sielu,
Otettiin isännän sielu,
Vietihin surutupahan,
Heitettihin helvettihin,
Piinapaikkahan paha'an.

Avettiin tulinen uksi,
Tervaportti temmastihin:
"Seiso siin' iso isäntä!

Kyll' oot saanut istua'ki,
Isäntänä ollessasi,
Käskijänä käyessäsi—
Istua salituvissa,
Kaunehissa kammarissa."

Tuotihin tulinen tuoppi,
Tervatuoppi temmastihin,
Tulta, tervoa sisässä,
Sisiliskoja, matoja:
"Juo'pa täst' iso isäntä!
Jo oot juonut parempiaki,
Isäntänä ollessasi,
Käskijänä käyessäsi—
Juonut kyllä oluttaki
Päässä pöyän pöyhkeänä."

"Mintähen tämä minulle,
Kun on kurjalle pojalle?"
"Sentähenpä se sinulle:
Pahoin maksoit orjan palkan,
Veralla virannehella,
Saralla epäpäöllä,
Lyhyillä kyynärillä,
Kaitaisilla pietimillä,
Pienimmillä kappasilla,
Ruumenisilla jyvillä."

Käveli isännän sielu,
Käveli kivikatua,
Kivitietä telläjävi,
Pitkä arsina käessä,
Sarkatorvi kainalossa,
Hopia piosta piukki,
Kulta tuikki kukkarosta:
"Tule tänne orja raukka!

Maksan palkkasi paraite;
Ota tästä orja raukka!"
"En ota isäntä raukka."

"Ota, ota orja raukka,
Verkoa saran tilasta,
Kymmeniä kyynärästä!"
"En ota isäntä raukka."

"Ota, ota orja raukka,
Vehniä rukehisista,
Karpio kapan verosta!"
"En ota isäntä raukka."

Ota, ota orja raukka,
Paras lehmä läävästäni,
Katso paras karjastani!"

"En ota isäntä raukka,
Kun et anta't aikoinasi.
Mahoit maksella mailla,
Kostella ison kotona;
Mahoit silloin palkan panna,
Kun ma juotin lehmäjuonen,
Katsoin lammaskatrastasi;
Kun ma sotkin sotkujasi,
Räiskytin räpähiäsi;
Kun mä riihessä rimusin,
Alla parsien pamusin,
Olin olkihuonehessa,
Pyyhin hiemalla hikiä.

Luulit riihen ripsavaksi,
Kun mun ripsi rintaluuni;
Luulit orren ohkavaksi,
Kun mun ohki olkapääni;

Luulit parren paukkavaksi,
Kun mun paukkoi pallioni;
Pinon pitkän viereväksi,
Kun minun vereni vieri,
Orjuuessa ollessani,
Käskyläissä käyessäni."

5. Mataleenan vesimatka.

Mataleena neito nuori
Kauan se kotona kasvoi,
Kauan kasvoi, kauas kuului,
Tykönä hyvän isänsä,
Kanssa armahan emonsa.
Palkin polki permannosta
Hänen korkokengillänsä,
Hirren kynnystä kulutti
Hänen hienohelmallansa,
Toisen hirren päänsä päältä
Hänen kultaruunullansa;
Rautaisen rahin kulutti
Astioita pestessänsä,
Kulman pöyästä kulutti
Hopiapäällä veitsellänsä.

Mataleena neito nuori
Meni vettä lähteheltä,
Kultakiulunen käessä,
Kultakorva kiulusessa.
Katseli kuvan sioa:
"Ohoh minua neito parka!
Pois on muoto muuttununna,
Kaunis karvani katonut;
Eipä kiillä rintakisko,

Eikä hohta päähopia,
Niinkun kiilti toiskesänä,
Vielä hohti mennä vuonna."

Kiesus paimenna pajussa,
Karjalaissa kaskimaissa,
Anoi vettä juoaksensa:
"Annas vettä juoakseni!"

"Ei oo mulla astiata,
Eik' oo kannuni kotona;
Pikarit pinona vieri,
Kannut halkona kalisi."

"Pistäspä pivosi täysi,
Kahmalossa kanniksella!"

"Mitäs puhut Suomen sulha,
Suomen sulha, maiten orja,
Isäni ikuinen paimen,
Ruotiruovoilla elänyt;
Kalanpäillä kasvaellut,
Karjalaissa kaskismaissa!"

"Sis mä lienen Suomen sulha,
Suomen sulha, maiten orja.
Isäsi ikuinen paimen,
Ruotiruovoilla elänyt,
Kalanpäillä kasvaellut,
Karjalaissa kaskismaissa;
Ellen elkesi sanelen."
"Sano kaikki, minkä tieät!"

"Kussas kolme poikalastas?—
Yhen tuiskasit tulehen,
Toisen vetkasit vetehen,

Kolmannen kaivoit karkeeseen.
Sen kun tuiskasit tulehen,
Siit' olis Ruotsissa ritari;
Sen kun vetkasit vetehen,
Siit' olis herra täällä maalla;
Sen kun kaivoit karkeesehen,
Siit' olis pappi paras tullut."

Mataleena neito nuori
Rupes vasta itkemähän,
Itki vettä kiulun täysi,
Kiesuksen jalat pesevi,
Hiuksillansa kuivoavi:
"Itsepä lienet Herra Kiesus,
Kun mun elkeni sanelit!
Pane minua Herra Kiesus,
Pane minua, minnes tahot,
Soihin, maihin portahiksi,
Porttojen polettavaksi,
Jaloin päällä käytäväksi!

Pane minua Herra Kiesus,
Pane minua, minnes tahot,
Silloiksi meren selälle
Lahopuiksi lainehille,
Joka tuulen turjotella,
Laajan lainehen laella!

Pane minua Herra Kiesus,
Pane minua, minnes tahot,
Tunge hiiliksi tulehen,
Kekäleiksi valkiahan,
Joka tulen tuikutella,
Valkiaisen vaikutella!"

6. Neitsy Maarian virsi.

Neitsy Maaria emonen,
Rakas äiti armollinen,
Viitiseksen, vaatiseksen,
Pääsomille suori'iksen,
Vaskipauloihin paneksen,
Tinavöihin telkitäksen,
Läksi pirtistä pihalle,
Kaapsahellen kartanolle.

Katselevi kartanolla,
Kuunteli kujan perällä,
Jopa marja maalta huuti,
Puolukainen kankahalta:
"Tule neiti noppimahan,
Punaposki poimimahan,
Tinarinta riipimähän,
Vyövaski valitsemahan,
Ennenkun etona syöpi,
Mato musta muikkoavi!
Sat' on saanut katsomahan,
Tuhat ilman istumahan,
Sata neittä, tuhat naista,
Lapsia epalukusin;
Ei ken koskisi minuhun,
Poimisi minun poloisen."

Maaria matala neiti,
Pyhä piika pikkarainen,
Läksi marjan katsantahan,
Punapuolan poimintahan,
Hyppisillähän hyvillä,
Kätösillä kaunehilla.

Meni mäen, meni toisen,
Niin mäellä kolmannella,
Keksi marjasen mäeltä,
Punapuolan kankahalta.

Niin meni mäen niskalle,
Itse tuon sanoiksi virkki:
"On marja näkemiähän,
Puola ilmon luomiahan,
Ylähähkö maasta syöä,
Alahahko puuhun nosta."

Tempoi kxaun kankahalta,
Mäeltä rasakan männyn,
Sillä marjan maahan sortoi,
Marja maahan seisataksen.

Niinpä marja maasta nousi
Kaunoisilte kautoloille,
Kaunoisilta kautoloilta,
Puhtahilte polviloille,
Puhtahilta polviloilta,
Heleville helmoillehen.

Nousi siitä vyörivoille,
Vyörivoilta ryntähille,
Ryntähiltä leuoillehen,
Leuoiltahan hnulillehen.
Huulilla hypertelihen,
Siitä suuhun pyörähytti,
Keikahutti kielellehen,
Kieleltä keruksihinsa,
Siitä vatsahan valahti.

Maaria matala neiti,
Pyhä piika pikkarainen,

Siitä tyytyi, siitä täytyi,
Siitä paksuksi panihen.

Kantoi kohtua kovoa,
Vatsan täyttä vaikiata,
Kuuta seitsemän kaheksan,
Ympäri yheksän kuuta,
Vaimon vanha'an lukuun,
Kuuta puolen kymmenettä.

Emo tuosta arvelevi:
"Mi on meiän Marjatalla,
Ku meiän kotikanalla,
Kun se pauloitta asuvi,
Aina vyöttä völlehtivi,
Hamehetta höllehtivi!"

Niin kuulla kymmenennellä,
Impi tuskalle tulevi,
Kohtu kääntyvi kovaksi,
Vatsantäysi vaikiaksi.

Kysyi kylpyä emolta:
"Anna kylpyä emoni,
Jossa huono hoivan saisin,
Avun ange tarvitseisin!"

Emo varsin vastoavi
"On kyly kytömäellä,
Johon portto pojat saapi,
Tulen lautta lapset luopi,
Tuonne pentujen pesähän,
Sorajouhen soimen päähän."

Jo on piika pintehissä
Minne mennä, kunne käyä,

Kusta kylpyä kysellä,
Sanan virkkoi, noin nimesi:
"Piltti pienin piikojani,
Paras palkkalaisiani!
Käy'pä kylpyä kylästä,
Saunoa Sarajalasta,
Jossa huono hoivan saisin,
Avun ange tarvitseisin—
Käy pian, välehen jouvu,
Välehemmin tarvitahan."

Piltti pienin piikojahan,
Sanan virkkoi, noin nimesi
"Keltäpä kysyn kylyä,
Keltä aihelen apua?"

"Kysy Ruotuksen kylyä,
Saunoa Sarajansuista!"

Piltti pienin piikojahan,
Paras palkkalaisiahan,
Hyvä kiekas käskemättä,
Kehumattaki kepiä,
Koprin helmansa kokosi,
Käsin kääri vaattehensa,
Sekä juoksi, jotta joutui,
Juoksi Ruotuksen kotihin.
Mäet mätkyi mennessähän,
Vaarat notkui noustessahan,
Kävyt hyppi kankahalla,
Someret hajosi suolla,
Tuli Ruotuksen tupahan,
Sai sisähän salvoksehen.

Ruma Ruotus Paitulainen
Syöpi, juopi, kestoavi,

Päässä pöyän paioillahan,
Aivan aivinaisillahan,
Syöpi, juopi suurten lailla,
Elävi hyvän tavalla.

Lausui Ruotus ruoaltansa,
Tiuskoi tiskinsä nojalta:
"Mitä sie sanot katala,
Kuta kurja juoksentelet?"

Piltti pienin piikasia,
Sanan virkkoi, noin nimesi
"Läksin kylpyä kylästä,
Saunoa Sarajalasta,
Jossa huono hoivan saisi,
Avun ange tarvitseisi."

Ruma Ruotuksen emäntä
Liehoi sillan liitoksella,
Laahoi keskilattialla,
Sanan virkkoi, noin nimesi:
"Kellen kylpyä kyselet,
Kellen aihelet apua?"

Sanoi Piltti, pieni piika:
"Kysyn meiän Marjatalle."

Ruma Ruotuksen emäntä
Käet puuskahan panevi,
Kupehelle kummallenki,
Itse virkk, noin nimesi:
"Ei kylyt kylähän joua,
Ei saunat Sarajan suulta;
On talli Tapiomäellä,
Hepohuone hongikossa,
Johon lautta lapset luopi,

Tuliportto poiat saapi—
Kun heponen hengännevi,
Niinp' on siinä kylpeöte!"

Piltti pienin piikasia
Sekä juoksi, jotta joutui,
Ruman Ruotuksen ko'ista,
Sanoi taatse tultuansa:
"Eule kylpyä kylässä,
Saunoa Sarajalassa.
Ruma Ruotus Paitulainen
Söip' on, joip' on pöyän päässä,
Pääsä pöyän paioillahan,
Aivan aivinaisillahan.
Sanan virkkoi, noin nimesi:
Mitä sie sanot katala,
Kuta kurja juoksentelet?"

Mie sanoin sanalla tuolla:
"Läksin kylpyä kylästä,
Saunoa Sarajalasta,
Jossa huono hoivan saisi,
Avun ange tarvitseisi."

Ruma Ruotuksen emäntä
Liehoi sillan liitoksella,
Laahoi keskilattialla,
Sanan virkkoi, noin nimesi:
"Kellenpä kysyt kylyä,
Kellen aihelet apua?"

Mie sanoin sanalla tuolla:
"Kysyn meiän Marjatalle."

Ruma Ruotuksen emäntä
Pani puuskahan kätensä,

Kupehelle kummallenki,
Sanan virkkoi, noin nimesi:
"Ei kylyt kylähän joua,
Ei saunat Sarajan suulta;
On talli Tapiomäellä,
Hepohuone hongikossa,
Johon lautta lapset luopi,
Tuliportto poiat saapi—
Kun heponen hengännevi,
Niinp' on siinä kylpeöte!"

Niinp' on, niin sanoi mokomin,
Niinpä vainen vastaeli.

Maaria matala neiti,
Pyhä piika pikkarainen,
Aina tuskansa tulessa,
Vatsan vaivoissa kovissa,
Itse tuon sanoiksi virkki:
"Lähteä minun tulevi,
Niinkun muinenki kasakan,
Eli orjan palkkalaisen,
Lähteä Tapiomäelle,
Käyä hongikkokeolle!"

Otti vastan varjoksensa,
Astua alottelevi,
Nousevi kipumäkeä,
Kipuvuorta kiipueli,
Huonehesen hongikolle,
Tallihin Tapiomäelle.

Sitte sinne saatuansa,
Toki päästyä perille,
Sanovi sanalla tuolla:
"Henkeäs hyvä heponen,

Huokoas vetäjä varsa,
Vatsan kautta vaivaloisen!
Kylylöyly löyhäytä,
Sauna lämpöinen lähetä,
Jossa huono hoivan saisin
Avun ange tarvitseisin."

Henkäsi hyvä heponen,
Huokasi vetäjä varsa,
Vatsan kautta vaivaloisen.
Min heponen hengähtävi,
Se on luotu saunanlöyly,
Vesi viskattu viaton;
On kun löyly lyötäessä,
Viskattaessa vetonen.

Maaria matala neiti,
Pyhä piika pikkarainen,
Kylpi kylyn kyllältänsä,
Vatsan löylyn vallaltansa;
Saip' on tuonne poikuensa
Heinille kesäteoille—
Syntyi poika polvillehen,
Lapsi lantehuisillehen.

Jouluna Jumala syntyi,
Paras poika pakkasella,
Revon heinihuonehesen,
Sorajouhen soimen päähän.
Härkä olkia levitti,
Sika penkoi pehkuloita,
Poian pienen peitteheksi,
Katteheksi kaikkivallan.

Jouluna Jumala syntyi,
Paras poika pakkasella;

Nousi kuu, yleni päivä,
Armas aurinko havatsi,
Tähet taivon tanssaeli,
Otavat piti iloa,
Syntyessä suuren luojan,
Yli armon auetessa.

Tahvanus on tallirenki
Ruman Ruotuksen talossa,
Ruokki Ruotuksen hevoista,
Kaitsi tallikonkaria.
Vei hän juomalle hevosen,
Kaivolle katetun ruunan,
Loimiselän lähtehelle;
Lähe läikkyi, hepo kuorsui.

Tahvanus on tallirenki
Läksi maahan ratsahilta,
Katsoi maasta maan vikoja,
Katsoi veestä veen vikoja;
Nähnyt ei maassa maan vikoja,
Eikä veessä veen vikoja.
"Mitä kuorsut korpin ruoka,
Hirnut Hiisien heponen!
Ei ole maassa maan vikoja,
Eikä veessä veen vikoja."

"Sitä kuorsun korpin ruoka,
Hirnun Hiisien heponen:
Uus' on tähti taivahalla,
Pilkku pilvien raossa."

Tahvanus on tallirenki
Iski silmänsä itähän,
Katsoi päin luotehesen,
Katsoi kaiken ilman rannan;

Näki tähen taivahalla,
Pilkun pilvien lomassa.

Niin repo etehen juoksi:
"Repo rukka, raukka poika!
Sie olet kengältä kepiä,
Sekä liukas liikunnalta;
Käy nyt tuota katsomahan
Vaaran vaskisen takoa,
Mistä meille tähti syntyi,
Kusta uusi kuu kumotti!"

Repo juoksi. jotta joutui,
Pian juoksi matkat pitkät,
Välehen välit samosi,
Vaaran vaskisen ta'aksi.

Paimen vastahan tulevi,
Niin repo sanoiksi virkki:
"Oi sie rukka paimoseni!
Tokko tietäisit sanoa,
Mistä meille tähti syntyi,
Uusi tähti taivahalle."

Tuon paimo sanoiksi virkki:
"Jopa tieän, jotta tunnen;
Siitä meille tähti syntyi,
Uusi tähti taivahalle,
Kun on syntynyt Jumala,
Yliarmo auennunna."

"Miss' on syntynyt Jumala,
Yliarmo auennunna?"

"Tuoll' on syntynyt Jumala,
Yliarmo auennunna,

Veitlihimassa [42] vähässä;
Syntynyt Jumalan poika
Hevon heinähuonehesen,
Sorajouhen soimen päähän,
Vihviläisille saroille,
Kakaroille kylmenneille.
Sinne synnytti Jumala,
Pani luoja poikuensa;
Ei vaihtaisi poiuttansa
Vaskihin valettavihin,
Hopioihin hohtavihin,
Kultihin kumottavihin,
Eikä kuuhun, päivyehen,
Aurinkoisehen hyvähän."

Repo rukka, raukka poika,
Jo tuli takaisin tuolta,
Vaaran vaskisen takoa,
Toi sanoman tullessansa:
"Siitä meille tähti nousi,
Uusi tähti taivahalle,
Kun syntyi Jumalan poika,
Aukesi ylinen armo.
Pannut on luoja poikuensa
Heinille hevosten luoksi,
Vihviläisille saroille,
Kakaroille kylmenneille;
Ei vaihtaisi poiuttansa
Vaskihin valettavihin,
Hopioihin hohtavihin,
Kultihin kumottavihin,
Eikä kuuhun, päivyehen,
Aurinkoisehen hyvähän."

Tahvanus on tallirenki
Veip' on tallihin hevosen,

Heitti heiniä etehen,
Levitteli verkalointa,
Siotteli silkkivöitä.

Meni Ruotuksen tupahan,
Seisatteli oven suussa,
Pysähteli partten päässä.

Ruma Ruotus Paitulainen
Syöpi, juopi, kestoavi,
Päässä pöyyn paioillahan,
Aivan aivinaisillahan.

Lausui Ruotus ruoaltansa,
Tiuskoi tiskinsä nojasta:
"Pese kättä, käy ruoalle,
Ruoki Ruotuksen hevoista!"

Tahvanus on tallirenki,
Hänpä tuon sanoiksi virkki:
"En sinä pitkänä ikänä,
Kuuna kullan valkiana,
Ruoki Ruotuksen hevoista,
Kaitse kiivan konkaria;
Itse Ruotus ruokkikohon
Tämän päivyen perästä—
Jo syntyi parempi synty,
Kasvoi valta kaunihimpi.
Jopa on syntynyt Jumala,
Yliarmo auennunna,
Näin mä tähen taivahalla,
Pilkun pilvien lomassa."

Lausui Ruotus ruoaltansa,
Tiuskoi tiskinsä nojasta:
"Äsken on toet totesi,

Valehettomat valasi,
Kun tuo härkä ammonevi,
Pääpönttä pölöttänevi,
Jok' on luina lattialla,
Liha syöty, luu kaluttu,
Kesi kenkinä pietty,
Talvikausi tallaeltu."

Nousipa härkä ammomahan,
Pääpönttä pölöttämähän,
Nousi hännin häilymähän,
Sorkin maata sotkemahan.

Tahvanus on tallirenki,
Hänpä tuon sanoiksi virkki:
"Onko jo toet toteni,
Valehettomat valani?
Joko on syntynyt Jumala,
Yliarmo auennunna?—
Nousipa härkä ammomahan,
Pääpönttä pölöttämähän."

Lausui Ruotus ruoaltansa,
Tiuskoi tiskinsä nojasta:
"Äsken on toet totesi,
Valehettomat valasi,
Kun tuo kukko laulanevi,
Kananpoika kaikkunevi,
Jok' on paistina vaissa,
Liha voilla voieltuna,
Höyhenillä höykenneillä,
Jäsenillä jäykenneillä."

Nousipa kukko laulamahan,
Kananpoika kaikkumahan,

Luillansa luhisemahan,
Höyhenillä höykkimähän.

Tahvanus on tallirenki,
Hänpä tuon sanoiksi virkki:
"Onko jo toet toteni,
Valehettomat valani?
Joko on syntynyt Jumala,
Yliarmo auennunna?—
Nousipa kukko laulamahan,
Kananpoika kaikkumahan."

Ruma Ruotus Paitulainen
Viskoi veitsen lattiahan,
Sanovi sanalla tuolla,
Tiuskoi tuolla tiuskehella:
"Äsken on toet totesi,
Valehettomat valasi,
Kun veitsi vesottunevi,
Jonka siltahan sivalsin,
Jot' on vuosi vuoliskeltu,
Kaksi kannettu tupessa
Veitsenpää vesottunevi,
Ja vesat lehittynevi."

Alkoipa veitsenpää vesota,
Vesat lehtiä lykätä;
Vesosi vesoa kuusi,
Kultalehen kunki päähän.

Tahvanus on tallirenki,
Hänpä tuon sanoiksi virkki:
"Onko jo toet toteni,
Valehettomat valani?
Joko on syntynyt Jumala,
Yliarmo auennunna?—

Jopa on veitsenpää vesonna,
Jonka siltahan sivallit,
Sekä kukko laulanunna,
Jok' oli paistina vaissa.
Viel' on härkä ammonunna,
Jok' oli luina lattialla.
Jo nyt luovun Ruotuksesta,
Pakenen pakanan väistä,
Otan uskon Kiesuksesta,
Kastin kaikkivaltiasta."

Tuosta suuttui suuri miesi,
Ruotus julmaksi rupesi,
Suoritti soan tulisen,
Päälle kaulan kaikkivallan;
Sata miestä miekallista,
Tuhat rauaista urosta,
Luojan surmaksi sukesi,
Katomaksi kaikkivallan.

Maaria matala neiti,
Pyhä piika pikkarainen,
Piiletteli poiuttansa,
Kasvatteli kaunoistansa,
Alla jauhavan kivosen,
Alla juoksevan jalaksen,
Alla seulan seulottavan,
Alla korvon kannettavan,
Sylissähän syöttelevi,
Käsissähän kääntelevi.

Laski poian polvillensa,
Lapsen lannehuisillensa,
Alkoi päätänsä sukia,
Hapsiansa harjaella,
Hopiaisella sualla,

Kultavarsi harjasella;
Suastansa pii pirahti,
Taimen taittui harjastansa.

Rapasihen etsimähän,
Taimenta tavottamahan,
Katoi poika polviltahan,
Lapsi lanne'puoliltahan.

Tuossa hirnui Hiitten ruuna,
Päräsi pahan heponen.

"Mitä hirnut Hiitten ruuna,
Päräjät pahan heponen?"—

"Sitä hirnun Hiitten ruuna,
Päräjän pahan heponen,
Viety on poika polviltasi,
Lapsi lanne'puoliltasi."

Maaria matala neiti,
Pyhä piika pikkarainen,
Tuosta tuskille tulevi,
Itkeä kujertelevi.

Rapasihen etsimähän,
Etsi pientä poiuttansa,
Kullaista omenuttansa,
Hopiaista sauoansa,
Alta jauhavan kivosen,
Alta juoksevan jalaksen,
Alta seulan seulottavan,
Alta korvon kannettavan,
Puiten puut, jaellen ruohot,
Hajotellen hienot heinät.

Etsi pientä poiuttansa,
Eipä löyä poiuttansa,
Kullaista omenuttansa,
Hopiaista sauoansa.

Etsi mäiltä, männiköiltä,
Kannoilta, kanarvikoilta,
Katsovi joka katajan,
Joka varvikon vatovi,
Katsovi kanarvajuuret,
Ojenteli puien oksat.

Astua ajattelevi,
Käyä kääpäröittelevi:
Tiehyt vastahan tulevi,
Niin tielle kumarteleksen:
"Oi tiehyt Jumalan luoma!
Etkö nähnyt poiuttani,
Kullaista omenuttani,
Hopiaista sauoani?"

Noin se tiehyt lausueli:
"Oisin nähnyt, en sanoisi;
Poikasipa loi minunki,
Loi pahoille, ei hyville,
Kovan kengän käytäväksi,
Kannan karskuteltavaksi,
Joka koiran juostavaksi,
Ratsahan ajeltavaksi."

Astua ajattelevi,
Käyä kääpäröittelevi;
Tähti vastahan tulevi,
Tähelle kumarteleksen:
"Oi tähyt Jumalan luoma!
Etkö nähnyt poiuttani,

Kullaista omenuttani,
Hopiaista sauoani?"

Noin se tähti lausueli:
"Oisin nähnyt, en sanoisi;
Poikasipa loi minunki,
Loi pahoille, ei hyville,
Kesäksi katoamahan,
Sykysyllä syntymähän,
Kylmillä kimaltamahan,
Pimehillä pilkkumahan."

Astua ajattelevi,
Käyä kääpäröittelevi;
Kuuhut vastahan tulevi,
Niin kuulle kumarteleksen:
"Oi kuuhut Jumalan luoma!
Etkö nähnyt poiuttani,
Kullaista omenuttani,
Hopiaista sauoani?"

Noin se kuuhut lausueli:
"Oisin nähnyt, en sanoisi;
Poikasipa loi minunki,
Loi pahoille, ei hyville,
Aaamulla alenemahan,
Illalla ylenemähän,
Yksin öillä kulkemahan,
Pakkasella paistamahan."

Astua ajattelevi,
Käyä kääpäröittelevi;
Päivä vastahan tulevi,
Päivälle kumarteleksen:
"Oi päivyt Jumalan luoma!
Etkö nähnyt poiuttani,

Kullaista omenuttani,
Hopiaista sauoani?"

Päivä taiten vastaeli:
"Sekä näin, jotta kuulin;
Poikasipa loi minunki,
Loi hyville, ei pahoille,
Aamulla ylenemähän,
Illalla alenemahan,
Yön aian lepeämähän,
Päivän aian paistamahan.

Jopa näinki poikuesi,
Voi poloinen poiuttasi!
Jo on poikasi poloinen
Kaotettu, kuoletettu,
Pantu luoja painon alle,
Herra hautahan hakattu."—

Niinpä me pojat poloiset
Aina muita muistelemma,
Jouvittelemma jotaki,
Tuot emme tokahi'kana,
Suuren surmoa Jumalan,
Katomusta kaikkivallan,
Kuin on luoja kuoletettu,
Kaotettu kaikkivalta,
Kun on hautahan hakattu,
Pantu luoja painon alle.

Pirulaiset piinattihin [43],
Paha valta vaivattihin [44],
Saan keihään kärellä,
Tuhannen terällä miekan.
Luoja puuhun puntattihin,
Ristihin ripustettihin,

Siinä häntä surmattihin,
Kuollut puusta laskettihin,
Hakattihin, hauattihin,
Kahen kallion lomahan.
Vuoret päälle vaaittihin,
Kivet päälle kiusattihin;
Sata miestä miekallista,
Tuhat rauaista urosta,
Ne veti veressä silmin,
Luojan hauan partahalle;
Sata miestä miekallista,
Tuhat kilvenkantajoa,
Luojan hauan paimenena,
Vartiana kaikkivallan.

Neitsy Maaria emonen,
Rakas äiti armollinen,
Itkeä kujertelevi,
Valitella vaikertavi,
Käypi tietä astelevi
Luojan hauan partahalle:
"Nouses luoja kuolemasta,
Herkeä uneksimasta;
Nouse nuorra kuolemasta,
Kaunisna katoamasta!
Kun et nouse, et heränne,
Jo kohta tulen minäki,
Kerallasi kuolemahan,
Kanssasi katoamahan."

Herra hauasta havatsi,
Lausui luoja, noin nimesi:
"Ei ole täältä nouseminen,
Kun siellä käkeäminen;
Kivet alla, paaet päällä,
Kupehilla kummallaki,

Someret syäntä vasten,
Vasten hieta hartioita."

Neitsy Maaria emonen,
Rakas äiti armollinen,
Päivälle kumarteleksen:
"Oi päivyt Jumalan luoma,
Luoma luojan valkiamme!
Paista hetki heltehesti,
Toinen himmesti hiosta,
Kolmansi koko terältä,
Paaet paista pehmiäksi,
Kivet suolaksi sulata,
Someret veä ve'eksi,
Hieta vaaheksi valuta,
Päästä luoja kuolemasta,
Herra hauasta herätä!"

Tuo päivyt Jumalan luoma,
Päivyt armas aurinkoinen,
Lenti päätönnä kanana,
Siipipuonna siuotteli,
Luojan hauan partahalle,
Kammiolle kaikkivallan.

Sat' on miestä miekallista,
Tuhat kilvenkantajoa,
Pantu luojan paimeneksi,
Kaikkivallan vartiaksi;
Nuopa päivältä kysyvät,
Anelevat auringolta:
"Päivä armas aurinkoinen,
Mitäpä sie tänne läksit?"

Päivä taiten vastaeli,
Armas aurinko saneli:

"Läksin luota katsomahan,
Likeltä tähystämähän,
Kuin on luoja kuoletettu,
Herra hautahan hakattu."

Niin päivyt Jumalan luoma,
Luoma luojan valkiamme,
Paistoi hetken heltehesti,
Toisen himmesti hiosti,
Kolmannen koko terältä,
Nukutteli nuivan kansan,
Paineli väen pakanan,
Nuoret miekkojen nojahan,
Vanhat vasten sauojansa,
Keski-iän keihäille.
Paistoi paaet pehmiäksi,
Kivet suolaksi sulatti,
Someret veti ve'eksi,
Hiejan vaaheksi valutti,
Päästi luojan kuolemasta,
Katomasta kaikkivallan.

Luoja hauasta havatsi,
Herra herkesi unesta,
Pääsi hauan partahalle,
Ylös kuopasta kohosi.
Kivet silloin kielin lauloi,
Paateret sanoin pakasi,
Joet joikui, järvet järkkyi,
Vuoret vaskiset vavahti,
Tullessa Jumalan tunnin,
Herran armon auetessa.

Nousi luoja kuolemasta,
Herkesi uneksimasta,
Vetihen vesikivelle

Vatsallehen vaivoaksen,
Veriään viruttamahan,
Hurmehia huuhtomahan.

Niin päivyt Jumalan luoma,
Luoma luojan valkiamme,
Lenti taiten taivahalle,
Siallensa entiselle,
Päästi miehet nukkumasta,
Pahat unta ottamasta.

Pahat kahletta takovat,
Nauloja varustelevat,
Lyöä luoja kahleisin,
Rautalukkoihin lukita,
Ettei pääsisi pakohon,
Kulkemahan kunne'kana,
Hakatusta hauastansa,
Kuopastansa kaivetusta.

Luoja käypi, astelevi,
Kulki matkoa vähäsen,
Kuuli paukkinan pajasta,
Meni köyhänä pajahan,
Kysyjänä kynnykselle;
Täällä rautiot takovat,
Sepät Hiitten hilkkasevat.
Meni seppojen pajahan:
"Mitäs rautiot takovat,
Sepät Hiitten hilkuttavat?"

Se on julma Juuttahainen,
Pahin poikia pahoja,
Ilkein isän aloja,
Sanan virkkoi, noin nimesi
"Taon luojalle kytyttä,

Jumalalle kahlisköyttä;
Vaan en muistanut mitellä,
Kuin on paksu luojan kaula,
Kuin on paksu, kuin on pitkä,
Kuin on poikelta leviä."

Niin kuulu Jumalan poika
Itse tuon sanoiksi virkki:
"Sen on paksu luojan kaula,
Sen on paksu, senpä pitkä,
Senki poikelta leviä,
Kun on kaulasi omasi."

Sanoi julma Juuttahainen,
Pahin poikia pahoja,
Ilkein isän aloja:
"Mistäs tieät luojan kaulan,
Kuin on paksu, kuin on pitkä,
Kuin on poikelta leviä?"

Niin kuulu Jumalan poika
Sanan virkkoi, noin nimesi
"Siinäpä olin minäki,
Luojan hauan partahalla,
Katsoin kantosen takana,
Vesakosta vierettelin."—

Sanoi julma Juuttahainen,
Pahin poikia pahoja,
Ilkein isän aloja:
"Niinpä sinun on leuka laaja,
Leuka laaja, silmät suuret,
Niin on pitkät silmäripset,
Kun on eilisen Jumalan,
Jonka maahan hakkasimma,
Hakkasimma, hautasimma."

Niin kuulu Jumalan poika
Itse tuon sanoiksi virkki:
"Sill' on miulla leuka laaja,
Leuka laaja, silmät suuret,
Sillä pitkät silmäripset,
Kauan kasvoin kankahalla,
Kasvoin kantosen takana,
Kiven suuren suojasessa."

Se on julma Juuttahainen,
Pahin poikia pahoja,
Ilkein isän aloja,
Sanan virkkoi, noin nimesi:
"Voi kun oot kovin osaava,
Yli muien ymmärtävä!"

Niin kuulu Jumalan poika
Itse tuon sanoiksi virkki:
"Sillä oon kovin osaava,
Yli muien ymmärtävä;
Kauan katsoin syöjän suuhun,
Partahan palanpurijan."

Sanoi julma Juuttahainen,
Pahin poikia pahoja,
Ilkein isän aloja:
"Nyt oisi kahlis valmihina,
Vaan en mie mitellä saata
Tuota kauloa omoa,
Kuin on pitkä, kuin on paksu,
Kuinka poikelta leviä;
Ei minun käteni käänny,
Eikä sormeni sopine."

Niin kuulu Jumalan poika
Itse tuon sanoiksi virkki:

"Kun annat minun mitata,
Saattaisin minä mitellä,
Kääntyisi minun käteni,
Sekä sormeni sopisi."

Se on julma Juuttahainen,
Pahin poikia pahoja,
Ilkein isän aloja,
Sanan virkkoi, noin nimesi:
"Jos annan sinun mitellä,
Ellös lukkohon lukitko,
Elä paina palkimehen
Elä pihtihin pihistä;
Vast' on lukko laajittuna,
Ei vielä avainta saatu,
Ei lukot käsin lutise,
Loirat sormin sorkuele."

Antoi luojansa mitellä
Tuota kauloa omoa,
Kuin oli pitkä, kuinka paksu,
Kuinka poikelta leviä.

Siitä meiän suuri luoja,
Meiän julkinen Jumala,
Mittaeli, määräeli,
Jopa lukkohon lukitsi,
Siitä painoi palkimehen,
Sekä pihtihin pihisti.

Iski kannan kalliohon;
Perän potkasi kivehen,
Yheksän sylen syvähän,
Kyynäräisen kymmenettä:
"Pysy nyt siinä pintahainen,
Paru siinä pantahainen,

Tekemässäsi pahassa,
Luomassasi kytkyessä!"

Se on julma Juuttahainen
Pahin poikia pahoja,
Ilkein isän aloja,
Jo näki tuhon tulevan,
Hätäpäivän päälle saavan;
Kerran kiljasi pahasti,
Toisen karjui kauhiasti,
Kolmannen ylen kovasti.

Sanoi meiän suuri luoja,
Meiän julkinen Jumala:
"Kilju nyt kivi kovaksi,
Karju rauta karkiaksi!
Pysy siinä sen ikäsi,
Asu siinä aikuesi,
Kun ei kuuta aurinkoa,
Päiveä hyvännäöstä,
Kun ei maata, eikä puuta,
Ilmassa inehmisiä.—
Tämän päivyen perästä,
Olkohon kivi kovana,
Rauta kaikki karkiana,
Tuuli taivahan viluna!"

Siitä meiän suuri luoja,
Meiän julkinen Jumala,
Ylös ilmahan kohosi,
Päälle kuuen kirjokannen,
Päälle taivaisen kaheksan,
Ilmalle yheksännelle,
Sialle isän Jumalan,
Kamarihin kaikkivallan.
Siellä suutua pitävi,

Kansan kaiken tuomitsevi,
Pahat paiskavi syvähän,
Hirviähän helvettihin,
Hyvät sinne siirtelevi,
Taluttavi taivahasen.

7. Piispa Heinrikin surma.

Kasvoi ennen kaksi lasta,
Toinen kasvoi kaalimaassa,
Toinen Ruotsissa yleni.
Se kun kasvoi kaalimaassa,
Se Häme'en Heinrikki;
Se kun Ruotsissa yleni,
Se on Eirikki kuningas.

Sanoi Hämeen Heinrikki
Eirikille veljellensä:
"Läkkäs maita ristimähän,
Mailla ristimättömillä,
Paikoilla papittomilla!"

Sanoi Eirikki kuningas
Heinrikille veljellensä:
"Ent' on järvet jäätämättä,
Sulana joki kovera."

Sanoi Hämeen Heinrikki
Eirikille veljellensä:
"Kyllä kierrän Kiulon järven,
Ympäri joki koveran."

Pani varsat valjahisin,
Suvikunnat suitsi suuhun,

Pani korjat kohallensa,
Saatti lastat sarjallensa,
Anturoillensa avarat,
Perällensä pienet kirjat.
Niin kohta ajohon lähti,
Ajoi tietä, matkaeli,
Kaksi päiveä keväistä,
Kaksi yötä järjestänsä.

Sanoi Eirikki kuningas
Heinrikille veljellensä:
"Jo tässä tulevi nälkä,
Eikä syöä, eikä juoa,
Eikä purtua pietä."

"On Lalli lahen takana,
Hyvä neuo niemen päässä,
Siinä syömmä, siinä juomma,
Siinä purtua piämmä."

Sitte sinne saatuansa
Kerttu kelvoton emäntä,
Suitsi suuta kunnotonta,
Keitti kieltä kelvotonta.

Sitte Hämeen Heinrikki
Otti heiniä hevosen,
Heitti penningit sialle,
Otti leivän uunin päältä,
Heitti penningit sialle,
Otti olutta kellarista,
Vieritti rahat siallen.
Siinä söivät, siinä joivat,
Siinä purtua pitivät;
Sitte lähtivät ajhon.

Tuli Lalli kotiansa—
Tuo Lallin paha emäntä
Suitsi suuta kunnotonta,
Keitti kieltä kelvotonta:
"Jo tässä kävi ihmisiä,
Täss' on syöty, täss' on juotu,
Tässä purtua pietty,
Viety heiniä hevosen,
Heitty hietoja siahan,
Syöty leivät uunin päältä,
Heitty hietoja siahan,
Juotu oluet kellarista,
Saatu santoa siahan."

Lausui paimen patsahalta:
"Jo vainen valehtelitki,
Elä vainen usko'kahan!"

Lalli se pahatapainen,
Sekä mies pahasukuinen,
Otti Lalli laukkarinsa,
Piru pitkän keihäänsä,
Ajoi Herroja taka'an.

Sanoi orja uskollinen,
Lausui parka palvelija:
"Jo kuuluu kumu takana,
Ajanko tätä hevoista?"

Sanoi Hämeen Heinrikki:
"Jos kuuluu kumu takana,
Elä aja tätä hevoista,
Karkottele konkaria."

"Entä jos tavotetahan,
Taikkapa tapetahanki?"

"Käy sinä kiven taaksi,
Kuultele kiven takana,
Jos mua tavotetahan,
Taikka myös tapetahanki;
Poimi mun luuni lumesta,
Ne pane härän rekehen
Härän Suomehen veteä.
Kussa härkä uupunevi,
Sihen kirkko tehtäköhön,
Kappeli rakettakohon,
Papin saarnoja sanella,
Kansan kaiken kuultavaksi."

Palasi paha kotia,
Lausui paimen patsahalta:
"Kusta Lalli lakin saanut,
Mies paha hyvän hytyrän,
Pispan hiipan hirtehinen?"

Niinpä mies murehissansa,
Lakin päästänsä tavotti,
Hivukset himahtelivat,
Veti sormuksen sormesta,
Lihat ne liukahtelivat.

Niin tämän pahantapaisen
Pispan raukan raatelijan
Tuli kosto korkialta,
Makso mailman valtialta.

8. Elinan surma.

Elinainen neiti nuori
Meni aittahan mäelle,

Vaskivakka kainalossa,
Vaskiavain vakkasessa.
 Tuoltapa tulee Klaus Kurki.
 "Mistäs tunnet Klaus Kurjen?"
 "Tulennasta tuiman tunnen,
Jalon jalan heitännästä."
"Eikös muita ylpiöitä,
Kun on Laukon Klaus Kurki?"—

Klaus tuo tuli pihalle,
Sa'an hevoismiehen kanssa,
Sa'an satulaurohon,
Miehet kulta miekoissansa,
Hevoset hopiapäissä.

Viisi veljestä Elinan
Istuit kaikki pöyän päässä,
Nousit kaikki seisoalle,
Läksit vastahan Klaulle.

"Onkos teillä neittä myyä,
Piika pietty minulle?"

"Ei neittä mäellä myyä,
Panna kaupan kartanolla;
Hevot myyähän mäellä,
Luukaviat kartanolla.
Kyll' on meillä tupiaki:
Tupa meill' on yljän tulla,
Tupa tulla, toinen mennä.
Talli meill' on hevot panna,
Vaja varsat valjutella,
Naula laskea satulat."

Klaus tuo tuli tupahan
Miekalla oven avasi,

Tupellansa kiini tunki.
"Onkos teillä neittä myyä,
Piika pietty minulle?"—

Äitinsä Elina neien
Klaus Kurjelle kumarsi:
"Ei ole meillä neittä myyä,
Eikä piika'a piolla.
Piiat meill on piskusia,
Kaikki kesken kasvavia."

"Onpa tuo vähä Elina,
Anna'pa vähä Elina!"

"Oh mun äiti kultaseni,
Elä anna minua Klaulle!"

"Ei taia vähä Elina
Panna työhön palkollista,
Ruokkia perehiäsi,
Kaita tarhakarjojasi."

"Eikä tarvitse Elinan;
Onpa siellä Kirstipiika.—
Minä annan Kirstipiian
Panna työhön palkollisen,
Ruokkia talon perettä,
Kaita kanssa tarhakarjan."

"Kyll' on sulla Kirstipiika,
Laukon entinen emäntä,
Se mun polttaisi tulessa,
Kovin päivin kuolettaisi."

"Ei ole Kirsti ennenkähän
Ketän polttanut tulessa,

Kovin päivin kuolettanut,
Ei ole ennen, eikä vasta."

Kukas kuitenki on hullu,—
Kukas muu, kun piika raukka?
Jos ei hullu, niin on himmi,
Otti kihlat, antoi kättä;
Käsi on Klaun käessä,
Kävi Klaun kartanolle.

Kirsti katseli lasissa,
Välkytteli västäröillä.
"Oh, jos sitäki olisi,
Tuon välin pahentajata!
Ennenkun avaimet annan,
Toisen käskyllä kävelen."

Lähti hän Klaun puheille:
"Ohoh, Klaus kultaseni!
Vähän kyllä sinä tieät—
Uolevi emännän makasi."

"Oh mun Kirsti piikaseni!
Jospas tuottelet toeksi
Minkä sattelit sanoiksi,
Vielä sun verassa käytän;
Elinan tulessa poltan—
Viisi verkaista hametta
Annan sinun käyäksesi,
Ennenkun Elina rouan;
Annan kätehes avaimet
Ennenkun Elina rouan."

"Ohoh, Klaus kultaseni!
Aja Aumasten laolle,
Pikkunniittuisten nimelle.

Sano kauas meneväsi,
Monet viikot viipyväsi,
Keräjissä Pohjanmaalla.
Niinpän tuottelen toeksi
Minkä saattelin sanoiksi."

Klaus lähteä lupasi.—
"Oh mun vähä Elinani!
Viillä voita vakkasehen,
Sääli säkkihin evästä,
Liikkiö sianlihoa,
Karpio kananmunia,
Minun kauas mennäkseni,
Keräjihin Pohjanmaalle.-

"Oh mun Klaus kultaseni!
Elä viivy kauan siellä:
Viikot on viimeiset minulla,
Vielä päivät viimeisimmät;
Astu puoli saappahassa,
Anna toisten toinen puoli,
Puhu puolilla sanoilla,
Anna toisten toinen puoli;
Juo vaan puoli siemenystä,
Anna toisten toinen puoli—
Niin sinä pikemmin pääset
Pohjan noitain seasta."

Elina vähä emäntä
Säälei säkkihin evästä,
Viilti voita vakkasehen,
Liikkiön sianlihoa,
Karpion kananmunia.
Klaus lähtepi ajohon

Ajoi Aumasten laolle,—
Pikkuniittuisten nimelle.

Kirsti pyykille menevi,
Pienten vaatetten pesolle,
Paitain Elina rouan.
Kuului kolkkina koasta;
Kävi roua katsomahan
"Oh mun Kirsti piikaseni!
Mitä kolkitset koassa,
Paukutat patoin luona?"

"Huoran huopia virutan,
Pahan vaimon vaattehia."

"Elä Kirsti piikaseni!
Kolki niitä niin kovasti."

Kirstipä tähän mutkan muisti,
Kolkki vieläki kovemmin.

"Elä kolki Kirsti huora!
Paitojani niin pahasti.
Ei ole niitä täällä tehty,
Vaan on äitini kotona."

"Huoratpa hyvätki piiat,
Vaan ei portot puoletkana—
Eik' ole minun lukua,
Vaikka parka palkollinen
Haukuttaisi huoraksiki;
Itseki isot emännät
Ovat Uolevin ohessa,
Pitkäparran parmahissa."

Itkusilmässä Elina
Tuli rannalta tupahan.
Kirsti kiiruhti perässä:
"Oh mun roua kultaseni!
Ottakasme orjat työstä,
Häiyt härkäen perästä;
Pietään pitoset pienet,
Kanssa kempit kestijuhlat—
Niinkun ennenki on tehty,
Kun oli matkoilla isäntä."

"Ohoh Kirsti piikaseni!
Tehe itse, kuinkas tahot,
Niinkun teit minua ennen;
Iske kaikki muut tynnörit,
Yksi jätä iskemättä,
Jok' on pantu minua varten."

Kirstipä tähän mutkan muisti,
Iski ensin sen tynnörin.

"Ohoh Kirsti piikaseni!
Toisa tehit, toisa käskin."

"Oh mun roua kultaseni!
Minne teen mä sian teille,
Teenkö uutehen tupahan,
Ylimmäisen portin päälle?"

"Elä tee uutehen tupahan,
Ylimmäisen portin päälle;
Tee sia Klaun tupahan,
Niinkun ennenki olet tehnyt!"

"Siell' on pyssyt paukkavaiset,
Siellä miekat välkkyväiset,

Siellä rauat raatelevat,
Terävät teräasehet."

"Pyssyt on surmana soassa,
Miekat miehillä käsissä;
Tuttuna ovat tuvassa,
Kammarissa kaunihina.
Tee vaan sinne yösiani,
Pane kaksin villavaipat,
Pane kaksin korvatyynyt,
Kaksin liinaiset lakanat."

Kirstipä tähän mutkan muisti:
Pani viiet villavaipat,
Pani viiet korvatyynyt,
Viiet liinaiset lakanat.

Elina levolle lähti
"Ohoh Kirsti piikaseni,
Etpäs tehnyt, niinkun käskin!
Panit viiet villavaipat,
Panit viiet korvatyynyt,
Viiet liinaiset lakanat."

Läksi Kirsti kammarista,
Meni Uolevin tupahan:
"Uolevi ylimystrenki,
Tulkate Klaun tupahan!
Siellä teitä tarvittaisi,
Kiiruhusti kutsuttihin."—
"Mitästä mä siellä tehnen?"

Meni hän sinne arvollansa;
Kirsti kiiruhti perässä,
Yheksät lukut lukitsi,
Takateljen kymmenennen;

Juoks sitte Aumasten laolle,
Pikkuniittuisten nimelle:
"Ohoh Klaus kultaseni!
Jo nyt tuottelin toeksi,
Minkä saattelin sanoiksi;
Onpa Uolevi nytki siellä,
Rouan kanssa kammarissa."
Klaus kohta kotio riensi,
Alla päin, pahoilla mielin;
Otti tulta tervaksehen,
Tulta tuoheen viritti,
Pisti tulen nurkan alle,
Valoi alle valkiata.

Elinainen nuori roua
Pisti sormensa lasista,
Vihkisormus sormessansa:
"Ohoh Klaus kultaseni,
Elä sormustas kaota,
Jossas kantajan kaotat!"

Klaus Kurki kurja miesi
Veti miekkansa tupesta,
Raappas rauan kiiltäväisen,
Laski oitis sormen poikki.

Elinainen nuori roua
Piti lastansa lasista,
ltkeväistä ikkunasta:
"Ohoh kulta Klaus kulta!
Elä polta poikalastas,
Jossas poltat poiantuojan."

"Pala portto poikinesi,
Tulen lautta lapsinesi!

Ei se ole minun poika,
Se onpi Uolevin poika:"

Elinainen nuori roua
Herra Kiesusta rukoili:
"Ohoh Herra Kiesus kulta,
Anna armas Herra Kiesus,
Vielä äitini näkisin!
Palakohon kaikki paikat,
Tämä vettä vuotakohon,
Siks' ett' äitini näkisin!
Ohoh Uoti veikkoseni,
Juokse, jouvu Suomelahan,
Käske häntä tänne tulla,
Puhu paremmin kun onkaan!"

Otti Uoti mennäksensä,
Sekä juoksi, jotta joutui,
Pian juoksi järven poikki,
Tuli tuonne Suomelahan:
"Ohoh muori kultaseni!
Roua teitä sinne kutsui."

Nousi hän pian vuotehelta,
Puki päälle vaattehia—
"Voi, voi minua, vaimo valju,
Kuinka hamehin hametta,
Hame aina eestakaisin,
Kuinka lie'kään tyttäreni!"

"Hyvin kyllä, muori kulta,
Hyvin ennen, nyt paremmin!"

"Voi, voi minua, vaimo valju,
Kuinka sukin sukkiani,

Sukin aina eestakaisin,
Kuinka lie'kään tyttäreni!"

"Hyvin kyllä, muori kulta,
Hyvin ennen, nyt paremmin!"

"Voi, voi minua, vaimo valju,
Kuinka kengin kenkiäni,
Kengin aina eestakaisin,
Kuinka lie'kään tyttäreni!"

"Hyvin kyllä, muori kulta,
Hyvin ennen, nyt paremmin!"

"Voi, voi minua, vaimo valju,
Kuinka levin liinojani,
Levin aina eestakaisin,
Kuinka lie'kään tyttäreni!"

"Hyvin kyllä, muori kulta,
Hyvin ennen, nyt paremmin!"

Tulit Suomelan lahelle—
"Voi, voi minua, vaimo valju,
Savu Laukosta näkypi,
Savu Klaun kartanosta,
Mitä tuolla tehtäneeki,
Noin sakian savun kanssa!"

"Kukot siellä kultatahan,
Kanan pojat kaltatahan,
Lampaita lahtatahan,
Sianpäitä korvetahan,
Pienen rinsin ristimiksi,
Pienen poikasen pioiksi."

Tuli Klaun kartanolle,
Laski maahan polvillensa,
Oman vävynsä etehen:
"Oh mun Klaus kultaseni,
Ota pois tulesta poika,
Vaka vaimo valkiasta!"

"Poltan porton poikinensa,
Kansan lautan lapsinensa."

"Elä polta Klaus kulta,
Anna mennä muille maille,
Elkiänsä piilemähän,
Töitänsä häpeämähän!"

Tuli Kirsti kiiruhusti:
"Elä vainen Klaus kulta!
Pane jauhoja pahoja
Tervatynnörin lisäksi;
Ne heitä tulen sekahan,
Että paremmin palaisi."

"Oh mun vähä Elinani!
Ohoh lapsi parkaseni!
Mahoit olla mielin kielin,
Mielin kielin porton kanssa."

"Ohoh äiti kultaseni!
Ei ole syytä pientäkähän,
Vikoa vähäistäkähän,
Verta neulan silmättömän—
Tein kaikki minkä taisin,
Vielä päällenki vähäsen—
Pala nyt tämäki paikka,
Koskan vielä viimeiseksi,

Kovan kuolloni e'ellä,
Sain nähä äitini silmät."

Viel' olis ottanut hyvästi,
Sanonut pari sanoa,
Itkevälle äitillensä.
Raukka raukesi samasa,
Lenti liekkien sisähän,
Vaipui ilmivalkiahan.

Se oli meno nuoren rouan,
Nuoren Elina emännän,
Jok' oli kaunis kasvoiltansa,
Kaunis kaikella tavalla—
Kauan sinua kaivatahan,
Iän kaiken itketähän;
Itku ei Laukosta laka'a
Valitus Vesilahesta!

Se oli loppu nuoren vaimon,
Kanssa pienen poikalapsen;
Kului tuskin puoli kuuta,
Taikka kaksi viilkokautta,
Hevosia tallin täysi,
Nautoja naveton täysi,
Kuoli kaikki korsi suuhun,
Kaatui kaurain nojalle.

Klaus kurki kurja miesi,
Miesi kurja ja kamala,
Istui aitan kynnyksellä,
Sekä istui että itki.

Kiesus äiänä käveli:
"Mitä itket Klaus Kurki?"

"Kyll' on syytä itkemistä,
Vaivoja valittamista:
Poltin oman puolisoni,
Sytytin syleni täyen,
Poltin pienen poikaseni,
Vastakannetun kaotin."

"Kyllä tieän Elina rouan—"
"Missäs on Elina roua?"

"Tuollapa on Elina roua,
Tuolla taivahan talossa,
Ylisessä ymmärkissä,
Jalan juuressa Jumalan,
Kuuen kynttilän e'essä,
Kultakirjanen käessä,
Pikku poikanen sylissä,
Uolevi oven e'essä.
Tieän myöski Klaus Kurjen—"
Kussast' onpi Klaus Kurki?"

"Tuoll' on, tuolla Klaus Kurki,
Alaisessa helvetissä,
Kannukset vähän näkyvät,
Jalat alta kiilustavat.—

Vielä tieän Kirstihuoran
Tuoll' on, tuolla Kirstihuora,
Alisessa helvetissä,
Alimmaisen portin alla,
Palmikot vähän näkyvät,
Kultarihmat kuumottavat."

Klaus tuo ajohon lähti,
Pisti pillit säkkihinsä,
Soitti suolla mennessänsä,

Kajahutti kankahalla,
Järähytti järven päässä;
Ajoi päin sula'a merta,
Alle aaltojen syvinten.—

Se oli meno nuoren miehen,
Kanssa nainehen urohon;
Kirsti rakkina perässä.

9. Inkerin sulhot.

Inkeri ihana neito,
Varasi vakuun naia,
Lalmanti iso ritari
Antoi kättä kätkyelle,
Isoin kimpuin kihlaeli,
Suurin sormuksin lunasti.
"Kokotteles vuotta viisi,
Vuotta viisi, vuotta kuusi,
Sekä seitsemän kevättä,
Kanssa kaheksan keseä,
Ynnä syksyä yheksän,
Talvikausi kymmenettä;
Kunsa kuulet kuolleheni,
Kaiketi katoneheni,
Otiakos uros parempi,
Elkösä pahempatani,
Elkösä parempatani;
Ota muutoin muotohittes."

Eirikki vähä ritari
Valhekirjat kannatteli,
Valhekirjat kiiruhulta:

"Lalmanti on soissa voitu,
Pantu maahan paineluissa."

Inkeri ihana neito
Väen vietiin vihintupahan,
Väen kihlat annettihin,
Väen ei vihille saatu,
Eikä miehin, eikä miekoin,
Eikä uljasten urosten,
Eikä vaimoin valittuin,
Eikä neittenn kaunokaisten.

Inkeri ihana neito
Istui se lutin solassa,
Sekä istui, että itki,
Katsoi iän, katsoi lännen,
Katsoi poikki pohjasehen,
Näki kykkärän merellä:
"Jossa lienet lintuparvi,
Niin sä lähe lentämähän,
Jossa lienet kalaparvi,
Niin sä vaipunet vetehen,
Jossa lienet Lalmantini,
Laske purtes valkamahan."

"Mistä tunnen Lalmantini?
Tulennasta tunnen purren,
Tulennasta, laskennasta,
Toisen puolen purjehesta,
Uusi on toinen purjepuoli,
Toinen silkkiä sinistä,
Silkki Inkerin kutoma,
Kauan neion kaiehtima."

"Minun nuori veljyeni,
Ota ohrilta orisi,

I'ulta ikälihasi,
Maatajalka maltahilta,
Aja vasta Lalmantia!"

"Terve nuori näätämiehein,
Kuinka Inkeri elävi?"

"Hyvin Inkeri elävi:
Viikkokaus' on häitä juotu,
Toinen lahjoja laelta,
Kolmasi on kuoletettu."

10. Wiipurin linnan hävitys.

Iivana iso isäntä,
Meiän kuulu kullan solki,
Sukivi sotaoritta,
Sorajouhta suorittavi,
Sanovi sanalla tuolla,
Lausui tuolla lausehella:
"Et sie itkisi emoni,
Välittäisi vaimo rukka!
Jos mä jonne'ki menisin,
Ruotsin rohkian tiloille,
Suurille sotakeoille,
Miehen tappotanterille."

Emo estellä käkesi,
Varotella vaimo rukka:
"Ellös menkö niille maille,
Ruotsin rohkian tiloille,
Suurille sotakeoille,
Miesten tappotanterille!"

Iivana iso isäntä,
Meiän kuulu kullan solki,
Toki mietti mennäksensä,
Lähtiäksensä lupasi.

Jalan kenki kiukahalla,
Toisen lautsan partahalla,
Pihalla kävysteleksen,
Veräjillä vyötteleksen.

Latoi laivoja lähelle,
Suoritti sotavenoja.
Niin on laivoja lähellä,
Kuni suuret suorsaparvet.

Miekotsi tuhannen miestä,
Satuloitsi saan urosta,
Latoi miehet laivoihinsa,
Suoritti sotaurohot,
Kuni sotka poikiansa,
Tavi lapsensa latovi.

Kohenteli purjepuita,
Vaate'varpoja varasi,
Nosti puuhun purjehia,
Vaattehia varpapuihin.
Niin on puussa purjehia,
Vaattehia varpapuissa,
Kuni kummun kuusosia,
Tahi mäntyjä mäellä.
Läksi siitä laskemahan,
Laski päivän maavesiä,
Päivän toisen suovesiä,
Kolmannen merivesiä.

Niin päivällä kolmannella,
Loi silmänsä luotehelle,
Näki suuren Suomen linnan,
Keksi Wiipurin vihannan.

Veäksen vesiä myöten,
Halki aaltojen ajaksen,
Lankes' alle Suomen linnan,
Alle Wiipurin vihannan.

Sai hän linnahan sanoja,
Pani työntäen paperin:
"Onko linnassa olutta,
Taaria talossa linnan,
Ilman oluen panematta,
Mallasten imeltämättä,
Tulialle vierahalle,
Saavalle käkeävälle?"

Lausui Matti Laurin poika,
Virkki Wiipurin isäntä:
"Onpa linnassa olutta,
Taaria talossa linnan,
Ilman olven panematta,
Mallasten imeltämättä:
Tynnyri tulikiveä,
Panni jauhoja pahoja,
Lyiyn luomia tinoja,
Kahmalo kananmunia,
Tulialle vierahalle,
Saavalle käkeävälle."

Iivana iso isäntä,
Meiän kuulu kullan solki,
Murti suuta, väänti päätä,
Murti mustoa haventa,

Työnti kirjan kiirehesti,
Paperin pakon perästä:
"Onko linnassa lihoa,
Onko voita volmarissa,
Ilman härän iskemättä,
Suuren sonnin sortamatta,
Iivanalle iltaiseksi,
Venäläiselle veroksi?"

Lausui Matti Laurin poika,
Virkki Wiipurin isäntä:
"Onpa linnassa lihoa,
Onpa voita volmarissa,
Ilman härän iskemättä,
Suuren sonnin sortumatta:
Uupui muinen musta ruuna,
Vaipui valkia hevonen,
Tuoll' on raato rauniolla,
Luukontti koan perässä,
Miehen suuren suupalaksi,
Miehen murhan murkinaksi."

Iivana iso isäntä,
Meiän kuulu kullan solki,
Siitä suuttui, siitä syäntyi,
Kovin suuttui ja vihastui,
Pani pyssyt pyykämähän,
Umpiputket ulvomahan,
Avokurkut ammomahan,
Jalot jouset joikumahan,
Alla Wiipurin vihannan,
Alla suuren Suomen linnan.

Ampui kerran, ampui toisen,
Ampui kerran, noin alatse,
Ampui toisen, noin ylitse,

Ampui kolmannen kohalle;
Jopa liikkui linnan tornit,
Räystähät rämähtelivät,
Patsahat pamahtelivat,
Kivet linnan kiikahteli,
Tornit maahan torkahteli.

Ampui vielä kerran, toisen,
Meni räystähät rämynä,
Tuohet lenteli levyinä,
Linnan seinät liistehinä.

Siitä Matti Laurin poika,
Viisas Wiipurin isäntä,
Pani Wiipurin avaimet
Kultaiselle luotaselle:
"Venäläinen veikkoseni,
Karjalainen kaunoseni!
Jätä vielä heikko henki,
Elä murhalla murenna,
Ammuit taaton, ammuit maammon,
Ammuit viisi veljiäni;
Ota kultia kupilla,
Hopehia puolikolla,
Oman pääni päästimeksi,
Henkeni lunastimeksi."

Sanoi Iivana isäntä,
Meiän kuulu kullan solki:
"Jo on ruostui Ruotsin kullat,
Saastui Saksan maan hopiat,
En huoli hopehistasi,
Kysy konna kultiasi,
Kun kauan minua vainoit,
Aivot päästäni alensit!"

Siitä Matti Laurin poika,
Viisas Wiipurin isäntä
Jo itse pakohon pääsi,
Rienti luoksi laivosensa,
Astuvi aluksehensa,
Läksi merta laskemahan,
Sinistä sirottamahan,
Melan vaivaisen varassa,
Kokan koukkupään nojassa.

Itse Iivana isäntä,
Meiän kuulu kullan solki
Kettukenkäset jalassa,
Kut' ei pauka pakkasella,
Ei kolka kovalla säällä,
Likennäksen linnan luoksi,
Kivet on kirkkoa jälellä,
Torit linnan torniloita,
Patsahat papin tupoa,
Itse pappi paiatonna,
Ruotsin kaunis kaatiotta.

11. Puntuksen sota.

Viholainen, vainolainen,
Uhkasi ikänsä kaiken,
Maata Ruotsin ruoskivansa,
Tappavansa kaikki tyyni
Kuninkahat kansoinensa,
Papit kirkkokuntinensa,
Rustingit hevosinensa,
Pitäjät perehinensä.

Jalo herra Jaakko Puntus,
Itse Wiipurin isäntä,
Latoi laivoja lahelle,
Kun kana munasiansa,
Veti päälle purjehia,
Kun on kummun kuusiloita;
Veipä tuuli Turjuksehen,
Ahavainen Aunuksehen,
Purje Puolahan osasi,
Ajoi riskin Riian alle.

Jalo herra Jaakko Puntus
Työnti linnahan sanoja;
Paperit pakon perästä:
"Onko pantuna olutta,
Mettä meiän miehillemme?"

"Onpa pantua olutta,
Mettä miehille hyville,
Tallissa hevon kusia,
Lehmän läävän lattialla."

Jalo herra Jaakko Puntus
Alkoi lyiyllä lykätä,
Tinapallin paiskiloia.—
Viholainen, vainolainen
Kohta itkien tulevi,
Sanoi suurella surulla:
"Jalo herra Jaakko Puntus!
Tule siivolla sisähän,
Kaunihisti kaupunkihin,
On olutta juoaksesi,
Sekä mettä syöäksesi,
Ei mesi merestä puutu,
Olut Riian kaupunnista."

12. Kaarlon sota.

Läksi Kaarlo kaupunnille,
Verolle verikäpälä,
Ruotsin murha murkinalle,
Pillomus on Piiterille,
Läksi veikaten vesille,
Uhotellen ulkomaille,
Päälle päien päästäksensä,
Valloille ruvetaksensa.

Venähen väki väkevä,
Kuninkahan miehet kuulut,
Maaliman valitut miehet,
Alinomaiset kasakat
Illoin aamuin vuotetahan,
Kerta keskipäivälläki
Katsellahan, käännellähän,
Selvälle meren selälle,
Ulapalle aukialle.
Kaarlo kaukoa näkyvi,
Sinisorkka sinnempätä,
Kahen luotosen lomatse,
Päällitse satamasaaren.

Venähen väki väkevä,
Meiän korkia komanto,
Komantierat korkiammat,
Ne leipoi kivisen leivän,
Kakun paistoi kallioisen,
Kakun rautaisen rakenti
Tulevalle vierahalle,
Saavalle käkeävälle.

Kului aikoa vähäsen,
Pikkaraisen piirahteli,
Kaarlo ei oo kaukana enämpi,
Kovan loittona koroli:
"Venäläinen veikkoseni,
Saa lihoa syöäkseni,
Tuo olutta juoakseni!"

Venähen väki väkevä,
Kuninkahan miehet kuulut,
Ei ne anna ampumatta,
Eikä syötä syöksemättä;
Ampumalla antelevi,
Syöksemällä syöttelevi—
Saipa jouset joikumahan,
Jäntehet järäjämähän,
Kivileivät lentämähän,
Rautaharkot raastamahan
Kohti Kaarlon karpasoa,
Punaparran purtta myöten.

Jo tiirut tipahtelevi,
Purjepuut tomahtelevi,
Puraksihen purjenuorat,
Mastot maiskahti merehen,
Purjehet putoelevi,
Hajoeli hattaroiksi;
Noiksi tuulen vietäviksi,
Ahavan ajeltaviksi.

Kaarlo, kuulusa kuningas,
Jo tunsi tuhon tulevan,
Hätäpäivän päälle saavan;
Jopa lässä lämmittävi,
Jopa riipi rinnuksia,
Nousun nappia hosuvi,

Tullessa tulisen nuolen,
Teräsnuolen tellätessä.

Kaarlon kulkku kuivettuvi,
Kero käypi keltaiseksi,
Parta vaahessa valuvi:
"Venäläinen, veikko rukka!
Anna vettä juoakseni,
Ostoa veroksi vettä,
Venäläiseltä veroksi."

Venäläinen vet sanovi,
Kovarinta kolkkasevi:
"On vettä venosi alla,
Alla laivan lakkimista,
Juoa kulkun kuivanehen,
Apata halunalaisen,
Vettä viljalta veroksi,
Kaarluelle kaunihille."

Kaarlo varsin vastoavi,
Mies paha pakaelevi:
"Verell' on vesi meressä,
Rannat Ruotsin raatoloita!"

Jo on Kaarlo kahlehessa,
Sinisorkka silmuksessa:
"Venäläinen, veikko kulta!
Jätä vielä heikko henki;
Enmä toiste tulle'kana,
Vasta saane'kaan verolle."

Karku Kaarlolle tulevi,
Lähtö Ruotsin rohkialle,
Tullessa tulisen nuolen,
Kivileivän lentäessä,

Rautaharkon rastaessa;
Läksi maalle marsimahan,
Ruotsin maalle rohkialle,
Vannoi vaikian valansa:
"Ennen kieli kirvotkohon,
Silmä päästä siirtyöhön,
Kun ma tänne toiste tullen!"

13. Turusen neiti.

Annikki Turusen neiti
Istuvi Turun korolla,
Luopi silmänsä selälle,
Käänti päätä päivän alle,

Näki purren purjehtivan:
"Se on pursi Kestin pursi."

Jopa Kesti kerkiävi,
Itse purresta puhuvi:
"Tule poies neiti lapsi!"

"En tule minä sinulle,
En sinulle, enkä muille,
Vasten kieltoa emoni,
Varotusta vanhempani.—
Noin sanoi minun emoni,
Varotteli vanhempani:
Ellös vainen neito nuori,
Ellös kasvaja kananen,
Rengin reistoihin ruvetko,
Kauppoihin kasakkamiesten,
Kesti poikien poluille,
Joutolaisten juoniloihin!—

Kerran Kesti pettänevi,
Renki lyöpi reistastansa,
Kaupoistaan kasakkapoika,
Joutomiesi juonistaan."

Kesti kerkesi sanoa,
Kesti purresta puhuvi:
"Tule poies, elä huoli,
Tule minun turvihini,
Käy käsivarrelleni,
Pohatalle puolisoksi,
Kauppamiehelle kanaksi!"

Annikki Turusen neiti
Jo meni Kestin keralle,
Kesti taisi talven syöä,
Sekä syöä, jotta juoa
Paljo pantua olutta,
Ruokia rakennetuita,

Kesti toivovi keseä,
Tuota toivoi Kestin laiva,
Kestin laiva, Kestin lapset,
Kestin entinen emäntä;
Muut kaikki keseä toivoi,
Yksi pelkäsi petäjä,
Kuorensa kolottavaksi,
Varaeli vastakoivu
Oksansa otettavaksi.

Kesti vuotteli keseä.—
Kun tiesi kesän tulevan,
Kantoi rannalle kalunsa,
Venehesen vei elonsa;
Itse istuihen sisähän,
Soutamahan suorittihen,

Heitti raukan rannikolle,
Verevän vesikivelle,
Kultansa kujertamahan,
Kaunosensa katsomahan.

Raukka huusi rannikolla,
Verevä vesikivellä,
Itki äänellä isolla,
Ukkoa rukoelevi:

"Ukkoseni, ainoseni!
Nosta pilvi luotehelta,
Nosta suuri säien voima,
Aalto ankara kohota
Hurjoa hukuttamahan,
Mielipuolta painamahan."

Tuo ukko ylinen herra
Nosti pilven luotehelta,
Nosti suuren säien voiman,
Aallon ankaran kohotti
Hurjoa hukuttamahan,
Mielipuolta painamahan.

"Kutti, kutti, keito Kesti,
Keito Kesti, leino leski!
Ainako sull' on Annin tyynyt,
Ainako Annin päänalaset,
Aina Kirstin kirjovaipat?
Meren tyrsky tyynynäsi,
Meren vaahti vaippanasi,
Aalto päänalasinasi."

14. Anterun surma.

Kaisa sääti sänkyänsä
Luisten lukkojen takana.
Anterus ylinen yrkä,
Ylimmäisen miehen poika
Oli teiensä kävijä,
Matkojensa mittelijä;
Seisattihen seinän alla,
Lausuvi lasin takoa:
"Laske tuttusi tupakan,
Kamarihin kaunosesi!"

Kaisa saattavi sanoa:
"Et ole oma uroni,
Olet huorien hosuja,
Väärtivaimojen väjyjä.—
Laitoin kaunoni kalahan,
Luotuni lohen perähän,
Ainoseni ahvenehen,
Kesän tuopi suuret hauit,
Talven ruskiat reposet,
Syksyllä oravirihmat."

Anterus ylinen yrkä,
Ylimmäisen miehen poika,
Itse ikkunan avavi,
Itse tungeksen tupahan.

Kaisa sängystä kavahti,
Miekan seinältä sivalti,
Tempasi tupesta tuiman,
Syöksi miestä syänalahan,
Läpi lämmöisten lihojen,
Kautta kainalon vasemen.

Virkkoi Antti Annillehen:
"Mene Anni katsomahan,

Karhuko huuti karjassani,
Metsän lieho lehmissäni."

Anni arka päivälläki,
Yölläpä sitäi arempi,
Turkkihinsa turveleksen,
Vaippoihinsa varjeleksen.

Meni itse katsomahan.—
Kaisa seisoi seinän alla,
Alla ikkunan asuvi,
Käessä verinen veitsi,
Tupetonna tuima rauta,
Päässä huntu hurmehinen.

"Voi sinua vaimo raukka,
Jo tapoit oman urosi!"

Kaisa saattavi sanoa:
"Ei ollut oma uroni,
Oli huorien hosuja,
Väärtivaimojen väjyjä.
Jos tuo syyksi pantanehe,
Vioiksi ve'ettänehe,
Otan pankon palttinoa,
Toisen verkoa vetäsen,
Jolla tuomarit totutan,
Jolla lahjon lautamiehet,
Puhumahan puoleltani,
Viereltäni virkkamahan;
Vaan jos syyksi syyetähän,
Vielä veetähän vioiksi,
Kyll' on suurta Suomen maata,
Laajoa Lapin rajoa,
Piiltä suuren pilloniekan,
Paeta pahan tekijän."

15. Riion poika.

Katri kaunis, neito nuori,
Sekä lievin tyttäristä,
Kovin kaunis kauoittaki,
Paras ilman pauloittaki,
Lakittaki muihenlainen,
Veroittaki muihen verta,
Myöhän myllylle menevi,
Päivän nostessa norolle.

Teki liiton kuun keralla,
Kuun keralla, päivän kanssa,
Yhen aian nostaksensa,
Katri ennen ennätteli,
Viisi villoa keritsi,
Teki kuusi kuontaloa,
Ne kaikki saraksi saattoi,
Vaattehiksi valmisteli,
Ennen päivän nousemista,
Auringon ylenemistä.

Pesi suuret pyöräpöyät,
Laajat lattiat lakasi,
Vei pihalle rikkojansa,
Rikoillansa seisatteli:
Kuuluvi kumu kylästä,
Tomu toisesta talosta,
Rikkahasta Riikolasta,
Paksusta Pajarilasta;
Kuului kattilan kamina,
Sekä riehtilän reminä,
Suolta suuri suitsen helke,
Avannolta aisan kolke.

Juoksi Katri katsomahan:
Siell' on riski Riion poika,
Ja paksu Pajarin poika,
Hevoistahan valjastavi,
Kalujahan kaunistavi,
Lähtiäksensä kosihin.

Sanoi riski Riion poika,
Ja paksu Pajarin poika:
"Eläpä muille kaunis Katri,
Kun minulle Katri kaunis,
Pane päätä palmikolle,
Sio silkillä hivusta!"

Tunki kihlat kukkarohon,
Taskuhun tali hopiat.

Katri itkien kotihin,
Kallotellen kartanolle,
Ennätti emä kysyä:
"Mitä itket piika pieni,
Nuorra saamani nureksit?—
Mene aittahan mäelle,
Pane paita palttinainen,
Liitä liinan aivinainen,
Veä'pä verkainen hamonen,
Päälle paian palttinaisen!"

Katri kaunis, neito nuori,
Meni aittahan mäelle,
Löyti rihman rippumasta,
Langanpään lapattamasta,
Sihen surmansa sukesi,
Kuolemansa kohtaeli.

Kukas sanan saatantahan,
Kielikerran kerrantahan,
Rikkahasen Riikolahan,
Paksuhun Pajarilahan?

Karhu sanan saatantahan;
Kielikerran kerrantahan;
Ei saanut karhulla sanaksi,
Lehmikarjahan katosi.

Kukas sanan saatantahan,
Kielikerran kerrantahan,
Rikkahasen Riikolahan,
Paksuhun Pajarilahan?

Susi sanan saatantahan,
Kielikerran kerrantahan;
Ei saanut suella sanaksi,
Lammaskarjahan katosi.

Kukas sanan saatantahan,
Kielikerran kerrantahan,
Rikkahasen Riikolahan,
Paksuhun Pajarilahan?

Repo sanan saatantahan,
Kielikerran kerrantahan;
Ei saanut revolla sanaksi,
Hanhikarjahan katosi.

Kukas sanan saatantahan,
Kielikerran kerrantahan,
Rikkahasen Riikolahan,
Paksuhun Pajarilahan?

Jänis sanan saatantahan,
Kieli kerran kerrantahan;
Jänis varman vastaeli:
"Sana ei miehe'en katoa."

Läksi jänis juoksemahan,
Pitkäkorva piippomahan,
Vääräsääri vääntämähän,
Ristisuu ripittämähän;
Jänis juoksi, pää järisi,
Perä pyöri, pelto liikkui,
Meni riskin Riion luoksi,
Ja paksun Pajarin luoksi,
Juoksi saunan kynnykselle,
Sauna täynnä neitosia;
Juoksi riihen kynnykselle,
Kyykistihen kynnykselle.

Riihess' onpi Riion poika,
Se paksu Pajarin poika;
Sanoi riski Riion poika,
Ja paksu Pajarin poika:
"Pankate jänis tulelle,
Kierosilmä kiehumahan!"

Jänis saattavi sanoa,
Jänis varman vastaeli:
"Lie'pä lempo lähtenynnä
Kattiloihin kiehumahan;
Läksin sanan saatantahan,
Kielikerran kerrantahan."

Sanoi riski Riion poika,
Ja paksu Pajarin poika:
"Mip' on sana saatavana,
Kieli kerrateltavana?"

Jänis saattavi sanoa,
Jänis varman vastaella:
"Se on sana saatavana,
Kieli kerrateltavana:
Jo on Katri kaatununna,
Tinarinta riutununna,
Sortunna hopiasolki,
Vyövaski valahtanunna."

Tuopa riski Riion poika,
Ja paksu Pajarin poika,
Tempasi isänsä miekan,
Hioi päivän, hioi toisen,
Päivän kolmannen lopulla.

Kyselevi, lauselevi:
"Syötkö syytöntä lihoa,
Juotko verta viatonta?"

Miekka mietti miehen kielen,
Arvasi uron pakinan:
"Syönpä kun syötettänehe,
Juonpa kun juotettanehe."

Se on riski Riion poika,
Ja paksu Pajarin poika,
Meni peltonsa perille,
Perin peltohon sysäsi,
Kärin käänti taivosehen,
Itse kääntyvi käressä,
Kun on kuiva kuusen oksa,
Karsittu katajan latva.

Sihen surmansa sukesi,
Kuolemansa kohtaeli,
Sanoi kerran mennessänsä:

"Elkäte etiset sulhot
Tahtoko tytärtä toisen
Vasten mieltä mieholahan!"

16. Hannus Pannus.

Hannus Pannus, mies koria,
Läksi Koskelta kosihin
Virran nuorinta tytärtä,
Pajarin parasta lasta.

Sanoi sinne tultuansa,
Pajarihin päästyänsä:
"Paras minulle, ei pahinta,
Pisin minulle, ei lyhintä."

Sanoi Virran nuorin tyttö,
Pajarin parahin lapsi:
"Ei parasta, ei pahinta,
Ei pisintä, ei lyhintä.
Sinull' on ennen naitu nainen,
Koissa entinen emäntä.—
Tapa nainen ennen naitu,
Murra entinen emäntä!"

Hannus Pannus, mies koria,
Uskoi huoran houkutukset,
Pahan vaimon vaavitukset,
Hyppäsi sälön säkähän,
Nousi laikon lautasille.
Niin kohta kotia läksi,
Tappoi naisen ennen naiun,
Murti entisen emännän.

Meni Koskelle kosihin
Virran nuorinta tytärtä,
Pajarin parasta lasta.
Sanoi sinne mentyänsä:
"Paras minulle, ei pahinta
Pisin minulle, ei lyhintä."

Sanoi Virran nuorin tyttö,
Pajarin parahin lapsi:
"Ei parasta, ei pahinta,
Ei pisintä, ei lyhintä.
Tapoit naisen ennen naiun,
Murrit entisen emännän,
Taiat tappoa minunki,
Surmata hyväsukuisen,
Mennä uutta ostamahan,
Kohta kolmatta kosihin."

17. Marketta ja Anterus.

Marketta koria neito
Keträeli joutessansa,
Lauloi keträellessänsä:
"Ei neiti minun näköinen
Aja sen hevosen reissä,
Joka lie ollunna orilla,
Kun ei varsaset vetäne,
Kuletelle kuutiaiset."

Marketta koria neiti
Keträeli joutessansa,
Lauloi keträellessänsä:
"Ei neiti minun näköinen
Koske sen lehmän nisähän,

Joka lie häilynnä härille,
Kun ei hiehoista heryne,
Vasikkaisista valune."

Marketta koria neiti
Keträeli joutessansa,
Lauloi keträellessänsä:
"Ei neiti minun näköinen
Käy uuhta keritsemähän,
Jok' on ollut oinahilla
Kun ei karkko kasvatelle,
Tahi kantane karitsa."

Anterus ylinen yrkä,
Ylimmäisen miehen poika
Oli teihensä kävijä,
Matkojensa mittelijä;
Kauan soitti kanteletta,
Vingutti isänsä virttä,
Paljahilla paioillahan,
Aivan aivinaisillahan.

Marketta koria neiti
Tuolla sääti sänkyänsä,
Yheksän ylisen päällä,
Kaheksan katon rajassa.

Anterus ylinen yrkä,
Ylimmäisen miehen poika
Otti sarvehen olutta,
Tuolla voiteli ovia,
Ovet viskoi viertehellä,
Kaljalla saranat kasti—
Meni hän ylitupahan,
Kaheksan katon rajalle;
Tuolla Marketan makasi,

Alla uutimen utuisen,
Alla vaipan vaskikirjan,
Alla tellan tehterisen,
Yheksän ylisen päällä,
Kaheksan katon rajassa.

Marketta koria neiti,
Alkoi saunassa asua,
Alkoi vyöttä vyörehtiä,
Hamehetta hyörehtiä.

Alina hyvä emäntä
Tuop' on tuosta arvelevi:
"Mikä meiän Marketalla,
Kuka Kurketta rukalla,
Aina saunassa asuvi,
Aina saunan karsinassa?"

Lapsi saattavi sanoa,
Lapsi pieni lausuella:
"Se on meiän Marketalla,
Sepä Kurketta rukalla,
Söi äiän kutukaloa,
Sären lientä liiemmäksi."

Alina hyvä emäntä
Ain' on aamulla varahin,
Kävi kuunnellen kujoa,
Seisatellen seinän viertä,
Löysi lapsen itkemässä,
Vakaisen vankumassa.

Hänpä lapsen helmahansa
Kääri kääre'liinahansa,
Meni sulhosten tupahan,

Poikasien mynstärihin:
"Kukas teistä poikasista
Tehnyt näitä työkkösiä?
Joka lapsen lapseksehen,
Se olutta juoaksehen."

Vannoi yksi, vannoi toinen,
Se kohta kovasti vannoi,
Joka tiesi tehnehensä,
Varoi vaivan nähnehensä.

Meni neitosten tupahan,
Morsianten mynstärihin:
"Kukas teistä neitosista
Tehnyt näitä työkkösiä?
Joka lapsen lapseksehen,
Se olutta juoaksehen."

Vannoi yksi, vannoi toinen,
Se kohta kovasti vannoi,
Joka tiesi tehnehensä,
Varoi vaivan nähnehensä.
Lapsi tuomitaan tulehen,
Lapsi suolle vietäväksi,
Korennalla päähän lyöä,
Hongan oksalla hotasta.

Kiesus kielen, Maaria mielen
Lapselle vakaiselle,
Yksöiselle, äskeiselle—
Lausui lapsi yksiöinen:
"Anterun tulinen turkki,
Marketan panuinen paita
Turvakseni tuotaohon,
Päälleni puettaohon,

Palamattani tulessa,
Vetehenki vaipumatta."

18. Kiikan lapset.

Tyyn' on sää, ihana ilma,
Kuu paistoi Kutumäeltä,
Päivä Pätsivuoren päältä.
Jo on aika nosta nuorten,
Kun on vanhat valvehella,
Ikäpuolet istumassa.

"Nouse pois nokinen poika!
Vaivaiselta vuotehelta,
Poloisilta pääaloilta,
Nokiselta nuotiolta,
Kylän kynnöt kyntämättä,
Kylän vaot vakoamatta.

Nouse pois makoamasta,
Ulos unta lappamasta;
Lokki verkkosi vetävi,
Kajava kalasi syöpi,
Lohet koskessa kutevi,
Siiat Kiikasillan alla."

"Mistä tunnet Kiikakosken,
Kiikakosken, Kiikasillan?"

"Tok' ma tunnen Kiikakosken,
Kiikakosken, Kiikasillan;
Siinä synnyin, siinä kasvoin;
Siinä lauloin lapsipäivän;

Siinä Kiikasillan päässä—
Mie olen Kiikan Yrjön tyttö."

"Siinäpä minäi synnyin,
Sekä synnyin, jotta kasvoin,
Siinä Kiikasillan päässä—
Mie olen Kiikan Yrjön poika,
Voi minä poloinen poika,
Voi poika polonalainen!
Makasin sisarueni,
Ainoan emoni lapsen,
Alla uutimen utuisen,
Alla vaipan vaskikirjan.
Missä nyt piiltä pillojani?—
Tuolla piilen pillojani,
Kuss' ennen isoni piili,
Miehen murhan tehtyänsä,
Karhun kiljuvan kiassa,
Vatsassa valaskalojen,
Vein uivan untuvassa."

19. Tuiretuisen lapset.

Poika tuhma Tuiretuisen,
Lapsi kehjo Keiretyisen
Läksi viemähän vetoja,
Maarahoja maksamahan.

Rekehensä reutoaksen,
Kohennaksen korjahansa,
Ajoa karettelevi,
Matkojansa mittelevi,
Noilla Pohjan kankahilla,
Lapin synkillä saloilla.

Neiti vastahan tulevi,
Hivus kulta hiihtelevi,
Noilla Pohjan kankahilla,
Lapin laajoilla saloilla.

Poika tuhma Tuiretuisen,
Lapsi kehjo Keiretyisen
Jo tuossa piättelevi,
Suutahan sovittelevi:
"Tule korjahan koria,
Hyvä lahja laitohoni!"

Neiti suksilta sanovi,
Hiihtimiltä hiioavi:
"Surma siulle korjahasi,
Manala rekyehesi."

Poika tuhma Tuiretuisen,
Lapsi kehjo keiretyisen
Iski virkkua vitsalla,
Helähytti helmivyöllä;
Virkku juoksi, matka joutui,
Tie vieri, reki ratsasi.
Ajavi karettelevi,
Matkojansa mittelevi,
Selvällä meren selällä,
Ulapalla aukialla.

Neiti vastahan tulevi,
Tinarinta riioavi,
Selvällä meren selällä,
Ulapalla aukialla.

Poika tuhma Tuiretuisen,
Lapsi kehjo Keiretyisen
Matkoaan piättelevi,

Suutahan sovittelevi:
"Tules neiti korjahani
Maan valio matkoihini!"

Neiti vastahan sanovi,
Tinarinta riitelevi:
"Tuoni siulle korjahasi,
Manalainen matkoihisi."

Poika tuhma Tuiretuisen,
Lapsi kehjo Keiretyisen
Iski virkkua vitsalla,
Helähytti helmivyöllä;
Virkku juoksi, matka joutui,
Reki vieri, tie lyheni.
Ajavi karettelevi,
Matkojansa mittelevi,
Noilla Väinön kankahilla,
Ammoin raatuilla ahoilla.

Neiti vastahan tulevi,
Kautokenkä kaalelevi,
Noilla Wäinön kankahilla,
Ammoin raatuilla ahoilla.

Poika tuhma Tuiretuisen,
Lapsi kehjo Keiretyisen
Hevoistaan piättelevi,
Suutahan sovittelevi:
"Tule neiti korjahani,
Armas alle vilttiseni!"

Neiti vastahan sanovi,
Kautokenkä kantelevi:
"Vilu on olla viltin alla,
Kolkko korjassa eleä."

Poika tuhma Tuiretuisen,
Lapsi kehjo Keiretyisen
Avasi parahan arkun,
Kimmahutti kirjakannen,
Nostelevi, näyttelevi,
Katselevi, käntelevi
Kultasuita sukkasia,
Vöitänsä hopiapäitä.

Niin tuli rekehen neiti,
Korjahan kohentelekses,
Itse laitohon las'eksen,
Alle viltin vieretäksen.

Poika tuhma Tuiretuisen,
Lapsi kehjo Kieretyisen
Jo tuossa lepäelevi,
Nuoren neitosen keralla,
Käs' orosen ohjaksessa,
Toinen neitosen nisoissa.

Siinä neitosen kisaili,
Tinarinnan riskaeli,
Noilla Wäinön kankahilla,
Ammoin raatuilla ahoilla.

Niin neiti sanoiksi virkki,
Sekä lausui ja kyseli:
"Lienetkö sukua suurta,
Isoa isän aloa?"

Poika tuhma Tuiretuisen,
Lapsi kehjo Keiretyisen
Itse tuon sanoiksi virkki:
"En ole sukua suurta,
Enkä suurta, enkä pientä,

Olen kerran keskimäistä,
Poika tyhjä Tuiretuisen,
Lapsi köyhä Keiretyisen;
Vaan mipä sinun sukusi?
Sano'pa sinun sukusi,
Jos olet sukua suurta,
Isoa isän aloa."

Neiti tuon sanoiksi virkki:
"En ole sukua suurta,
Enkä suurta, enkä pientä—
Olen kerran keskimäistä,
Tytär tyhjä Tuiretuisen,
Lapsi köyhä Keiretyisen."

Poika tuhma Tuiretuisen,
Lapsi kehjo Keiretyisen
Korjasta kohotteleksen:
"Voi poloinen päiviäni,
Kun pi'in sisarueni,
Lannutin emoni lapsen,
Noilla Wäinön kankahilla,
Ammoin raatuilla ahoilla!"

Veitsin länkensä levitti,
Rauoin rahnoi rahkehensa,
Hyppäsi hyvän selälle,
Hyvän laukin lautasille;
Ajoi päin sinistä merta,
Kohti kuohuja kovia,
Alle aaltojen syvien,
Päälle mustien murien.

20. Vienan neiet.

Olipa ennen neljä neittä,
Viisi Vienan morsianta,
Kaheksan merikanoa,
Vienan niemyen nenässä,
Sininurmen niitännässä,
Kastekorren katkonnassa.
Löyettihin lemmen lehti,
Lemmen lehti, tammen lastu;
Veivät maalle kasvavalle,
Orolle ylenevälle.
Siitä kasvoi kaunis tammi,
Yleni vihanta virpi:
Oksat ilmoille olotti,
Latva täytti taivahalle,
Piätti pilvet juoksemasta,
Hattarat hajoamasta.
Yksi pääsi pitkä pilvi,
Pitkä pilvi, kaita pilvi,
Pilvessä vesi-pisara,
Pisarassa pikku lampi,
Lammissa veno punainen,
Venosessa nuoret sulhot,
Nuoret sulhot, naimattomat,
Vielä viinan juomattomat;
Punoivat punaista köyttä,
Köyttä rauta rahnikoivat,
Sitoa meren sivua,
Lahta Kannan kaakistoa,
Meren tyynenä pysyä,
Lahen Kannan kaunihina,
Vieä Vienan neitosia;
Kaupita kotikanoja,
Näiltä raukoilta rajoilta,
Poloisilta Pohjanmailta.

"Elkäte meriset miehet,
Vielä viekö neitojamme!
Vienan on neitoset verevät,
Kannanlahen kaunokaiset;
Ei niitä tukulla myöä,
Eikä kansoin kaupitella;
Tukun myöähän oravat,
Revot kansoin kaupitahan,
Neiet yksin annellahan,
Eikä aina yksinkänä."

21. Kalevalan neiti.

Läksin palja paimenehen,
Leino lehmien ajohon,
Kurja karjan katselohon;
Ajoin lehmät suota myöten,
Lampahat palomäkeä,
Vuonat vuoren kukkuloa,
Mie kiero kivi kiveltä,
Palja paasi paaterelta,
Haikia havu havulta,
Sukan mustan mustumatta,
Kengän kannan kastumatta.

Yhtyi yrkä karjahani,
Pää leviä lehnuhini,
Hän istui tyvelle puuta,
Minä laitto latvemmalle,
Minä hoikka huonommalle,
Minä pieni pienemmälle,
Vähän kuollutta parempi,
Katonutta kaunihimpi.

Kyselemmä, lauselemma:
"Mistäpä sinä vaellat,
Kulitko minun kotona,
Kävitkö Kalevalassa?"

"Kulinpa sinun kotona,
Kävinpä Kalevalassa."

"Kukkuiko käet Kalevan,
Kalevalan kuusikossa?"

"Kukkuipa käet Kalevan,
Kalevalan kuusikossa."

"Haukkuiko Kalevan koirat,
Kalevalan kankahalla?"

"Haukkuipa Kalevan koirat,
Kalevalan kankahalla."

"Katsoiko Kalevan neiot,
Kalevalan ikkunoissa?"

"Katsoipa Kalevan neiot,
Kalevalan ikkunoissa."

"Mistäspä tunsit minun kotini,
Mi merkki minun ko'issa?"

"Siitä tunsin sinun kotisi,
Se merkki sinun ko'issa:
Pihlajikko pirtin eessä,
Tuomikko tuvan takana,
Koivikko kotamäellä,
Katajikko kaivotiellä,
Kuusisto kujoisten suussa,

Petäjikkö pellon päässä,
Tammi keskitanhualla,
Hetet tammen juuren alla,
Kultakansi kattehena,
Kultakauha kannen päällä."

"Mitäpä meillä laaittihin,
Raattihin minun koissa?"

"Survottihin, jauhettihin,
Leivottihin, paistettihin,
Pinopuita pilkottihin,
Vielä vettä kannettihin,
Neitosia naitettihin,
Päitä kassa kaupittihin."

"Joko lien minäki myöty,
Joko kaupittu katala?"

"Jopa oot sinäki myöty,
Jo oot kaupittu katala."

"Kellen myötihin minua,
Kulle kurja kaupittihin?"

"Minulle myötihin sinua,
Minulle kurja kaupittihin."

"Äiänkö minusta annoit,
Paljoko panit hyvästä,
Kun otit oluen tuojan,
Kannun kantajan valitsit?"

"Annoinpa minä sinusta
Isolles ikiorosen,

Jok' on tarkka askelelta,
Sekä käymähän terävä."

"Vähänpä hyvästä annoit,
Pikkaraisen kaunihista—
Mitäpä annoit maammolleni?"

"Maammolle maherolehmän,
Jok' on syömättä lihava,
Koria kostuttamatta."

"Vähänpä hyvästä annoit,
Pikkaraisen kaunihista—
Mitäp' annoit veljelleni?"

"Veljelle veno punasen,
Itseksen sotia käypi,
Itse kaupat kaupitsevi."

"Vähänpä hyvästä annoit,
Pikkaraisen kaunihista—
Mitäp' annoit siskolleni?"

"Siskolle sinervän uuhen,
Joka viikko villan tuopi,
Joka kuu karitsan kantoi."

"Vähänpä hyvästä annoit,
Pikkaraisen kaunihista—
Mitäpä annoit ukolleni?"

"Ukolle uuen lusikan,
Jonk' ei syöen syömät puutu,
Juoen juomiset vähene."

"Vähänpä hyvästä annoit,
Pikkaraisen kaunihista—
Mitäpä annoit ämmölleni?"

"Ämmöllesi vaskimaljan,
Tuletta tuvassa käypi,
Valkiatta vailehtivi."

"Vähänpä hyvästä annoit,
Pikkaraisen kaunihista.
En lähe minä sinulle,
Enkä lähteä käkeä."

"Kun vähä hyvästä annoin,
Pikkaraisen kaunihista,
Isosi ikoronen
Sotitiellä sortuohon,
Kaatuohon kauppatiellä,
Kauppa-aikana parassa."

"Kun vähä hyvästä annoin,
Pikkaraisen kaunihista,
Maammosi maherolehmä
Vasoillensa vaipuohon,
Kiulullensa kirvotkohon,
Lypsiaikana parassa."

"Kun vähä hyvästä annoin,
Pikkaraisen kaunihista,
Veljesi veno punanen
Kiven kohti kiitäköhön
Halki juoskohon hakohon,
Soutuaikana parassa."

"Kun vähä hyvästä annoin,
Pikkaraisen kaunihista,

Siskosi sinervä uuhi.
Villoihinsa viipyköhön,
Karvoihinsa kaatukohon,
Villa-aikana parassa."

"Kun vähä hyvästä annoin,
Pikkaraisen kaunihista,
Ukkosi uusi lusikka—
Kanta poies katketkohon,
Poikki ponsi lentäköhön,
Syöntiaikana parassa."

"Kun vähä hyvästä annoin,
Pikkaraisen kaunihista,
Ämmösesi vaskimalja
Kivehen kilahtakohon,
Poies pohja puhetkohon,
Juontiaikana parassa."

22. Neien rosvo.

Tuoll' on neitoset kisassa,
Kaunokaiset karkelossa,
Noilla Väinölän ahoilla,
Kalevalan kankahilla.

Kullervo Kalevan poika,
Sinisukka Äiön lapsi,
Hivus keltainen koria,
Kengän kauto kaunokainen,
Lähtiäksensä käkesi,
Hyvällä ison orilla,
Noien neitojen kisahan,
Kaunokaisten karkelohon.

Hyppäsi hyvän selälle,
Hyvän laukin lautasille,
Ajoi päivän, ajoi toisen,
Kohta kolmannen ajavi;
Niin päivänä kolmantena,
Pääsi neitojen kisahan,
Kassapäien karkelohon,
Noille Väinölän ahoille,
Kalevalan kankahille.

Ken ihanin impyistä,
Kassapäistä kaunokaisin,
Sen hän koppoi koprihinsa;
Itse tuon sanoiksi virkki:
"Elkäte sinä ikänä,
Ilmottako immet milma!
Ettei äiti ääntä saisi,
Emo etsivä olisi,
Jos ma vuoenki viruisin,
Tahi kaksi kalkettaisin,
Tuolla tuomivaaran päällä
Kasvaisin katajikossa."

Ajavi kahattelevi,
Immen itkevän keralla,
Ajoi Väinölän ahoilta
Kalevalan kankahilta.

Niin etsi emo tytärtä,
Vanhin lasta vaikerteli,
Etsivi kisasioilta,
Noilta karkukankahilta:
"Ettekö nähnyt mun tytärtä,
Kuullut kullan lapsukaista?"

Niin sanovi poika pieni,
Lausui paimen ja pakisi:
"Oli täss' eräs uroita,
Kullervo Kalevan poika,
Sinisukka Äiön lapsi.
Sinisukka, hienohelma,
Hivus keltainen koria,
Kengän kauto kaunokainen,
Koppoi neien koprihinsa,
Pani laukin lautasille;
Niin itse ajohon lähti,
Immen itkevän keralla.
Sanan virkki, noin nimesi:
Elkäte sinä ikänä,
Ilmottako immet milma!
Ettei äiti ääntä saisi,
Emo etsivä olisi,
Jos ma vuoenki viruisin,
Tahi kaksi kalkettaisin,
Tuolla tuomivaaran päällä,
Kaukana katajikossa."

Niin emo sanoiksi virkki,
Äiti äänellen paneksen:
"Voi poloinen päiviäni,
Onneton olelmiani,
Sinne meni siitelmäni,
Sinne kannettu katosi!"

Itse eillehen menevi,
Astua tihuttelevi
Tuonne tuomivaaran päälle,
Katajikkokankahalle,
Kujerrellen kuusikossa,
Kaikkuen katajikossa:
"Tule tänne tyttäreni,

Lähe pois poloinen tyttö!
Miehen tuhmaisen tulilta,
Varattoman valkioilta,
Turvihin oman emosi,
Oman vanhemman varoihin."

Tytär tuolta vastaeli,
Lapsi lausui ja saneli
"En minä emoni pääse,
Kun et tulle päästämähän.
Olin mie kisakeoilla,
Noilla karkukartanoilla;
Niin tuli eräs uroita,
Sinisukka Äiön lapsi,
Se otti oron selälle,
Nosti laukin lautasille,
Ajoa kahattelevi,
Saloja samottelevi,
Yöt päivät piättelevi,
Vuorokauet kantelevi,
Marjoilla menettelevi,
Mustikoilla mustuttavi,
Vilussa viluttelevi,
Pakkasessa paistelevi.
Lähe sie oma emoni,
Jouvu kaunis kantajani,
Lähe lapsesi otolle,
Tyttäresi lunnahille,
Näiltä paikoilta pahoilta,
Vaaramailta vaikioilta!"

Niin emo sanoiksi virkki,
Itse intoen pakisi:
"Lähen mä lapseni otolle,
Tyttäreni lunnahille,
Tuon Ukon tuliset nuolet,

Kannan vaskiset vasamat.
Oi Ukko yli-jumala!
Tahi taatto taivahinen,
Jouvuta'pa jousi suurin,
Katso kaaresi parahin,
Pane vaskinen vasama
Tuon tulisen jousen päälle,
Niin työnnä tulinen nuoli,
Ammu vaskinen vasama,
Ammu kautta kainalojen,
Halki hartiolihojen,
Tuo paha Kalevan poika;
Laske lastani kotihin,
Päästä tielle tervehenä,
Koskematonna kotihin!"

Se Ukko ylijumala,
Itse taatto taivahinen
Jouvuttipa jousen suuren,
Kantoi kaarensa parahan,
Pani vaskisen vasaman
Tuon tulisen jousen päälle,
Työnnälti tulisen nuolen,
Ampui vaskisen vasaman,
Halki hartiolihoista,
Kalevaisen kainaloista.

23. Veenkantaja Anni.

Anni tyttö, aino neiti
Läksi vettä lähteheltä,
Pieni kiulunen käessä,
Pieni kauha kainalossa.

Ei oo vettä lähtehessä.—
Kult' on kansi kuivahtanna,
Valahtanna vaskilaita,
Tinapohja tilkahtanna,
Lehti päälle langennunna.

Anni tyttö, aino neiti
Tuosta astuvi etemmä,
Lähtehelle toisellenki;
Ei oo vettä toisessana—
Meni kohta kolmannelle,
Vett' ei kolmannessakana.

Anni tyttö, aino neiti
Yhä eistyvi etemmä,
Astuvi aluslahelle,
Meni mäen, meni toisen,
Kohta kolmannen menevi.

Niin mäellä kolmannella
Iski silmänsä itähän,
Käänsi päätä päivän alle,
Näki purren purjehtivan,
Satalaian laiehtivan.

Mies puhas perästä purtta,
Toinen mies nenästä purtta,
Sulho purren partahalta:
"Tules tytti purteheni,
Vyövaski venoseheni!"

"Enk' on tule, enkä huoli,
Eipä työntänyt emoni,
Varustellut vanhempani
Tätä lasta laivahasi,
Tytärtä venosehesi!"

Nousi mies perästä purtta,
Mies toinen nenästä purtta,
Sulho purren partahalta,
Koppoi neien purtehensa,
Vyövasken venosehensa.

Niin neiti kujertelevi,
Vyövaski valittelevi,
Sulkkuparran suun e'essä,
Kultaparran parmahilla.

Näki taattonsa vesillä,
Taaton laivan lainehilla:
"Tules taatto lunnahille,
Oman lapsesi otolle!"

"Enmä joua tyttö raukka!
Lohi kultanen kutevi,
Kultaisissa kupluskoissa."
Eipä taatto tullutkana.

Neitonen kujertelevi,
Vyövaski valittelevi,
Sulkkuparran suun e'essä,
Kultaparran parmahilla.

Näki maammonsa vesillä,
Maammon laivan lainehilla:
"Tules maammo lunnahille,
Oman lapsesi otolle!"

"Enmä joua tyttö raukka!
Siika kultanen kutevi,
Kultaisissa kupluskoissa."
Eipä maammo tullutkana.

Neitonen kujertelevi,
Vyövaski valittelevi,
Sulkkuparran suun e'essä,
Kultaparran parmahilla.

Näki veikkonsa vesillä,
Veikon laivan lainehilla:
"Tules veikko lunnahille,
Oman siskosi otolle!"

"Enmä joua sikko raukka!
Hauki kultanen kutevi,
Kultaisissa kupluskoissa."
Eipä veikko tullutkana.

Neitonen kujertelevi,
Vyövaski valittelevi,
Sulkkuparran suun e'essä,
Kultaparran parmahilla.

Näki siskonsa vesillä,
Siskon laivan lainehillla:
"Tules sisko lunnahille,
Oman siskosi otolle!"

"Enmä joua sikko raukka!
Lahna kultanen kutevi.
Kultaisissa kupluskoissa."
Eipä sisko tullutkana.

Neitonen kujertelevi,
Vyövaski valittelevi,
Sulkkuparran suun e'essä,
Kultaparran parmahilla.

Näki minnänsä vesillä,
Minnän laivan lainehilla:
"Tules minnä lunnahille,
Nato raukkasi otolle!"

"Enpä tieä minnä raukka,
En poloinen poian vaimo,
Millä mie sinun lunastan,
Kun onpi vähän varoa!"

"On sulla sinervä uuhi,
Jonka toit tullessasi,
Oman taattosi koista:
Sillä sie minun lunastat."

Antoi uuhensa sinervän.
Ei uuhi mitänä maksa,
Eipä työnnetä tytärtä,
Neitt' ei uuhesta yhestä.

Neitonen kujertelevi,
Vyövaski valittelevi,
Sulkkuparran suun e'essä,
Kultaparran parmahilla:
"Kun et laske lunnahitta,
Etkä laske lunnahilla,
Polen puhki uuen purren,
Halki haapaisen venehen,
Poikki tallan puiset laiat,
Katajaiset kaaret katkon."

"Jos polet puhki uuen purren,
Halki haapaisen venehen
Tallat poikki puiset laiat,
Katajaiset kaaret katkot;
Puilla pursi paikatahan,

Orasilla ommellahan,
Teräksillä temmotahan,
Katajilla kaaritahan."

Polki puhki uuen purren,
Halki haapaisen venehen,
Talloi poikki puiset laiat,
Katajaiset kaaret katkoi.

Sillä päästi päänsä neito,
Sillä itsensä ehätti,
Venehestä vierahasta,
Karjalaisen karpalosta.

Veip' on vettä taatollensa:
"Ota vettä taattoseni!"

Taatto taisi vastaella,
Taatto kirvesvarrellensa:
"Mene portto poikemmaksi,
Tulen lautta tuonemmaksi!
Et ollut ve'en etsossa,
Olit sulhasen etsossa,
Punapaulan puujelossa,
Kautokengän katselossa."

Veip' on vettä maammollensa:
"Ota vettä maammoseni!"

Maammo taisi vastaella,
Maammo kirnunmännällänsä:
"Mene portto poikemmaksi,
Tulen lautta tuonemmaksi!
Et ollut ve'en etsossa,
Olit sulhasen etsossa,

Punapaulan puujelossa,
Kautokengän katselossa."

Vei hän vettä veikollensa
"Ota vettä veikkoseni!"

Veikko taisi vastaella,
Veikko keihäsvarrellensa:
"Mene portto poikemmaksi,
Tulen lautta tuonemmaksi!
Et ollut ve'en etsossa,
Olit sulhasen etsossa,
Punapaulan puujelossa,
Kautokengän katselossa."

Vei hän vettä siskollensa:
"Ota vettä sikkoseni!"

Sikko taisi vastaella,
Sisko kirjalastasella:
"Mene portto poikemmaksi,
Tulen lautta tuonemmaksi!
Et ollut ve'en etsossa,
Olit sulhasen etsossa,
Punapaulan puujelossa,
Kautokengän katselossa."

Vei hän vettä minnällensä:
"Ota vettä minnäseni!"

Noin minnä sanoiksi virkki:
"Suuri kiitos, kostjumala!
Tuota vuotin tuon ikäni,
Naon vettä juoakseni."

Anni tytti, aino neiti
Meni aittahan mäelle,
Loihen tuosta kuolemahan,
Heittihen katoamahan.

Tuli taatto nostamahan:
"Nouse poies Anni tyttö,
Anni tyttö, aino neiti,
Nouse nuorra kuolemasta,
Verevänä vieremästä,
Kaunisna katoamasta!"

Anni saattavi sanoa:
"Enp' on nouse, taatto rukka!
Enkä nouse, enkä huoli;
Virhu olit virkannalta,
Karhu olit karjunnalta,
Susi suusi auonnalta."

Meni maammo nostamahan:
"Nouse poies Anni tyttö,
Anni tyttö, aino neiti,
Nouse nuorra kuolemasta,
Verevänä vieremästä,
Kaunisna katoamasta!"

Anni saattavi sanoa:
"Enp' on nouse, maammo rukka!
Enkä nouse, enkä huoli;
Virhu olit virkannalta,
Karhu olit karjunnalta,
Susi suusi auonnalta."

Meni veikko nostamahan:
"Nouse poies Anni sikko,
Anni sikko, aino neito,

Nouse nuorra kuolemasta,
Verevänä vieremästä,
Kaunisna katoamasta!"

Anni saattavi sanoa:
"Enp' on nouse, veikko rukka!
Enp' on nouse, enkä huoli;
Virhu olit virkannalta,
Karhu olit karjunnalta,
Susi suusi auonnalta."

Meni sisko nostamahan:
"Nouse poies Anni sikko,
Anni sikko, aino neito,
Nouse nuorra kuolemasta,
Verävänä vieremästä,
Kaunisna katoamasta!"

Anni saattavi sanoa:
"Enp' on nouse, sikko rukka!
Enp' on nouse, enkä huoli;
Virhu olit virkannalta,
Karhu olit karjunnalta,
Susi suusi auonnalta."

Meni minnä nostamahan:
"Nouse poies nato rukka,
Nato rukka, neito nuori,
Nouse nuorra kuolemasta,
Verevänä vieremästä,
Kaunisna katoamasta!"

"Jo nousenki, minnäseni!
Et ollut virhu virkannalta,
Etkä karhu karjunnalta,
Susi suusi auonnalta."

24. Kojosen poika.

Läksin piennä paimenehen,
Lassa lammasten ajohon,
Pistin pillit pussihini,
Soitin suolla mennessäni,
Kajahutin kankahalla;
Sen seppä pajassa kuuli
Kesken kullan keittämistä,
Hopian sulajamista,
Vasara vajui käestä,
Kulta kuohui kattilasta;
Kuhun kultoa tipahti,
Sihen saari siunattihin,
Saarelle koria nurmi,
Nurmelle koria neiti,
Jok' ei suostu sulhosihin,
Mielly miehiin hyviin.
Kävi pipit, kävi papit,
Kävi rikkahat ritarit,
Kävi hoikat hovin herrat.
Niin tuli Kojosen poika—
Tuo konsti Kojosen poika,
Vuoli vuoen liistehiä,
Toisen laativi rekiä,
Lähtiäksensä kosihin,
Tuota saaren kaunokaista,
Läksi kulliten kosihin,
Hopioiten heilumahan,
Kolme koiroa jälessä,
Yksi Luikki, toinen Laikki,
Kolmansi Puritsa koira,
Koppoi neien korjahansa,
Koppoi ruoskalla hevoista,
Nahkasiimalla sipasi.

"Jää hyvästi saaren nurmet,
Kuusen juuret, tervaskannot!
En enää sinä ikänä,
Vasta saane saaren maalle."

Neiti parka huokaseksen,
Huokaseksen, henkäseksen:
"Paremp' ois sutosen suussa,
Karhun kiljuvan kiassa,
Kun tämän Kojosen reissä."

"Mitä itket Hiitten huora,
Kuta kurja huokaelet?"

"Itken entistä ikeä,
Kun suotta kului ikäni."

"Elä huoli Hiitten huora,
Pääset Hiien kankahalle!
Niin mä kysyn miekaltani:
Syötkö uuelta lihoa,
Juotko verta lämpimältä?"

Pääsi Hiien kankahalle—
Pään pani kosken kiveksi,
Hieroi heiniksi hivukset,
Sääret särki aiaksiksi,
Sormet väänti vitsaksiksi,
Käsivarret seipähiksi,
Lihat listi lippahasen,
Pani rinnat riehtilähän,
Vei emolle tuomisiksi.

Emo syöpi, kiittelevi:
"En ole näitä ennen syönyt,

Vävyn uuen tuomisia,
Tyttäreni työntämiä."

Orja lausui oven suussa,
Oven suussa, pankon päässä:
"Voi! jos tietäisit vähäsen,
Arvoaisit pikkaraisen,
Etp' on noita söisikänä,
Vävyn uuen tuomisia,
Tyttäresi työnteheitä."

"Sano, sano orja raukka!"—
"En sano emäntä raukka!"

"Sano, sano orja raukka!
Annan kirjon karjastani,
Paraan lehmän läävästäni."—
"En sano emäntä raukka!"

"Sano, sano orja raukka!
Annan ainoan orihin,
Seitsemästä ruunastani."—
"En sano emäntä raukka!"

"Sano, sano orja raukka!
Syötän vuoen raatamatta,
Vuoen toisen vaatehetta,
Yhen vuoen voipaloilla,
Toisen kuore'kukkoloilla,
Kolmannen sianlihoilla."

"Jo sanon emäntä raukka!
Söit sä tissit tyttäresi,
Jota kauan kasvattelit,
Viikon vieressäis pitelit."

25. Joukosen nainen.

Neito istui sillan päässä,
Lauloi sillan lautasilla:
"Jouten synnyin, jouten kasvoin,
Jouten aikani elelin;
Joko mennen Joukoselle,
Jouten Joukonen pitäisi,
Työttä, vyöttä, kintahitta,
Jouten Jouko syötteleisi,
Jokiveellä juotteleisi,
Korttehilla kostuttaisi,
Sarasille saatteleisi,
Heinäsille heitteleisi,
Kiven suuren suojasehen,
Kallioisen kainalohon."

Päätyi Jouko kuulemassa,
Seinän alla seisomassa,
Kussa kuuli, siinä kosjoi,
Kussa kosjoi, siinä kihloi,
Kussa kihloi, siinä otti.

Kolkkoi Kommin ikkunoa,
Kosjoi Kommilta tytärtä,
Kommin nuorinta tytärtä:
"Anna Kommi tytärtäsi,
Nuorta neittä naisekseni,
Vastakasvuista varaksi."

"Äsken annan tyttäreni
Kojon pojan puolisoksi,
Kun ammut tähen taivahalta,
Pilkan pilvien lomasta,
Yhen nuolen nostannalta,

Yhen jalkasi sialta,
Yksillä yrityksillä."

Ampui tähen taivahalta,
Pilkan pilvien lomasta.

Kolkkoi Kommin ikkunoa,
Kosjoi Kommilta tytärtä:
"Anna Kommi tytärtäsi,
Nuorta neittä naisekseni,
Vastakasvuista varaksi."

"Äsken annan tyttäreni
Kojon pojan puolisoksi,
Kun käyt neulojen neniä,
Tallat rautatapparoita,
Päivän neulojen neniä,
Toisen tapparan teriä."

Takoi rautaiset talukset,
Kävi neulojen neniä,
Talloi rautatapparoita.

Kolkkoi Kommin ikkunoa,
Kösjoi Kommilta tytärtä,
Kommin nuorinta tytärtä:
"Anna Kommi tytärtäsi,
Nuorta neittä naisekseni,
Vastakasvuista varaksi."

"Äsken annan tyttäreni
Kojon pojan puolisoksi,
Kun sa uinet umpilammin,
Saanet sieltä suuren hauin,
Suuren hauin, kultasuomun,
Tahi kaksi pienemmäistä,

Tuonet Kommille kätehen,
Anopille antehiksi."

Siit' on uipi umpilammin,
Saapi sieltä suuren hauin,
Suuren hauin, kultasuomun.

Kolkkoi Kommin ikkunoa,
Kosjoi Kommilta tytärtä,
Kommin nuorinta tytärtä:
"Anna Kommi tytärtäsi!
Jo olen raatant työt tuhannet,
Saat toiset toimitellut;
Jo olen uinut umpilammit,
Saanut sieltä suuret hauit,
Suuret hauit, kultasuomut,
Käynyt neulojen neniä,
Tallant rautatapparoita,
Ampunt tähen taivahalta,
Pilkan pilvien lomasta."

Antoi Kommi tyttärensä,
Tyttärensä, nuorimpansa
Kojon pojan puolisoksi.

Se korppi Kojosen poika
Koppoi neien korjahansa,
Murralti mutson rekehen,
Viien alle villavaipan,
Veti virkkua vitsalla,
Helähytti helmispäällä,
Ajoa kahattelevi.
Ajoi soita, ajoi maita,
Ajoi Wäinölän ahoja,
Kalevalan kankahia.

Äiän siitä neittä neuoi,
Äiän orpoa opetti:
"Kun tulet Kojon kotihin,
Kojon etäälle korkialle,
Laai villaiset hamehet,
Yhen villan kylkyestä;
Keitä otraiset oluet
Yhen otrasen jyvästä."

Niin tuli jälille koiran.
Neiti korjasta kohosi,
Alta viltin vyökkeleksen.
"Mip' on juossut tästä poikki?"
Koir' on juossut tästä poikki.

Noin neiti sanoiksi virkki:
"Voi minua kurja raukka!
Parempi minun poloisen
Koiran kulkijan jälillä,
Lumme'korvasen ko'issa,
Kun tämän Kojosen reissä,
Viirunaaman viltin alla;
Kaunihimmat koiran karvat
Kojon pojan kutrisia."

Se korppi Kojosen poika
Murti suuta, väänti päätä,
Murti mustoa haventa,
Veti virkkua vitsalla,
Helähytti helmispäällä;
Ajoa kahattelevi
Selvällä meren selällä,
Ulapalla aukialla;
Niin tuli hukan jälille.

Neiti korjasta kohosi,
Alta viltin vöykkeleksen.
"Mip' on juossut tästä poikki?"
Hukk' on juossut tästä poikki.

Noin neiti sanoiksi virkki:
"Voi minua kurja raukka!
Parempi minun poloisen
Hukan huiskajan jälillä,
Alakärsän askelilla,
Kun korpin Kojosen reissä,
Viirunaaman viltin alla;
Kaunihimmat hukan karvat
Kojon pojan kutrisia."

Se korppi Kojosen poika
Murti suuta, väänti päätä,
Murti mustoa haventa,
Veti virkkua vitsalla,
Helähytti helmispäällä;
Ajoa kahattelevi

Noilla Pohjan kankahilla,
Lapin synkillä saloilla;
Niin tuli karhun jälille.

Neiti korjasta kohosi,
Alta viltin vyökkeleksen.
"Mip' on juossut tästä poikki?"
Karhu on juossut tästä poikki.

Noin neiti sanoiksi virkki:
"Voi minua kurja raukka!
Parempi minun poloisen
Karhun kaahlajan jälillä,
Kontion kovilla teillä,

Kun korpin Kojosen reissä,
Viirunaaman viltin alla;
Kaunihimmat karhun karvat,
Kojon pojan kutrisia."

Se korppi Kojosen poika
Murti suuta. väänti päätä,
Murti mustoa haventa,
Itse tuon sanoiksi virkki:
"Viel' on matkoa vähäsen,
Outa! saat Kojon kotihin,
Kojon määlle korkealle;
Viillät veitsettä lihoa,
Koet verta kauhasetta."

Kun tuli Kojon kotihin
Kojon määlle korkialle,
Otti miekan orren päästä,
Saip' on naulalta sapelin,
Kysyi mieltä miekaltansa,
Sapeliltansa sanoja:
"Syötkö liikoja lihoja,
Juotko verta joutavata?"

Miekka mietti syöäksensä,
Sanoi juovansa sapeli.

Veti siitä miekallansa,
Kavahutti kalvallansa
Neien neljäksi palaksi,
Viieksi vipaleheksi;
Pään mäkäsi mättähäksi,
Silmät suolle karpaloiksi,
Hiukset kuiviksi kuloiksi,
Viilti korvat korpin syöä,
Lihan linnuille rakensi,

Rinnat leipoi leipäsiksi,
Nänniset kalakukoiksi,
Anopille antehiksi,
Kommin eukon kostitsoiksi.

Läksi luoksi anoppinsa.
Päässä patsahan anoppi
Sanomia tieusteli:
"Mitä tiiät sanomia?"

Virkki orja orren päästä,
Paimo patsahan nenästä:

"Elä kysy sanomia,
Ouot oli unen näköni."

Antoi vävy kostitsoita.
Emo syö ja kiittelevi:
"Jo olen jotai syönyt,
Syönyt voita, syönyt kuuta,
Syönyt lehmeä mahoa,
Syönyt karjua sikoa,
Ei tämän makehisia,
Vävyn unen antehia,
Lapseni lähettämiä."

Virkki orja orren päästä,
Paimo patsahan nenästä:
"Oi on kukki jalkaseni,
Ellös syökö kostitsoita!
Jospa tietäisit vähäsen,
Ymmärtäisit pikkaraisen,
Tok' et noita söisikänä
Uuen vävyn antehia,
Lapsesi lähettämiä."

"Sano, sano orja rukka,
Mi on tässä kostitsoina?"—
"Jos sanon emäntä rukka,
Tulet veellä viruttaatse,
Muutut mullan muotoiseksi,
Kaaut rauan karvaiseksi."

"Muuttukoni jos monasti,
Kaatukoni jos kahesti.
Sano, sano orja rukka,
Mi on tässä kostitsoina?
Syötän vuoen raatamatta,
Toisen työlle työntämättä."

"Jo sanon emäntä rukka,
Mi on siinä kostitsoina:
Onpa naisen olkaluuta,
Palakaisen pääpaloja,
Söit sä tissit tyttäresi,
Söit nännit oman sikiön,
Jota kauan kasvattelit,
Itse rinnalla imetit."

Jo tuli veellä viruttaatse,
Itki päivän, itki toisen,
Itki kohta kolmannenki,
Vieri viimen kuolemahan,
Muuttui mullan muotoiseksi.
Kaatui rauan karvaiseksi.

26. Lunastettava neiti.

Venäläinen [45] vainolainen,
Karjalainen kiertolainen

Soutelevi, joutelevi,
Nientä niemen kiertelevi
Ympäri Yläsen nientä,
Kahen puolen Kangasnientä.
Neitonen kujertelevi,
Vyövaski valittelevi
Venäläisen venehessä,
Karjalaisen karpasossa.

Iso rannalle laseksen
Kujerrusta kuulemahan,
Valitusta vaatimahan.

"Hyvä iso, rakas iso,
Lunasta minua täältä!"

"Millä mä sinun lunastan,
Kun onpi vähä varoa?"

"Olipa sinulla ennen,
Oli ennen aikoinani,
Minun kasvinaikoinani,
Kolme kontua hyveä,
Pane yksi lunnahiksi,
Henkeni hehättimeksi."

"Enpä raahi raukkaseni,
Enpä tyttö parkaseni,
Panna kontua parasta;
Ennen luovun neiostani
Kun paraasta konnustani,
Rahan paljon pantuani,
Enemmän luvattuani."

Venäläinen vainolainen,
Karjalainen kiertolainen

Soutelevi, joutelevi,
Nientä niemen kiertelevi
Ympäri Yläsen nientä,
Kahen puolen Kangasnientä.
Neitonen kujertelevi,
Vyövaski valittelevi
Venäläisen venehessä,
Karjalaisen karpasossa.

Emo rannalle laseksen
Kujerrusta kuulemahan,
Valitusta vaatimahan.

"Hyvä emo, armas emo
Lunasta minua täältä!"

"Millä mä sinun lunastan,
Kun onpi vähä varoa?"

"Olipa sinulla ennen,
Oli ennen aikoinani,
Minun kasvinaikoinani,
Kolme lehmeä hyveä;
Pane yksi lunnahiksi,
Henkeni hehättimeksi.

"Enpä raahi raukkaseni,
Enpä tyttö parkaseni,
Panna lehmeä parasta;
Ennen luovun neiostani
Kun paraasta lehmästäni,
Rahan paljon pantuani,
Enemmän luvattuani."

Venäläinen vainolainen,
Karjalainen kiertolainen

Soutelevi, joutelevi,
Nientä niemen kiertelevi
Ympäri Yläsen nientä,
Kahen puolen Kangasnientä.
Neitonen kujertelevi,
Vyövaski valittelevi,
Venäläisen venehessä,
Karjalaisen karpasossa.

Veikko rannalle laseksen
Kujerrusta kuulemahan,
Valitusta vaatimahan.

"Hyvä veikko, kaunis veikko,
Lunasta minua täältä!"

"Millä mä sinun lunastan,
Kun onpi vähä varoa?"

"Olipa sinulla ennen,
Oli ennen aikoinani,
Minun kasvinpäivinäni,
Kolme ruunoa hyveä;
Pane yksi lunnnahiksi."

"Enpä raahi raukkaseni,
Enpä sisko parkaseni,
Panna ruunoa parasta;
Ennen luovun siskostani
Kun paraasta ruunastani,
Rahan paljon pantuani,
Enemmän luvattuani."

Venäläinen vainolainen,
Karjalainen kiertolainen
Soutelevi, joutelevi,

Nientä niemen kiertelevi
Ympäri Yläsen nientä,
Kahen puolen Kangasnientä.
Neitonen kujertelevi,
Vyövaski valittelevi,
Venäläisen venehessä,
Karjalaisen karpasossa.

Sisko rannalle laseksen
Kujerrusta kuulemahan,
Valitusta vaatimahan.

"Hyvä sisko, kaunis sisko,
Lunasta minua täältä!

"Millä mä sinun lunastan,
Kun onpi vähä varoa?"

"Olipa sinulla ennen,
Oli ennen aikoinani,
Minun kasvinpäivinäni,
Kolme lammasta hyveä;
Pane yksi lunnahiksi."

"Enpä raahi raukkaseni,
Enpä sisko parkaseni,
Panna lammasta parasta;
Ennen luovun siskostani
Kun paraasta lampahasta,
Rahan paljon pantuani,
Enemmän luvattuani."

Venäläinen vainolainen,
Karjalainen kiertolainen
Soutelevi, joutelevi,
Nientä niemen kiertelevi

Ympäri Yläsen nientä,
Kahen puolen Kangasnientä.
Neitonen kujertelevi,
Vyövaski valittelevi
Venäläisen venehessä,
Karjalaisen karpasossa.

Sulho rannalle laseksen
Kujerrusta kuulemahan,
Valitusta vaatimahan.

"Hyvä sulho, kaunis sulho,
Lunasta minua täältä!"

"Millä mä sinun lunastan,
Kun onpi vähä varoa?"

"Olipa sinulla ennen,
Oli ennen aikoinani,
Minun kasvinpäivinäni,
Kolme laivoa hyveä;
Pane yksi lunnahiksi."

"Jopa raahin raukkaseni,
Jopa neiti parkaseni,
Panna laivani parahan;
Ennen luovun laivastani
Kun paraasta neiostani,
Saan ma vielä laivan toisen,
En saa toista morsianta."

Sulho neitosen lunasti,
Neiti koston toivottavi;
Nyt mä koston toivottanen:
"Luoja koston kostakohon,
Isoni isoiset konnut

Tuli tuiki polttakohon,
Valkia hävittäköhön
Elonaikana parassa.
Maammoni matikkalehmät
Rengillehen riutukohon,
Kapallehen kaatukohon,
Maitoaikana parassa.
Veljeni isoiset ruunat
Valjahinsa vaipukohon,
Länkihin läkähtyköhön,
Veentäaikana parassa.
Siskoni sinervät uuhet
Vuonihinsa vuotukohon,
Kaotkoon karitsoihinsa,
Villa-aikana parassa.
Sulhon laivat matkatkohon,
Tyynelläki, tuulellaki,
Myötäselläi, vastasellai,
Kun sulho minun lunasti."

27. Lunastettava neiti (toisin.)

Neitonen, neitonen
Itkee ja huokaa
Verikoiran venehessä,
Punaparran purtilossa.
Katsoi taatto matkaa
Pitkin meren rantaa.

"Oi oi, oi oi, taattoseni,
Lunasta minua poies!"
"Millä sinun lunastan?"
"Onhan sulia kolme koriata laivaa;
Pane paras panttiin

Minun pääni päästimeksi,
Itseni lunastimeksi."

"Eipä tyttö parka,
Ei sinun lunastimeksi,
Eikä pääsi päästimeksi;
Paras kauppa-aika.
Ennen luovun tyttärestä
Ennenkun paraasta laivastani;
Tyttären minä toisen saan,
Vaan en saane laivaa."

Neitonen, neitonen
Itkee ja huokaa
Verikoiran venehessä,
Punaparran purtilossa.
Katsoi maammo matkaa
Pitkin meren rantaa.

"Oi oi, oi oi, maammoseni,
Lunasta minua poies!"
"Millä sinun lunastan?"
"Onhan sulia kolme koriata lehmää;
Pane paras panttiin
Minun pääni päästimeksi,
Itseni lunastimeksi."

"Eipä tyttö parka,
Ei sinun lunastimeksi,
Eikä pääsi päästimeksi;
Paras lypsyaika.
Ennen luovun tyttärestä
Ennenkun paraasta lehmästäni;
Tyttären minä toisen saan,
Vaan en saane lehmää."

Neitonen, neitonen
Itkee ja huokaa
Verikoiran venehessä,
Punaparran purtilossa.
Katsoi veikko matkaa
Pitkin meren rantaa.

"Oi oi, oi oi, veikkoseni,
Lunasta minua poies!"
"Millä sinun lunastan?"
"Onhan sulla kolme koriata miekkaa;
Pane paras panttiin
Minun pääni päästimeksi,
Siskosi lunastimeksi."

"Eipä sisko raukka,
Ei sinun lunastimeksi,
Eikä pääsi päästimeksi;
Paras sota-aika.
Ennen luovun siskostani
Kun parahasta miekastani;
Sisaren minä toisen saan,
Vaan en saane miekkaa."

Neitonen, neitonen
Itkee ja huokaa
Verikoiran venehessä,
Punaparran purtilossa.
Katsoi sisko matkaa
Pitkin meren rantaa.

"Oi oi, oi oi, siskoseni,
Lunasta minun poies!"
"Millä sinun lunastan?"
"Onhan sulia kolme koriata pirtaa,
Pane paras panttiin

Minun pääni päästimeksi,
Siskosi lunastimeksi."

"Eipä sisko parka,
Ei sinun lunastimeksi,
Eikä pääsi päästimeksi;
Paras kuonta-aika.
Ennen luovun siskostani
Ennenkun paraasta pirrastani;
Sisaren minä toisen saan,
Vaan en saane pirtaa."

Neitonen, neitonen
Itkee ja huokaa
Verikoiran venehessä,
Punaparran purtilossa.
Katsoi vävy matkaa
Pitkin meren rantaa.

"Oi oi, oi oi, vävyseni,
Lunasta minun poies!"
"Millä sinun lunastan?"
"Onhan sulia kolme koriata jousta;
Pane paras panttiin
Minun pääni päästimeksi,
Natosi lunastimeksi."

"Eipä nato parka,
Ei sinun lunastimeksi,
Eikä pääsi päästimeksi;
Paras metsäaika.
Ennen luovun naostani
Ennenkun paraasta jousestani;
Natosen minä toisen saan,
Vaan en saane jousta."

Neitonen, neitonen
Itkee ja huokaa
Verikoiran venehessä,
Punaparran purtilossa.
Katsoi minnä matkaa
Pitkin meren rantaa.

"Oi oi, oi oi, minnäseni,
Lunasta minua poies!"
"Millä sinun lunastan?"
"Onhan sulla kolme koriata maljaa;
Pane paras panttiin
Minun pääni päästimeksi,
Natosi lunastimeksi."

"Eipä nato parka,
Ei sinun lunastimeksi,
Eikä pääsi päästimeksi;
Paras juonta-aika.
Ennen luovun naostani
Ennenkun paraasta maljastani;
Natosen minä toisen saan,
Vaan en saane maljaa."

Neitonen, neitonen
Itkee ja huokaa
Verikoiran venehessä,
Punaparran purtilossa.
Katsoi sulho matkaa.

"Oi oi, oi oi, sulhoseni,
Lunasta minua poies!"
"Millä sinun lunastan?"
"Onhan sulia kolme koriata linnaa;
Pane paras panttiin

Minun pääni päästimeksi,
Neitosi lunastimeksi."

"Jopa neito parka,
Panen parahan linnan
Sinun pääsi päästimeksi,
Neitoni lunastimeksi;
Ennen luovun linnastani
Kun paraasta neiostani;
Linnan minä toisen saan
Vaan en saane neittä."

Pani parahan linnan,
Lunasti neion poies.

Neito koston toivotti:
"Luoja koston tuokoon,
Taaton laiva levetköön
Paras kauppa-aika;
Maammon mahot hävitköön
Keski kesänaika;
Veljen miekka katketkohon
Paras sota-aika;
Siskon pirta taittukohon
Paras kuonta-aika;
Vävyn jousi katketkohon
Paras metsäaika;
Minnän malja haletkohon
Paras juonta-aika.
Sulhon linna hyötyköhön
Parassa nälkävuonna."

28. Neiti lepetissä.

Istui neiti lepetissä,
Sekä istui, että itki,
Sormiansa murtelevi,
Katkovi kätösiänsä,
Katsoi ylös taivahalle,
Katsoi alas maarajoille;
Taivahalla päivä paistoi,
Vene matkoi maarajoilla.

Taatto venehen sisässä.
"Tules taatto ottamahan!"
Taatto noin sanoiksi virkki:
"Enkä ota, enkä taia;
Maammosi tulee jäleltä;
Maammon venot vetrehemmät,
Maammon airot armahammat,
Maammon soutimet somemmat."

Istui neiti lepetissä,
Sekä istui, että itki,
Sormiansa murtelevi,
Katkovi kätösiänsä,
Katsoi ylös taivahalle,
Katsoi alas maarajoille;
Taivahalla päivä paistoi,
Vene matkoi maarajoilla.

Maammo tuon venon sisässä.
"Tules maammo ottamahan!"
Maammo noin sanoiksi virkki:
"Enkä ota, enkä taia,
Veljesi tulee jäleltä;
Veljen venot vetrehemmät
Veljen airot armahammat,
Veljen soutimet somemmat."

Istui neiti lepetissä,
Sekä istui, että itki,
Sormiansa murtelevi,
Katkovi kätösiänsä,
Katsoi ylös taivahalle,
Katsoi alas maarajoille;
Taivahalla päivä paistoi,
Vene matkoi maarajoilla.

"Se on veikkoni venonen;
Tules veikko ottamahan!"
Veikko noin sanoiksi virkki:
"Enkä ota, enkä taia,
Siskosi tulee jäleltä;
Siskon venot vetrehemmät,
Siskon airot armahammat,
Siskon soutimet somemmat."

Istui neiti lepetissä,
Sekä istui, että itki,
Sormiansa murtelevi,
Katkovi kätösiänsä,
Katsoi ylös taivahalle,
Katsoi alas maarajoille;
Taivahalla päivä paistoi,
Veno matkoi maarajoilla.

"Se on siskoni venonen;
Tule sisko ottamahan!"
Sisko noin sanoiksi virkki:
"Enkä ota, enkä taia,
Sulhosi jäleltä souti;
Sulhon venot vetrehemmät,
Sulhon airot armahammat,
Sulhon soutimet somemmat."

Istui neiti lepetissä,
Sekä istui, että itki,
Sormiansa murtelevi,
Katkovi kätösiänsä,
Katsoi ylös taivahalle,
Katsoi alas maarajoille;
Taivahalla päivä paistoi,
Vene matkoi maarajoilla.

"Se on sulhoni venonen;
Tules sulho ottamahan!"
Sulho noin sanoiksi virkki:
"Jopa tulen, jotta taian,
Sulhon venot vetrehimmät,
Sulhon airot armahimmat,
Sulhon istumet ihalat."
Sulho otti venosohensa.

Neiti noin sanoiksi virkki:
"Nenä poies lähteköhön,
Nenä taattoni venosta
Paikaksi sulhon venosen;
Laita poies lohetkohon,
Laita maammoni venosta
Paikaksi sulhon venosen;
Kaaret poies katketkohon,
Kaaret veikkoni venosta
Paikaksi sulhon venosen;
Pohja poies puotkohon,
Pohja siskoni venosta
Paikaksi sulhon venosen."

29. Kolmet kosijat.

Neito kasvoi kaunosasti,
Ylen lystisti yleni;
Kasvoi niemen kainalossa,
Simasen salon sivussa,
Lehon lemmen liepehellä;
Viikon kasvoi, kauas kuului.
Kaukoa tulit kosijat,
Yhet tuolta Tuuterista,
Toiset päätyi Päivölästä,
Kolmannet Kemijoelta.

Tuli Tuuterin kosija.
Neito vasten vastaeli:
"Enmä tästä ennen joua
Kun kiven kuluksi jauhan,
Pieksän petkelen periksi,
Huhmaren sukuksi survon;
Enkä lähe Tuuterihin
Tuuteriss' on miehet tuhmat,
Miehet tuhmat, naiset laiskat,
Tyttäret typerämielet."

Tuli Päivölän kosija.
Neito vasten vastaeli:
"Enmä tästä ennen joua
Kun kiven kuluksi jauhan,
Pieksän petkelen periksi,
Huhmaren sukuksi survon;
Enkä lähe Päivölähän:
Päivöläss' on pitkät päivät,
Päivät pitkät, yöt lyhyet,
Iltaistumat ikävät."

Tuli Kemijoin kosija.
Neito vasten vastaeli:
"Jo lähenki, jotta jouan,

Lähen mie Kemijoelle
Syömähän Kemin kaloja,
Kemin lohta keittämähän;
Hyv' onpi Kemissä olla,
Kaunis Karjalan joella;
Siell' on miehet mielelliset,
Tyttäret hyväntapaiset;
Eik' oo illoilla ikävä,
Ei apia aamusilla."

30. Kullervon sotaan lähtö.

Kullervo Kalevan poika
Tuop' on suoriksen sotahan,
Suotta suoriksen sotahan,
Tahallansa tappelohon,
Vasten kieltoa isonsa,
Emonsa sitäi enemmin.

Kullervo Kalevan poika
Sanan virkkoi, noin nimesi:
"Ei sure suku minua,
Eikä heimo hellittele,
Jos ma kuolisin kujalle,
Riutuisen kotirikoille,
Iso ei pane pahaksi,
Eikä äiti äyhkäele,
Vett' ei vieri veikon silmä,
Ei kastu sisaren kasvo;
Vaan tuota suku surevi,
Hellitteli heimoeni,
Saavani minun sotahan,
Lähteväni tappelohon,

Sortuvan minun soassa,
Vainoteillä vaipuvani."

Kullervo Kalevan poika
Läksi soitellen sotahan,
Ilon lyöen muille maille.
Sanovi sanan isälle:
"Hyvästi hyvä isoni!
Itketkö sinä minua,
Koskas kuulet kuolleheni,
Kansasta kaonneheni,
Sortuneheni suvusta?"

Noin isä sanoiksi virkki:
"En minä sinua itke,
Jospa kuulen kuolleheksi
Poika toinen tehtänehe,
Poika paljoa parempi
Äieä älykkähämpi."

Kullervo Kalevan poika
Läksi soitellen sotahan,
Ilon lyö en muille maille;
Noin se virkki veikollensa:
"Jää hyvästi veikkoseni!
Itketkö sinä minua,
Koskas kuulet kuolleheni,
Kansasta kaonneheni,
Sortuneheni suvusta?"

Noin veikko sanoiksi virkki:
"En itke minä sinua,
Jospa kuulen kuolleheksi:
Veli toinen saatanehe,
Veli paljoa parempi,
Taalaria taitavampi."

Kullervo Kalevan poika
Läksi soitellen sotahan,
Ilon lyöen muille maille;
Noin se siskolle sanovi:
"Hyvästi sisarueni!
Itketkö sinä minua,
Koskas kuulet kuolleheni,
Kansasta kaonneheni,
Sortuneheni suvusta?"

Noin sisar sanoiksi vinkki:
"En itke minä sinua,
Jospa kuulen kuolleheksi:
Veli toinen saatanehe,
Veli paljoa parempi,
Korttelia korkiampi."

Kullervo Kalevan poika
Läksi soitellen sotahan,
Ilon lyöen muille maille;
Noin se virkki naisellensa:
"Jää hyvästi naiskuluni!
Itketkö minua nainen,
Kun mun kuulet kuolleheni,
Meren jäälle jääneheni,
Rimpihin repistyneeni,
Kellistynehen keolle?"

Noin nainen sanoiksi virkki:
"En itke minä sinua;
Suottapa lähet sotahan,
Tahallasi tappelohon;
Kun sun kuulen kuolleheksi,
Väestä vähenneheksi,
Istume ilokivelle,
Laulupaelle langetame,

Viskon virsuni likahan,
Panen uuet ummiskengät,
Panen kaulan kaunihiksi,
Rinnan riskiksi rakennan,
Menen neitosten tupahan,
Morsianten mynstärihin,
Tuossa lyön hurinkuria,
Heitän heian teiakkoa,
Saan siitä paremman miehen,
Urohon älykkähämmän."

Kullervo Kalevan poika
Läksi soitellen sotahan,
Ilon lyöen muille maille.
Sanovi sanan emolle:
"Äitiseni, armaiseni,
Minun kaunis kantajani,
Armas maion antajani,
Ihana imettäjäni!
Itketkö sinä minua,
Koskas kuulet kuolleheksi.
Kansasta kaonneheksi,
Sortuneheksi suvusta?"

Noin emo sanoiksi virkki:
"Etkö tunnen äitin ääntä,
Äitin ääntä, äitin syäntä?
Itkenpä minä sinua,
Kun sun kuulen kuolleheksi,
Väestä vähenneheksi,
Sortuneheksi suvusta:
Itken saavit, itken saunat,
Itken salvoimet saloa,
Kujat itken kuurullani,
Läävät länkämäisilläni,
Itken lumet iljeneksi,

Iljenet suliksi maiksi,
Sulat maat vihottaviksi."

Kullervo Kalevan poika
Läksi suorien sotahan,
Pisti pillit pussihinsa,
Soitti suolla mennessänsä,
Kullervoitsi kankahalla,
Patakoitteli palolla.

Saatihin sana jälestä:
"Taattosi kotona kuoli."

Kullervo Kalevan poika
Sanan virkkoi, noin nimesi
"Josp' on kuoli taattoseni,
Jouti kuolla taattoseni,
Söi mun syötetyt sikani
Joi mun juomatynnyrini."

Kullervo Kalevan poika
Läksi suorien sotahan,
Pisti pillit pussihinsa,
Soitti suolla mennessänsä,
Kullervoitsi kankahalla,
Patakoitteli palolla.

Saatihin sana jälestä:
"Veikkosi kotona kuoli."

Kullervo Kalevan poika
Sanan virkkoi, noin nimesi:
"Josp' on kuoli veikkoseni,
Jouti kuolla veikkoseni,
Vei mun viertohalmeheni,
Katkoi kaskikassarani."

Kullervo Kalevan poika
Läksi suorien sotahan,
Pisti pillit pussihinsa,
Soitti suolla mennessänsä,
Kullervoitsi kankahalla,
Patakoitteli palolla.

Saatihin sana jälestä:
"Siskosi kotona kuoli."

Kullervo Kalevan poika
Sanan virkkoi, noin nimesi:
"Josp' on kuoli siskoseni,
Jouti kuolla siskoseni,
Puotti puurokattilani,
Kaotti kakkaraveroni."

Kullervo Kalevan poika
Läksi suorien sotahan,
Pisti pillit pussihinsa,
Soitti suolla mennessänsä,

Kullervoitsi kankahalla,
Patakoitteli palolla.

Saatihin sana jälestä:
"Naisesi kotona kuoli."

Kullervo Kalevan poika
Sanan virkkoi, noin nimesi:
"Josp' on kuoli nainen multa,
Jouti kuolla nainen multa,
Vei mun verkavaatteheni,
Silkkisukkani menetti."

Kullervo Kalevan poika
Läksi suorien sotahan,
Pisti pillit pussihinsa,
Soitti suolla mennessänsä,
Kullervoitsi kankahalla,
Patakoitteli palolla.

Saatihin sana jälestä:
"Maammosi kotona kuoli."

Kullervo Kalevan poika
Sanan virkkoi, noin nimesi:
"Josp' on kuoli maammoseni,
Jouti kuolla maammoseni,
Suremastansa minua,
Iän päivät itkemästä;
Kuollut maahan pantakohon,
Kalmahan katettakohon,
Sia on maassa kuollehella,
Kalmassa katonehella."

31. Neien hanhi.

Läksin tietä telkkimähän,
Marras maata malkkimahan,
Kolme koiroa jälessä:
Yksi Liukki, toinen Läykki,
Kolmansi Puritsa koira.
Telkin teitä, malkin maita,
Astelin ahoja myöten,
Hopiaisia saloja,
Kultaisia kuusikoita,
Tuli oja vastahani,
Ojasella mättähäinen,

Mättähäisellä kotanen,
Ohjakset koan ovella,
Länget läävän räystähällä;
Kolkkasin koan ovea,
Rämäytin räystäspuuta,
Impi itkien pihalle.

"Mitä' itket impi raukka?"
"Tuota itken impi raukka,
Koirasi minun purevi,
Harvahammas haukkoavi."

"Tule minun turvihini,
Astu alle varjoihini;
Ei sinua koira pure—
Syytis! pois! häpeä koira!"

"Mitä itket nuori neiti?"
"Tuota itken nuori neiti,
Viety on vieno veioseni
Sotilaisen pääsotihin,
Linnalaisen tappeloihin,
Viety Vienahan sotahan,
Meren taaksi tappelohon;
Ei tule kotihin sieltä,
Ei tule sinä ikänä:
Ennen tulisi Tuonelasta,
Manalasta matkoaisi."

"Elä itke nuori neiti,
Jo tulevi veiosesi,
Jo tulevi Tuonelasta,
Manalasta matkoavi,
Alta linnan airot välkkyi,
Päältä linnan pää näkyvi."

"Mitä minulle veio tuopi,
Kuta tuopi kostintsoiksi?"'

"Tuopi rinnan ristilöitä
Tuopi korvan koltuskoita,
Tuopi sormen sormuksia,
Tuopi käen kintahia,
Tuopi kannan kaplukoita,
Jalan alla jarskajia."

"Mitäpä minä veiolleni?
Ei mitään minusta liene;
Tekisinkö piikkopaian,
Eli paian kostopaian?
Ei oo hyvä piikkopaita,
Eikä paita kostopaita;
Sepä hierovi hipiitä,
Kaiveleви kainaloita,
Kutkuttaa kuvetlihoja.
Laitan paian palttinaisen,
Elikk' aito aivinaisen;
Hyv' on paita palttinainen,
Hyvä aito aivinaipen;
Se ei hierele hipiitä,
Eikä kaiva kainaloita,
Kutkuta kuvetlihoja;
Laain puksute kapuset,
Iholiivin liessingistä,
Hihattoman, helmattoman,
Kaha kaulusta vajohon."

Jo tuli kotihin veio;
Toipa hanhen kostintsoiksi,
Kultoa kuvun nenässä,
Kaikki varpahat vas'esta;
Toipa uuet ummiskengät,

Saksan saappahat sataiset,
Kannat alla karskajavi,
Jalan alla jarskajavi;
Toipa rinnan ristilöitä,
Toipa korvan koltuskoita,
Toipa sormen sormuksia,
Toipa käen kintahia.
Minä ristit rintahani,
Koltuskaiset korvihini,
Sormuksiset sormihini,
Käteheni kintahaiset.

"Minne minä kenkyeni,
Kunne saappahat sataiset?"

"Panen kengät jalkahani,
Siltapalkit katkennevi,
Katketkohon jos kahesti,
Niinkö oisi hoikat hongat,
Sekä pehmiät petäjät,
Ettei kestä kengän käyä,
Kengän kannan karskutella."
Panin kengät jalkahani."

"Kunne panen hanhueni,
Liitän lempilintuseni?
Panisin läävän räystähälle;
Läävän lemu lengannehe."

"Kunne panen hanhoseni,
Liitän lempilintuseni?
Panisin saunan räystähälle;
Saunan savu juuttanehe."

"Kunne panen hanhoseni,
Liitän lempilintuseni?

Panisin riihen räystähälle;
Ulkokylmä kylmännehe."

"Kunne panen hanhoseni,
Liitän lempilintuseni?
Panisin pirtin räystähälle;
Lämminkö läkähtänehe."

"Kunne panen hanhoseni,
Liitän lempilintuseni?
Panisin aitan orren päähän;
Orteni alentanehe."

"Kunne panen hanhoseni,
Liitän lempilintuseni?
Panisin otrapurnohoni;
Otrani oastanehe."

"Kunne panen hanhoseni,
Liitän lempilintuseni;
Panisin kakrapurnohoni;
Kakrani kakistanehe."

"Kunne panen hanhoseni,
Liitän lempilintuseni?
Panisin ruispurnohoni;
Rukihini rutjannehe."

"Kunne panen hanhoseni,
Liitän lempilintuseni?
Panisin villavakkahani;
Villani vanuttanehe."

"Kunne panen hanhoseni,
Liitän lempilintuseni?

Panisin värttinän nenähän;
Värttinäni väännellehe."

"Kunne panen hanhoseni.
Liitän lempilintuseni?
Panisin hivustukkahani;
Tukkani tuhertanehe."

"Kunne panen hanhoseni,
Liitän lempilintuseni?
Panisin aian seipähäsen;
Kylän koira haukkunehe."

"Kunne panen hanhoseni,
Liitän lempilintuseni?
Panisin vesikivelle;
Meren kokko koproaisi."

"Kunne panin hanhoseni,
Liitin lempilintuseni?
Tuonne panin hanhoseni,
Liitin lempilintuseni,
Panin läävän räystähälle.
Panin kukon kuulemahan,
Mustan koiran muistamahan;
Eipä kukko kuule'kana,
Musta koira muista'kana.
Jo päivänä muutamana,
Huomenna monikkahana,
Kävin itse katsomahan,
Jo oli mennyt hanhoseni,
Mennyt mielilintuseni."

Läksin tuota etsimähän,
Kaonnutta katsomahan.
Vastahan halonvetäjä.

"Oi veikko halonvetäjä!
Oletko nähnyt hanhoistani,
Nähnyt mielilintustani?
Kunne on mennyt hanhoseni,
Minne mielilintuseni?"

"Mi on merkki hanhossasi,
Merkki mielilinnussasi?"

"Se on merkki hanhossani,
Merkki mielilnnussani:
Kupu kullin kirjotettu,
Varpahat vasen valettu."

"En ole nähnyt hanhoistasi,
Nähnyt mielilintuasi."

Kuuluipa kumu kujalta,
Jymy tarhalta jytäsi;
Käy kasakka katsomahan,
Mitä se kumu kutisi,
Mitä se jymy jytisi:
Orihitko oteltanehe,
Suuren tallin lattialla,
Vai härät kisattanehe,
Uuen läävän lattialla?

Ei oriit tapella'kana
Suuren tallin lattialla,
Eikä härkäset kisata
Uuen läävän lattialla:
Kati kangasta kutovi,
Impi pirtoa piteli,
Äärellä punaisen pilven,
Taivon kaaren kannikalla.
Siell' on hanhut käämimässä,

Ka'in kankahan kuetta;
Niin sen suihki sukkulainen,
Niin sen kääntyi kääjin vaajin,
Niin sen pirta pirkueli,
Kun on kuusessa orava,
Petäjässä pieni kynsi,
Kärppänen kiven kolossa.

32. Kestin lahja.

Annikkainen neito nuori
Istui Turun sillan päässä,
Kaitsi kaupungin kanoja,
Neuoi Turun neitosia.

Nousi pilvi luotehelta,
Toinen lännestä läheni.
Joka nousi luotehelta,
Se tulepi neitihaaksi;
Joka lännestä läheni,
Se tulepi kestihaaksi.

Enmä kiitä kestihahta:
Jo mun kerran kesti petti,
Houkutteli huoran poika,
Söi mun syötetyt sikani,
Joi mun joulutynnyrini,
Jätti pienen pellapaian.—
Minun pieni pellapaita
Tahtoi verkaista hametta;
Minun verkainen hameeni
Tahtoi vyötä kullatuista;
Minun vyöni kullatuinen
Tahtoi raskaita rahoja;

Minun raskahat rahani
Tahtoi nuorta kauppamiestä;
Minun nuori kauppamiehen
Tahtoi mennä muille maille,
Muille maille vierahille;
Kantoi hahtehen kalunsa.
Tuli tuuli tuolta maalta,
Puhui purjehen siahan.
Itse istui laskemahan,
Sanoi kerran mennessänsä:

Kiesuksen jätän siahan,
Hyvän Maarian majahan;
Hyv' on toiste tullakseni,
Parempi palatakseni,
Ennen tehyille teloille,
Alotuille anturoille.

"Kenenkä telat tekemät,
Kenen anturat alomat?"—

"Kiesuksen telat tekemät,
Maarian anturat alomat."

Toisella tavalla laulettiin Keston lahjassa:

Puhui purjehen siahan,
Kantoi hahteen kalansa.
Hikois hirvi juostessansa,
Joi hirvi janottuansa,
Heränteestä lähtehestä;
Sihen kuolansa valutti,
Sihen karvansa karisti,
Sihen heitti haivenensa;
Sihen kasvoi tuomo kaunis,

Karkasi kataja kaunis,
Tuomohon hyvä hetelmä,
Katajahan kaunis marja.
Joka siitä oksan otti.
Se otti ikäisen onnen;
Joka siitä lehen leikkas,
Se leikkas ikäisen lemmen.

"Kiesuksen jätän siaani, j. n. e."

Ne välisanat, jotka näin olemma itse virrestä erottaneet, nähtävästi
eivät sihen kuulu'kaan.

33. Vähätoivottu sulho.

Istui neiti niemen päässä,
Vyötä kullaista kutovi,
Hopiaista huolittavi,
Kuuli sirkan sirkottavan,
Linnun laulavan lehossa.

"Mitä sirkka sirkottelet,
Kuta laulat pieni lintu?"

"Sitä sirkka sirkottelen,
Sitä laulan pieni lintu:
Kuului huuhunta kylältä."

"Kenpä se kylällä huuhui
Toivoisinko taatokseni?
Kun tulisi taattoseni,
Kullasta tuvan kutoisin,
Kultaiseinät seisottaisin,
Kultalattiat latoisin,

Kultapatsahat panisin.
Ottaisin ison orosen,
Kultaisilla suitsosilla,
Päitsillä hopeisilla,
Veisin tuon ison orosen,
Tallihin tasalakehen,
Paksumpahan partahasen,
Suurimpahan renkahasen,
Silkkikattehen sitoisin,
Verkaloimen laitteleisin,
Kaurat kantaisin etehen,
Leivänkannan kanteleisin,
Simaleivän syötäväksi,
Olutputsin juotavaksi;
Laatisin kylyn utuisen,
Hienoisilla halkosilla,
Pienillä pilostehilla,
Suuren korvon vettä saisin,
Heraisesta hettehestä,
Sulkkuvastan hauteleisin.
Kylves taatto kylläseksi,
Valelete valkiaksi!"

Istui neiti niemen päässä,
Vyötä kullaista kutovi,
Hopiaista huolittavi,
Kuuli sirkan sirkottavan,
Linnun laulavan lehossa.

"Mitä sirkka sirkottelet,
Kuta laulat pieni lintu?"

"Sitä sirkka sirkottelen,
Sitä laulan pieni lintu:
Kuului huuhunta kylältä."

"Kenpä se kylällä huuhui
Toivoisinko veikokseni,
Kun tulisi veikkoseni,
Vaskesta tuvan tekisin,
Vaskiseinät seisottaisin,
Vaskilattiat latoisin,
Vaskipatsahat panisin.
Ottaisin veikon orosen,
Sulkkuisilla suitsosilla,
Vaskisilla päitsösillä,
Veisin veikkoni orosen,
Tallihin tasalakehen,
Paksumpahan partahasen,
Suurimpahan renkahasen,
Silkkikattehen sitoisin,
Verkaloimen laitteleisin,
Kaurat kantaisin etehen,
Leivänkannan lennättäisin,
Simaleivän syötäväksi,
Olutputsin juotavaksi;
Laatisin kylyn utuisen,
Hienoisilla halkosilla,
Pienillä pilostehilla,
Suuren korvon vettä saisin,
Heraisesta hettehestä,
Sulkkuvastan hauteleisin.
Kylves veikko kylläseksi
Valelete valkiaksi!"

Istui neiti niemen päässä,
Vyötä kullaista kutovi,
Hopiaista huolittavi,
Kuuli sirkan sirkottavan,
Linnun laulavan lehossa.

"Mitä sirkka sirkottelet,
Kuta laulat pieni lintu?"

"Sitä sirkka sirkottelen,
Sitä laulan pieni lintu
Kuului huuhunta kylältä."

"Kenpä se kylällä huuhui?
Toivoisinpa sulhokseni,
Tuvan vaivoista vatoisin,
Lahoseinät seisottaisin,
Olkilattiat latoisin,
Pajupatsahat panisin;
Ottaisin sulhon orosen,
Nahkaisilla suitsosilla,
Vitsaisilla päitsösillä,
Sillan korvahan sitoisin,
Selkähän likaisen loimen,
Rokosinan katteheksi,
Lian saven syötäväksi,
Tervaputsin juotavaksi;
Tervaskylyn lämmittäisin
Tervaisilla halkosilla,
Pienen korvon vettä toisin,
Likavastan hauteleisin:
Kylves sulho kylläseksi,
Valelete valkiaksi!
Itse poies ennättäisin,
Uksen umpehen jälessä,
Toissa päänä katsomahan,
Koivuinen korento käässä."

34. Katri neito.

Katri kaunis, neito nuori,
Nousi aivan aikasehen,
Teki viisi villavyötä,
Kaheksan kapalovyötä,
Ennen päivän nousemista,
Auringon ylenemistä.
Meni kuuta katsomahan,
Ilmoa ihoamahan,
Kuuli Kuuttaren kutovan
Päivättären ketreävän;
Sitte luoksi luottelihen,
Likelle lähentelihen,
Kävi kuun keheä myöten,
Päivän päärmettä vaelsi:
"Anna Kuutar kultiasi,
Päivätär hopehiasi!"

Antoi Kuutar kultiansa,
Päivätär hopehiansa,
Katsoi kullat kulmillensa,
Päällensä hyvät hopiat,
Kultana kumottamahan,
Hopiana hohtamahan.
Läksi suolle sotkuillensa,
Lätäkölle lätkyillensä;
Oli suo olutta täynnä,
Lätäkkö läpensä mettä.
Joip' on kannun, joip' on kaksi,
Kohta kolmannen sipasi,
Nukkui nurmelle hyvälle,
Kaatui maalle kaltisalle.
Risukosta rietta katsoi,
Konnan poika koivikosta,
Otti kullat kulmiltansa,
Päähänsä hyvät hopiat;
Katri itkien kotihin,

Kallotellen kartanolle.
Emo aitan portahalta:
"Elä itke piikaseni,
Ota aittojen avaimet,
Aukase isosi arkku,
Lukko luinen luikahuta,
Pane paita palttinainen,
Veä verkainen hamehut,
Vyöhyt kullan kirjaeltu!
Siitä kasvat kaunihiksi,
Ylenet ylen ehoksi,
Asut kukkana kujoilla,
Marjana isosi mailla."

35. Saaren neito.

Tuo soria Saaren neito,
Saaren neito, Saaren kukka,
Läksi piennä paimenehen,
Lassa lammasten ajohon,
Ison polven korkunaissa,
Emon värttinän pituissa.
Pani kullat kulmillensa,
Sinilangat silmiltensä,
Päähänsä hopialangat,
Vaskilangat varrellensa,
Istui maahan mättähälle,
Vaipui varvikkosalolle.

Varas katsoi varvikosta,
Mies vihainen virviköstä;
Tuli varas varvikosta,
Mies vihainen virviköstä.
Otti kullat kulmiltansa,

Sinilangat silmiltänsä,
Päästänsä hopialangat,
Vaskilangat varreltansa.

Neiti parka itkemähän,
Vaivainen valittamahan,
Meni itkien kotihin,
Kallotellen kartanolle.
Iso katsoi ikkunasta,
Emo aitan rappusilta:
"Mitä itket piikueni,
Nuori neitonen nurajat?"

"Sitä itken maammoseni,
Sitä taattoni nurajan,
Tuli varas varvikosta,
Mies vihainen virviköstä,
Otti kullat kulmiltani,
Sinilangat silmiltäni,
Päästäni hopialangat,
Vaskilangat varreltani."

"Elä itke piikueni!
Mene aittahan mäellä,
Siell' on kirstu kirstun päällä,
Arkku arkulle yletty,
Aukase parahin arkku,
Kimmahuta kirjakansi,
Ota kuusi kulta vyötä,
Seitsemän sinihamoista,
Sio silkit silmillesi,
Katso kullat kulmillesi,
Pane päällesi parasta,
Kaunehinta kaulallesi,
Ripeintä rinnoillesi,
Valkeinta varrellesi;

Tulet aitasta tupahan,
Sukukuntasi suloksi,
Heimokunnan hempiäksi,
Menet kirkkohon kukaksi;
Nuo sulhot sua kysyvät:
"Kenen kukka, kenen neito,
Kenen morsian mokoma?"

"Saaren kukka, Saaren neito,
Saaren morsian mokoma."

"Voi, jos mie mokoman saisin,
Mie tuota hyvin pitäisin,
Sylissäni syötteleisin,
Käsissäni käytteleisin!
Voi, jos mie mokoman saisin,
Kun se kävi, kanta välkkyi,
Kun se seisoi, seinät paistoi,
Kun se istui, maa ilotsi!"

36. Meren kylpijä.

Anni tyttö, aino neiti
Läksi rannalle pesohon,
Kävi merehen kylpemähän,
Jo oli meri kylvettynä;
Meni toiselle merelle,
Seki oli vielä kylvettynä;
Meni kohta kolmannelle,
Siit' oli puoli kylvettynä,
Toinen puoli kylpemättä.

Anni tyttö, aino neiti
Puki päältä vaattehensa,

Heitti paitansa pajuille,
Hamehensa haarukalle,
Sukkansa sulille maille,
Kenkänsä vesikivelle,
Vyönsä vyöteli vesoille,
Pintelinsä pientarelle,
Helmet hiekkarantaselle,
Sormikkaat somerikolle.

Tuli hauki hangotellen,
Lohen poika longotellen,
Se otti pajuilta paian,
Haarukkaiselta hamosen,
Sukkaset sulilta mailta,
Kenkäset vesikiveltä,
Otti vyöhyen vesoilta,
Pintelisen pientarelta
Helmet hiekka-rantaselta,
Sormikkaat somerikolta.

Anni itkien kotihin,
Kaikotellen kartanolle.
Päätyi emo kuulemahan.
"Elä itke piikaseni!
Ota aittani avaimet,
Mene aittahan mäelle,
Siell' on kirstu kirstun päällä,
Arkku arkulle yletty,
Pue päällesi parasta,
Valkeinta varrellesi,
Paita saksan palttinainen,
Hame verkainen vetäse,
Sukat sulkkuiset koriat,
Kautokengät kaunokaiset,
Vyöhyt kullan kirjoteltu,
Punalanka pintelinen,

Helevimmät helme'nauhat,
Soreimmat sormikkaiset;
Kulet kukkana kujilla,
Vaapukkaisena vaellat,
Ehompana entistäsi,
Parempana muinaistasi!"

37. Helka paimenessa.

Kalevalan kaunis neiti,
Helka neiti hempiätär,
Läksi piennä paimenehen,
Lassa karjan kaitsentahan;
Ajoi lehmänsä leholle,
Vasikkansa varvikolle;
Toi surma susia paljo,
Lempo karhuja lähetti,
Söivät lehmänsä leholta,
Vasikkaiset varvikolta.

Kalevalan kaunis neiti,
Helka neiti hempiätär,
Läksi itkien kotihin,
Kallotellen kartanolle;
Iso kysyi ikkunasta,
Emo aittansa rapuilta:
"Mitä itket piikaseni,
Nuorempaiseni nurajat?"

"Sitä itken äitiseni
Olin lehmien ajossa,
Ajoin lehmäni leholle,
Vasikkani varvikolle;
Toi surma susia paljo,

Lempo karhuja kuletti,
Söivät lehmän leholta,
Vasikkani varvikolta."

Tuon emo sanoiksi virkki:
"Elä itke piikaseni,
Jos surma susia työnti,
Lempo karhuja kuletti,
Söivät lehmäsi leholta,
Vasikkasi varvikolta!
Äsken itke piikaseni,
Kun tulevi toisen kerran
Suet suurille pihoille,
Karhut näille kartanoille,
Syövät suuren sukuni,
Ottavat oman vereni,
Suet sulhoina tulevat,
Karhut kihlan kantajoina."

38. Meren kosijat.

Neitonen turulla istui,
Turun kosken korvasella,
Kirjavaisella kivellä,
Kaunihilla kalliolla.
Kesän istui, toisen itki,
Vuotti miestä mielehistä,
Sulhoa sulosanaista,
Miestä mielen myötähistä.

Rautamies merestä nousi,
Rauta suuna, rauta päänä,
Rauta kukkaro käessä,
Rauta kihlat kukkarossa.

"Tules mulle neiti raukka
Rautamiehen puolisoksi!"

"Enp' on tule, enkä huoli,
Ei oo suotu, eikä luotu,
Eikä koissa kasvatettu,
Rautamiehen puolisoksi."
Sep' on mies meni merehen.

Neitonen turulla istui,
Turun kosken korvasella,
Kirjavaisella kivellä,
Kaunihilla kalliolla.
Kesän istui, toisen itki,
Vuotti miestä mielehistä,
Sulhoa sulosanaista,
Miestä mielen myötähistä.

Tinamies merestä nousi,
Tina suuna, tina päänä,
Tina kukkaro käessä,
Tina kihlat kukkarossa.
"Tules mulle neiti raukka
Tinamiehen puolisoksi!"

"Enp' on tule, enkä huoli,
Ei oo suotu, eikä luotu,
Eikä koissa kasvateltu,
Tinamiehen puolisoksi."
Sep' on mies meni merehen,

Neitonen turulla istui,
Turun kosken korvasella,
Kirjavaisella kivellä,
Kaunihilla kalliolla.
Kesän istui, toisen itki,

Vuotti miestä mielehistä,
Sulhoa sulosanaista,
Miestä mielen myötähistä.

Vaskimies merestä nousi,
Vaski suuna, vaski päänä,
Vaski kukkaro käessä,
Vaski kihlat kukkarossa.
"Tules mulle neiti raukka
Vaskimiehen puolisoksi!"

"Enp' on tule, enkä huoli,
Ei oo suotu, eikä luotu,
Eikä koissa kasvateltu
Vaskimiehen puolisoksi."
Sep' on mies meni merehen.

Neitonen turulla istui,
Turun kosken korvasella,
Kirjavaisella kivellä,
Kaunihilla kalliolla.
Kesän istui, toisen itki,
Vuotti miestä mielehistä,
Sulhoa sulosanaista,
Miestä mielen myötähistä.

Kultamies merestä nousi,
Kulta suuna, kulta päänä,
Kulta kukkaro käessä,
Kulta kihlat kukkarossa.
"Tules mulle neiti raukka
Kultamiehen puolisoksi!"

"Enp' on tule, enkä huoli,
Ei oo suotu, eikä luotu,
Eikä koissa kasvateltu

Kultamiehen puolisoksi!"
Sep' on mies meni merehen.

Neitonen turulla istui,
Turun kosken korvasella,
Kirjavaisella kivellä,
Kaunihilla kalliolla.
Kesän istui, toisen itki,
Vuotti miestä mielehistä,
Sulhoa sulosanaista,
Miestä mielen myötähistä.

Leipämies merestä nousi,
Leipä suuna, leipä päänä,
Leipä kukkaro käessä,
Leipä kihlat kukkarossa.
"Tules mulle neiti raukka
Leipämiehen puolisoksi!"

"Tulenpa minä sinulle,
Sek' on suotu, jotta luotu,
Jotta koissa kasvateltu,
Leipämiehen puolisoksi."

39. Aholla itkijä.

Immikkö aholla itki,
Heinätiellä hellehteli,
Kirjavaisella kivellä,
Paistavalla paaterella.

Kyselimmä, lauselimma:
"Mitä itket impi rukka,
Impi rukka, neito nuori,

Ken sua pahoin pitävi,
Taattoko pahoin pitävi?"
"Taattoni hyvin pitävi."

Immikkö aholla itki,
Heinätiellä hellehteli,
Kirjavaisella kivellä,
Paistavalla paaterella.

Kyselimmä, lauselimma:
"Mitä itket impi rukka,
Impi rukka, neito nuori,
Ken sua pahoin pitävi,
Maammoko pahoin pitävi?"
"Maammoni hyvin pitävi."

Immikkö aholla itki,
Heinätiellä hellehteli,
Kirjavaisella kivellä,
Paistavalla paaterella.

Kyselimmä, lauselimma:
"Mitä itket impi rukka,
Impi rukka, neito nuori,
Ken sua pahoin pitävi,
Velikö pahoin pitävi?"
"Veljeni hyvin pitävi."

Immikkö aholla itki,
Heinätiellä hellehteli,
Kirjavaisella kivellä,
Paistavalla paaterella.

Kyselimmä, lauselimma:
"Mitä itket impi rukka,
Impi rukka, neito nuori,

Ken sua pahoin pitävi,
Siskoko pahoin pitävi?"
"Siskoni hyvin pitävi."

Immikkö aholla itki,
Heinätiellä hellehteli,
Kirjavaisella kivellä,
Paistavalla paaterella.

Kyselimmä, lauselimma:
"Mitä itket impi rukka
Impi rukka, neito nuori,
Ken sua pahoin pitävi,
Sulhoko pahoin pitävi?"

"Sulhoni hyvin pitävi,
Eilen kihloi, eilen kuoli,
Eilen kaiketi katosi,
Äsken luotu maa majana,
Musta multa kattehena."

40. Pahasulhollinen.

Morsian mäellä itki,
Vesitiellä vieretteli,
Kaivotiellä kaikerteli.
Päätyi iso kulemahan.

"Mitä itket piikaseni,
Nuorempaiseni nurajat,
Appikko pahoin pitävi."

"Niin appi hyvin pitävi
Kun ennen iso kotona."

Morsian mäellä itki,
Vesitiellä vieretteli,
Kaivotiellä kaikerteli.
Päätyi emo kuulemahan.

"Mitä itket piikaseni,
Nuorempaiseni nurajat,
Anoppiko pahoin pitävi?"

"Niin anoppi hyvin pitävi
Kun ennen emo kotona."

Morsian mäellä itki,
Vesitiellä vieretteli,
Kaivotiellä kaikerteli.
Päätyi veikko kuulemahan.

"Mitä itket siskoseni,
Nuorempaiseni nurajat,
Kytykö pahoin pitävi?"

"Niin kyty hyvin pitävi
Kun ennen veli kotona."

Morsian mäellä itki,
Vesitiellä vieretteli,
Kaivotiellä kaikerteli.
Päätyi sisko kuulemahan.

"Mitä itket siskoseni,
Nuorempaiseni nurajat,
Natoko pahoin pitävi?"

"Niin nato hyvin pitävi
Kun ennen sisar kotona."

Morsian mäellä itki,
Vesitiellä vieretteli,
Kaivotiellä kaikerteli.
Päätyi setä kuulemahan.

"Mitä itket veljen tyttö,
Nuorempaiseni nurajat,
Sulhoko pahoin pitävi?"

"Se se koira, koira onki,
Sepä vasta koiran koira!
Soisin mie mokoman sulhon,
Vuoen tornissa toruvan,
Hirsipuussa hirnakoivan!
Soisin orressa olevan!
Kun näkisin poltettavan,
Tulta alla kiirettäisin;
Kun näkisin leikattavan,
Päätä pölkylle panisin;
Kun näkisin hirtettävän,
Hirsinuorasta vetäisin.
Selin söi, selin makasi,
Selin kaikki työt tekevi;
Otti yöksi vierehensä,
Antoi kyllä kyynysvartta,
Kättä viljalta vihaista,
Kopra hapsia harasi,
Käsi tuiski tukkiani."

41. Sairastaja neiti.

Viron neiti sairasteli,
Sanoi sairastellessansa:
"Kun ma kuolen kuulu piika,

Riutunen tytär rikaspa,
Työ tiettää hyväin miesten,
Rahan alku aitallisten;
Viekeä minua maata,
Tupatkate tuutumahan,
Taaton tanhuan ta'aksi!
Vaan elkäte viekö'känä!
Eipä saane neito maata,
Piika pitkähän levätä,
Ison ruoskan roiskehelta,
Kapinalta karjan kynnen;
Iso nousevi varahin
Oritta opettamahan."

Viron neiti sairasteli,
Sanoi sairastellessansa:
"Kun ma kuolen kuulu piika,
Rintunen tytär rikaspa,
Työ tiettää hyväin miesten,
Rahan alku aitallisten;
Viekeä minua maata,
Tupatkate tuutumahan,
Veikon venovalkamehen!
Vaan elkäte viekökänä!
Siell' ei saane neito maata,
Piika pitkähän levätä,
Sinne saapi Saksan laivat,
Tervarinnat teutoavat."

Viron neiti sairasteli,
Sanoi sairastellessansa:
"Kun ma kuolen kuulu piika,
Riutunen tytär rikaspa,
Työ tiettää hyväin miesten,
Rahan alku aitallisten;
Viekeä minua maata,

Tupatkate tuutumahan,
Emon kellarin etehen!
Vaan elkäte viekökänä!
Siin' ei saane neito maata,
Piika pitkähän levätä;
Emo nousevi varahin
Hulikoita huuhtomahan,
Kirnua kolistamahan."

Viron neiti sairasteli,
Sanoi sairastellessansa:
"Kun ma kuolen kuulu piika,
Rintunen tytär rikaspa,
Työ tiettää hyväin miesten,
Rahan alku aitallisten;
Viekeä minua maata,
Tupatkate tuutumahan,
Siskon pellon pientarelle!
Vaan elkäte viekökänä!
Siell' ei saane neito maata,
Piika pitkähän levätä,
Siskon värttinän helyltä,
Sekä pirran piukkehelta;
Sisko nousevi varahin,
Alottavi aikasehen
Värttinöitä väännätellä,
Piukahella pirtojansa."

Viron neiti sairasteli,
Sanoi sairastellessansa:
"Kun ma kuolen kuulu piika,
Rintunen tytär rikaspa,
Työ tiettää hyväin miesten,
Rahan alku aitallisten;
Viekeä minua maata,
Tupatkate tuutumahan,

Kirkon kirjatun sivuun,
Satalauan laitehesen,
Vierehen vihannan viian,
Lihavahan luumäkehen!
Siellä saapi neito maata,
Piika pitkähän levätä;
Siell' on äiä äänetöntä,
Paljo paksua väkeä,
Lihavassa luumäessä,
Kirkon kirjatun sivussa."

42. Marjatiellä kaonnut.

Marketta Materon neiti,
Kylän kukka, koin koria,
Läksi puolahan metsälle,
Muulle maalle mustikalle.
Päivän poimi puolukoita,
Toisen muita mustikoita;
Jo päivällä kolmannella,
Ei tienyt kotihin tietä.
Tiehyt metsähän vetäpi,
Ura saattavi salohon.

Marketta Materon neiti
Sekä istui, jotta itki,
Itki päivän, itki toisen,
Itki kohta kolmannenki,
Metsän synkässä salossa,
Alla vaaran varvikossa.
Päivän kolmannen perästä,
Viikon päästä viimeistäki,
Kohetitihen kuolemahan,
Heittihen katoamahan,

Sanoi kerran kuollessansa,
Sekä virkki viertessänsä:
"Läksin puolahan metsälle,
Muulle maalle mustikalle;
Sinne mä kana katosin,
Sinne kuolin kurja lintu;
Elköhön minun isoni,
Elköhön iso kuluni,
Sinä ilmoissa ikänä,
Kuuna kullan valkiana,
Kirvesvartta kirjotelko,
Kaskimetsiä katselko,
Miun kanan kaottuani,
Linnun kurjan kuoltuani!"

"Läksin puolahan metsälle,
Muulle maalle mustikalle,
Sinne mie kana katosin,
Sinne kuolin kurja lintu;
Elköhön minun veljeni,
Elköhön veli kuluni,
Sinä ilmoissa ikänä,
Kuuna kullan valkiana,
Verkaviittoa vetäkö,
Kussakkoihin kuuteleiko,
Miun kanan kaottuani,
Linnun kurjan kuoltuani!"

"Läksin puolahan metsälle,
Muulle maalle mustikalle,
Sinne mie kana katosin,
Sinne kuolin kurja lintu;
Elköhön minun emoni,
Elköhön emo kuluni,
Sinä ilmoissa ikänä,
Kuuna kullan valkiana,

Silkkihuivia sitoko,
Kaksin kerroin kaulahansa,
Miun kanan kaottuani,
Linnun kurjan kuoltuani!"

"Läksin puolahan metsälle,
Muulle maalle mustikalle;
Sinne mie kana katosin,
Sinne kuolin kurja lintu;
Elköhön minun siskoni,
Elköhön sisar kuluni,
Sinä ilmoissa ikänä,
Kuuna kullan valkiana,
Sukkulaista suikutelko
Sinikangasta kutoko,
Miun kanan kaottuani,
Linnun kurjan kuoltuani!"

43. Hukkunut veli.

Impi itki sillan päässä,
Laajan laiturin nenässä;
Käänti silmänsä selälle,
Loi silmänsä loitommaksi,
Näki purren purjehtivan,
Tervalaian laiehtivan,
Toivoi veikkonsa tulevan,
Emon lapsen laiehtivan;
Ei tuo veikko tullutkana,
Emon lapsi laiehtinna;
Tuli ennen tuntematon,
Vieras outo oppimaton.

"Näitkö vieras veikkoani
Selällä meren sinisen?"

"Näinpä neiti veikkosesi
Selällä meren sinisen
Istuvan meren kivellä,
Sukivan suruista päätä,
Huolellista harjoavan;
Suka kultainen pivossa,
Hopiainen harja käessä;
Sulkahti suka merehen,
Haihtui harja lainehesen,
Ojentihen ottamahan,
Kallistihen katsomahan,
Sulkahti suan jälessä,
Haihtui harjan ottamissa.
Sanoi kerran mennessänsä:

"Elköhön minun isoni
Sinä ilmoissa ikänä
Vetäkö veen kaloja,
Tahi saako siikasia,
Tältä suurelta selältä,
Tahi laajalta lahelta!"

"Elköhön minun emoni
Sinä ilmoissa ikänä,
Kuuna kullan valkiana,
Panko vettä taikinahan,
Vettä vellihin kokeo
Tältä laajalta lahelta,
Leviältä liettehveltä!"

"Elköhön minun veikkoni,
Elköhön veli kuluni
Sinä ilmoissa ikänä,

Kuuna kullan valkiana,
Juottako sotaoritta
Rannalta tämän merosen,
Vaivaisilta valkamoilta!"

"Elköhön minun siskoni,
Elköhön sisar kuluni,
Sinä ilmoissa ikänä,
Kuuna kullan valkiana
Peskö tästä silmiänsä
Rannalla kotiperällä,
Kotilahen laiturilla!"

"Mikäli meressä vettä,
Sikäli minun vereni;
Mikäli meren kaloja,
Sikäli minun lihani;
Mikä rannalla risuja,
Ne on kurjan kylkiluita;
Mikä rannan hiekkasia,
Ne hivusta hierottua,
Sekä luuta seuhottua,
Veri tyystä vellottua."

44. Kankahan kutoja.

Neiti kangasta kutovi,
Sukkulaista suikahutti,
Kultakangasta kutovi,
Hopiaista helkytteli,
Kultarihmaset kulisi,
Helisi hyvät hopiat.
"Kellen tuota kankahaista?"

"Kullalleni kultapaian,
Hopialleni hopian.
Kohta kaupoiltaan tulevi,
Turun maalta matkoavi,
Kohta kolmen yön perästä,
Viikon päästä viimeistäki."

"Jop' on kuoli kultasesi,
Meni mielitiettysesi,
Laiva poikki, toinen halki,
Kolmas kuivalle karille,
Itse haukien iloksi,
Ahvenien armahaksi."

Neiti tuosta itkemähän,
Kultakangas katkemahan.

"Elä itke neiti nuori,
Tuolta sulhosi tulovi,
Alta rannan airot souti,
Päältä rannan pää näkyvi,
Tuo sulle sinisen silkin,
Sekä uuet ummiskengät."

45. Katrin kosijat.

Katrina kotikananen,
Kotikukka, linnukkinen,
Viikon viipyi, kauan kasvoi,
Istuen ison majoilla,
Peripenkin notkumilla;
Kolmet renkaat kulutti
Isänsä avaimilla,
Hirren kynnystä kulutti

Heliöillä helmoillansa,
Toisen hirren päänsä päältä
Siliöillä silkeillänsä.

Äiti tuota arvelevi:
"Katri kaunis neitoiseni,
Miksi ei sinuista naia,
Suon kukaista, maan kanaista?"

Katri tuohon vastoavi,
Sanoi Katri: "Ka en tieä,
Miksi ei minua naia,
Suon kukaista, maan kanaista."

Äiti tuohon arvelevi:
"Miepä tieän, miks' ei naia,
Miks' ei illat päätä pesty,
Aamut päätä harjaeltu,
Miks' ei myöhän maata menty,
Nostu aamulla varahin."

Katri päähänsä panevi,
Neiti neuot mielehensä,
Alkoi illat päätä pestä,
Aamut päätä harjaella;
Teki liitot kuun keralla,
Kuun keralla, päivän kanssa,
Nousi aamun aikasehen,
Istui illan myöhäsehen:
Tuli kolmelta kosijat,
Yhet tuolta Inkereltä,
Toiset sai Perä-virosta,
Kolmannet Kojon hovilta.

Iso käski Inkerelle,
Inkerellä käyäksensä,

Vehnäleivän syöäksensä,
Olutjuoman juoaksensa.
Eip' on mennyt Inkerelle,
Illat pitkät Inkerellä,
Illat pitkät ja ikävät,
Päivät vieläki pitemmät.

Emo käski Perä-virolle,
Perä-virolla käyäksensä,
Viron leivän syöäksensä,
Viron vettä juoaksensa.
Ei mennyt Perä-virolle,
Viron vettä soutamahan,
Saarellista sauomahan,
Aalloista ajelemahan.

Veikko käski Kojon kotihin,
Kojolassa käyäksensä.
Kojon leivän syöäksensä,
Kojon vettä juoaksensa.
Ei mennyt Kojon hoviin,
Kojolass' on konsti tuhma,
Ukot uunilla sokiat,
Lapset laiskat lattialla.

Sisko käski mansikkahan,
Mansikassa käyäksensä,
Marjat määltä syöäksensä,
Jokivettä juoaksensa.
Meni mansikka'aholle,
Siin' oli mansikat makiat,
Vatut vaaran rintehellä,
Mesimarjat muilla mailla.

46. Nimitettävä poika.

Neljä on neittä niemen päässä,
Kolme mointa morsianta,
Läksit hillan poimintahan.
Noita päivä poimittihin,
Ilta keolla istuttihin,
Yö levättihin lehossa;
Kuu kantoi kälyjä kolme,
Kolmen neion vuotehelle,
Syntyi poika nuorimmalle,
Nuorimmalle, pienimmälle,
Perehen parahimmalle.
Ei tietä nimeä panna.

"Miksipä nimen panemma,
Kuksipa kuvaelemma?
Kuvatkame Kullikiksi.
Ei oo kultia isolla,
Eikä kultia emolla,
Eikä kullan kantajoa."

"Miksipä nimen panemma,
Kuksipa kuvaelemma?
Ravatkamma Raunikiksi.
Eipä oo rahaa isolla,
Eikä oo rahaa emolla,
Ei rahojen kantajoa."

"Miksipä nimen panemma,
Kuksi kuitenki kuvaamma?
Luokammapa Luorikiksi,
Luorikki hyvä niminen."

47. Rangastava sulho.

Nouskame norolle nuoret,
Kesäkempit kaltiolle,
Leikatkame lehmus pitkä,
Lehmus pitkä ja siliä,
Kiskokame niini pitkä,
Niini pitkä ja leviä,
Punokame nuora pitkä,
Nuora pitkä ja noria,
Jolla ylkä hirtetähän,
Vaimon poika vangitahan.
"Mihen ylkä hirtetähän,
Vaimon poika vangitahan?"

Tien suuhun, veräjän päähän,
Pitkän portin pieleksehen,
Kussa kulkevi kuningas,
Vaeltavi linnan vanhin.
Kuningas kovin kysyvi,
Linnan vanhin vaikuttavi:
"Mintähen tämä siottu,
Vaimon poika vangittuna?"

"Sentähenp' on se siottu,
Vaimon poika vangittuna,
Kun makasi nuoren neion,
Nuoren neion, morsiamen.
Neito rukka tuomittihin
Lohikäärmehen kitahan;
Lohikäärme huokasihen,
Huokasihen, henkäsihen:
Ennen nielen nuoren miehen,
Nuoren miehen miekkoinehen,
Heposen satuloinehen,

Papin kirkkokuntinehen,
Kuninkaan kypärinehen,
Ennen kun nielen nuoren neien,
Nuoren neien, morsiamen:
Neito poikia tekevi,
Laivan lapsia latovi,
Tuohon suurehen sotahan,
Tasapäähän tappeluhun,
Joss' on verta päälle polven,
Joss' on päätä, kun mätästä."

48. Äkäinen sulho.

Lämmitin metoisen saunan
Metoisilla halkosilla,
Hautelin metoisen vastan
Metisen kiven navalla,
Läksin vettä kantamahan
Alta linnan lähtehestä,
Kaupungin kasarisella,
Kuparilla kultaisella;
Käskin taaton kylpemähän.
Taatto kylpi kyllältehen,
Valoi vettä vallaltehen:
"Hyvin teit tyttäreni
Kun kylyn isolle laitit!"

Lämmitin metoisen saunan
Metoisilla halkosilla,
Hautelin metoisen vastan
Metisellä kiven navalla,
Läksin vettä kantamahan
Alta linnan lähtehestä,
Kaupungin kasarisella,

Kuparilla kultaisella;
Käskin maammon kylpemähän.
Maammo kylpi kyllältehen,
Valoi vettä vallaltehen:
"Hyvin teit tyttäreni
Kun kylyn emolle laitit!"

Lämmitin metoisen saunan
Metoisilla halkosilla,
Hautelin metoisen vastan
Metisen kiven navalla,
Läksin vettä kantamahan
Alta linnan lähtehestä,
Kaupungin kasarisella,
Kuparilla kultaisella;
Käskin veikon kylpemähän.
Veikko kylpi kyllältehen,
Valoi vettä vallaltehen:
"Hyvin teit sikkoseni,
Laitit kylyn veikollesi!"

Lämmitin metoisen saunan
Metoisilla halkosilla,
Hautelin metoisen vastan
Metisen kiven navalla,
Läksin vettä kantamahan
Alta linnan lähtehestä,
Kaupungin kasarisella,
Kuparilla kultaisella;
Käskin siskon kylpemähän.
Sisko kylpi kyllältehen,
Valoi vettä vallaltehen:
"Hyvin teit siskoseni,
Laitit kylyn siskollesi!"

Lämmitin metoisen saunan
Metoisilla halkosilla,
Hautelin metoisen vastan
Metisen kiven navalla,
Läksin vettä lähteheltä,
Alta linnan lähteheltä,
Kaupungin kasarisella,
Kuparilla kultaisella;
Käskin sulhon kylpemähän.
Sulho saattavi sanoa:
"Pois portto vetesi kanssa;
Etpä veillä ollutkana,
Olit poikien poluilla,
Katsannassa kengän kauon,
Punapaklan paininnassa."

Otin koivuisen korennan
Pihlajaisen piakan varren,
Jolla hauvoin hartioita,
Pehmitin perälihoja
Äkäiseltä sulhaselta.

49. Sulhonsa kylvettäjä.

Katsos muita miekkoisia
Ja onnen osallisia,
Syövät kaunonsa kaloja,
Sekä luotunsa lohia,
Siikoja sivullisensa,
Armahansa ahvenia.
Mujeita mukahisensa,
Kumppalinsa kuorrehia.

Olipa joulu joutumassa,
Pesinpä mieki tupani,
Lakaelin lattiani,
Laitoin kaunoni kalahan,
Armahani ahvenehen;
Ei kauno kaloja saanut,
Armahani ahvenia.

Otin verkkoni olalle,
Kiviriipat rinnoilleni,
Kalakontit kannoilleni,
Läksin mie itse kalahan.
Potkin saaren, potkin niemen,
Potkin kohta kolmannenki;
Sain kaloja kaikki saaret,
Joka niemen nieriäitä.
Yksi luoto loi lohia,
Toinen antoi ahvenia,
Kolmas niemi nieriäitä.
Nousin maalle keittämähän,
Ison pitkille pihoille,
Veikon vestoslastusille.
Keitin noista kunnon ruoan,
Syötin, juotin vierahia,
Söin itse kyllältäni,
Säästin ruotoset kokohon,
Pienimmistä kiiskilöistä,
Suurimmista ahvenista,
Menin illalla kotihin,
Syötin noita kaunolleni.
Kauno syöp' ja kiittelevi:
"Hyväpä tämäki ruoka,
Syöä miehen saamattoman,
Ottoa olemattoman!"

Lämmitin metoisen saunan,
Hautelin metoiset vastat,
Kylvettelin vierahia;
Kylvin itse kyllältäni,
Käskin kaunon kylpemähän;
Kävi kauno kylpemähän:
Minkä kauno vettä puisti,
Sen mä löylyä lisäsin,
Minkä kauno usta huusi,
Sen mä usta ummemmaksi,
Minkä kauno maahan pyrki,
Sen mä portaita alennin.
Tuli sääli sällöäni,
Sekä kaiho kaunoani,
Tempasin tukasta maahan,
Sihen sotkin sormillani,
Pieksin peukaloisillani,
Hautelin halolla päähän,
Sekä vestin vempelellä.
"Ole kiitetty Jumala,
Päästit sulhosta pahasta!
Ennen yksin yön makoan
Kun kahen pahan keralla."

Isä kuitenki sanovi,
Emo aina arvelevi:
"Pahoin teit poloinen lapsi,
Kun sa kaunosi kaotit;
Pah' oli pahan keralla,
Paha aivinki pahatta."

Oli yötä kaksi, kolme,
Viisi kuusi vuorokautta.
Äsken tuon toeksi tunsin,
Öitä yksin maatessani:
Pah' oli pahan keralla,

Ei parempi yksinäni.
Menin kohta katsomahan
Kaonnutta kaunoani;
Kauno kengän ompelossa,
Punapaulojen punossa.
"Kellen noita kenkäsiä?"

"Kellen muulle kun sinulle,
Kun hyvälle konsanaki."

Vein mä kaunoni tupahan,
Asettelin pöyän päähän,
Syötin, juotin kylläseksi,
Apatin alanenäksi,
Otin kaunon selkähäni,
Kannoin kaunoni pihalle,
Vein tuota vesipolulle.
Tuli sirkka, söi se silmän,
Tuli torakka, toisen kaivoi,
Sääski särpi kuivillehen,
Vesilintu vei peräti.
Loin tukasta selkähäni,
Vein tuon peltojen perille,
Takimmalle tanhualle,
Sihen heitin herttaseni,
Sekä kaunoni kaotin.
Kävin tuota katsomahan
Kahen, kolmen yön perästä;
Jo tuolle korppi koulun kantoi,
Ja harakka hanan kaivoi;
Kävin vielä katsomassa
Viien, kuuen viikon päästä;
Jo oli kehnot kekri pietty
Mustat linnut muistinpäivä.

Iskin kahta kämmentäni
Kahen puolin kylkiäni:
"Ole kiitetty Jumala!
Pääsin kolmesta pahasta:
Venehestä vuotavasta,
Heposesta heittiöstä,
Sulhosta pahatavasta.
Venehen tulella poltin,
Heposen hukille syötin,
Sulhon surmalla tapatin."

50. Sulhon valitsija.

Etsin neittä vellolleni,
Kumpalia kullalleni.
Löysin neitosen lehosta,
Hienohelman heiniköstä.
Kysyttelin, lausuttelin
"Lähetkö neiti vellolleni,
Kumpaliksi kullalleni?"

Neiti varsin vastaeli:
"Minä miessä vellosesi?"
"Paimenena velloseni."

"Enmä lähe paimenelle—
Pah' on paita paimenella,
Ei saata sivussa maata,
Alla leuan lämmitellä,
Alla kainalon asua."

Etsin neittä vellolleni,
Kumpalia kullalleni.
Löysin neitosen lehosta,

Hienohelman heiniköstä.
Kysyttelin, lausuttelin
"Lähetkö neiti vellolleni,
Kumpaliksi kullalleni?"

Neiti varsin vastaeli:
"Minä miessä vellosesi?"
"Kyttämiessä velloseni."

"En lähe minä kytälle—
Kyttä haisevi havulle,
Ei saata sivussa maata,
Alla leuan lämmitellä,
Alla kainalon asua.-"

Etsin neittä vellolleni,
Kumpalia kullalleni.
Löysin neitosen lehosta,
Hienohelman heiniköstä.
Kysyttelin, lausuttelin:
"Lähetkö neiti vellolleni,
Kumpaliksi kullalleni?"

Neiti varsin vastaeli:
"Minä miessä vellosesi?"
"Kalamiessä velloseni."

"En mene kalastajalle
Se kalalle katkuavi,
Ei saata sivussa maata,
Alla leuan lämmitellä,
Alla kainalon asua."

Etsin neittä vellolleni,
Kumpalia kullalleni.
Löysin neitosen lehosta,

Hienohelman heiniköstä.
Kysyttelin, lausuttelin:
"Lähetkö neiti vellolleni,
Kumpaliksi kullalleni?"

Neiti varsin vastaeli:
"Minä miessä vellosesi?"
"Kyntäjänä velloseni."

"Jo lähenki kyntäjälle:
Lämmin kylki kyntäjällä,
Saattavi sivussa maata,
Alla leuan lämmitellä,
Alla kainalon asua."

51. Kukkien tarves.

Juoksevi jokea kolme
Ympäri minun kotini,
Kahen puolen kartanoni.
Yksi joki mettä juoksi,
Toinen simoa siretti,
Kolmansi olon punaisen.
Tuli veikko vierahaksi,
Siskoni käviämeksi;
Juotin mettä veikolleni,
Siskolle simoa juotin,
Itse join olon punaisen.
Vein mä veikkoni hevosen
Tarhapeltojen perille,
Siltapeltojen sivulle.
Hävisi veikkoni hevonen
Lehmitarhani takoa,
Sinipellon pientarelta.

Laitin rengit etsimähän—
Eipä rengit löytänynnä,
Rengit etsi kirvesvartta.
Laitin piiat etsimähän—
Eipä piiat löytänynnä,
Piiat etsi pirran puuta.
Läksin itse etsimähän
Kolmen koirani keralla,
Viien, kuuen villahännän,
Seitsemän sepelikaulan.
Koirat sotki suota myöten,
Mie itse mäkiä myöten;
Löysin veikkoni hevosen
Tarhapeltojen tasalta,
Siltapeltojen sivulta;
Tuolle selkähän kavahin—
Ajoin rannat rapsutellen,
Hiekkarannat herskutellen;
Hiekat silmille sirisi,
Mullat parskui parmoilleni.
Tuli Kiesus vastahani,
Vaskivarpoja sylissä,
Kultakukkia käessä,
Mie noita anelemahan:
"Anna Kiesus kukkiasi!"

"Kellen kukkia anelet?"
"Anopille ankaralle—
En tohi kotihin mennä
Ilman noita kukkasitta,
Ilman vaskivarpasitta;
Anoppi kova kotona,
Appi vielä ankarampi,
Paljo saisivat sanoja,
Viikoksi vihan pitoa,

Minun tyhjin tultuani,
Viikon viivyteltyäni."

52. Neiti omegapuussa.

Astuin aamulla varahin,
Läksin aivan aikasehen,
Omenoita ottamahan,
Pähkämiä poimimahan,
Emoni omenamaasta,
Tahi tarhasta isoni.
Näin omenan oksasella,
Punakuoren pääni päällä,
Nousin puuhun nostamatta,
Kohosin kohottamatta;
Toipa surma sulhon nuoren,
Sulhon nuoren, miehen kainun,
Tuli tuo omenispuulle,
Alle oksien osasi.
Suitset seitset vyön takana,
Takatarhilot käessä.

"Mitä suitsin seitsin laait,
Kuta tarhiloin tavotat?"

"Ottaisin omenamarjan,
Punakuoren oksaselta."

Annoin oksalta omenan,
Puotin punaisen kuoren.

Sulho tuosta noin sanovi,
Itse lausui ja pakisi:
"En ole etsossa omenan,

Punakuoren poiminnassa,
Olen neion etsinnässä,
Punaposken poiminnassa."

"Ei ole meiän neitojamme,
Ei meiän kotikanoja,
Suitsin seitsin ottaminen,
Tarhiloin tavottaminen;
Vielä näistä neitosista,
Ja näistä kotikanoista,
Äyrit äyhtien tulevat,
Pienet rahat piehtaroien,
Killingit kipoa lyöen,
Tolpat toistansa ajaen."

"Vielä näistä neitosista
Ja näistä kotikanoista
Suku juopi suuret sarkat,
Heimo hempiät pikarit,
Kosija kokevi tuopit,
Kaaso kannut kallistavi."

"Vielä näistä neitosista
Ja näistä kotikanoista
Isolleni ilvesturkki,
Ruisleivän ruokkimasta,
Emolleni näätälakki
Nännillä imettämästä,
Veikolleni verkaliivi
Kantamistahan kaloista,
Siskolle sininen kosto
Kanssani kasuamasta."

53. Kaonnut poika.

Läksi poika puolukkahan,
Toinen poika mustikkahan,
Kolmansi jänön jälille,
Koukkupolven polkumille.
Tuli poika puolukasta,
Poika toinen mustikasta,
Ei tullut jänön jäliltä,
Koukkupolven polkumilta.

Läksi iso etsimähän
Olutveellä otraisella,
Kakraisella kannikalla,
Leivällä rukehisella.

Etsi pientä poiuttansa,
Kullaista omenuttansa;
Eip' on löyä poiuttansa,
Kullaista omenuttansa.

Läksi emo etsimähän
Olutveellä otraisella,
Kakraisella kannikalla,
Leivällä rukehisella.

Etsi pientä poiuttansa,
Kullaista omenuttansa;
Eip' on löyä poiuttansa,
Kullaista omenuttansa.

Läksi veikko etsimähän
Olutveellä otraisella,
Kakraisella kannikalla,
Leivällä rukehisella.

Etsi pientä vellyttänsä,
Kullaista omenuttansa;

Eip' on löyä vellyttänsä,
Kullaista omenuttansa.

Läksi sikko etsimähän
Olutveellä otraisella,
Kakraisella kannikalla,
Leivällä rukehisella.

Etsi pientä vellyttänsä,
Kullaista omenuttansa.
"Missäpä olet veikko rukka?
Tule pois veikko rukka!"

"Enpä pääse sikko rukka:
Pilvet päätäni pitävät,
Hattarat hivuksiani,
Vipu toista jalkoani;
Päästä päätä Päivän poika,
Silmiä hyvä sikiä,
Silmät tähtiä lukevi,
Sääret honkia hosuvi."

"Kuu kulta, Jumalan luoma,
Lähes päätä päästämähän,
Syötä Karjalan kaloja,
Kuvetjärven kuorehia!"

54. Suen vivulla käynyt.

Kolm' on poikoa emolla,
Kolme lasta vanhemmalla.
Läksi poikanen kalahan,
Toinen poika tuorehesen,
Kolmansi suen vivuille.

Tuli poikanen kalasta,
Poika toinen tuorehesta,
Ei tullut suen vivulta.

Kenen poikoa ikävä?
Emon poikoa ikävä.

Läksi emo etsimähän
Kaonnutta poikoansa.
Juoksi korvet kontiona,
Sutena salot samosi,
Kohta kolmen yön perästä,
Viikon päästä viimeistäki,
Nousi suurelle mäelle,
Korkialle kukkuralle,
Huuti tuolta poikoansa:
"Missä olet poikueni?
Tule poikani kotihin!"

Poika tuolta vastoavi:
"En minä emoni pääse
Pilvet päätäni pitävät,
Hattarat hakuliani,
Kaaret kainaloisiani,
Vipu toista jalkoani,
Sääret honkia hosuvi,
Silmät tähtiä lukevi,
Eessäni pimiä pilvi,
Takanani taivas kirkas."

55. Virossa posija.

Poikanen posi Virossa,
Saksan maalla sairasteli

Tautia nimettömiä,
Nimen tietämättömiä.

"Missä saapi sairas maata,
Tuskahinen tunnin olla?
Tokkos voit tuvassa maata,
Tokkos penkillä levätä?"

"Enmä voi tuvassa maata,
Enkä penkillä levätä,
Isännän ilopiolta,
Renkipoikien remulta."

Poikanen posi Virossa,
Saksan maalla sairasteli
Tautia nimettömiä,
Nimen tietämättömiä.

"Missä saapi sairas maata,
Tuskahinen tunnin olla?
Tokkos voit merellä maata,
Tokkos luovolla levätä?"

"Makoaisin maavesillä,
Vaan ei voi Viron vesillä,
Maat' en lokkien lojulta,
Kalalintujen kajulta."

Poikanen posi Virossa,
Saksan maalla sairasteli.

"Missä saapi sairas maata,
Tuskahinen tunnin olla?
Tokkos voit manalla maata,
Maata Tuonelan tuvilla?"

"Viekäte minua maata,
Tupatkate tuutumahan
Tuonne Tuonelan tuville,
Manalan ikimajoille;
Siellä saapi sairas maata,
Tuskahinen tunnin olla,
Ikuisilla vuotehilla,
Polvuisilla pääaloilla."

56. Kosissa käynyt.

Ajoi kaksi kaupanmiestä
Jäletysten jäätä myöten;
Orit konsti kummallaki,
Hiirenkarvainen hevonen.
Isoni orihin osti,
Hiirenkarvaisen hevosen;
Osti sormukset soriat,
Sekä kihlat kirkkahimmat
Minun nallin naiakseni,
Kenstin kestaellakseni,
Ja konstin kosissa käyä.

Läksin konsti kulkemahan,
Kensti käymähän kosissa;
Nousin rannalta mäkehen.
Talopa oli mäellä,
Ei saata sivutse mennä,
Ei ylätse, ei alatse;
Ajoin talon tanhualle,
Talon pienille pihoille.
Neito kukkana kujassa,
Kalittuna kartanossa:
Kysyttelin, lausuttelin:

"Onko sinussa miehen naista,
Molotselle morsianta?
Joko tieät tikkaella,
Joko ommella osoat."

Neiti varsin vastaeli:
"Jos en tieä tikkaella,
Enkä ommella osoa,
Tikatkahan tietävämmät,
Osaavammat ommelkohot.
Eikä arvellut emoni,
Ei luvannut vanhempani,
Neittä myötävän turulla,
Tarittavan tanterella:
Turull' on tupakan kauppa,
Tamman kauppa tanterella,
Neito myöähän tuvassa,
Katon alla kaupitahan."

Tuli tuo kukkapää tupahan,
Kassapää katoksen alle;
Mie tuota ihoamahan,
Silmät oli pesty silloin tällöin,
Poskipäät ei polvenahan,
Korvia ei kuuna päänä.

57. Konnan tytär.

Eilen meillä lehmä poiki,
Teki valkian vasikan:
Vaskisarvi, kultakynsi,
Hopia otsassa hohti.
Isoseni, ainoseni,
Vie'pä tuota Wiipurihin,

Saata kaupunnin kaulle:
Tuo tuolta orihevonen,
Tahi pieni tammasälkö,
Jonk' on lampi lautasilla,
Lähe länkien sialla,
Josta velhot vettä juovat,
Katehet kaloja syövät!
Osta kahet kankisuitset,
Vaskikannukset keralla!
Itse mä satulan saisin
Kovan koivun kuoren alta.
Orihilla otrat kynnän,
Tammalla talon asetan.
Lähen kullalla kosihin,
Hopialla liehumahan
Mokomata morsianta,
Konnun kuulua tytärtä
Ankaran anopin luota,
Apen ankaran talosta.

Isoseni ainoseni
Vei vasikan Wiipurihin.
Osti mulle mustan ruunan,
Vaihtoi pienen tamman varsan.
Ajoin varsani vaolle,
Mullokselle mustan ruunan,
Kynnin kymmenen vakoa,
Kynnin kaiketi kaheksan.
Varsa haukki varvunpäitä,
Musta ruuna ruohonpäitä.
Heitin varsani vaolle,
Mustan ruunan mullokselle,
Itse lehtohon letustin,
Hopiaisehen salohon,
Vaskisehen varvikkohon,
Kultaisehen koivikkohon,

Leikkasin lehosta virven,
Vesan tammisen tapasin,
Kultaisesta koivikolta,
Hopiaisesta salosta.
Toi surma susia paljon,
Kantoi metsä karvasuita,
Söivät varsan vaolta,
Mustan ruunan mullokselta.

Menin itkien kotihin,
Kallotellen kartanolle.
Iso portilla kysyvi:
"Mitä itket poikaseni?"

"Sitä itken taattoseni,
Vanhempaiseni valitan
Ajoin varsani vaolle,
Mustan ruunan mullokselle,
Kynnin kymmenen vakoa
Kynnin kaiketi kaheksan.
Varsa hankki varvunpäitä,
Ruuna katsoi ruohonpäitä.
Heitin varsani vaolle,
Mustan ruunan mullokselle,
Minä lehtohon letustin,
Kultaisehen koivikkohon,
Vaskisehen varvikkohon,
Hopiaisehen salohon.
Leikkasin lehosta virven,
Vesan tammisen tapasin,
Kultaisesta koivikosta,
Hopiaisesta salosta.
Toi surma susia paljon,
Metsä kantoi karvasuita,
Söivät varsani vaolta,
Mustan ruunan mullokselta."

Tuon iso sanoiksi virkki:
"Elä itke poikaseni!
Läksinpä minäi muinen,
Läksin mie kauas kalahan:
Tuuli voitti, airo taittui,
Vene haapainen hajosi.
Panin sormet soutimeksi,
Peukalon perämelaksi;
Souin sormin saaroselle,
Kämmenin käpysalolle,
Niin veistin venon paremman,
Laitin purren pulskahamman.
Sie osta ori parempi,
Varsa kahta kaunihimpi."

Ostin mie orihin uuen,
Varsan kahta kaunihimman.
Orihilla otrat kynnin,
Tammalla talon asetin,
Läksin kullassa kosihin,
Hopiassa liehumahan
Mokomata morsianta,
Konnun kuulua tytärtä.

Anoppi koria muori
Oli aittahan menevä.
Puhuttelin, lausuttelin:
"Onko teillä neittä myöä,
Tahi kaupita kanaista?"

Anoppi koria muori
Hänpä varsin vastaeli:
"Kanan kauppa orren alla,
Neien nelisnurkkasessa."

Meninpä minä tupahan,
Puhuttelin, lausuttelin:
"Onko teillä neittä myöä,
Tahi kaupita kanaista?"

Tuotihinp' olutta tuoppi,
Tuoppi olutta, toinen mettä.

"Enpä huoli syömisistä,
Enkä varsin juomisista,
Saisin nähä neitoseni—
Tuokate tupahan neittä!"

Tuotihin tupahan neittä
Sisaresten siiven alla,
Veljen akan verhon alla,
Kälysten käsivaralla.
Ei ole tuossa miehen naista,
Eikä miehen morsianta:
Paha raiska paita päällä,
Jatketut sukat jalassa,
Silmät pesty silloin tällöin,
Silmäkulmat milloin kulloin,
Suut' ei siivottu ikänä,
Poskipäit' ei polvenahan.*
Enpä tainnut tuota naia,
Kun oli musta kun torakka;
En tainnut vihille vieä,
Panna en papin etehen.

58. Vaimon saanut.

"Annas minulle Anniasi,
Liitä lempilintuasi!"

"Enpä anna Anniani,
Liitä lempilintuani.
Ei Anni ko'ista joua:
Anni tarkoin tarvitahan
Pesemässä pyöräpöyät,
Lattiat lakasemassa;
Tästä kulkevi kuningas,
Vaeltavi linnan vanhin."

"Anna mulle Anniasi,
Liitä lempilintuasi!"

"Enpä anna Anniani,
Liitä lempilintuani;
Enpä anna ollenkana,
Kuulematta kullenkana,
Pahoille rekipajuille,
Likaisille liistehille,
Kaskikannoille koville,
Nokisille nuotioille."

"Enpä ota Anniasi,
Enkä taho tyttöäsi
Pahoille rekipajuille,
Likaisille liistehille,
Kaskikannoille koville,
Nokisille nuotioille;
Otanpa oluttupihin,
Tahon vehnätahtahille."

Tuosta Anni annettihin,
Perä paksu paiskattihin.
Päivän söi, makasi toisen,
Kohta kolmannen toruvi;
Tuli riski riitelijä,
Aivan tarkka tappelija,

Taitava tukan vetäjä,
Hapsien haraelija,
Ei tullut tuvan pesijä,
Saanut ei saunan lämmittäjä.

59. Viisastunut.

Isä neuoi poikoansa,
Vanhin vaivansa näköä,
Kun kuki sukimojansa,
Itse ilmöin luomiansa:
"Poikueni, nuorempani,
Lapseni, vakavampani,
Kun sulle halu tulevi,
Naia mielesi tekevi,
Tuoa minneä talohon,
Emäntätä etsiellä,
Nouse aamulla varahin,
Aivan aika huomenessa,
Katsele kyliä myöten,
Katsele talo talolta,
Kust' on savu ensimmäinen,
Siitä naios poikueni."

Pani poikanen opiksi.
Nousi aivan aikasehen,
Aivan aika huomenessa,
Käveli kyliä myöten,
Katseli talo talolta;
Savun saarelta näkevi,
Tulen niemen tutkamelta.

Kävi tietä, astelevi
Saaren kuuluhun kotihin,

Ilman koiran kuulematta,
Harakan hatsattamatta.

Sitte tultua tupahan
Itse tuossa arvelevi:
"Oisiko tytärtä täällä,
Tämän pojan puolisoa?"

Päätyi neiti leipomassa,
Tyttönen taputtamassa;
Sanan virkkoi, noin nimesi:
"Mikä lietki miehiäsi,
Ku kylän kävijöitäsi,
Tavatta tupahan tullut,
Neion etsohon nenättä;
Ellös konsana Jumala
Luo kotia koiratonta,
Kasitonta karsinoa,
Pihoa harakatonta,
Lapsitonta ikkunoa!"

Niin poika sanoiksi virkki:
"Miss' on taattosi sinulta,
Minne mennyt maammosesi,
Kanssa kaikki muut imeiset?"

Tyttö saattavi sanoa,
Neiti varsin vastaella:
"Taattoni talon pihalla
Eestakaisin astelevi;
Maammo parka paimentavi
Mennehen kesän kisoja;
Veikkoni ve'en varassa
Vähäll' äiän ottelevi."

Läksi poikanen kotihin.
"Jo mie kävin, taattoseni,
Kävelin kyliä myöten,
Katselin talo talolta,
Varahaisinta savua:
Näin mä saarella savusen,
Tulen niemen tutkamessa,
Menin mie sihen talohon,
Eikä mua koirat kuultu,
Eikä haukkujat havattu:
Kysyin tyttöä talosta."

"Oli tyttö leipomassa
Noin se varsin vastaeli:
Ellös konsana Jumala,
Luo kotia koiratonta,
Pihoa harakatonta,
Lapsitonta ikkunoa;
Mikä lietki miehiäsi,
Ku kylän kävijöitäsi,
Tavatta tupahan tullut,
Neien etsohon nenättä!"

"Kun sitte kysyin tytöltä
Missä taatto, missä maammo,
Missä kaikki muut talosta?
Noin se saatteli sanoa,
Noin varsin vastaella:"
"Taattoni talon pihalla
Eestakaisin astumassa,
Maammo parka paimenessa
Kesän mennehen kisoja,
Veikkoni ve'en varassa
Vähäll' äiän ottamassa."
"Niinp' on niin sanoi mokomin,
Niinpä mieletön pakisi."

Tuon iso sanoiksi virkki:
"Itse siulla poikaseni
Ei ollut älyä äiä,
Eikä paljo mieltä päässä,
Sentähen sanoi sinua
Tullehen tavattomasti,
Kun ei koira kaukkununna,
Harakka hatsahtanunna,
Lapsi eellä ilmottanna,
Kasi pyyhkint kasvojansa;
Tahi kun oisit sintsissäki
Eellä niistänyt nenäsi,
Siit' oisi tyttö ennättänyt
Panna päällensä jotai,
Ei oisi nähty leipomassa
Paljahalla paiallahan.
Kun sitte sanoi olevan
Taattonsa talon pihalla
Eestakaisin astumassa:
Taatto pellon kynnännässä;
Maammosensa paimenessa
Kesän mennehen kisoissa,
Silloin maammonsa makasi
Lapsisaunassa samassa;
Veljensä ve'en varassa
Vähäll' äiän ottamassa:
Veli veellä onkimassa.
Jo tuon näen kyselemättäi,
Arvelen anelematta,
Saat siitä valitun vaimon,
Sekä mielevän miniän;
Mene sie sihen talohon,
Tuo minulle minnä siitä!"

Meni toiste, toi miniän,
Sai tarkan talosen vaimon.

Sitte ensi-iltasella
Virkkoi nainut naisellehen,
Kuiskutteli kullallehen:
"Mi lie tullut taatolleni,
Kuka kummanen isolle?
Kahen tietä käyessämme,
Palatessamme palolta,
Oli kun mennyt mieleltänsä,
Äsken puuttunut älyltä.
Noin sanoi iso minulle,
Noinpa lausui laittomia:
Jo oisit jaloki poika,
Kun mulle jalan hakisit;
Jo oisit jaloki poika,
Kun tekisit tien lyhemmän;
Jo oisit jaloki poika,
Kun käteni katkoaisit;
Jo oisit jaloki poika,
Kun panisit pääni poikki."

Nainen arvasi asian,
Kysyi kohta mieheltänsä:
"Tokko teit mitä aneli,
Mitä käski ja kehotti?"

"Kuin nyt kummia kyselet,
Kuinka taisin kumminkana
Saaha jalkoa isolle,
Tehä tietä lyhemmäksi,
Taisinko katkasta kätensä,
Eli panna päänsä poikki."

"Oisit tainnut, oisit tiennyt,
Kun oisit oikein älynnyt.
Saua jatkoa jalompi,
Tarinoiten tie lyhempi,

Kinnas jatkona käessä,
Korkona kypäri päässä.
Sanan voimaton pitävi,
Tarinoivat tienkävijät,
Vaikia kesällä kinnas,
Läyli lakki lämpimällä.
Leikkoa ukolle saua,
Se hänelle jalka kolmas;
Tarinoitse tietä käyen,
Se hänestä tie lyhempi;
Ota kintahat ukolta,
Sillä katkaset kätensä;
Ota lakki päälaelta,
Sillä lasket päänsä poikki."

Jopa päivällä jälestä
Taasen tietä käyessänsä.
Poika paljoki pakisi,
Leikkasi kepin lehosta,
Otti kintahat ukolta,
Päästä lakkia kyseli.

Se kaikki hyvä ukosta.
Itse lausui lapsellensa,
Pojallensa noin puheli:
"Jo tuon näen kyselemättäi,
Jo on yön yhen levännyt
Viisahampi vieressäsi."

60. Hiihtäjä surma.

Surma hiihti suota myöten,
Tauti talvitietä myöten.
Noin puhuvi suuri surma,

Aika tauti arvelevi
Talon aittojen takana,
Mäen alla männikössä:
"Kenenpä tapan talosta,
Tapanko ukon talosta?"

"Jos tapan ukon talosta,
Katoisi kalat merehen,
Ei oisi tuojoa pihalle,
Nuotat tukkuhun tulisi,
Verkot muunne vierrähtäisi.
En tapa ukkoa talosta!"

Surma hiihti suota myöten,
Tauti talvitietä myöten.
Noin puhuvi suuri surma,
Aika tauti arvelevi
Talon aittojen takana,
Mäen alla männikössä:
"Kenenpä tapan talosta,
Tapanko akan talosta?"

"Jos tapan akan talosta,
Uni uunilta katoisi,
Penkiltä perä leviä,
Toruja talon tuvasta,
Kalkuttaja karsinasta.
En tapa akkoa talosta!"

Surma hiihti suota myöten,
Tauti talvitietä myöten.
Noin puhuvi suuri surma,
Aika tauti arvelevi
Talon aittojen takana,
Mäen alla männikössä:

"Kenenpä tapan talosta,
Tapanko talon isännän?"

"Jos tapan talon isännän,
Taitaisi talo hävitä,
Pian mennä pieni maani;
Missäpä vierahat viruisi,
Majoaisi matkamiehet.
En tapa isänteäni!"

Surma hiihti suota myöten,
Tauti talvitietä myöten.
Noin puhuvi suuri surma,
Aika tauti arvelevi
Talon aittojen takana,
Mäen alla männikössä:
"Kenenpä tapan talosta,
Tapanko talon emännän?"

"Jos tapan talon emännän,
Kapeneisi karjamaani,
Lyheneisi lehmän lypsi,
Maitokupit kuivettuisi,
Ravistuisi voirasiat.
En tapa emänteäni!"

Surma hiihti suota myöten,
Tauti talvitietä myöten.
Noin puhuvi suuri surma,
Aika tauti arvelevi
Talon aittojen takana,
Mäen alla männikössä:
"Kenenpä tapan talosta,
Tapanko pojan talosta?"

"Jos tapan pojan talosta,
Kaskikirvehet katoisi,
Jyvälaarit laukiaisi,
Aatra vaipuisi vaolle,
Kyykistyisi kynnökselle.
En tapa poikoa talosta!"

Surma hiihti suota myöten,
Tauti talvitietä myöten.
Noin puhuvi suuri surma,
Aika tauti arvelevi
Talon aittojen takana,
Mäen alla männikössä:
"Kenenpä tapan talosta,
Tapanko tytön talosta?"

"Jos tapan tytön talosta,
Katoisi hiiri hinkalosta,
Rotta ruokahuonehesta,
Jäisi sulhoset surulle,
Poikaset pahoille mielin.
En tapa tyttöä talosta!"

Surma hiihti suota myöten,
Tauti talvitietä myöten.
Noin puhuvi suuri surma,
Aika tauti arvelevi
Talon aittojen takana,
Mäen alla männikössä:
"Kenenpä tapan talosta,
Tapanko talosta minnän?"

"Jos tapan talosta minnän,
Ei tuosta talo hävinne,
Naimoiksi nainen katovi,
Ori toisen ostamoiksi;

Nainen toinen naitanehe,
Emäntä etsittänehe,
Eleä emännän kanssa,
Polvet poikoa piellä,
Käsi lasta käännytellä,
Niinkun muillaki emoilla."

Tappoipa talosta minnän,
Pojan naisen pois panetti.
Mies se naipi uuen naisen,
Etsivi emännän toisen,
Saapi naisen naimisella,
Etsimällähän emännän;
Saa ei lapselle emoa,
Huonoiselle hoitajoa,
Nännin suuhun survojoa,
Rinnan suuhun rientäjeä;
Lapset jäivät itkemähän,
Pienoiset pisartamahan.

VAIKEAMPAIN SANAIN LUETTELU

Tässä löytymättömät oudot sanat ovat Eurenin Suomalaisesta sanakirjasta tavattavat.

A.

Aiaskommetto, aidaskoppeli; venäen sanasta: komnata.
Aiut, aikuen, vähä aika; vähennysmuoto.
Aivinki, myöskin.
Alakätinen, heikkokätinen; runollinen sana.
Aleksin, sia, alentaa arvoa, katsoa halvaksi.
Alon, oa, ehkä? asettaa alle.
Ammuelen, ella, mättää, luoda.
Anneksin, sia, annella.
Apponen, kokonansa, aivan.
Ativot, miniän vanhempiin perhe ja koto; vanhasta sanasta:
atti=isä;
   viron kielessä: at, länsi-Inkerinmaalla: äiti, ätä.

E.

Ehtone, neen, iltapuolinen levähyshetki.
Epakko, epatto, epatoin.
Etona, etana.
Eule, ei ole.

H.

Haalikkainen, vaalakka, vaalea.
Haarukka, pieni haara, oksa.
Haitra, kurja.
Haire, een, hairaus.

Hakkurainen, ehkä? hakkuupölkyn korkuinen.

Halea-latva, hallavan harmaa latva.

Hamo = hame.

Hampsu, kuvaussana osoittava huolimatointa oloissansa ja vaatteissansa.

Haparainen, ehkä? suolia kannattava rasvakesi.

Hapsi, sen, hivus.

Haraelen, ella, harata, haralla, vetää; tässä runollisesti.

Havukka, haukka.

Hehätin, ttimen, oikeammin ehätin; päästöraha.

Heikottelen, tella, laulella iloisesti ja remakasti.

Heilakoitsen, ta, heilakoin, ta, kuvaussana, osoittava pöykkeää
    heiskuroimista.

Heimot, oen, painovirhe; oikeammin: heimueni; vähennysmuoto
sanasta:
    heimo.

Heittohiema, oikeammin: hiettohiema, jota katso.

Helmipaate, tteen, paate on outo sana.

Hempsuttelen, tella, äänisana,
    helmain yhteen lyömistä kuvaava.

Hennut, ntuen, vähennysmuoto sanasta: hento.

Heristäitä, virkistyä.

Herskuttelen, tella, äänisana, kaviain ääntelemistä hevoisen
hiekassa
    juostessa kuvaileva.

Heryn, yä, pikemmin painovirhe kuin erinäisen murteen muoto;
oikeammin:
    herun.

Hiejan = hiedan, sanasta hieta.

Riemun, ua, hedelmöitä, kukoistaa.

Hieprahelma, koreahelmainen.

Hiepsintä, nnän, se ääni, jonka helmain kosketus lunta vasten
antaa.

Hietto, outo Wenäen Karjalan sana.

Hiettohiema, vanhan Kantelettaren 1 osan sivulla 314 hiema on
Wenäen

Karjalaksi hiha.

Hiipsintä, nnän, vertaa hiepsintä.

Hilkan, kkaa, helkkää, josta sanasta se onkin muutettu sointumaan sanaan: "pilkkaa".

Himahtelen, lella, äänisana, osoittava hivesten toisiansa vastaan hierahtamisesta syntyvää ääni.

Hipkuttelen, äänisana, osoittava sitä ääntä, joka hiiren jalkain kosketuksesta maata vasten syntyy.

Hivus-kulta, runollinen takaheitto, oikein päin: kultahivus.

Hoikeus, vääristetty ja painovirheellinen sana, oikeammin hoikkeus.

Hoikottelen, sitä seuraavan sanan kanssa yhteen sointuvaksi tehty muutos sanasta: huokaella.

Hoilattelen, huuta hölöttää.

Hokotan, kokea.

Hotakka, kreikan ulkoisten Karjalaisten ristimänimi, Fedotka = Fedosia, kreikkalaisesta nimestä: Theodosia samoin kuin nimestä Feodor, tulee Huotari eli Hotari.

Huikkajan, ta, luikata, heleällä äänellä laulaa.

Huijale, een, kuvaussana: pitkä hurstin kappale.

Huikuroin, ta, mennä niin että huikun, juosta vikevästi.

Huikutan, ttaa, tehdä häpeää tahi Wenäen Karjalaksi: huikeaa.

Huikuttelen, tella, katso edellistä.

Huimen, nen, kelvotoin valta, mielivalta.

Hulpikko, hulpilo.

Huntsukka, kuvaussana, osoittava huonoutta; ressukka.

Huomen-kuuro, aamuhetki.

Huperoitsen, ta, kuvaussana; huonosti ja hupaan kyhätä.

Huppunen, hukkuinen, vakahainen, hupussa oleva, niinkuin kapalolapsi.

Hupsahutan, ttaa, äänisana, hutun kiehumisen ääntä osoittava.

Hurnakko, kuvaussana, osoittava hullunpäisyyttä.

Huuhalla, sanasta huuhta = huhta.

Hympyräinen, kuvaussana, osoittava vähäistä ja huonokkaista.

Hyörehdin, tiä, äännössana; sointoa muutos edellisen runon säkeen sanasta: vyörehtiä.

Häpäkkä, häterä.

Hömmötän, ttää, kuvaussana, varsinaista selitettävää merkitystä
  vailla oleva.

Höykkenen, tä, mitätöin sana epäsuomalaisessa lauseessa.

Höyretyinen, runollinen muutos sanasta: köyretyinen; jota katso.

J. I.

Jalotoin, heikko, ilkeä; muutoin epäsuomalainen sana.

Jasnoinen, venäen sana: jasnyj, loistava.

Immikko, impi, neitoinen, tyttö.

Inhut, uen, vaikeus; vähennysmuoto sanasta inho.

Jouvittelen, tella, joutaa.

Juutan, ttaa, saattaa juuttumaan; tässä merkitsevä läkähyttämistä.

Jytyinen, jyttynäinen, laatuinen.

Jältönen, vähennysmuoto sanasta jälsi.

Järäelen, llä, jyristä eli jyristä vähäisen.

Jääkellehdän, htää, 24, kuvaussanan mukailus, usein jäämistä
osoittava.

K.

Kaaprahdan, htaa, kaapsahdan syrjään.

Kaarlut, uen, pikku Kaarle.

Kaaruttelen, lla, kuvaussana, sitä edellisen säkeen vastaavan sanan
  kanssa mukailtu; muuta varsinaista merkitystä vailla oleva.

Kaiha, suojustettu, varjostettu.

Kaihe, een, kaipaus, ikävä.

Kaihu, kovin kaipaava, valittava.

Kaiotan, ttaa, kaikottaa, ajaa.

Kajatus, ksen, äänisana osoittava kaatran eli kaakkurin ääntä.

Kaiskuttelen, tella, runollinen muutos sanasta kuiskutella.

Kaivottu, ehkä? oikeammin kaihottu, yhtä ku vainottu.

Kaljotan, ttaa, näkyä selvästi; runollinen kuvoussana.

Kalkehdin, tia, vähän kalkutella.

Kalketan, ttaa, astua; runollinen kuvaussana.Kalkettelen, tella,

laulella
kalkkealla äänellä.
Kalki, kalkinen, poloinen.
Kalttokorva, korvilta kaltattava.
Kalvin, pimen, lasta, jonka ympärille verkkoa kudotaan.
Kampelmanni, kihlankantomies; Norjan kielessä: kvambelsman;
vanhassa
    Norjan kielessä kvonbaenamadr.
Kapeikko, kuvaussana, osoittava kuivaa kapisevaa maata.
Kapuset, kapeat.
Karkee, varmaankin paikan nimi.
Karjo, karja.
Karkukartano, karkelukartano, leikkikartano.
Karrus, ksen, kuvaussana, osoittava äkäistä ja kovaluontoista
juntturaa.
Karsina, sillanalus Wenäenkarjalaisten pirtissä. Karsinaan
mennään
    kolpitsan kautta, joka on matala lava kiukaan kupeella, ja josta
    päällyslaudat karsinaan mennessä ovat pois nostettavat.
Karsinassa on
    aina jauhinkivi. On pirtissäkin karsinanpuoli.
Karskattelen, tella, oikeastansa karskutella.
Karstamus, ksen, syyhelmäinen; syyhelmässä eli karjalaksi
karstassa
    oleva; venäen sanasta korosta.
Karsu, karkea haju.
Kartu, rrun, haju, kärty; tämä ja edellinen sana venäen sanasta
    ugarj.
Kassikka, vähäinen tyttö.
Kasvokkaha, silmityksin.
Katsku, katku.
Kaupattalen, tella, oikeammin kaupoitella.
Kauro, ristimänimi Gabriel; venäeksi Gavrila.
Keikari, kuvaussana, ylpeää ja veikevää miestä kuvaava. Teikari.
Keikellehtelen, dellä, kuvaussana, iloista laulelemista osoittava.
Keiketys, ksen, kuvaussana, kovempaa iloista laulamista osoittava.

Keipotan, ttaa, kuvaussana, osoittava tuhman ylpeää käymistä.

Keito, runollinen muutos sanasta koito = raukka.

Kelotan, ttaa, kuvaussana, osoittavata hätä-äänistä laulamista.

Kelpotan, ttaa, kuvaussana, osoittava iloista laulamista.

Kelpottelen, tella, kuvaussana, ymmärtämätöintä ummikon puhetta osoittava.

Keukonen, kuvaussana osoittava kelvotointa heittiömäistä ihmistä.

Kensti, runollinen muutos sanasta konsti, osoittava konstikasta ja taitavaa.

Kepasen, sta, kepsakasti eli keveästi astua.

Kerus, kero, kita.

Keryn, yä, kärvenen, kärveta.

Kettunen, kuoren helmu eli kesi.

Kiekas, kkaan, kiekkerä, ketterä.

Kiero, runollinen mukaus merkitsevä kurjaa.

Kiipueli, kiipeän, vetä.

Kiiranen, outo sana.

Kiiva, kiivas.

Kilokesä, kiloillansa olemisen aika; naimisiin kelpaamisen aika.

Kingottelen, tella, vääntää, pinnistää, kiskoa.

Kinnikonni, kinnerkontti; kontti eli konni on tässä sääriluu.

Kipoa lyöden, vasikat, karitsat ja kilot sanotaan kipaa lyövän eli heittävän, kuin he iloissansa härän pyllyä heittävät.

Kisaketo, kisasia, kisa on tanssi.

Kisko-silmä, kiskova silmä.

Kivenpuu, käsikivenpuu.

Kohalten, kohdallensa, suoraan asetettu.

Kohtapää, päätänsä pystyssä pitävä.

Koiliskoinen, koillinen eli idän koitto.

Koiskaelen, ella, kuiskaella, supattaa usein kovasti.

Kolatsu, vehnäkakku; venäen sanasta kolatshj.

Kolo-ilma, kolkko eli kylmä ilma.

Komentiera, komentaja; ruotsin sanasta kommendör, komentoherra,
  päällikkö.

Kompottelen, tella, äänisana, osoittava juoksevan hevoisen

kavioiden
kopsamista maata vasten.
Komppakenkä, gän, kuvaussana, osoittava astuessa kovasti kopsavata
kenkää; siis ei pieksuja eli lapikkaita.
Kongottelen, tella, kuvaussana, ilkiön varkaista tuloa kuvaava.
Konsti, ylpeä.
Koppelo, maja, hökkeli, koju.
Koppakenkä, kengän, semmoisessa kengässä oleva, joilla saattaa koppaa
eli kipaa heittää.
Koroli, kuningas; venäen sana: korolj.
Kostintsa, Kostitsa, kyläkakku, tuomisia; venäen sana: gostintsy.
Kosto, nuttu.
Kujakkinen, kujassa (pihassa) pidetty eli syötetty.
Kujaperus, oikeammin kujan perus, karjakujan perus.
Kujonen, raitti; pienennysmuoto sanasta kuja.
Kuippaelen, ella, kuvaussana, osoittava kaulaansa oikoen nielemistä.
Kukkaus, den, oikeammin kukkavuus.
Kukki, kukkijalkaiseni, kukitettu jalkani tuki.
Kukla, tokka, vauva, nukki; venäen sana kukla.
Kulahdan, taa, äänisana; vähän pulahtaa.
Kulakka, nyrkki; venäen sana kulakj.
Kulttaan, tata, runollinen muutos sanasta kaltata.
Kumasniekka, pumpulinen hame; venäen sanasta bumazshnyj.
Kumatsu-kainalo, pumpulinen kainalotilkku.
Kunervikko, runollinen muutos sanasta kanervikko.
Kunnar, en, kunnas, kukkula.
Kuohtelen, della, laimistaa vihansa.
Kuokot, oikeammin kuohot, keuhkot.
Kuopottelen, tella, koplotella.Kupina, äänisana, osoittava kenkäinkopsetta käydessä.
Kurskehdin, htia, äänisana, osoittava sitä kuin karskahuttelemalla kuivaa leipää syödään.
Kurskan, aa, äänisana, oikeastansa alkusoinnollinen muutos

sanasta
  pärskää.
Kurso, ehkäpä? kurssi, kurso on myös sama ku piilo.
Kuurin, ia, polttaa eli keittää viinaa; venäen sana kuritj.
Kuussanna, venäen sana kuschanie, ruoka.
Kuutelen, della, ehkä venäen murteellinen, sana okutatjsa, peittäytyä,
  ottaa peite päällensä.
Kyen, oikeammin kyven, kypenen.
Kykkärä, vähäinen korkea paikka.
Kylkeläinen, syrjäinen.
Kyllälteen, kyllältänsä, kylliksensä.
Kyly, sauna.
Kyläjalka, kylän varassa elävä.
Kytyt, kytkyt.
Kyyttö, netkoselkä lehmä.
Kälkä, soinnollinen muutos sanasta kalko, joka on vähennysmuoto sanasta
  kalki; katso tätä sanaa.
Kääjin vaajin, oikeastansa käännin vaaja, jolla kangas-tukkia
  käännetään.
Kämärikkö, kämärä, heinettynyt maan pinta.
Käppähytän, ttää, käppään, käpsään, lyödä läpsähyttäen kättä.
Kävystelen, tellä, oikeastansa kävyskelen.
Kääpönen, oikeastansa: käkönen (käpysillä kukkuu).
Köyretyinen, kuvaussana, osoittava köyryselkää.

L.

Laajelen, lla, laatia, laain = laadin; venäen sanasta laditj.
Laakamoinen, leveä siipi; runollinen kuvaussana.
Laavon, laapoa, kävellä laapoitella.Laikan, kkaa, runollinen muutos
  sanasta luikkaa, luikeasti juosta.
Laito, laitioreki.
Laitto, kurja.

Laivaan, ta, laivalla eli veneellä kulettaa.

Lakaelen, ella, lakaista.

Lakia, ruotsiksi stork, iso kurenmoinen lintu; viroksi tuonen kurki; Servian, Albanin ja Turkin kielissä laklak sekä leklek eli legleg.

Lako-harja, aivan kuin laossa oleva tukka, runollisesti sanottu.

Laon, koa, usein lakaista.

Lapa, eli lapainen on paksu jutrukka vaatteessa eli kankaassa. Se tulee siten, että kaksi tahi useampikin loimilankaa pujotetaan epähuomiosta yhteen piiden väliin. Piitämä on taas semmoinen aukkujuova, joka tulee pirran piiden lonsumisesta aukkopaikkoihin.

Lapatan, heilua.

Lapatta, pikkuinen käsikivessä oleva lautapala, jossa kivenpuu pyörii
    reijässänsä; venäen sanasta lapta.

Lapukka, kylän nimi Wenäen Karjalassa lähellä Wuokkinientä.

Laukku, laukkaaminen, nelistämällä juoksu.

Lauon, koa, päästää, avata.

Latonen, runollisesti mukailtu lempimänimi neitosille.

Lehautan, ttaa, kuvaussana, osoittava liekin kepeästi liikahtelemista.

Lehystäin, täitä, kuvaussana, osoittava huolettomasti rahjuksen tavalla
    liikkumista.

Leikamoin, leijata iloisena leikitellen.

Leilatan, ttaa, kuvaussana, osoittava laulaen ja hoilaten juomista.

Leiletän, leilotan, osoittavat iloista laulelemista.

Lekun, kkua, kepeästi kiikkua.

Lekutan, ttaa, lekuttelen, tella, haukkua hiljanverkkaan lakkaamatta;
    runollisesti sanottu.

Lemu, haju, löyhkä.

Lenkaan, ngata, läkähyttää.

Lepetti, ehkä paikan nimi.

Leputan, ttaa, kielasten leukain alituista liikkumista kuvaava sana.

Lerkutin, ttimen, kuvaussana, tarkoittava puheliasta kieltä.

Lerpotti, käsky eli lähettiläs sotaleiristä; ruotsiksi lägerbåd.

Lesto, liista, liuska.

Letku, runollinen muutos sanasta sotku.

Letustan, kuvaussana, osoittava pehmeän leivän pitkällistä pureksimista.

Liikistyn, yä, alkusoinnollinen muutos sanasta lyykistyn eli kyykistyn.

Liissova, plyyssinen, plyyssi-samettinen; venäeksi plischovoj.

Likerrän, äänisana, kuvaava sävysällä äänellä laulelemista.

Linki, jaloiltansa hervotoin.

Linkki, sukkela, kerkeä.

Listin lastin, aivan kuin lastatut yhteen joukkoon; runollisesti sanottu.

Litsa, naama; venäen sana litso.

Liukkuinen, runollinen muutos sanasta laukkuinen.

Liuvoin, koimen, suksi, liukumisen kapineeksi runollisesti kuvattu.

Liuvotan, ttaa, saattaa liukumaan.

Livahka, hkan, sileä.

Loju, lokkien eli kajavain huuto.

Loumaja, outo sana.

Luikerrettelen, tella, luikeroittelen, luikulla soitella.

Luojut, uen, hylkiminen, halveksiminen.

Luosku, portto.

Lupsotan, ttaa, haukkua harvaan.

Luskon, oa, puuhata, hommata.

Luukontti, luu-rankale.

Lynsyttelen, tellä, lynsytän, ttää, lynsin, lynsiä, matalajalkaisen hiiren juoksua osoittavia kuvaussanoja.

Lypsi, in, lypsy.

Lyykyttelen, tellä, lypsää kyykyllänsä.

Lyykytän, ttää, lyytän, ttää, juosta kyykyttää.

Lyyrään, tä, kuvaussana, osoittava ilon tekoa.

Läkkäs, läkkö, lähtekääpä.

Lätky, kuvaussana, oikeastansa alkusoinnollinen muutos sanasta sotku.

Läyli, vaikea mieli.

Löpinä, äänisana, osoittava alituista lätsyttämistä.

M.

Maatajalka, maata juokseva jalka.

Maherolehmä, maho.

Mahin, ia, mädätä, ummehtua, maheutua.

Maailmanlautta, portto.

Mairisa, suositteleva.

Malina, venäen sanasta malina, vattu, vaderma, vaapukka.

Malkin, lkkia, marssia, astua.

Manninkinen, pienen linnun kuvausnimitys.

Manula, runomitallinen lyhennys sanasta mannula, mannun eli mantereen haltian asunto.

Matikkalehmä, mahikki, usein mahona oleva.

Melki, melkein.

Melki-arvoinen, melkeä arvoinen.

Meronen, pieni meri.

Miekotsen, kota, varustautua miekoilla.

Mieli-pää, oikeammin mieli päähän.

Miilo, rakas; venäen sanasta milyj.

Millitsen, runollinen kuvaussana, tarkempaa merkitystä vailla oleva.

Molotsi, pikku poika; venäen sanasta molodetsj.

Muhaelen, ella, huokuvaa ja myhkivää makaajata osoittava huvaussana.

Muikunta, nnan, kuvaussana, jalkain suikkivaa liikuntoa kuvaava.

Muitsin, ia, venäen sanasta mytjsja, peseytyä.

Mullinen, härkä.

Muakas, kkaan, mutainen.

Murrallan, ltaa, temmata.

Murrin, oikeastansa muurnin, nurin; Wenäen Karjalan sanasta muurnis,

    nurjapuolinen.

Muu-vero, vero on atria; skandinavilaisesta sanasta vard; eri

murteissa värd. Katso Ivar Artsens Norske Folkeordbog.
Mykätän, ttää, mäkättää niinkuin taivaan vuohi niminen lintu, jota
kutsutaan vanhaksi piiaksi.
Mynstäri, luostari; venäen sanasta monastyrj.
Mäjellän, ltää, hoilaavata laulamista osoittava kuvaussana.
Mässä, mässäksi = rikki, möyhyksi.
Määjellän, ltää, oikeastansa vähennysmuoto sanasta määkiä,
samoin
    kuin murraltaa, puhaltaa, sanoista murtaa, puhua.
Määjintä, määkiminen, huonolla äänellä laulaminen.

N.

Naapottelen, tella, kuormillisena eli kohtuisena kävelemistä
viittaava
    kuvaussana.
Naljasilmä, isosilmäinen.
Nalkkisilmä, tuikeasilmäinen.
Nallikka, miehistymätöintä ja keskenkasvuista poikaa osoittava
    kuvaussana.
Narttu, imisä koira; osoittaa tässä lauseessa äpärälasta.
Nasa, poikanassukka; pilkkanimi pojille.
Nillikka, runollinen muutos sanasta nallikka; katso sitä.
Nirttu, runollinen muutos sanasta narttu; katso sitä.
Nokka, nokkela, tarkka.
Nokkelo-nenä, jolla on pikkuinen nokka.
Noriperä, nori on sama ku notko, jonka putouksissa vesi norisee.
Noronaama, noro on tässä = naarmu, juova, karttu, rytty.
Notkustelen, tella, notkutella.
Nukkerehdan, htaa, itkeä nujertaa.
Nuohkija, nyhkijä.
Nuorinen, ehkä metsäeläinten poikia osoittava.
Nuottue, nuottakunta.
Nurskun, kua, ilomieltä osoittava kuvaussana.
Närkäsen, stä, närhen ääntä matkiva äänisana.
Näsäpää, nätisti eli kauniisti laitettu pää.

Nästyrä, nystyrä.
Nästäelen, ellä, laittaa nästisti ja soreasti.

O.

Oastan, taa, läkäyttää siikaisilla, okailla, vihneillä.
Oettelen, tella, niellä; runollinen kuvaussana.
Ojamykrä, mykrä on muissa murteissa myyrä.
Olkikoppoli, olkimaja.
Olotan, ttaa, työntää, saattaa; sanasta olkenen, oleta = kulkea.
Opittelen, tella, käydä katsomassa.
Oranen, naskali.
Oro, uroisa eli oroisa sika, karju; tässä herjaussanana.
Ostopaksi, erillensä; venäen sanasta vy otstanku.
Ounahuulla, ounahuudella, viisaudella.

P.

Paakistuu, ua, paatua, kovettua paakuksi, juuttua kiini.
Pajattaa, laulaa Wenäen lauluja, karjalaksi pajuja, venäen sanasta
   poju.
Paikari, kuvausnimitys.
Pajupuro, puro on sama ku oja.
Pakaelen, ella, puhua, pakista, haastaa, kertoa, jutella, tarinoita
   välistä.
Pakla, paula.
Pakon perästä, väkisin, väkivoimalla.
Palja, palakainen, venäen-uskolaisen vaimon ristimänimi Palagea.
Palkon, oa, ottaa palkkalaiseksensa, palkata.Paperran, rtaa,
jäniksen
   papatosta matkiva sana.
Pantahainen, pannahainen; pannaan eli kirkonkiroukseen pantu.
Passipo, kiitoksia; venäen sanasta spasibo.
Patsas, aan, pirtin patsas; Wenäen Karjalaisten sekä Suomenkin
   puolella, Ilomantsissa ja Wiipurin läänin itäsyrjässä asuvaisten
   kreikan uskoisten Karjalaisten pirtissä kiukaan kulmaan liitetty

patsas, josta menee kaksi orsiksi nimitettyä lautaa, toinen peräseinään ja toinen sivuseinään.

Pella, pellavas.

Pelonainen, kapalovaate; venäen sanasta pelena.

Perinä, polsteri; venäen sanasta perina.

Peros, ksen, perattu huhta.

Pertti = pirtti, ei sanasta pere, mutta Litvankielisestä sanasta pirktis, sauna, tekosanasta pirsti, pestä.

Pettäjäiset, kirnun pettäjäiset, maistiksi otettu voi kirnusta.

Piepotus, ksen, kuvaussana, pienen linnun tapaista ääntä kuvaileva.

Pillamus, ksen, pillaus, turmeleminen.

Pilonen, runollinen muutos sanasta polonen.

Pintahainen, runollinen muutos sanasta pantahainen; katso sitä.

Pinteli, päänauha; ruotsin sanasta bindel.

Pirpanen, kaarnan roso.

Pintyn, mustua pinnalta.

Piuskan, aa, hiljaista ääntelemistä osoittava kuvaussana.

Pohrotsa, Jumalan äiti; venäen sanasta Bogorodetsj.

Poikaruitukka, laiha, pitkä poika roiskale.

Poimuhelma, poimehelma.

Pokosta, kirkonkylä; venäen sana: pogostj.

Perun, ua, parkaa.

Poste, een, vuode; venäen sanasta postelja.

Potsalkka, nappi; venäen murteellinen sana.

Potsanen, outo sana.

Potso, porsas.

Proitin, tia, lähteä; venäen sanasta proiti.

Prokko, venäenuskolaisten ristimänimi Prokofei.

Propatinut, kuollut; venäen sanasta propadatj.

Puiperran, rtaa, piiperrän.

Puiroa, semmoinen raivaamatoin kohta metsässä, josta on hakattu puita.

Puitukka, kan, hoikkaa ja heikkoa miestä merkitsevä kuvaussana.

Pullosuu, pulloturpa, törösuu.

Pulputin, ttimen, putellista pulputtaen juokseva aine.

Punelen, ella, punoa.

Punttaan, tata, puuhun kiinittämistä merkitsevä kuvaussana.

Puolenen, leta, vähetä.

Purjepuu, masto purjeveneessä.

Puraksihen, purkautua; oikeastansa verbum reflexivum puraksiin, puraksiita; muutoin kelvotoin sana.

Purtu, rrun, matkahevoisten lepopaikka purtovälin ajettua.

Putsi, putsinen, tynnöri; venäen sana: botschka.

Puuhkova, höyhenillä täytetty, höyheninen; venäeksi puhovyj.

Pyllinen, talon nimi.

Pyllöttelen, tellä, kuvaussana, pyllyisihinsä kumartuen juoda yli astiasta.

Pynttään, ntätä, lyödä, päntätä selkään.

Pyypöttelen, tellä, matkia pyyn viheltämistä.

Pyy'än, pyykää, paukkaa.

Pyöräpöytä, pyöreä pöytä.

Päivätsi, päiväkestit.

Pähkämä, pähkinä.

Pällähys, ksen, pälläre, kuvaussana, paksuja päänalaisia osoittava, joiden päälle pällähdellä kelpaa.

Pärskän, ää, roiskua, pirskaa.

Pääkontti, pääluu.

Pääpönttä, pääluu; pönttöön runollisesti verrattu.

Päätnitsä, perjantai; venäen sana: pjatnitsa.

Pökötti-leipä, petäjäinen.

Pölötän, ttää, härän möläjämistä alkusoinnollisesti osoittava kuvaussana.

Pömy, jyry, jyräkkä, pöminä.

R.

Rahnikoin, ta, letittää pistelemällä, niinkuin ruoskan siima tehdään.

Rahvon, oa, oikeammin rahoa, kihlata rahoilla.

Rantsukka, juoppo; ruotsalaisesta sanasta rant; halpa mies.

Rastan, taa, oikeammin raastaa.

Raukottelen, tella, surkutella, sanoa raukaksi.

Reili, viekoitus, viettelys, paha tuuma.

Reilittelen, tella, itkeä rillittää; alkusoinnollisesti mukailtu kuvaussana.

Reilotan, ttaa, ylpeää tuloa tarkoittava kuvaussana.

Reista, viehätys, viekoitus, puuha; ruotsalaisesta sanasta fresta.

Reminä, oikeammin räminä.

Remullinen, riemullinen.

Rensun, ua, reen ratisemista ja lensumista ajettaessa merkitsevä kuvaussana.

Repistyn, yä, rimpisuohon uppoamista osoittava kuvaussana.

Repukka, leikillinen pilkkanimitys.

Reuhunto, nnon, reuhaaminen, toran jyry.

Reyt, rekyen, reki; pienennysmuoto siitä.

Rieho eli riehko, kahden nurkkauksen väli lappa-aidassa, johon aidakset pannaan päät ristiin nurkittain.

Rieppu, nauriista tehty juoma; venäen sanasta rypa.

Rievä rihma, lievä rihrna.

Rikuttelen, tella, lyhyesti äännellen ammua eli hirnua.

Rimajan, ta, käreästi ääntelemistä kuvaava äänisana.

Rintataarissa, rintatoveri, vieruskumppali; venäen sanasta: tovarisch.

Ripistyn, yä, pirskua, roiskua.

Ripitän, ttää, rivakkata juoksua osoittava kuvaussana.

Ripsan, saa, hiljaista ja terävääänistä rapsamista kuvaava äänisana.

Ripukkä, riippuva koristus.

Ritunen, heikko.

Riuskuttelen, tella, käen kukkumista runollisesti nimittävä äänisana.

Rokosina, niinimatto; venäeksi rogozhina.

Ruinaan, nata, ahneesti syödä; alkusoinnollinen kuvaussana.

Rumentsainen, punotin, poskien punaus-aine; venäeksi rumjantsy.

Ruotiruoka, ruotivaivaisen ruoka.

Rupalöttö, tön, löttö on matala varretoin virsu; rupalöttö, rupainen, likainen, murainen löttö.

Rutjaan, ta, pilata, sotkea.

Ryytti, tin, paikan nimi.

Rätsinä, pitkä vaimonpuolen paita.Räyähytän, ttää, rämähyttää, rävähyttää.

Rääkistyn, yä, alkusoinnollinen toisinto sanasta lääkistyä, polviansa

    levittäen kyykistyä.

Römä, ryminä, melske, jyry.

S.

Saarapää, haarapää, kaksinhaarainen pää.

Saaronen, saari.

Saatattelen, tella, saatella, tuotella.Saavanen, outo Wenäen Karjalan

    sana.

Salvon, men, salvan, men.

Sanki, gin, ohut kakkara.

Sapakka, koira; venäeksi sobaka.

Sasen, syli; venäeksi sazhenj.

Satatan, ttaa, kipeästi koskettaa, haavoittaa, loukata.

Seinimä, seinämä, seinä.

Seitset, runollinen muutos sanasta suitset.

Seitso, joku verkon laji.

Siidän, tää, siintää, näyttää siniseltä, niinkuin kaikki paikat pitkän

    matkan päästä katsottaissa.

Siipipuonna, siipipuolena.

Siitalo, pitkä viipale.

Sikko, nen, sisko, sisar.Sima, herana juokseva puhtain osa mehiläisen

    medessä eli hunajassa; saksan sanasta: Honig-seim = ruotsiksi:

    jungfruhoning.

Sinikkö, sininen, entinen sininen (viiden ruplan) seteli.

Sinnän, ntää, sinertää; katso siidän.

Sipakka, sipale, hätärä, huijennut.

Sirkkasorkka, kan, sirokenkäistä osoittava kuvaussana.

Sivennän, ntää, sieventää.

Siveri, outo sana.

Sopaelen, ella, myytistellä, supostella.

Sorokka, tyttöjen korea silkkinen pääkapine; venäeksi soroka.

Soritsen, ita, soristaa.

Sorkale, een, sorean hutjakkaa poikamiestä kuvaava kuvaussana.

Sorkehdin, htia, verkallensa sorkkia, soreasti astua.

Sosle, een, hyyhmä,
  jäähyyhmä.

Suihtu, suitsu, liekki. Tässä uudessa Kantelettaressa väärin saanut
  muodon: suihtui.

Suitsin, ia, kuvaussana, suun pieksämistä alkusoinnollisella sanalla
  kuvaava.

Sukimojansa, sukimiansa; siis sanasta sukia.

Sulkan, kkaa, äänisana, matkiva sukkulaisen ääntä kutoessa.

Suolin, ia, ottaa pois suolet eli sisälmykset.

Suovatta, tan, lauvantai; venäen sanasta: subota.

Supostelen, tella, kuvaussana, suutansa mytistellä.

Suppu, pun, soppi.

Surtsin, ia, äänisana, roiskua.

Suukin, kkia, suun pieksämistä alkusoinnollisella sanalla
runollisesti
  osoittava kuvaussana.

Suullitan, ttaa, suuttaa.

Suuru, sora; venäen sanasta sorj.

Suutimatoin, sallimatoin; venäen sanasta suditj, tuomita, määrätä.

Suutu, dun, oikeus; venäen sanasta sudj; josta suutu-herra =
  oikeusherra.

Suuvero, atria; karjalaksi: ruokavero; katso muuvero.

Sällö, kumppali; Wiron kielestä Karjalaan tullut saksan sana
Gesell.

Säteri, satiini; mukalaisesta sanasta satin.

T.

Taaria, venäen uskoisen vaimonpuolen ristimänimi Daija.

Takatarhilo, katso tarhilo.

Talkatasku, runollinen muutos sanasta tilkatasku, paikkalakkari.

Talvitakku, kun, talvitakussansa oleva.

Tarhilo, tarhina, vanhan Kantelettaren III osan sivu 290, outo

Wenäen
  Karjalan sana; katso takatarhilo.
Tavolna, kyllä; venäeksi dovoljno.
Tehterinen, outo sana.
Telikkä, kä, talikko; Ylä-Hämeen murteella; sama ku tadikko,
tadehanko,
  sontahanko.
Teloitan, ttaa, teloilla varustaa.
Tengollinen, rahan arvoinen; venäen sanasta dengi.
Tero, venäen-uskoisen miehen nimi Terentius.
Tervapartsa, tervanahturi.
Tiepottelen, tella, keppelästi, keveästi käymistä merkitsevä
kuvaussana.
Tieto-liukkunen, liukkunen on runollinen muutos sanasta
laukkunen,
  pikkuinen laukku.
Tiiperrehdän, htää, alkusoinnollinen muutos äänisanasta
piiperrehtää.
Tiiru, alkusoinnollinen muutos ruotsin sanasta: spira, raakapuu.
Tiivi, sievä, vakainen, tanea.
Tiski, oikeammin, tiiski, ruokavati. Wanhasta Ala-Saksan sanasta:
Disk.
Tolppa, pan, 12 killinkiä.
Tomia, runsas.
Tomu, tomina, jyske.
Tukkoelen, ella, tukkuun panna.
Tulen lautta, portto.
Tullukka, kuvaussana sanasta tullo; siis pienenläntä tuhmanainen.
Tupsu, oikeammin tupru, pölly.
Turjottelen, tella, viskoa.
Turkka, turkanen; kiroussana.
Turnus, ksen, turiseva ja kunnottoman näköinen mies, ruhnus.
Tuuteri, Tuuterin suomalainen kirkko ja seurakunta Inkerinmaalla
  Pietarista etelään päin.
Tuurukka, hajatukkaista osoittava kuvaussana.
Typytän, ttää, kuvaussana, osoittava lyhytvartisella piipun

typykällä
  tupakoimista.
Tyssäelen, ellä, leikata poikki, typistää.
Työkkönen, pienennysmuolo sanasta: työ.
Työnnän, ntää, lähettää; Itä-Karjalassa ja Wenäen Karjalassa sitä
  merkitsevä.

U.

Uikari, vanhaa uikkavata ukkoa osoittava kuvaussana.
Ulas-vesi, oikeammin kulasvesi, uhkuvesi, tulvavesi, ouruvesi.
Umpilausehinen, ummikko.
Umpiputki, ummessa oleva putki; kanuunaa ja pyssyä tässä sillä
  lailla runollisesti verrataan.
Unta, untelo.
Uudin, timen, koholle sängyn yli sääskien ja kärpäisten pois
  estämiseksi ripustettu liinapeite.
Uusi linna, Novgorodin kaupunki Wenäellä.

W.

Vaahtokuu, helmikuu.
Vaalasti, kihlakuuta; venäen sanasta: volostj.
Vaara, metsäinen vuori,
  mäki.
Vaassa, erilaatuinen venäläisten kalja; venäeksi kvasj.
Vaikutan, ttaa, valittaa.
Vailehdin, htia, oikeastansa vaellehdin, vaellella, sanasta vaeltaa.
Vaimala, oikeastansa vaivala.
Vainotie, sota on karjalaksi vaino, venäen sanasta voina; vainotie
  siis on sotaretki.
Vaklo, runollinen muutos sanasta vikla, eräs soilla olostava lintu.
Valanne, vuoren kohta, josta valaa eli valuu vettä.
Valju, kurja.
Valjuttelen, tella, lepoittaa.
Vallalteen, vallaltansa, mielin määrin.

Valmenen, meta, valmistaa.
Vanttera, oikeastansa vantera, tukeva, tanakka.
Varpapuu, raaka purjeessa.
Varrin, timen, mitätöin sana.
Varski, riski, rivakka.
Vastakoivu, koivu, josta otetaan kylpyvastoja eli kylpyvihtoja.
Vehnä-kolatsu, kolatsu, vehnä-kakkara; venäen sanasta: kolatschj.
Veito, don, veikko, veijo, vello, vellyt, veloinen, vähennysmuotoja
    sanasta: veli.
Vetkaan, ta, viskata huolettomasti tahi varoittelematta.
Vetre, een, herkkä, notkea.
Viena, Dvinanjoki pohjois-Wenäellä, josta Wienan linna,
Arhangelsk ja
    Wienan meri, Walkea meri.
Vienopäiväinen, surkuteltava.
Vieriskumppali, vieruskumppali.Vierrinhanko, ngon, viertohanko.
Vietra, ämpäri; venäen sana vedro.
Vihkuri, vihko.
Viipula, viipale, viilu, pitkä palainen.
Viitisen, itä, oikeammin viititsen; katso sen paikan toisintoa
    vanhassa Kantelettaressa; runollinen muutos sanasta: vaatitseita
=
    vaatettautua, pukeutua vaatteisihinsa.
Viivikkö, kön, viita, vitsikko, lehto.
Vipasen, sta, nykäistä, hipaista, koskea sukkelasti.
Villovarsa, hienokarvainen varsa.
Vilkka, kan, vilkas.
Viltti, parkitusta nahasta tehty kuormareen peite.
Vingottelen, tella, juoda niin että vinkuu.
Virhu, alkusoinnollisesti tehty runollinen muutos sanasta: karhu.
Virsin, iä, laulaa, laulella.
Vitelen, dellä, vitistän, stää, sukkelaa kulkemista tarkoittava
    kuvaussana.
Voikkonen, voisiruinen, vähän voita.
Vollotan, ttaa, kuvaussana, lypsää lutustaa.
Volmari, lienee Liivinmaalla olevan kaupungin nimi.

Vuiskaan, ta, outo Wenäen Karjalan sana.
Vuodun, tua, menehtyä.
Vuollattelen, tella, virua, venytellätä.
Vuolova, vuolas.
Vyökkeleksen, leitä, kuvaussana, äännellen ylös pyrkimistä
osoittava.
Vyörehdin, htiä, vierehtiä, kuleksia, liikkua, kävellä.
Väikerrehdän, htää, vaikeroita.
Välkyttelen, tellä, välkkyä yhä, välähdellä, vilahdella.
Vänkärä, oikeastansa väkkärä.
Värkki, kin, katso väärti.
Västärä, puu-ikkuna; varmaankin ruotsin sanasta: fönster.
Väännittelen, tellä, väännellä; runomitan vuoksi nelitavuisena.
Väärti-morsian, väärti-vaimo, portto, huora.
Väärälten, väärällänsä.
Vörsti, ruhtinas (pilkalla); ruotsin sanasta: förste.

Y.

Ympynen, sen, impi, neito.
Ymmärkki, ymmyriaistä taivaslakea runollisesti nimittävä sana.

Ä. Äyöttelen, tellä, huudella äyäy. Äkin, äkisti, sukkelasti, sievästi.

ALAVIITTEET

[1] Sanalaskurunoa emme ole tahtoneet erilleen laulurunosta mainita, vaikka kyllä onki vähä omituista laatuansa.

[2] Laulurunoja laadustansa ovat, mitä nykyisen kokouksen ensinzäisessä ja toisessa kirjassa löytyy, virsirunoja, mitä kolmannessa. Kertomarunoja tavataan Kalevalassa Wäinämöisen, Ilmarisen, Lemminkäisen ja muiden senaikuisten moninaisista toimista ja huolista kotonansa sekä muualla, erittäinki Pohjolassa. Loihturunoja ovat kaikki luvut, synnyt ja muut sanat, niinkuin esimerkiksi raudan, tulen, käärmeen, pistoksen ja riiden synnyt eli luvut; lemmennosto-, kosiomiehen ja lapsivaimon luvut; kateen, voiteen ja mehiläisen sanat; verensulku- ja muut asetus-, suositus-, lumous-, turvaus-, rukous-, manaus-, herjaus-, pelotussanat. Suurin osa niistä vielä on pränttäämättä, ehkä niitä jo kyllä präntättynäki luetaan usiammissa kirjoissa, erittäinki seuravissa: Chr. Lencquist, Specim. de Superstitione Veterum Fennorum. Aboae 1782; Chr. Ganander, Mythologia Fennica. Aboae 1789; H. R. von Schröter, Finnische Runen. Finnisch und Deutsch. Upsala 1819; Zach. Topelius, Suomen Kansan Vanhoja Runoja ynnä myös Nykyisempiä Lauluja. Turussa ja Helsingissä 1822-1831; Kantele taikka Suomen Kansan sekä Wanhoja että Nykysempiä Runoja ja Lauluja. Helsingissä 1829-1831. Osotelmarunon laatua ovat nykyisessä laulustossa löytyvät Hääkansan laulut ja XXVIII runo Kalevalassa. Sen täydellisemmästä muodostumisesta saadaan esimerkki J. F. Lagervallin kirjasta: Ruunulinna. Murhekuvaus 5:ssä tapauksessa. Hels. 1834, kuin myöski Jak. Juteinin kirjoista: Perhekunda. Pilakirjoitus epäluuloista. Wiipur. 1817; Pila pahoista kengistä, uskon vahvistukseksi, 2:nen ylöspano. Wiipur. 1827.

[3] Katso: Sv. Folkvisor af E. G. Geijer och A. A. Afzelius, 2:dra D. Sthlm 1816, p. 2 ja 212.

[4] Katso: H. G. Porthan, Dissert. de Poesi Fennica, partt. V, Aboae 1766-1778.

[5] Mainittu pispa D. Juslenius on sama mies, joka suomenti Lutheruksen vähän katekismon ja sitä seuraavaiset O. Svebiliuksen yksinkertaiset selitykset. Sanansa, jotka luetaan kirjansa "Suomal. Sana-Lugun Coetus", Sthlm 1745, esipuheessa § 16, kuuluvat: ne jam de carmine quidquam dicam Fennico, cujus elegantia, vis commovendi animos, et affectus ciendi, breviter enarrari negavit: et si maxime id possem, fidem facerem nemini, qvi illius intima non penetraverit sermonis.———Figuris tam dictionum, qvam sententiarum abundat, ut sine illis poesis non aestimetur.

[6] Katso ennen mainitun kirjansa esipuhetta, jossa ensimäisellä sivulla luetaan sanat: "in unserm deutschen Vaterlande, das schon so viele ausheimische Gesangesströme liebend in sich aufgenommen, hoffen wir, dieser wunderbaren Liederquelle eine nicht ungünstige Aufnahme versprechen zu dürfen. Unseres Preises bedarf sie nicht—sie selbst wird bald genug der Freunde um sich versammeln, die auf ihr Rauschen horcben."

[7] Katso myös 9. laulua ensim. kirjassa.

[8] Katso 108. laulua I:mäisessä kirjassa.[9] Katso: J. G. von Herder, Stimmen der Völker in Liedern. Tübingen 1807, siv. 104, jossa kirjassa myös seuraavatki laulut saksankielisesti, siv. 102, 129, 170, 171, 177, ovat tavattavat.

[10] Katso: Pieniä Runoja Suomen Poijillen Ratoksi, I:mäinen osa, präntätty 1818, jossa laulut I———VI, VIII, X ovat tätä laatua, ja II:nen Vihko, Upsalassa 1821, jossa samoite laulut I———XI kuuluvat tähän kokoukseen. Näistä yhdeksästätoista laulusta löytyy enin osa myös von Schröterin, tämän esipuheen III:mannella sivulla, mainitussakirjassa, jossa päälliseksi tätä laatua tavataan 7 paimenlaulua, 2 jauhorunoa ja Kojosen poian virsi. Ne kaksi jauhorunoa myös luetaan Porthaanin edellä sanotussa kirjassa ja

ovat melkein ainoat samassa kirjassa löytyvät vanhanaikaiset kansanlaulut. Muutamia tämänlaatuisia olemma meki ennen pränttäyttäneet Kanteleen 2:sessa osassa, siv. 13-23, 33-72, kuin myöski kuukausisanomain Mehiläisen vuosikerroissa 1836, 1837.—Ilman näitä pränttikirjoista saatuja apuja olemma myös eräitä lisäyksiä kirjoitettuna näihin saaneet Magisteri Matthias Aleksanderi Kastreiniltä ja Akademian Oppilaiselta Johan Fredrikki Kajaanilta, jonka tässä kiitollisuudella mainimma.

[11] Tässä esipuheessa löytyvien nykyisempien laulujen, kun myöskimuutamien vanhojen runonuottien soittomukaisen järjestämisen on Herra Laulun-opettaja Fredrik August Ehrström hyväntahtoisesti toimittanut. Jos niissä olisi jotain erehdystä eli muuta vikaa, esimerkiksi että laulettaisiin kauniimmasti, kun näissä soittotavoissa on osotetuksi saatu, jota muutamista nuoteista kyllä pelkäämmäki, niin siitä ei tule häntä syyttää, vaan meidän huonoa, usein pettäväistä soitto- ja nuottimuistoamme.

[12] ja [13] Nämät mahtavat olla paavinaikuisia lorusekaisia rukouksia.

[14] ja [15] Ukko.

[16] ja [17] Sulho.

[18] Pojan.

[19], [20], [21] ja [22] Neito.

[23] Neitoa.

[24] Neitonen.

[25], [26], [27], [28] ja [29] Neito. [30] Lauletaan morsiamen raskaana ollen.

[31] ja [32] Kuvailevat ennen vihkimistä saatua lasta.

[33] Poikapaimen.

[34] Tyttöpaimen.

[35] Nuori neitosesi.

[36] Poikalapsen.

[37] Tyttöä.

[38] Neiot.

[39] Sulhosia.

[40] Tyttölöitä.

[41] K. laulu 208; r. 7, ja siitä eespäin.

[42] Bethlehemissä.

[43] ja [44] Piinasivat, vaivasivat.

[45] Venäläisillä näissä lauluissa useinki ei ymmärretä Ryssiä, vaan Greikan uskon Karjalaisia.

Im TheStory
personalised classic books

UNIQUE GIFT

FOR KIDS, PARTNERS
AND FRIENDS

Timeless books such as:

Kids

Alice in Wonderland • The Jungle Book • The Wonderful Wizard of Oz
Peter and Wendy • **Robin Hood** • The Prince and The Pauper
The Railway Children • Treasure Island • A Christmas Carol

Adults

Romeo and Juliet • Dracula

Highly Customizable **Change** Books Title **Replace** Characters Names with yours **Upload** Photo for inside page **Add** Inscriptions

Visit
Im TheStory.com
and order yours today!

Lightning Source UK Ltd.
Milton Keynes UK
UKHW012339211118
332729UK00005B/802/P